Die aufgedrängte Aussetzung der Vollziehung im Rahmen der § 361 AO, § 69 FGO

Bochumer Schriften zum Steuerrecht

Herausgegeben von Roman Seer

Band 36

PETER LANG

Marcel Goeke

Die aufgedrängte Aussetzung der Vollziehung im Rahmen der § 361 AO, § 69 FGO

PETER LANG

Bibliografische Information der Deutschen Nationalbibliothek
Die Deutsche Nationalbibliothek verzeichnet diese Publikation in der Deutschen Nationalbibliografie; detaillierte bibliografische Daten sind im Internet über http://dnb.d-nb.de abrufbar.

Zugl.: Bochum, Univ., Diss., 2019

Abbildung auf dem Umschlag: Siegel der Universität Bochum.

D 294
ISSN 1613-933X
ISBN 978-3-631-78965-0 (Print)
E-ISBN 978-3-631-79278-0 (E-PDF)
E-ISBN 978-3-631-79279-7 (EPUB)
E-ISBN 978-3-631-79280-3 (MOBI)
DOI 10.3726/b15750

Peter Lang – Berlin · Bern · Bruxelles · New York · Oxford · Warszawa · Wien

Diese Publikation wurde begutachtet.

www.peterlang.com

Meiner Familie zum Dank.

Vorwort

Die vorliegende Arbeit wurde im Wintersemester 2018/2019 von der Juristischen Fakultät der Ruhr-Universität Bochum als Dissertation angenommen. Die mündliche Prüfung erfolgte am 23.01.2019. Ich habe das Manuskript Ende Februar 2018 fertig gestellt. Später veröffentlichte Rechtsprechung habe ich teilweise noch berücksichtigen können.

Zunächst möchte ich mich bei meinem Doktorvater, Herrn *Prof. Dr. Roman Seer*, bedanken. Herr Prof. Dr. Seer hat mein Interesse für das Steuerrecht im Rahmen des universitären Schwerpunktbereichs „Steuern und Finanzen" geweckt und mir die Möglichkeit eröffnet, als wissenschaftlicher Mitarbeiter seines Lehrstuhls zu arbeiten. Ferner erhielt ich die Gelegenheit, im Rahmen des Bochumer Steuerseminars für Praktiker und Doktoranden meine Arbeit vorzustellen. Hierfür sowie für die Betreuung und Begutachtung meiner Dissertation bin ich ihm sehr dankbar. Bedanken möchte ich mich auch bei Herrn *Prof. Dr. Matthias Loose* für die zügige Zweitbegutachtung meiner Arbeit. Auch Frau *Andrea Henneken LL.M.*, Herrn *Dr. Dominik Wedel* und Herrn *Dominik Ortwald* möchte ich für die Unterstützung danken.

Verständnisvolle Unterstützung für mein Promotionsvorhaben erhielt ich ferner von *Familie Goeke* aus Wuppertal.

Den größten Dank schulde ich jedoch *meiner Familie*. Ohne ihre Unterstützung hätte ich dieses Vorhaben nicht umsetzen können. *Mein Vater* hat es mir nicht nur ermöglicht, mein Promotionsvorhaben in Ruhe umzusetzen, sondern er hat mich während meines gesamten Studiums bis heute in jeglicher Hinsicht unterstützt. Meiner Familie sei diese Arbeit gewidmet.

Herne, im Januar 2019 — Marcel Goeke

Inhaltsverzeichnis

Einleitung

§ 1 Definition der aufgedrängten Aussetzung der Vollziehung

Gemäß § 361 Abs. 1 Satz 1 AO[1] (für das finanzgerichtliche Verfahren siehe § 69 Abs. 1 Satz 1 FGO[2])[3] hat die Einlegung des Einspruchs (§§ 347 ff. AO) nicht zur Folge, dass der Vollzug des angefochtenen Verwaltungsakts gehemmt wird. Abweichend von § 80 Abs. 1 Satz 1, Abs. 2 Satz 1 Nr. 1 VwGO[4] ist der Suspensiveffekt nicht nur (ausnahmsweise) bei der Anforderung von öffentlichen Abgaben und Kosten ausgeschlossen. Vielmehr kommt dem Einspruch im Steuerrecht im Regelfall keine vollzugshemmende Wirkung zu. Nur in den Fällen, in denen sich der Einspruch gegen die Untersagung des Gewerbetriebs oder der Berufsausübung richtet, wirkt der Einspruch vollzugshemmend (vgl. § 361 Abs. 4 Satz 1 AO). Eine streitige Abgabe ist daher trotz Einspruch zu bezahlen (vgl. § 361 Abs. 1 Satz 1 a.E.). Hiermit soll die Handlungsfähigkeit des Staates sichergestellt werden.[5] Aber auch alle anderen vollziehbaren Verwaltungsakte, die nicht auf die Untersagung des Gewerbetriebs oder der Berufsausübung gerichtet sind (z.B. die Mitteilung über die Buchführungspflicht gemäß § 141 Abs. 2 Satz 1 AO)[6], müssen im Umkehrschluss zu § 361 Abs. 4 Satz 1 AO trotz Einspruchs befolgt werden.

---

1 AO (Abgabenordnung) in der Fassung der Bekanntmachung vom 01.10.2002 (BGBl. I S. 3866), zuletzt geändert durch das Gesetz vom 18.07.2017 (BGBl. I S. 2745).

2 FGO (Finanzgerichtsordnung) in der Fassung der Bekanntmachung vom 28.03.2001 (BGBl. I S. 442), zuletzt geändert durch das Gesetz vom 08.10.2017 (BGBl. I S. 3546).

3 Da § 361 AO und § 69 FGO im Wesentlichen inhaltsgleich sind, was die finanzbehördliche Aussetzung der Vollziehung betrifft, beschränken sich die folgenden Ausführungen auf § 361 AO.

4 VwGO (Verwaltungsgerichtsordnung) in der Fassung der Bekanntmachung vom 19.03.1991 (BGBl. I S. 686), zuletzt geändert durch das Gesetz vom 08.10.2017 (BGBl. I S. 3546).

5 Vgl. z.B. FG Saarland, Urt. v. 25.09.2002, 1 K 286/99, EFG 2002, 1567, 1568: „*Weil der Staat zur Bewältigung der Staatsaufgaben auf einen schnellen Eingang der Steuergelder angewiesen ist, bestimmen die §§ 361 Abs. 1 Satz 1 AO, 69 Abs. 1 Satz 1 FGO folgerichtig, dass … Rechtsbehelfe gegen eine Steuerfestsetzung grundsätzlich keine aufschiebende Wirkung haben*".

6 Eine Zusammenstellung über die vollziehbaren Verwaltungsakte liefert *Seer* in: T/K, FGO, § 69 Rz. 24 ff. m.w.N. (Stand: 141. Lfg. Juli 2015).

Nach Maßgabe des § 361 Abs. 2 Sätze 1, 2 AO ist die Finanzbehörde, die den angefochtenen Verwaltungsakt erlassen hat, zur Aussetzung der Vollziehung befugt. Sofern der Verwaltungsakt bereits vollzogen ist, kommt eine Aufhebung der Vollziehung in Betracht (siehe § 361 Abs. 2 Satz 3 AO).[7] Die Finanzbehörde kann den fehlenden (automatischen) Suspensiveffekt des Einspruchs durch eine gesonderte Entscheidung herbeiführen. Der Rechtsbehelfsführer kann die Entscheidung über die Aussetzung der Vollziehung durch einen entsprechenden Antrag anstoßen (siehe § 361 Abs. 2 Satz 2 AO). In § 361 Abs. 2 Satz 1 Hs. 1 AO ist ein Antragserfordernis hingegen nicht vorgesehen. Dort heißt es vielmehr: „*Die Finanzbehörde, die den angefochtenen Verwaltungsakt erlassen hat, kann die Vollziehung ganz oder teilweise aussetzen*". In Abgrenzung zu § 361 Abs. 2 Satz 2 AO entscheidet die Finanzbehörde hier ohne Antrag (= von Amts wegen) über die Aussetzung der Vollziehung. Nach Maßgabe des § 361 Abs. 3 Satz 1 AO ist sie zur (Folge-)Aussetzung von Amts wegen sogar verpflichtet („*ist*").

Legt der Bürger Einspruch ein und stellt dabei bewusst keinen Antrag auf Aussetzung der Vollziehung, weil er bspw. unsicher ist, was die Erfolgsaussichten des Einspruchs angeht, und verfügt die Finanzbehörde gleichwohl die Aussetzung *von Amts wegen und gegen den Willen* des Einspruchsführers, liegt eine „*aufgedrängte Aussetzung der Vollziehung*" vor.[8]

Hiervon abzugrenzen sind die Fälle, in denen die Finanzbehörde im Interesse und mutmaßlichen Willen des unberatenen Rechtsbehelfsführers die Aussetzung von Amts wegen vornimmt.[9]

---

7 Die Abgrenzung zwischen der Aussetzung und der Aufhebung der Vollziehung erfolgt über ihre zeitliche Wirkungsweise. Während die Aussetzung der Vollziehung ihre vollzugshemmende Wirkung nur für die Zukunft entfaltet (ex nunc), wirkt die Aufhebung der Vollziehung zurück (ex tunc), siehe *Seer* in: T/K, FGO, § 69 Rz. 171 m.w.N., 177 (Stand: 141. Lfg. Juli 2015). Sowohl für die Aussetzung als auch für die Aufhebung der Vollziehung gelten die gleichen Voraussetzungen, siehe *Seer* in: T/K, FGO, § 69 Rz. 178 m.w.N. (Stand: 141. Lfg. Juli 2015). Daher beschränken sich die folgenden Ausführungen auf die Aussetzung der Vollziehung.

8 In Anlehnung an den gleichnamigen Titel des Aufsatzes von *Seer*, Ubg 2008, 249–253 (249).

9 Eine Aussetzung von Amts wegen kann z.B. in komplizierten Verfahrenssituationen als Akt der „*Verfahrensfürsorge*" erfolgen, siehe *Seer*, Ubg 2008, 249–253 (250). Insoweit werden keine rechtlichen Bedenken gegen die amtswegige Aussetzung erhoben, siehe FG Köln, Urt. v. 08.09.2010, 13 K 960/08, EFG 2011, 105, 110 m.w.N.: „*Wenn das wohlverstandene Interesse des Stpfl. die Aufhebung oder AdV eines Bescheides nahelegte, der Stpfl. aber aus mangelnder Rechtskenntnis oder für ihn unklarer*

Die vorliegende Untersuchung beschränkt sich auf solche Fälle, in denen die Finanzbehörde *gegen den Willen des Betroffenen* die Aussetzung der Vollziehung verfügt. Mögliche Ursachen für ein solches Vorgehen der Finanzbehörde können bspw. sein, dass eine baldige Entscheidung über den Rechtsbehelf nicht zu erwarten ist, sei es weil die Finanzbehörde überlastet ist, oder der Einspruch eine komplexe Rechtsfrage zum Gegenstand hat. Denkbar ist ferner, dass das Vorbringen des Einspruchsführers zu Zweifeln am Sachverhalt führt, der dem angefochtenen Verwaltungsakt zugrunde gelegt worden ist, und daher der Sachverhalt weiterer Aufklärung bedarf.

Lukrativ aus Sicht der Behörde und nachteilig mit Blick auf den Betroffenen wird die aufgedrängte Aussetzung im Kontext der Verzinsung gemäß §§ 233 ff. AO. Für die Klassifizierung als „aufgedrängte Aussetzung der Vollziehung" spielt es im Rahmen der vorliegenden Untersuchung indes keine Rolle, ob die Motivation der Finanzbehörde darin besteht, Zinseinnahmen zu generieren, oder ob durch die aufgedrängte Aussetzung Zinsausgaben des Staates verhindert werden sollen.

§ 2 Die aufgedrängte Aussetzung im Spannungsfeld zwischen fixem Zinssatz und Niedrigzinsniveau

Die Ausgangssituation der aufgedrängten Aussetzung kennzeichnet sich dadurch, dass die Finanzbehörde in einem ersten Schritt einen vollziehbaren Verwaltungsakt erlässt. Dieser wird sodann von dem Betroffenen angefochten, woraufhin die Behörde ein drittes Verfahren in Gestalt der aufgedrängten Aussetzung der Vollziehung einleitet. Anstatt über den Rechtsbehelf zu entscheiden, nimmt sie diesen zum Anlass, gegen den Willen des Betroffenen die Vollziehung ihres ersten Aktes auszusetzen. Der Einspruch kann dazu geführt haben, dass die Finanzbehörde Zweifel bekommt, was die Rechtmäßigkeit des von ihr erlassenen Verwaltungsakts angeht. Selbst wenn dies zutreffen sollte, fragt sich aber, warum sie nicht die Selbstkontrolle im Einspruchsverfahren (vgl. § 367 Abs. 2 Satz 1 AO)

Verfahrenslage heraus, trotz des Vorliegens ernstlicher Zweifel an der Rechtmäßigkeit des angefochtenen VA oder des Vorliegens einer unbilligen Härte, einen solchen Antrag nicht stellte, wurde – gelegentlich im Kontext eines in späterem Verfahrensstadium gestellten Antrages auf AdV – die Aufhebung der Vollziehung von Amts wegen verfügt. Die AdV entsprach dabei dem mutmaßlichen Willen des Stpfl. und lag unstreitig im Bereich zweckgerechter Ausübung des der Finanzbehörde in § 361 Abs. 2 Satz 1 AO eingeräumten Ermessens".

zum Abschluss bringt, ohne den von ihr erlassenen Verwaltungsakt vorher zu suspendieren.[10] Hierfür spricht neben dem gesetzgeberischen Vollzugsinteresse, wie es in § 361 Abs. 1 Satz 1 AO zum Ausdruck kommt, auch der Umstand, dass das Begehren des Einspruchsführers auf die rechtliche Kontrolle des angefochtenen Verwaltungsakts beschränkt ist. Der Rechtsbehelfsführer widersetzt sich der Vollziehung des – seiner Auffassung nach rechtswidrigen – Verwaltungsakts nicht. Vielmehr will er – in den hier relevanten Fällen der aufgedrängten Aussetzung – dem Tenor der Verfügung Folge leisten. Gleichwohl wird ihm ein „Mehr" an Rechtsschutz aufgedrängt. Warum?

Spiegelbildlich stellt sich die Frage, warum der Rechtsbehelfsführer darauf besteht, dem ersten behördlichen Akt, den er für rechtswidrig hält, nachzukommen. Bezogen auf die unmittelbare Folge der Aussetzung, nämlich die Herbeiführung der vollzugshemmenden Wirkung des Rechtsbehelfs, kommt die Finanzbehörde dem Rechtsbehelfsführer entgegen, da dieser dem Tenor des Verwaltungsakts nun für den Aussetzungszeitraum nicht mehr Folge leisten muss. Insoweit ist ihr Handeln für den Betroffenen vorteilhaft.

Nach § 233 Satz 1 AO werden Ansprüche aus dem Steuerschuldverhältnis (vgl. § 37 Abs. 1 AO) nur bei gesetzlicher Anordnung verzinst. Keine Verzinsung findet in Bezug auf steuerliche Nebenleistungen im Sinne des § 3 Abs. 4 AO sowie die entsprechenden Erstattungsansprüche statt (vgl. § 233 Satz 2 AO). Für die Verzinsung im Zuge eines Rechtsbehelfsverfahrens sind §§ 233a, 236, 237 AO relevant. Vor allem §§ 236, 237 AO setzen sich mit der Verzinsung nach Abschluss eines Rechtsbehelfsverfahrens auseinander, wohingegen § 233a AO vorwiegend die Verzinsung in der Phase zwischen der Steuerentstehung und der Steuerfestsetzung regelt (siehe § 233a Abs. 2 Sätze 1, 3 AO).[11] Zudem ist die Verzinsung von Steuernachforderungen und Steuererstattungen gemäß § 233a Abs. 1 Satz 1 AO auf bestimmte Steuerarten (Einkommen-, Körperschaft-, Vermögen-, Umsatz- und Gewerbesteuer) beschränkt, wohingegen §§ 236, 237 AO eine solche Eingrenzung nicht enthalten. Sie gelten daher bspw. durch entsprechenden Verweis auch für andere Abgaben, wie z.B.

10 Das Einspruchsverfahren verfolgt nach herrschender Meinung drei Zwecke: Rechtsschutz des Bürgers, Entlastung der Finanzgerichte und Selbstkontrolle der Finanzbehörde, siehe statt vieler nur *Seer* in: T/K, AO, Vorb. §§ 347–367 Rz. 10 ff. m.w.N. (Stand: 140. Lfg. Mai 2015).

11 Siehe aber auch § 233a Abs. 5 AO, der bei einer Aufhebung, Änderung oder Berichtigung (§ 129 AO) der bisherigen Steuerfestsetzung besondere Vorgaben für die Zinsberechnung bis zur neuen Steuerfestsetzung enthält.

Kommunalabgaben (vgl. z.B. § 1 Abs. 1 Satz 1 KAG NRW[12] i.V.m. § 12 Abs. 1 Nr. 5 Buchst. b) KAG NRW). Während § 236 Abs. 1 Satz 1 AO dem Kläger einen Zinsanspruch hinsichtlich des Erstattungsbetrags einräumt, sieht § 237 Abs. 1 Satz 1 AO einen Zinsanspruch des Staates im Falle der endgültigen Erfolglosigkeit des Rechtsbehelfsführers bezüglich des ausgesetzten Betrags vor. § 236 AO und § 237 AO schließen sich also insoweit wechselseitig aus, als nach rechtskräftigem Abschluss eines Rechtsbehelfsverfahrens nur einer von beiden Zinsansprüchen möglich ist, je nachdem zu wessen Gunsten das Verfahren ausgeht. § 233a AO kann sich hingegen mit den §§ 236, 237 AO überschneiden, weshalb zur Vermeidung einer doppelten Verzinsung § 236 Abs. 4 AO und § 237 Abs. 4 i.V.m. § 234 Abs. 3 AO jeweils eine Anrechnung der § 233a-Zinsen vorsehen.

Nachteilig kann sich die Aussetzung der Vollziehung für den Rechtsbehelfsführer in den Fällen auswirken, in denen der Einspruch bzw. die Klage gegen einen Verwaltungsakt im Sinne des § 237 Abs. 1 Satz 1 AO (Steuerbescheid, Steueranmeldung, oder einen Verwaltungsakt, der einen Steuervergütungsbescheid aufhebt oder ändert, oder eine Einspruchsentscheidung über einen dieser Verwaltungsakte) gerichtet ist. Bei Vorliegen der Voraussetzungen des § 237 Abs. 1 Satz 1 AO verwirkt der erfolglose Rechtsbehelfsführer Aussetzungszinsen i.H.v. 0,5 % pro Monat (§ 238 Abs. 1 Satz 1 AO). In den Fokus der Gründe, die die Finanzbehörde zur aufgedrängten Aussetzung motivieren, rückt das steuerliche Zinsregime.[13]

Der fixe Zinssatz des § 238 Abs. 1 Satz 1 AO gilt, wie bereits die Gesetzessystematik und der Wortlaut der Norm („*Die Zinsen*“) nahe legen, für sämtliche der vorangestellten Zinstatbestände, also für die Verzinsung von Steuernachforderungen und Steuererstattungen (§ 233a AO), Stundungszinsen (§ 234 AO), Hinterziehungszinsen (§ 235 AO), Prozesszinsen auf Erstattungsbeträge (§ 236 AO) und Zinsen bei Aussetzung der Vollziehung (§ 237 AO).

Die Höhe der Verzinsung liegt mit 0,5 % pro Monat, also 6 % pro Jahr, deutlich über dem Marktzinsniveau. So sank bspw. der von der Europäischen Zentralbank vorgegebene Festsatz für Hauptrefinanzierungsgeschäfte seit Oktober 2008

---

12 KAG NRW (Kommunalabgabengesetz für das Land Nordrhein-Westfalen) in der Fassung der Bekanntmachung vom 21.10.1969 (GV. NRW. S. 712), zuletzt geändert durch das Gesetz vom 23.01.2018 (GV. NRW. S. 90).

13 Vgl. auch *Seer*, Ubg 2008, 249–253 (249): „*Ziel (der aufgedrängten Aussetzung) ist es, über dem Kapitalmarktzins liegende Aussetzungszinsen zu gerieren [sic!] oder Erstattungszinsen in Höhe von 0,5 % p.m. zu vermeiden.*“ (Ergänzung durch Verf.).

stetig von damals noch 3,75 % p.a. auf 0,05 % p.a. (!) ab dem 09.12.2015 und liegt aktuell (seit dem 16.03.2016) sogar bei **0,00 % p.a.**[14] Da er als Bezugsgröße für die Berechnung des Basis-Zinssatzes dient (vgl. § 247 Abs. 1 Satz 3 BGB[15]), ist auch letzterer gefallen und liegt aktuell (ab dem 01.01.2019) bei **-0,88 %.**[16] Auch der in der Eurozone gängige Referenzzinssatz Euro Interbank Offered Rate (Euribor)[17] liegt aktuell mit **-0,31 % p.a.** im Negativbereich.[18] Als weiteres Beispiel für die Niedrigzinsphase sei im Bereich der Habenzinsen auf die Verzinsung von Sparbüchern hingewiesen. Bei der Sparkasse Bochum können aktuell für ein Sparkassenbuch Zinsen i.H.v. **0,05 % p.a.** erzielt werden.[19]

Angesichts der krassen Diskrepanz zwischen den am freien Markt erzielbaren Zinsen und dem fixen Zinssatz besteht Streit darüber, ob letzterer verfassungswidrig ist. In der Literatur wird vertreten, dass die Zinsentwicklung inzwischen so weit von dem statischen Zinssatz des § 238 Abs. 1 Satz 1 AO entfernt ist, dass der gesetzgeberische Entscheidungsspielraum überschritten und demzufolge die Norm, insbesondere im Hinblick auf Art. 3 Abs. 1; 14 Abs. 1 GG[20] sowie unter Berücksichtigung des Verhältnismäßigkeitsprinzips[21]

---

14 Quelle: Übersicht der Refinanzierungszinssätze ab 1999. Abrufbar unter https://www.bundesbank.de/de/bundesbank/eurosystem/ezb-zinssaetze-607780 (zuletzt abgerufen am 30.01.2019 um 20:48 Uhr).

15 Bürgerliches Gesetzbuch (BGB) in der Fassung der Bekanntmachung vom 02.01.2002 (BGBl. I S. 42), zuletzt geändert durch das Gesetz vom 20.07.2017 (BGBl. I S. 2787).

16 Siehe https://www.bundesbank.de/de/bundesbank/organisation/agb-und-regelungen/basiszinssatz-607820 (zuletzt abgerufen am 30.01.2019 um 20:48 Uhr).

17 Siehe http://de.euribor-rates.eu/was-ist-der-euribor.asp (letztmalig aufgerufen am 25.02.2018 um 07:57 Uhr).

18 Stand vom 02.01.2019; Geldmarktsätze anhand eines Dreimonatsgelds/Monatsdurchschnitt, abrufbar unter https://www.bundesbank.de/de/statistiken/geld--und-kapitalmaerkte/zinssaetze-und-renditen/geldmarktsaetze-650668 (zuletzt abgerufen am 30.01.2019 um 20:54 Uhr).

19 Quelle: https://www.sparkasse-bochum.de/de/home/privatkunden/sparen-und-anlegen/sparkassenbuch.html (zuletzt aufgerufen am 30.01.2019 um 20:56 Uhr).

20 Grundgesetz (GG) in der Fassung der Bekanntmachung vom 23.05.1949 (BGBl. S. 1), zuletzt geändert durch das Gesetz vom 13.07.2017 (BGBl. I S. 2347).

21 Über die Herleitung des Verhältnismäßigkeitsprinzips besteht Streit. Mögliche Anknüpfungspunkte sind insbesondere die Grundrechte sowie das Rechtsstaatsprinzip, siehe dazu *Grzeszick* in: Maunz/Dürig, GG, Art. 20 VII. Rz. 108 m.w.N. (Stand: 48. Lfg. November 2006). Für eine Verortung im Rechtsstaatsprinzip z.B. BVerfG, Beschl. v. 15.05.1995, 2 BvL 19/91, 2 BvR 1206, 1584/91 und 2601/93, BVerfGE 92, 277, 325. Siehe auch noch Teil II, § 3, IV. 2. a).

verfassungswidrig ist.[22] Auch die Judikative sieht den fixen Zinssatz zunehmend skeptisch. Es hat den Anschein, dass § 238 Abs. 1 Satz 1 AO allmählich in die Verfassungswidrigkeit hineinwächst. Die jüngeren höchstrichterlichen Entscheidungen haben zunächst eine Verfassungswidrigkeit des § 238 Abs. 1 Satz 1 AO für die streitigen Zeiträume zwar verneint, betonten aber, dass die Verfassungsmäßigkeit für spätere Zeiträume anders beurteilt werden könnte.[23] Der 9. Senat des BFH hat nun im Aussetzungsverfahren entschieden, dass der fixe Zinssatz für Nachzahlungszinsen jedenfalls für den Zeitraum vom 01.04.2015 bis zum 16.11.2017 mit Blick auf den allgemeinen Gleichbehandlungsgrundsatz sowie das Übermaßverbot *„schwerwiegenden verfassungsrechtlichen Zweifeln“* ausgesetzt sei und daher die Vollziehung des streitgegenständlichen Zinsbescheids ausgesetzt.[24] Der Auffassung des 9. Senats hat sich der 8. Senat des BFH mit Beschluss vom 03.09.2018 in der Begründung angeschlossen und die Vollziehung eines Aussetzungszinsbescheids, der Aussetzungszinsen für den Zeitraum November 2012 bis September 2016 vorsieht, ausgesetzt.[25]

---

22 Ohne Anspruch auf Vollständigkeit: Dafür *Seer/Klemke*, Neuordnung der Verzinsung von Ansprüchen aus dem Steuerschuldverhältnis, ifst-Schrift Nr. 490 (2013), S. 40 ff. m.w.N., 48 f. So auch *Hey*, FR 2016, 485–496 (490 f.); *Ortheil*, BB 2015, 675–676 (675 f.); *Seer*, DB 2014, 1945–1953 (1947 ff.). A.A. *Koenig* in: Koenig, AO, § 238 Rz. 3 m.w.N. Der Zinssatz sei von der Typisierungsbefugnis des Gesetzgebers gedeckt; aus verfassungsrechtlicher Sicht sei eine Anpassung des Zinssatzes an den jeweiligen Markt- oder Basiszinssatz nicht erforderlich. So i.Erg. auch *Kögel* in: B/G, AO, § 233a Rz. 70 (Stand: 96. Lfg. Juni 2012) (*„Die Festschreibung des Zinssatzes mit 6 % p.a. dient aus Gründen der Praktikabilität typisierend dem Ausgleich von Zinsvor- und -nachteilen. Diese Typisierung ist zwar kritisiert worden, sie ist aber hinzunehmen.“*). Offen gelassen *Heuermann* in: H/H/S, AO, § 238 Rz. 3 (Stand: 231. Lfg. Februar 2015).

23 Vgl. zur höchstrichterlichen Rechtsprechung der Steuergerichte BFH, Beschl. v. 19.02.2016, X S 38/15 (PKH), BFH/NV 2016, 940, 943 f. Der Zinssatz sei hiernach jedenfalls für den Zeitraum bis 2013 verfassungsgemäß. Siehe für den Verzinsungszeitraum bis zum 19.01.2012 BFH, Beschl. v. 21.10.2015, V B 36/15, BFH/NV 2016, 223, 224. Siehe ferner BFH, Urt. v. 14.04.2015, IX R 5/14, BStBl. II 2015, 986, 988: Keine Überzeugung von der Verfassungswidrigkeit des Zinssatzes für den Verzinsungszeitraum vom 03.06.2008 bis zum 05.12.2011. Siehe auch BVerfG, Beschl. v. 03.09.2009, 1 BvR 2539/07, BFH/NV 2009, 2115. Die Verfassungsbeschwerde, die sich auch gegen den Zinssatz des § 238 Abs. 1 Satz 1 AO richtete, wurde nicht zur Entscheidung angenommen. Zu der Rechtsfrage der Verfassungswidrigkeit des gesetzlichen Zinssatzes (§ 238 Abs. 1 Satz 1 AO) sind beim BFH weitere Verfahren anhängig (vgl. u.a. Aktenzeichen X R 15/17, III R 25/17).

24 BFH, Beschl. v. 25.04.2018, IX B 21/18, BFH/NV 2018, 748.

25 BFH, Beschl. v. 03.09.2018, VIII B 15/18, BFH/NV 2018, 1279.

Die Bundesregierung sieht hingegen bislang keinen Handlungsbedarf.[26] Ohne die Initiative der Rechtsprechung ist mit einer Änderung des Zinssatzes in absehbarer Zeit nicht zu rechnen. Der Ausgang zweier beim BVerfG anhängiger Verfassungsbeschwerden zur Verfassungsmäßigkeit des § 238 Abs. 1 AO wird daher mit Spannung erwartet.[27]

§ 3 Gegenstand, Relevanz und Aufbau der Untersuchung

Angesichts der erheblichen Auseinanderentwicklung zwischen dem Marktzinsniveau und dem fixen Zinssatz des § 238 Abs. 1 Satz 1 AO ist es möglich, dass der Rechtsbehelfsführer in Fällen, in denen die im Streit stehenden Steuerforderungen gravierende Ausmaße annehmen, im schlimmsten Falle davon absieht, Rechtsschutz in Anspruch zu nehmen, damit für die Finanzbehörde gar nicht erst die Möglichkeit zur aufgedrängten Aussetzung eröffnet wird.[28] Daher könnte die aufgedrängte Aussetzung verfassungsrechtlichen Bedenken ausgesetzt sein. Andererseits eröffnet der Gesetzeswortlaut von § 361 Abs. 2 Satz 1 Hs. 1 AO, § 69 Abs. 2 Satz 1 FGO die Möglichkeit, die Vollziehung des angefochtenen Verwaltungsakts von Amts wegen auszusetzen. Dass ein Handeln von Amts wegen dem Willen des Betroffenen zuwiderläuft, ist zumal im Bereich der Eingriffsverwaltung keine Seltenheit, wenngleich es in diesem grundrechtsensiblen Bereich rechtfertigungsbedürftig ist. Fraglich ist, welche Bedeutung insoweit die materiell-rechtlichen Zweifel haben. Können sie eine Aussetzung von Amts wegen und gegen den Willen des Betroffenen legitimieren, oder unterliegt das Aussetzungsverfahren als Nebenverfahren zum Hauptsacheverfahren, das allein der Rechtsbehelfsführer durch Einlegung des Einspruchs (vgl. § 357 AO) bzw. Klageerhebung (vgl. § 47 FGO) anstoßen kann, ebenfalls der alleinigen Disposition des Bürgers?

Primäres Ziel der Untersuchung ist demnach die Frage, ob dem Bürger ein sogenannter „vorläufiger Rechtsschutz" im Rahmen der § 361 Abs. 2 Satz 1 AO, § 69 Abs. 2 Satz 1 FGO aufgedrängt werden darf.

Die Problematik der aufgedrängten Aussetzung ist mit Blick auf die Diskrepanz zwischen Marktzinsen und § 238 Abs. 1 Satz 1 AO auch aus praktischer

---

26 Vgl. Antwort der Bundesregierung vom 09.10.2014, BT-Drucks. 18/2795, S. 2 (Fragen Nr. 3 und 4) und S. 3 (Frage Nr. 7).

27 BVerfG, 1 BvR 2237/14 und 1 BvR 2422/17.

28 Ohne Einspruch kommt eine (aufgedrängte) Aussetzung der Vollziehung nicht in Betracht; vgl. den Gesetzeswortlaut des § 361 Abs. 2 Satz 1 Hs. 1 AO („*angefochtenen Verwaltungsakt*").

Sicht relevant. Die Bundesregierung ist zu der aufgedrängten Aussetzung bereits befragt worden. Die Abgeordnete Dr. Barbara Höll (DIE LINKE.) hat bei der Bundesregierung schriftlich angefragt, wie sie die Aussetzung gegen den Willen des Rechtsbehelfsführers bewerte und ob sie diesbezüglich Handlungsbedarf sehe. Hierauf hat Staatssekretär Dr. Hans Bernhard Beus in der Antwort vom 07.12.2010 lediglich auf das seinerzeit noch anhängige Verfahren vor dem FG Köln (Az. 13 K 960/08) hingewiesen. Wie oft die Vollziehung gegen den Willen des Betroffenen bislang ausgesetzt worden sei, wisse die Bundesregierung nicht.[29] Die Entscheidung des FG Köln ist allerdings am 08.09.2010 ergangen.[30] Eine ausführlichere Stellungnahme wäre vor diesem Hintergrund wünschenswert gewesen. Weitere Reaktionen aus Regierungskreisen zur aufgedrängten Aussetzung sind bis dato, soweit ersichtlich, ausgeblieben.

Aufbauend auf den Erkenntnissen zur Rechtmäßigkeit bzw. Rechtswidrigkeit der aufgedrängten Aussetzung stellt sich die Frage, wie der Betroffene effektiv gegen das behördliche Handeln vorgehen kann. Die Rechtsprechung ist insoweit uneinheitlich. Der BFH hat die beiden finanzgerichtlichen Entscheidungen, die sich mit dem Problem der aufgedrängten Aussetzung befasst und in beiden Fällen den hiergegen gerichteten Klagen stattgegeben haben,[31] aus Gründen der Unzulässigkeit aufgehoben.[32]

Die Untersuchung beginnt in Teil I mit den unterschiedlichen verfassungsrechtlichen Einflüssen im gerichtlichen und im behördlichen Verfahren. Während die individualschützende Funktion des gerichtlichen Verfahrens in Art. 19 Abs. 4 Satz 1 GG angelegt ist, bedarf die verfassungsrechtliche Dimension des behördlichen Verfahrens näherer Betrachtung.

Im Hauptteil (Teil II) wird die finanzbehördliche Aussetzungsentscheidung in Fällen aufgedrängter Aussetzung der Vollziehung am Maßstab der Ermessensfehlerlehre überprüft. Die Aussetzung gegen den Willen des Betroffenen könnte einen Ermessensfehlgebrauch und/oder eine Ermessensüberschreitung darstellen. Zunächst sind daher die für die Aussetzungsentscheidung relevanten Ermessenskriterien herauszuarbeiten. Die Prüfung der Ermessensfehlerhaftigkeit

29 Vgl. zu den letzten drei Sätzen schriftliche Fragen mit den in der Woche vom 06.12.2010 eingegangenen Antworten der Bundesregierung vom 10.12.2010, BT-Drucks. 17/4154, S. 20 (zu Frage Nr. 28).

30 FG Köln, Urt. v. 08.09.2010, 13 K 960/08, EFG 2011, 105.

31 Siehe FG Köln, Urt. v. 08.09.2010, 13 K 960/08, EFG 2011, 105; FG Düsseldorf, Urt. v. 04.04.2006, 6 K 121/06 KA, EFG 2006, 1225.

32 Siehe BFH, Urt. v. 09.05.2012, I R 91/10, BFH/NV 2012, 2004; BFH, Urt. v. 26.09.2007, I R 43/06, BStBl. II 2008, 134.

der aufgedrängten Aussetzung hängt zudem davon ab, ob in diesen Fällen § 237 AO überhaupt anwendbar ist, ob also bei aufgedrängter Aussetzung tatsächlich ein Aussetzungszinsrisiko besteht. Hält man § 237 AO auch in diesen Fällen für einschlägig, könnten der finanzbehördlichen Aussetzungsentscheidung die Grundrechte des Betroffenen, insbesondere der Verhältnismäßigkeitsgrundsatz entgegenstehen.

In Teil III werden die im Hauptteil gewonnenen Erkenntnisse in prozessualer Hinsicht beleuchtet. Angesichts der unterschiedlichen Verfahren (Hauptsacherechtsbehelfs-, Aussetzungs-, Aussetzungszinsfestsetzungs- und Aussetzungszinsverzichtsverfahren) eröffnen sich mehrere Rechtsschutzmöglichkeiten. Wie kann sich der Steuerpflichtige effektiv gegen die aufgedrängte Aussetzung der Vollziehung zur Wehr setzen?

Das Rechtsproblem der aufgedrängten Aussetzung wird vorliegend allein im Rahmen der § 361 AO, § 69 FGO erörtert. Der Vollständigkeit halber wird auf die § 80 VwGO und § 86a SGG[33] hingewiesen. § 80 Abs. 4 Sätze 1, 3 VwGO und § 86a Abs. 3 Sätze 1, 2 SGG enthalten den § 361 Abs. 2 Sätze 1, 2 AO bzw. § 69 Abs. 2 Sätze 1, 2 FGO vergleichbare Regelungen,[34] sodass auch hier eine aufgedrängte Aussetzung der Vollziehung denkbar ist. Die Aussetzung gegen den Willen des Rechtsbehelfsführers ist bis dato, soweit ersichtlich, nur im Rahmen der finanzbehördlichen Aussetzung der Vollziehung vorgekommen.

33 Sozialgerichtsgesetz (SGG) in der Fassung der Bekanntmachung vom 23.09.1975 (BGBl. I S. 2535), zuletzt geändert durch das Gesetz vom 08.10.2017 (BGBl. I S. 3546).

34 Interessanterweise sehen § 80 Abs. 4 Satz 3 VwGO und § 86a Abs. 3 Satz 2 SGG – anders als § 361 Abs. 2 Satz 2 AO sowie § 69 Abs. 2 Satz 2 FGO – *kein* Antragserfordernis vor, sodass der zuständige Entscheidungsträger bei Vorliegen der normierten Voraussetzungen zur Aussetzung der Vollziehung regelmäßig verpflichtet ist („*soll*“).

Teil I. Grundlegendes zum vorläufigen Rechtsschutz

§ 1 Verfassungsrechtliche Gewährleistungen im gerichtlichen und im behördlichen Verfahren

I. Beschränkung auf Vorgaben des Grundgesetzes sowie Notwendigkeit einer Differenzierung zwischen gerichtlichem und behördlichem Verfahren

Der vorläufige Rechtsschutz setzt sich aus der Aussetzung der Vollziehung (§ 361 AO, § 69 FGO) und der einstweiligen Anordnung (§ 114 FGO) zusammen.[35] Mit ihm soll der Zeitraum bis zur endgültigen Entscheidung im Hauptsacheverfahren durch eine Zwischenregelung überbrückt werden.[36]

Die Besonderheit des Aussetzungsverfahrens besteht zum einen darin, dass dieses Nebenverfahren in unterschiedlichen Verfahrensstadien relevant werden kann. Es ummantelt sowohl das behördliche Vorverfahren als auch das gerichtliche Verfahren.[37] Zum anderen stellt der Gesetzgeber das Nebenverfahren nicht in die alleinige Verantwortung der Judikative, sondern auch die Behörden sind durch den Gesetzgeber mit der Befugnis ausgestattet, vorläufigen Rechtsschutz durch Aussetzung der Vollziehung zu gewähren.[38]

Die Kompetenz zur Aussetzung der Vollziehung durch die Finanzgerichte und die Finanzbehörden hat nicht nur einfach-gesetzliche Folgen, wie bspw. das Rangverhältnis zwischen diesen beiden Verfahren zeigt (siehe § 69 Abs. 4 Satz 1 FGO), sondern wirkt sich auch auf verfassungsrechtlicher Ebene aus. Art. 19 Abs. 4 Satz 1 GG sichert demjenigen, der durch die öffentliche Gewalt in seinen Rechten verletzt wird, zu, den Rechtsweg gegen die hoheitliche Maßnahme beschreiten zu können. Vergleichbare Regelungen finden sich

35 Vgl. *Seer* in: T/L, Steuerrecht, § 22 Rz. 210. Da die einstweilige Anordnung nur durch das Gericht und nur auf Antrag erfolgen kann (siehe § 114 Abs. 1 Satz 1 FGO), wird hierauf nicht näher eingegangen.

36 *Kirchhof*, DStJG 18 (1995), 17, 37.

37 Vgl. insbesondere § 361 Abs. 2 Satz 1 Hs. 1 AO, wonach die Finanzbehörde die Vollziehung des mittels Einspruch angefochtenen Verwaltungsakts unter Durchbrechung des grundsätzlichen Sofortvollzugs (vgl. § 361 Abs. 1 Satz 1 AO) aussetzen kann. Entsprechendes gilt gemäß § 69 Abs. 2 Satz 1 FGO für das Klageverfahren.

38 Vgl. insbesondere § 361 Abs. 2 Satz 1 Hs. 1 AO, § 69 Abs. 2 Satz 1 FGO.

auch auf unionsrechtlicher Ebene. In Betracht kommen insoweit zum einen die Bestimmungen der Grundrechtecharta sowie zum anderen die Europäische Menschenrechtskonvention. Erstere sind den „*Verträgen*" (= Vertrag über die Europäische Union sowie Vertrag über die Arbeitsweise der Europäischen Union, vgl. Art. 1 Abs. 3 Satz 1 EUV[39]) gemäß Art. 6 Abs. 1 UAbs. 1 Hs. 2 EUV rechtlich gleichrangig. Art. 6 Abs. 2 Satz 1 EUV bestimmt, dass die Union der Europäischen Konvention zum Schutz der Menschenrechte und Grundfreiheiten beitritt.

Nach Art. 47 Abs. 1 EU-GR-Charta[40] i.V.m. Art. 51 EU-GR-Charta hat eine Person, deren unionsrechtgarantierte Rechte oder Freiheiten verletzt worden sind, das Recht, bei einem Gericht einen wirksamen Rechtsbehelf einzulegen. Die Gewährleistung des Art. 47 Abs. 1 EU-GR-Charta ist somit konkreter als der Wortlaut des Art. 19 Abs. 4 Satz 1 GG, der sich auf die Feststellung beschränkt, dass bei einer Rechtsverletzung der Rechtsweg offen steht.

Noch deutlicher heißt es in Art. 47 Abs. 2 Satz 1 EU-GR-Charta, dass jede Person ein Recht darauf hat, dass ihre Sache durch ein unabhängiges, unparteiisches und zuvor durch Gesetz errichtetes Gericht entschieden wird, wobei dieser Entscheidung ein faires Verfahren vorausgegangen sein muss und die Verhandlung öffentlich und binnen angemessener Frist zu erfolgen hat. Was die Relevanz des Art. 47 EU-GR-Charta für das vorläufige Rechtsschutzverfahren der § 361 AO, § 69 FGO anbelangt, so ist zunächst auf den beschränkten Anwendungsbereich ausweislich des Art. 51 EU-GR-Charta hinzuweisen. Neben Art. 47 Abs. 1 EU-GR-Charta selbst, der eine Verletzung der durch das Unionsrecht garantierten Rechte und Freiheiten voraussetzt, beschränkt sich die Wirkungskraft des Art. 47 EU-GR-Charta gemäß Art. 51 Abs. 1 Satz 1 EU-GR-Charta auf die Organe, Einrichtungen und sonstigen Stellen der Union sowie für die Mitgliedstaaten, allerdings nur, wenn die Mitgliedstaaten Unionsrecht durchführen. Letzteres ist im materiellen Steuerrecht im Bereich der direkten Steuern nicht der Fall.[41]

---

39 Vertrag über die Europäische Union (EUV) in der Fassung vom 13.12.2007 (ABl. Nr. C 306 S. 1), zuletzt geändert durch die Akte vom 09.12.2011 (ABl. 2012 Nr. L 112 S. 21).

40 Charta der Grundrechte der Europäischen Union (EU-GR-Charta) in der Fassung vom 12.12.2007 (ABl. Nr. C 303 S. 1).

41 Vgl. nur *Seer* in: T/K, EuRS, Rz. 61 f. m.w.N. (Stand: 126. Lfg. Mai 2011), wonach die EU-GR-Charta in diesem Bereich – anders als z.B. im Rahmen der Verbrauchsteuern – nur mittelbare Wirkung entfaltet.

Hingewiesen sei ferner auf Art. 41 EU-GR-Charta, der das Recht auf eine gute Verwaltung regelt. Art. 41 Abs. 1 EU-GR-Charta umschreibt den Gewährleistungsgehalt in der Weise, dass die Angelegenheiten der Person unparteiisch, gerecht und binnen angemessener Zeit behandelt werden müssen. In Konkretisierung des Rechts auf eine gute Verwaltung sieht Art. 41 Abs. 2 EU-GR-Charta u.a. ein Anhörungsrecht vor, bevor eine die Person benachteiligende Maßnahme ergeht (vgl. Art. 41 Abs. 2 Buchst. a) EU-GR-Charta) sowie die Verpflichtung der Verwaltung, ihre Entscheidung zu begründen (Art. 41 Abs. 2 Buchst. c) EU-GR-Charta). Allerdings bezieht sich das Recht auf eine gute Verwaltung nach dem Wortlaut der Charta allein auf die Organe, Einrichtungen und sonstigen Stellen der Union (siehe Art. 41 Abs. 1 EU-GR-Charta). Auf die Mitgliedstaaten der Union erstreckt sich Art. 41 EU-GR-Charta somit nicht.[42]

Gleichwohl ist der Rechtsschutzsuchende außerhalb des Anwendungsbereichs der Grundrechtecharta nicht schutzlos. Art. 19 Abs. 4 Satz 1 GG eröffnet jedermann („*Wird jemand [...] in seinen Rechten verletzt*") die Möglichkeit, Rechtsschutz in Anspruch zu nehmen. Die Rechtsprechung des BVerfG legt diese Gewährleistung zurecht weit aus und garantiert demjenigen, der eine Rechtsverletzung vorträgt, nicht nur irgendeinen, sondern einen *effektiven* Rechtsschutz. So heißt es: „*[...] hat das Bundesverfassungsgericht [...] wiederholt betont, daß Art. 19 Abs. 4 GG nicht nur das formelle Recht und die theoretische Möglichkeit beinhaltet, die Gerichte anzurufen, sondern auch die Effektivität des Rechtsschutzes garantiert*".[43] Ein Rückgriff auf die Bestimmungen der Grundrechtscharta ist vor diesem Hintergrund auch nicht zwingend erforderlich.

Nur hingewiesen wird auf Art. 6, 13 EMRK[44]. Insbesondere Art. 6 EMRK enthält für jede Person das Recht auf ein unabhängiges, unparteiisches, auf gesetzlicher Grundlage beruhendes Gericht, wobei ein faires Verfahren und eine öffentliche sowie binnen angemessener Frist erfolgende Verhandlung Bestandteile der Gewährleistung sind. Die Parallele zu Art. 47 Abs. 1 EU-GR-Charta ist offensichtlich. Sachlich beschränkt wird das Recht auf ein faires Verfahren nach dem Wortlaut der Konvention indes, und insoweit anders als

42 Siehe auch *Jarass*, EU-GR-Charta, Art. 41 Rz. 4 m.w.N.

43 BVerfG, Beschl. v. 19.10.1977, 2 BvR 42/76, BVerfGE 46, 166, 178 m.w.N.

44 Konvention zum Schutz der Menschenrechte und Grundfreiheiten (EMRK) in der Fassung der Bekanntmachung vom 22.10.2010 (BGBl. II S. 1198), zuletzt geändert durch das Protokoll vom 24.06.2013 (BGBl. 2014 II S. 1034).

Art. 47 EU-GR-Charta, auf zivilrechtliche Streitigkeiten beziehungsweise auf strafrechtliche Anklagen gegen die Person.[45]

Es fragt sich, welche Vorgaben dem (nationalen) Verfassungsrecht für die Ausgestaltung des behördlichen und des gerichtlichen Verfahrens entnommen werden können. In Fällen, in denen der Gesetzgeber sowohl ein behördliches als auch ein gerichtliches Aussetzungsverfahren vorsieht, ist es nicht zwingend, für beide Verfahren dieselben verfassungsrechtlichen Gewährleistungen zu fordern. So weist *Cöster* darauf hin, dass § 361 AO bzw. § 69 FGO zwar an dem Rechtsstaatsprinzip, den betroffenen Grundrechten sowie Art. 19 Abs. 4 Satz 1 GG zu messen seien; die finanzbehördliche Aussetzung sei jedoch nicht „*in allen Detailregelungen verfassungsgeboten*".[46] Art. 19 Abs. 4 GG gewährleiste insbesondere „*nicht den Rechtsschutz gegen Behörden, durch Behörden*".[47] In der Kommentierung von *Birkenfeld* zur finanzbehördlichen Aussetzung wird diese als „*Ausfluss der Rechtsschutzgarantie des Art. 19 Abs. 4 GG*" bezeichnet.[48] Die *gerichtliche* Aussetzungsentscheidung wird hingegen richtigerweise unmittelbar in Art. 19 Abs. 4 Satz 1 GG verortet.[49] Hieraus wird bereits deutlich, dass für die finanzbehördliche Aussetzung, ebenso wie für das behördliche Einspruchsverfahren in der Hauptsache, nicht notwendigerweise die gleichen verfassungsrechtlichen Maßstäbe gelten wie für das gerichtliche Aussetzungs- und Klageverfahren.

Der Einfluss des Art. 19 Abs. 4 Satz 1 GG, der den Ausgangspunkt für den Gesetzgeber bei der Gestaltung des Rechtsschutzes bildet, beeinflusst nur das gerichtliche Verfahren unmittelbar (dazu noch in Teil I, § 1, III. 1. und 2.). Auch eine Auslegung am Wortlaut des Art. 19 Abs. 4 Satz 1 GG deutet darauf hin, dass derjenige, der die Rechtsverletzung (möglicherweise) bewirkt („*durch die öffentliche Gewalt [...] verletzt*"), nicht zugleich derjenige sein kann, der über die Rechtsverletzung entscheidet („*steht ihm der Rechtsweg offen*"). Bekräftigt wird diese Auslegung auch aus systematischer Betrachtung mit Blick auf Art. 19

45 Zur Bedeutung des Art. 6 EMRK für das Steuerverfahren siehe *Seer* in: T/K, EuRS, Rz. 64 m.w.N. (Stand: 126. Lfg. Mai 2011).

46 *Cöster* in: Koenig, AO, § 361 Rz. 5.

47 *Cöster* in: Koenig, AO, Vorb. §§ 347–368 Rz. 5.

48 *Birkenfeld* in: H/H/S, AO, § 361 Rz. 61 m.w.N. i.V.m. Rz. 63 (Stand: 212. Lfg. März 2011).

49 Siehe nur *Birkenfeld* in: H/H/S, FGO, § 69 Rz. 710 m.w.N. (Stand: 242. Lfg. Mai 2017), wonach Art. 19 Abs. 4 GG wirksamen Rechtsschutz durch gerichtliche Prüfung und Aussetzung der Vollziehung garantiere.

Abs. 4 Satz 2 GG, der, in Ermangelung einer anderen, die Zuständigkeit der ordentlichen *Gerichte* als gegeben festlegt.

Aus verfassungsrechtlicher Sicht ist mit Blick auf die unterschiedlichen Entscheidungsträger zwischen dem gerichtlichen Aussetzungs- und Klageverfahren einerseits sowie dem behördlichen Aussetzungs- und Einspruchsverfahren andererseits zu differenzieren. Bei den durch die Behörde geführten Verfahren handelt es sich um *Verwaltungsverfahren*. Die AO verwendet zwar den Begriff des Verwaltungsverfahrens, wie z.B. in § 86 Satz 1 AO, definiert ihn jedoch nicht eigenständig. In Anlehnung an § 9 VwVfG[50], dessen direkter Anwendung § 2 Abs. 2 Nr. 1 VwVfG und der Wortlaut des § 9 Hs. 1 VwVfG („*Verwaltungsverfahren im Sinne dieses Gesetzes*") entgegensteht, lässt sich hierunter diejenige Tätigkeit einer Behörde verstehen, die mit Außenwirkung verbunden ist und die letztlich in einem Verwaltungsakt aufgehen soll, wobei der letzte Akt in Gestalt des Erlasses des Verwaltungsakts umfasst ist.[51] Dies trifft sowohl auf das finanzbehördliche Aussetzungsverfahren, das mit Erlass der Aussetzungsverfügung endet,[52] als auch auf das steuerliche Einspruchsverfahren zu.[53]

Aufbauend auf der Differenzierung zwischen gerichtlichem Verfahren und Verwaltungsverfahren werden nunmehr die verfassungsrechtlichen Gewährleistungen für die beiden Verfahren präsentiert.

---

50 Verwaltungsverfahrensgesetz (VwVfG) in der Fassung der Bekanntmachung vom 23.01.2003 (BGBl. I S. 102), zuletzt geändert durch das Gesetz vom 18.07.2017 (BGBl. I S. 2745).

51 So bspw. auch *Drüen* in: T/K, AO, § 78 Rz. 5 (Stand: 136. Lfg. Mai 2014).

52 Zur Verwaltungsaktqualität der behördlichen Aussetzungsentscheidung siehe nur *Seer* in: T/K, AO, § 361 Rz. 9 m.w.N. (Stand: 140. Lfg. Mai 2015). Dazu noch in Teil II, § 3, IV. 2. d), bb).

53 Zu letzterem siehe auch *Drüen* in: T/K, AO, § 78 Rz. 5 m.w.N. (Stand: 136. Lfg. Mai 2014) („*selbständiges Verwaltungsverfahren*"). Überwiegend wird das steuerliche Vorverfahren als „verlängertes Verwaltungsverfahren" bezeichnet; die Terminologie ist indes uneinheitlich, vgl. BFH, Beschl. v. 20.07.2007, VIII B 8/06, BFH/NV 2007, 2069, 2070 („*verlängertes Verwaltungsverfahren*"); *Bartone* in: B/G, AO, § 347 Rz. 13 (Stand: 107. Lfg. Januar 2014) („*Dabei bleibt das Einspruchsverfahren immer ein Verwaltungsverfahren*"); *Rätke* in: Klein, AO, Vorb. zu §§ 347 ff. Rz. 8 („*verlängertes Verwaltungsverfahren*"); *Bilsdorfer/Morsch/Schwarz*, Hdb. des steuerl. Einspruchsverfahrens, S. 141 („*verlängertes Verwaltungsverfahren*"); *Hettler*, Das außergerichtliche Rechtsbehelfsverfahren, S. 17 f. („*verlängertes Veranlagungsverfahren*"); so auch Bericht und Antrag des Finanzausschusses vom 07.11.1975, BT-Drucks. 7/4292, S. 8 (unter d)). Zum Widerspruchsverfahren der VwGO siehe z.B. *Kopp*, Verfassungsrecht, S. 230 („*das Widerspruchsverfahren ist Verwaltungsverfahren*").

II. Effektiver Individualrechtsschutz im gerichtlichen Verfahren

Als Anknüpfungspunkte für einen Anspruch auf effektiven Rechtsschutz kommen neben Art. 19 Abs. 4 Satz 1 GG auch das Rechtsstaatsprinzip (vgl. Art. 20 Abs. 1, 2 Satz 2, Abs. 3; 28 Abs. 1 Satz 1 GG),[54] insbesondere in Gestalt des allgemeinen Justizgewährungsanspruchs,[55] sowie die materiellen Grundrechte (insbesondere Art. 14 Abs. 1; 12 Abs. 1; 2 Abs. 2 GG) in Betracht.[56] Dieses Konkurrenzverhältnis ist im Stadium des gerichtlichen Verfahrens in den hier behandelten Subordinationsverhältnissen zwischen Bürger und Staat grundsätzlich zugunsten des Art. 19 Abs. 4 Satz 1 GG als lex specialis aufzulösen.[57]

---

54 Vgl. nur *Lorenz*, Der Rechtsschutz des Bürgers, S. 12 m.w.N. („*Die Möglichkeit, zumindest prinzipiell gegen Verletzungen des Rechts seitens des Staates unabhängige Gerichte anzurufen, erweist sich damit als schon im Rechtsstaatsprinzip angelegt.*“); *Stern*, Staatsrecht, I, S. 839 m.w.N. („*Gegen Rechtsverletzungen der öffentlichen Gewalt die Gerichte anrufen zu können, gehört daher zu den Bestandteilen des rechtsstaatlichen Prinzips.*“). Die Herleitung des Rechtsstaatsprinzips ist umstritten. So werden neben den genannten Artikeln auch Art. 79 Abs. 3 GG und Art. 1 GG bzw. eine Gesamtschau derjenigen Bestimmungen des GG, die einen rechtsstaatlichen Bezug aufweisen (vgl. z.B. Art. 16 Abs. 2 Satz 2 GG oder Art. 23 Abs. 1 Satz 1 GG), als Grundlage des Rechtsstaatsprinzips genannt, siehe nur *Grzeszick* in: Maunz/Dürig, GG, Art. 20 VII. Rz. 32 f. m.w.N. (Stand: 48. Lfg. November 2006). Auch das BVerfG ist bei der Herleitung des Rechtsstaatsprinzips uneinheitlich, was anhand zweier Beispiele illustriert werden soll. In einer Entscheidung leitet das BVerfG das Rechtsstaatsprinzip aus Art. 20 Abs. 2, 3 GG her, siehe BVerfG, Beschl. v. 25.07.1979, 2 BvR 878/74, BVerfGE 52, 131, 143. In einem Beschluss aus dem Jahre 1995 nimmt es insoweit auf Art. 20 Abs. 3; 28 Abs. 1 Satz 1 GG Bezug, siehe BVerfG, Beschl. v. 15.05.1995, 2 BvL 19/91, 2 BvR 1206, 1584/91 und 2601/93, BVerfGE 92, 277, 325.

55 Vgl. nur *Papier* in: Isensee/Kirchhof, HStR VIII. § 176 Rz. 1 m.w.N. Das Rechtsstaatsprinzip stellt die verfassungsrechtliche Basis der allgemeinen Justizgewährungspflicht dar, so *Dietlein* in: Stern, Staatsrecht, IV/2, S. 1881 f.; *Schmidt-Aßmann* in: Isensee/Kirchhof, HStR II. § 26 Rz. 71 m.w.N.; *Uhle* in: Merten/Papier, HGR V. § 129 Rz. 27 m.w.N. Letzterer begründet überzeugend die Subjektivierung der allgemeinen Justizgewährungspflicht hin zu einem Justizgewährungsanspruch durch einen Rückgriff auf Art. 2 Abs. 1 GG, da der Staat hinsichtlich des gerichtlichen Rechtsschutzes als Kehrseite des staatlichen Gewaltmonopols und des Selbsthilfeverbots des Bürgers eine Monopolstellung innehabe. Diese Monopolstellung rechtfertige es, aus dem allgemeinen Freiheitsgrundrecht des Art. 2 Abs. 1 GG ausnahmsweise Leistungsansprüche im Sinne eines Justizgewährungsanspruchs abzuleiten.

56 Zu letzterem siehe z.B. *Papier* in: Isensee/Kirchhof, HStR VIII. § 177 Rz. 18 m.w.N.

57 Vgl. *Schenke* in: Kahl/Waldhoff/Walter, BK, GG, Art. 19 Abs. 4 Rz. 699 (Stand: 143. Lfg. Dezember 2009); *Lorenz*, Der Rechtsschutz des Bürgers, S. 13; *Papier* in: Isensee/Kirchhof, HStR VIII. § 177 Rz. 16, 19; *Schoch*, Vorläufiger Rechtsschutz, S. 1011 f.

Dies schließt nicht aus, dass Überlagerungen zwischen den genannten normativen Anknüpfungspunkten vorkommen, insbesondere im Verhältnis zwischen Art. 19 Abs. 4 Satz 1 GG und den materiellen Grundrechten.[58] Letztere sind vor allem bei der Auslegung der Verfahrensvorschriften von Bedeutung.[59]

Art. 19 Abs. 4 Satz 1 GG lautet: „*Wird jemand durch die öffentliche Gewalt in seinen Rechten verletzt, so steht ihm der Rechtsweg offen.*" Hieraus wird ein Anspruch auf effektiven gerichtlichen Rechtsschutz abgeleitet, der sich ggf. auch auf den vorläufigen gerichtlichen Rechtsschutz erstreckt.[60] Mit Art. 19 Abs. 4 Satz 1 GG hat der Verfassungsgeber eine Systementscheidung zugunsten des *Individualrechtsschutzes* getroffen; das Individuum bildet den Mittelpunkt des gerichtlichen Verfahrens.[61] Diese Vorgabe bindet – in unterschiedlicher Intensität – alle drei Gewalten (siehe Art. 1 Abs. 3 GG).[62] Neben der Möglichkeit, Gerichte in Anspruch zu nehmen (sog. Anspruch auf gerichtlichen Rechtsschutz), gewährleistet Art. 19 Abs. 4 Satz 1 GG auch zugunsten des Einzelnen das Recht auf eine effektive gerichtliche Kontrolle (sog. Anspruch im gerichtlichen Rechtsschutz)[63].[64] Das BVerfG entnimmt dem Art. 19 Abs. 4 Satz 1 GG das Recht auf einen effektiven vorläufigen Rechtsschutz, um vollendete Tatsachen zu verhindern, die nach einer abschließenden gerichtlichen Entscheidung nicht mehr korrigiert

58 Vgl. BVerfG, Beschl. v. 27.10.1999, 1 BvR 385/90, BVerfGE 101, 106, 122 m.w.N. („*können sich auch aus den materiellen Grundrechten unter Umständen Anforderungen an das gerichtliche Verfahren ergeben*"); BVerfG, Beschl. v. 10.10.1978, 1 BvR 475/78, BVerfGE 49, 252, 256 f., wonach Art. 19 Abs. 4 Satz 1 GG ergänzt wird „*durch den sich unmittelbar aus dem materiellen Grundrecht des Art. 14 Abs. 1 Satz 1 ergebenden Anspruch auf einen effektiven Rechtsschutz*". Instruktiv zum Verhältnis zwischen Art. 19 Abs. 4 GG und den materiellen Grundrechten *Schmidt-Aßmann* in: Maunz/Dürig, GG, Art. 19 Abs. 4 Rz. 21, 23 jeweils m.w.N. (Stand: 72. Lfg. Juli 2014).

59 Vgl. *Lorenz*, Jura 1983, 393–400 (397).

60 Siehe exemplarisch BVerfG, Beschl. v. 13.06.1979, 1 BvR 699/77, BVerfGE 51, 268, 284 m.w.N.; *Sachs* in: Sachs, GG, Art. 19 Rz. 143, 148 jeweils m.w.N.; *Rengers*, Vorl. Rechtsschutz gegen Steuerbescheide, S. 18 f. m.w.N.

61 Statt vieler siehe nur *Dietlein* in: Stern, Staatsrecht, IV/2, S. 1875 f. m.w.N.

62 Vgl. *Dietlein* in: Stern, Staatsrecht, IV/2, S. 1898 f. m.w.N. Primärer Handlungsadressat des Art. 19 Abs. 4 GG sei die Gesetzgebung; sie müsse die notwendigen Regelungen schaffen, die es dem Bürger ermöglichen, effektiven Rechtsschutz gegen die öffentliche Gewalt zu erlangen.

63 Zur Terminologie siehe *Uhle* in: Merten/Papier, HGR V. § 129 Rz. 3.

64 Vgl. BVerfG, Beschl. v. 27.10.1999, 1 BvR 385/90, BVerfGE 101, 106, 122 m.w.N. („*tatsächlich wirksame gerichtliche Kontrolle*"); BVerfG, Beschl. v. 10.10.1978, 1 BvR 475/78, BVerfGE 49, 252, 256; *Papier* in: Isensee/Kirchhof, HStR VIII. § 177 Rz. 90 m.w.N.; *Uhle* in: Merten/Papier, HGR V. § 129 Rz. 4, 5 jeweils m.w.N.

werden können.[65] Den Anspruch auf effektiven Rechtsschutz konkretisiert es wie folgt: „*Die Bedeutung des Art. 19 Abs. 4 GG liegt vornehmlich darin, daß er die „Selbstherrlichkeit" der vollziehenden Gewalt im Verhältnis zum Bürger beseitigt; kein Akt der Exekutive, der in Rechte des Bürgers eingreift, kann richterlicher Nachprüfung entzogen werden.*"[66]

Wirksamer Rechtsschutz bedeutet insbesondere, dass der Rechtsschutz primären und nicht lediglich sekundären Schutz in Gestalt einer Schadenskompensation vorsieht.[67] Weiterhin hat die gerichtliche Kontrolle lückenlos, rechtzeitig, in rechtlicher Hinsicht hinreichend zu erfolgen und sie muss mit einer wirksamen Abhilfe verbunden sein.[68] Die Effektivität des Rechtsschutzes zeichnet sich dadurch aus, dass die gerichtliche Entscheidung der Rechtsverletzung wirksam begegnet.[69]

Institutionell muss der Rechtsschutz durch unabhängige Richter (vgl. Art. 92; 97 Abs. 1 GG) gewährleistet werden.[70] Aus der in Art. 97 Abs. 1 GG genannten Unabhängigkeit resultiert als Ausdruck der Dispositionsmaxime eine Distanz des Richters in Gestalt einer „*Neutralität und Passivität*" zum Verfahren.[71] Die dritte Gewalt fungiert als neutrale Kontrollinstanz; Bürger und Verwaltung begegnen sich vor ihr „*gewissermaßen auf gleicher Augenhöhe*".[72] Ein durch den Richter aufgedrängter Prozess liefe seiner neutralen Stellung zuwider.[73]

Für den gerichtlichen Rechtsschutz gegen Akte der öffentlichen Gewalt enthält Art. 19 Abs. 4 Satz 1 GG ein individuelles Recht zugunsten des Bürgers auf einen Rechtsschutz, der es ihm ermöglichen soll, seine schwächere Position

---

65 Siehe BVerfG, Beschl. v. 22.09.2009, 1 BvR 1305/09, DStR 2009, 2146, 2147; BVerfG, Beschl. v. 13.06.1979, 1 BvR 699/77, BVerfGE 51, 268, 284; BVerfG, Beschl. v. 19.06.1973, 1 BvL 39/69 und 14/72, BVerfGE 35, 263, 274.

66 BVerfG, Beschl. v. 12.01.1960, 1 BvL 17/59, BVerfGE 10, 264, 267.

67 Abkehr von der „*dulde-und-liquidiere*"-Formel, siehe nur *Schmidt-Aßmann* in: Maunz/Dürig, GG, Art. 19 Abs. 4 Rz. 28 m.w.N. (Stand: 72. Lfg. Juli 2014); *Dietlein* in: Stern, Staatsrecht, IV/2, S. 1869 f. m.w.N. So auch BVerfG, Beschl. v. 19.06.1973, 1 BvL 39/69 und 14/72, BVerfGE 35, 263, 274 f.

68 Vgl. nur *Korinek/Dujmovits* in: Merten/Papier, HGR I. § 23 Rz. 25; *Stern/Sachs* in: Stern, Staatsrecht, III/1, S. 962 m.w.N.

69 *Lorenz*, Jura 1983, 393–400 (394).

70 Vgl. *Stolterfoht*, DStJG 18 (1995), 77, 85; *Windthorst*, Der verwaltungsger. einstw. Rechtsschutz, S. 535 m.w.N.

71 *Haverkämper*, Maxime des Verwaltungsprozessrechts, S. 61.

72 *Schenke* in: Kahl/Waldhoff/Walter, BK, GG, Art. 19 Abs. 4 Rz. 28 (Stand: 138 Lfg. Februar 2009).

73 Siehe nur *Haverkämper*, Maxime des Verwaltungsprozessrechts, S. 61 m.w.N.

im subordinationsrechtlichen Verhältnis zur Exekutive, die in der Lage ist, sich selbst einen vollstreckbaren Titel zu verschaffen, durch die Inanspruchnahme der dritten Gewalt zu relativieren.[74] Folge des individualschützenden Charakters des Art. 19 Abs. 4 Satz 1 GG ist zugleich eine Einschränkung der gerichtlichen Kontrolle.[75] In Abgrenzung zur objektiven Rechtskontrolle kann sich der Einzelne nur insoweit erfolgreich gegen eine belastende Maßnahme des Staates wenden, wie er hierdurch in seinen Rechten verletzt ist.[76] Der subjektive Rechtsschutz ist ein Teilbereich der objektiven Rechtskontrolle, sodass durch die Gewährleistung von Individualrechtsschutz zugleich, aber auch nur soweit die Verletzung subjektiver Rechte geltend gemacht wird, die Bindung des Staates an das Handeln im Einklang mit dem Gesetz (vgl. Art. 20 Abs. 3 Hs. 2 GG) sichergestellt wird.[77]

Die verfassungsrechtliche Absicherung des Individualrechtsschutzes durch Art. 19 Abs. 4 Satz 1 GG beinhaltet insbesondere, dass der gerichtliche Rechtsweg trotz möglicherweise vorgeschalteter außergerichtlicher Verfahren offen stehen muss.[78] Für das Aussetzungsverfahren lässt sich hieraus folgern, dass dieses nicht ausschließlich in der Hand der Finanzbehörde liegen kann; der gesetzgeberische Spielraum ist insoweit durch Art. 19 Abs. 4 Satz 1 GG eingeschränkt, als die Möglichkeit eines vorläufigen Rechtsschutzes durch die Gerichte zwingend vorgesehen sein muss.[79] Im Übrigen können dem Art. 19 Abs. 4 Satz 1 GG für die

---

74 Vgl. BVerfG, Beschl. v. 19.06.1973, 1 BvL 39/69 und 14/72, BVerfGE 35, 263, 272 f., 274 m.w.N.; *Schenke* in: Kahl/Waldhoff/Walter, BK, GG, Art. 19 Abs. 4 Rz. 28 (Stand: 138 Lfg. Februar 2009).

75 *Schmidt-Aßmann* in: Maunz/Dürig, GG, Art. 19 Abs. 4 Rz. 11 (Stand: 72. Lfg. Juli 2014) („*Art. 19 Abs. 4 macht die Gerichte nicht zur universalen Kontrollinstanz*"); *Nolte*, Die Eigenart des verwaltungsgerichtlichen Rechtsschutzes, S. 53 m.w.N.

76 Vgl. *Kirchhof*, DStJG 18 (1995), 17, 27; *Schoch*, Vorläufiger Rechtsschutz, S. 122 f. m.w.N.

77 Vgl. *Schmidt-Aßmann* in: Maunz/Dürig, GG, Art. 19 Abs. 4 Rz. 9 (Stand: 72. Lfg. Juli 2014); *Stern* in: Stern, Staatsrecht, III/2, S. 1216; *Lorenz*, Der Rechtsschutz des Bürgers, S. 130 m.w.N., 132; *Schoch*, Vorläufiger Rechtsschutz, S. 124 m.w.N.

78 Vgl. *Schmidt-Aßmann* in: Maunz/Dürig, GG, Art. 19 Abs. 4 Rz. 26 (Stand: 72. Lfg. Juli 2014); *Scholz*, VVDStRL 34 (1976), 145, 215 („*Zwischen gerichtlichem und verwaltungsmäßigem Rechtsschutz besteht kein Verhältnis gegenseitiger Substituierbarkeit und kein Verhältnis der Subsidiarität*"). In diese Richtung geht auch *Stern*. Er leitet aus dem Rechtsstaatsprinzip auch die Notwendigkeit umfassenden Rechtsschutzes ab, der insbesondere in institutioneller Hinsicht besonderen Anforderungen unterliege; diesen Anforderungen werde nur ein Gericht gerecht, siehe *Stern*, Staatsrecht, I, S. 839.

79 Zutreffend *Schmidt-Aßmann* in: Maunz/Dürig, GG, Art. 19 Abs. 4 Rz. 273 m.w.N. (Stand: 72. Lfg. Juli 2014). Ein vorläufiger Rechtsschutz, der ausschließlich in der Hand der Verwaltung liegen würde, sei im Lichte des Art. 19 Abs. 4 Satz 1 GG unzureichend.

Ausgestaltung respektive Umsetzung des effektiven Rechtsschutzes unmittelbar keine Anforderungen entnommen werden, weshalb sein verfassungsrechtliches Gewicht an Durchschlagskraft einbüßt.[80] Die einfach-gesetzliche Ausgestaltung des (vorläufigen) Rechtsschutzes unter der Prämisse eines wirksamen Rechtsschutzes obliegt der Legislative.[81] Neben der grundsätzlichen Bereitstellung gerichtlicher Verfahren muss sie auch die Inanspruchnahme der Gerichte durch die einfachgesetzliche Regelung subjektiv einklagbarer Rechte ermöglichen, um auf diese Weise dem Einzelnen einen „*wehrfähigen Rechtsstatus*" vermitteln zu können.[82]

III. Rechtsschutz im behördlichen Verfahren

1. Dogmatischer Ansatz mangels Anwendbarkeit des Art. 19 Abs. 4 Satz 1 GG

Art. 19 Abs. 4 Satz 1 GG eröffnet dem Grundrechtsträger unter den dort normierten Voraussetzungen den „Rechtsweg". Hiermit ist – wie ein Vergleich zu Art. 19 Abs. 4 Satz 2 GG („*ordentliche Rechtsweg*") nahe legt – der *gerichtliche* Rechtsschutz gemeint.[83] Art. 19 Abs. 4 Satz 1 GG i.V.m. Art. 1 Abs. 3 GG wirkt daher nur mittelbar auf das Verwaltungsverfahren in der Weise ein, dass das

---

80 Vgl. *Schmidt-Aßmann* in: Maunz/Dürig, GG, Art. 19 Abs. 4 Rz. 14 (Stand: 72. Lfg. Juli 2014): „*Verfassungsfest ist durch Art. 19 Abs. 4 nur ein Kernbestand fixiert.*" Siehe auch *Papier* in: Isensee/Kirchhof, HStR VIII. § 177 Rz. 95 m.w.N. Aus verfassungsrechtlicher Sicht sei kein bestimmtes System des einstweiligen Rechtsschutzes vorgegeben, weshalb ein automatischer Suspensiveffekt (vgl. § 80 Abs. 1 VwGO) aus Art. 19 Abs. 4 GG nicht herleitbar sei.

81 Vgl. BVerfG, Beschl. v. 27.10.1999, 1 BvR 385/90, BVerfGE 101, 106, 123 („*Art. 19 Abs. 4 GG gibt dem Gesetzgeber dabei nur die Zielrichtung und die Grundzüge der Regelung vor, läßt ihm im übrigen aber einen beträchtlichen Gestaltungsspielraum*"); BVerfG, Beschl. v. 19.10.1977, 2 BvR 42/76, BVerfGE 46, 166, 179; BVerfG, Beschl. v. 28.10.1975, 2 BvR 883/73 und 379, 497, 526/74, BVerfGE 40, 237, 256 m.w.N.; *Lorenz*, Der Rechtsschutz des Bürgers, S. 253; *Papier* in: Isensee/Kirchhof, HStR VIII. § 177 Rz. 8 m.w.N.; *Schoch*, Vorläufiger Rechtsschutz, S. 999 f. m.w.N.

82 Zutreffend *Dietlein* in: Stern, Staatsrecht, IV/2, S. 1888, 1889 m.w.N.

83 So die herrschende Auffassung, siehe exemplarisch BVerfG, Beschl. v. 11.10.2010, 2 BvR 1710/10, DStR 2010, 2296, 2298 m.w.N. („*Hieraus ergeben sich für die Gerichte Anforderungen an die Auslegung und Anwendung der jeweiligen Gesetzesbestimmungen über den Eilrechtsschutz*"); *Sachs* in: Sachs, GG, Art. 19 Rz. 134 ff. m.w.N.; *von Mutius*, Widerspruchsverfahren, S. 143 m.w.N.; *Windthorst*, Der verwaltungsger. einstw. Rechtsschutz, S. 490. A.A. z.B. *Lorenz*, Der Rechtsschutz des Bürgers, S. 145 f., der Art. 19 Abs. 4 GG auch als Grundlage für den Rechtsschutz durch bestimmte außergerichtliche Institutionen versteht, soweit der Richter keinen ausreichenden Rechtsschutz gewähren könne.

behördliche Verfahren das *gerichtliche Verfahren* nicht unwirksam stellen darf.[84] Daher muss bspw. auch in diesem Verfahrensstadium die Möglichkeit eines vorläufigen gerichtlichen Rechtsschutzes bestehen.[85]

Außerhalb des Anwendungsbereichs von Art. 19 Abs. 4 Satz 1 GG ist zudem ein Rückgriff auf den allgemeinen Justizgewährungsanspruch denkbar.[86] Letzterer fordert ebenfalls einen wirksamen Rechtsschutz.[87] Ebenso wie bei Art. 19 Abs. 4 Satz 1 GG ist hiermit jedoch der *richterliche* Rechtsschutz gemeint.[88] Seine verfassungsrechtliche Gewährleistung beschränkt sich also auf den gerichtlichen Rechtsschutz, sodass der allgemeine Anspruch auf Justizgewähr im behördlichen Verfahren keine direkte Wirkung entfaltet.[89]

Im außergerichtlichen Verfahren sind demzufolge vor allem die (einschlägigen) materiellen Grundrechte des Bürgers zu beachten.[90] Sie lassen sich

---

84 Vgl. BVerfG, Beschl. v. 08.07.1982, 2 BvR 1187/80, BVerfGE 61, 82, 110 m.w.N.; *Sachs* in: Sachs, GG, Art. 19 Rz. 140 m.w.N.; *Schmidt-Aßmann* in: Maunz/Dürig, GG, Art. 19 Abs. 4 Rz. 26 m.w.N. (Stand: 72. Lfg. Juli 2014), der insoweit von einem institutionellen Rücksichtnahmegebot spricht; *Lemaire*, Der vorläufige Rechtsschutz im Steuerrecht, S. 35 m.w.N., 38 f.

85 Zutreffend *Schenke* in: Kahl/Waldhoff/Walter, BK, GG, Art. 19 Abs. 4 Rz. 179 (Stand: 138. Lfg. Februar 2009). Siehe auch BFH, Beschl. v. 12.05.2000, VI B 266/98, BStBl. II 2000, 536, 538 f. m.w.N. („*Für einen den Anforderungen des Art. 19 Abs. 4 GG genügenden wirksamen vorläufigen Rechtsschutz reicht es aus, dass ein Gericht die aufschiebende Wirkung der Klage gegen einen angefochtenen belastenden Verwaltungsakt (wieder) herstellen kann*").

86 Zur Auffangfunktion des allgemeinen Justizgewährungsanspruchs siehe *Schenke* in: Kahl/Waldhoff/Walter, BK, GG, Art. 19 Abs. 4 Rz. 65 (Stand: 138. Lfg. Februar 2009).

87 *Schenke* in: Kahl/Waldhoff/Walter, BK, GG, Art. 19 Abs. 4 Rz. 61 (Stand: 138. Lfg. Februar 2009). Vgl. auch *Papier* in: Isensee/Kirchhof, HStR VIII. § 176 Rz. 1 m.w.N.

88 Zutreffend *Schmidt-Aßmann* in: Isensee/Kirchhof, HStR II. § 26 Rz. 73. Weitergehend hingegen *Dietlein* in: Stern, Staatsrecht, IV/2, S. 1883 f. Hiernach erstrecke sich die Justizgewährungspflicht – in Abgrenzung zur Gewährleistung des Art. 19 Abs. 4 GG – nicht nur auf den Bereich des gerichtlichen Rechtsschutzes, sondern beziehe auch Aspekte des „*exekutiven und legislativen Schutzes individueller Rechte*" mit ein.

89 Vgl. nur *Papier* in: Isensee/Kirchhof, HStR VIII. § 176 Rz. 8, 12 m.w.N.; *Schenke* in: Merten/Papier, HGR III. § 78 Rz. 80 („*Der allgemeine Anspruch auf Justizgewähr umfaßt [...] nur das Recht auf eine gerichtliche Entscheidung über das geltend gemachte Recht.*").

90 Vgl. auch BVerfG, Beschl. v. 20.12.1979, 1 BvR 385/77, BVerfGE 53, 30, 74 m.w.N. (Sondervotum der Richter *Simon* und *Heußner*): „*Die Auswirkungen der Grundrechte erschöpfen sich nach der Rechtsprechung nicht in der Garantie effektiven Rechtsschutzes in Gestalt einer wirksamen gerichtlichen Kontrolle unter fairer Verfahrensführung. Wenn diese Garantie bereits unmittelbar aus den Einzelgrundrechten folgt, dann kann dies auch auf die Gestaltung des vorherigen behördlichen Verfahrens nicht ohne Einfluß bleiben,*

insbesondere in Abwehr- und Leistungsrechte unterteilen. Während die Abwehrrechte dazu dienen, hoheitliches Handeln abzuwehren, das in den Schutzbereich eines Grundrechts eingreift, können sich aus den Grundrechten zum Teil auch *„Ansprüche auf staatliches Handeln“* ergeben.[91] So sieht bspw. Art. 6 Abs. 4 GG explizit einen Anspruch jeder Mutter auf Schutz und Fürsorge vor. Darüber hinaus können die materiellen Grundrechte auch eine *„Ausstrahlungswirkung“* für die Organisation und das Verfahren haben.[92] Hiernach könne den Grundrechten auch außerhalb der Art. 19 Abs. 4; 101; 103 und 104 GG eine eigenständige Bedeutung hinsichtlich der Organisation und der Gestaltung des Verfahrens zukommen.[93] *„Bereits der materiellen Gewährleistung wohnt demnach der Gedanke ihrer organisations- und verfahrensrechtlichen Besicherung inne; ihr Schutzbereich impliziert mehr als bloß theoretisch verliehene Rechte: Die materiellrechtlichen Gewährleistungen sollen durch organisations- und verfahrensrechtliche Abstützung auch faktisch verwirklicht werden. Angenommene Wechselwirkungen zwischen Grundrechten einerseits und Organisation und Verfahren andererseits tragen wesentlich zur faktischen Effizienz und Realisierung materieller Grundrechtspositionen bei und vergrößern deren Reichweite auf erhebliche Weise.“*[94] Die verfahrensrechtliche Komponente der materiellen Grundrechte ist dort relevant, wo der Grundrechtseingriff intensiv ist, oder eine gerichtliche Kontrolle den Grundrechtsschutz nicht ausreichend sicherstellen kann.[95] Neben der dargestellten verfahrensrechtlichen Wirkungsweise sind natürlich auch im Verwaltungsverfahren

---

soweit die behördliche Entscheidung diese Grundrechte berührt“; *Papier* in: Isensee/Kirchhof, HStR VIII. § 177 Rz. 18, 22 jeweils m.w.N.

91 Siehe *Sachs* in: Sachs, GG, Vor Art. 1 Rz. 42 ff., 46.

92 Zur Terminologie siehe *Sachs* in: Sachs, GG, Vor Art. 1 Rz. 34.

93 Siehe dazu z.B. *Stern/Sachs* in: Stern, Staatsrecht, III/1, S. 956: *„In diesem Sinne dienen organisations- und verfahrensrechtliche Regelungen einer Vielzahl von Grundrechten. Sie leisten einen Beitrag zur Grundrechtseffektuierung. So verstanden sind Organisation und Verfahren in irgendeiner Form schlicht ein notwendiges Element der Wirksamkeit vieler Grundrechte. […] Neben echten Verfahrensgrundrechten und verfahrensabhängigen Grundrechten sind mithin zahlreiche Grundrechte einer organisations- und verfahrensrechtlichen Regelung teils fähig, teils bedürftig.“*

94 *Korinek/Dujmovits* in: Merten/Papier, HGR I. § 23 Rz. 73. Ausführlich zur Bedeutung der materiellen Grundrechte für das Verfahrensrecht im Kontext des Art. 2 Abs. 2 GG BVerfG, Beschl. v. 20.12.1979, 1 BvR 385/77, BVerfGE 53, 30, 71 ff. m.w.N. (Sondervotum der Richter *Simon* und *Heußner*).

95 Vgl. zu Art. 12 Abs. 1 GG bei der Bewertung von Prüfungsleistungen BVerfG, Beschl. v. 17.04.1991, 1 BvR 419/81 und 213/83, BVerfGE 84, 34, 46.

die materiellen Grundrechte zu wahren, wobei in letzterem Zusammenhang insbesondere der Verhältnismäßigkeitsgrundsatz von Bedeutung ist.[96]

Somit ergibt sich bereits aus den einschlägigen materiellen Grundrechten eine Rechtsschutzfunktion des Verwaltungsverfahrens; sind spezielle grundrechtliche Gewährleistungen nicht einschlägig, kann die Rechtsschutzfunktion des Verwaltungsverfahrens auf das allgemeine Rechtsstaatsprinzip gestützt werden.[97]

2. *Gestaltungsspielraum des Gesetzgebers hinsichtlich der Ausgestaltung des Verwaltungsverfahrens*

Das steuerliche Einspruchsverfahren sowie das finanzbehördliche Aussetzungsverfahren nähern sich in ihrer Ausgestaltung dem gerichtlichen Klageverfahren sowie der Möglichkeit, bei den Gerichten vorläufigen Rechtsschutz zu erhalten, an. Die beiden Verwaltungsverfahren haben eine Schutzfunktion zugunsten des Bürgers.[98] Das steuerliche Einspruchsverfahren vermittelt auch Rechtsschutz.[99] Die Annäherung des Einspruchsverfahrens und des behördlichen Aussetzungsverfahrens ist auf den gesetzgeberischen Gestaltungsspielraum zurückzuführen. Der Gesetzgeber ist hinsichtlich der Gestaltung des Verwaltungsverfahrens nicht an die Zielvorgabe eines effektiven Individualrechtsschutzes im Sinne des Art. 19 Abs. 4 Satz 1 GG gebunden. Vielmehr ist er in der Zweckbestimmung des Verwaltungsverfahrens weitgehend frei. Die Konzeption, zwischen dem steuerlichen Festsetzungsverfahren und dem gerichtlichen Rechtsschutzverfahren ein weiteres Verwaltungsverfahren zu etablieren, ist auch eine Reaktion darauf, dass das Festsetzungsverfahren praktische

---

96 Zur Terminologie und Abgrenzung zwischen „*dem Grundrechtsschutz im und einem solchen durch Verwaltungsverfahren*" *Schmidt-Aßmann* in: Isensee/Kirchhof, HStR V. § 109 Rz. 21 m.w.N.

97 So überzeugend zum Widerspruchsverfahren (§§ 68 ff. VwGO) *Jochum*, Verwaltungsverfahrensrecht, S. 56 ff. m.w.N., insbesondere S. 58. Siehe auch *Schoch*, Vorläufiger Rechtsschutz, S. 1010 f. („*die Verankerung des Rechtsschutzes in den materiellen Grundrechten liefert ferner die Basis für die Rechtsschutzfunktion des Verwaltungsverfahrens*").

98 Vgl. zu den Zwecken des Einspruchsverfahrens (Rechtsschutz des Bürgers, Selbstkontrolle der Verwaltung und Entlastung der Gerichte) nur *Cöster* in: Koenig, AO, Vorb. §§ 347–368 Rz. 4. *Stolterfoht* lehnt die Rechtsschutzfunktion des Einspruchsverfahrens ab, siehe *Stolterfoht*, DStJG 18 (1995), 77, 85 ff. Hiergegen zu recht kritisch *Hettler*, Das außergerichtliche Rechtsbehelfsverfahren, S. 28 ff.; *Lemaire*, Der vorläufige Rechtsschutz im Steuerrecht, S. 36 f. Zur Rechtsschutzfunktion des behördlichen Aussetzungsverfahrens siehe noch Teil II, § 3, III. 1. m.w.N.

99 Zutreffend *Lemaire*, Der vorläufige Rechtsschutz im Steuerrecht, S. 37.

Schwächen hat. Das Steuerverfahren sieht sich angesichts der begrenzten Verwaltungsressourcen und der Masse an Steuerfällen einem Zielkonflikt zwischen einer rechtsstaatlich gebotenen sorgfältigen Sachverhaltsaufklärung im Einzelfall und der Realisierung der Gesetzmäßigkeit im Gesamtvollzug sämtlicher Einzelfälle ausgesetzt.[100] Zugleich ist es als Massenverfahren fehleranfällig.[101] Um den Entscheidungsprozess im Ausgangsverfahren, also vor Erlass der ersten Hoheitsmaßnahme nicht unnötig zu verlangsamen und eine Überlastung der Fachgerichte zu verhindern, bietet es sich an, eine nachträgliche Selbstkontrolle vorzusehen, wie dies auch im Steuerrecht durch das Einspruchsverfahren (§§ 347 ff. AO) geschehen ist. In diesem Verfahren muss die Exekutive ihr ursprüngliches Handeln, dessen Übereinstimmung mit dem Gesetz durch die bereits genannte Quantität der Fälle nicht ohne Folgen auf die Qualität des ursprünglichen Verfahrens bleibt, sorgfältig auf die Vereinbarkeit mit dem Gesetz überprüfen. Sie ist nach dem Gesetz zur Vollüberprüfung verpflichtet (§ 367 Abs. 2 Satz 1 AO). Auch dem sind freilich natürliche Grenzen durch die Vielzahl an jährlich eingelegten Einsprüchen gesetzt.[102]

Aus dem Vergleich zwischen den verfassungsrechtlichen Vorgaben für das gerichtliche Verfahren mit denjenigen für das außergerichtliche Verfahren wird deutlich, dass das Einspruchsverfahren – Gleiches gilt für das finanzbehördliche Aussetzungsverfahren – kein Rechtsschutzverfahren im Sinne des Art. 19 Abs. 4 Satz 1 GG ist.[103] Andernfalls müsste bezogen auf den Gewaltenteilungsgrundsatz

---

100 Siehe *Seer* in: T/L, Steuerrecht, § 21 Rz. 5. Es müsse ein angemessener Ausgleich zwischen Gesetzmäßigkeit, Rechtsanwendungsgleichheit und den betroffenen Freiheitsgrundrechten (sog. verfassungsrechtliches Dreieck, vgl. *Seer*, Verständigungen im Steuerverfahren, S. 296) hergestellt werden, so *Seer*, Verständigungen im Steuerverfahren, S. 298.

101 *Seer* in: T/L, Steuerrecht, § 22 Rz. 9.

102 Im Jahr 2016 wurden ca. 3,3 Millionen Einsprüche eingelegt; unerledigt waren am 31.12.2016 ca. 2,4 Millionen Einsprüche, siehe Tabelle 1: Einspruchsstatistik der Jahre 2012 bis 2016 der Statistiken des BMF über die Einspruchsbearbeitung in den Finanzämtern (September 2017), abrufbar unter http://www.bundesfinanzministerium.de/Monatsberichte/2017/09/Inhalte/Kapitel-3-Analysen/3-6-Statistik-zur-Einspruchsbearbeitung-in-den-Finanzaemtern.html (zuletzt aufgerufen am 25.02.2018 um 08:07 Uhr).

103 Vgl. zum Widerspruchsverfahren der VwGO BVerfG, Beschl. v. 09.05.1973, 2 BvL 43, 44/71, BVerfGE 35, 65, 73: „*§ 68 Abs. 1 Satz 1 VwGO weist der Widerspruchsbehörde keine Rechtsprechungsaufgaben zu. Sie entscheidet vielmehr als Teil der Exekutive*". Siehe ferner *Bartone* in: B/G, AO, § 347 Rz. 13 (Stand: 107. Lfg. Januar 2014) („*Das Einspruchsverfahren ist sicherlich nicht mit dem gerichtlichen Rechtsschutz*

ein unzulässiger Eingriff in die Kernkompetenz der Judikative (vgl. Art. 92 GG) in Betracht gezogen werden.[104] Die Exekutive führt das Vorverfahren vielmehr in eigener Verantwortung. Das (vorläufige) außergerichtliche Verfahren der Exekutive dient daher nicht als Ausgleich des Machtgefälles zwischen Staat und Bürger, wie es oben für das gerichtliche Verfahren festgestellt worden ist.

Einschränkungen des Gestaltungsspielraums ergeben sich allerdings dadurch, dass der Gesetzgeber mit der obligatorischen Vorschaltung des steuerlichen Einspruchsverfahrens (vgl. § 44 Abs. 1 FGO) und dem finanzbehördlichen Aussetzungsverfahren (vgl. § 69 Abs. 4 Satz 1 FGO) den Zugang zu den Gerichten einschränkt. Auch wenn Art. 19 Abs. 4 Satz 1 GG – wie bereits dargestellt – nur das gerichtliche Verfahren unmittelbar beeinflusst, darf die Vorschaltung der genannten Verwaltungsverfahren den gerichtlichen Rechtsschutz nicht mittelbar entwerten. Daher strahlt Art. 19 Abs. 4 Satz 1 GG in das Verwaltungsverfahren insbesondere in der Weise aus, dass die Durchführung des steuerlichen Vorverfahrens in angemessener Zeit zu erfolgen hat. „*Denn daß eine sachliche Entscheidung durch die Gerichte noch „zur rechten Zeit“ erlangt werden kann, ist eine wesentliche Bedingung für die Wirksamkeit des durch Art. 19 Abs. 4 GG gewährleisteten Rechtsschutzes.*“[105] Vorwirkungen ergeben sich zudem insoweit, als eine gerichtliche Kontrolle ermöglicht beziehungsweise erleichtert werden soll, wie insbesondere durch die Pflichten der Behörde zur Aktenführung, Bekanntmachung der hoheitlichen Maßnahme sowie deren Begründung.[106] Ferner darf die Behörde den Bürger über seine Möglichkeiten gerichtlichen Rechtsschutzes nicht falsch informieren oder auf andere Weise die gerichtliche Kontrolle vereiteln.[107] Es wird deutlich, dass der Bezugspunkt des Art. 19 Abs. 4 Satz 1 GG auch in diesen Fällen der gerichtliche

---

i.S.d. Art. 19 Abs. 4 GG vergleichbar, da die FinBeh keinen Rechtsschutz in diesem Sinne gewähren können; diese Aufgabe ist ausschließlich den Gerichten vorbehalten (Art. 92 GG).“).

104 Siehe insoweit auch BVerfG, Beschl. v. 09.05.1973, 2 BvL 43, 44/71, BVerfGE 35, 65, 73, wonach der Gewaltenteilungsgrundsatz gewahrt bleibe, da die Widerspruchsbehörde trotz § 68 Abs. 1 Satz 1 VwGO keine Rechtsprechungsaufgaben wahrnehme, sondern exekutivisch handele; *von Mutius*, Widerspruchsverfahren, S. 147 ff. m.w.N.; *Papier* in: Isensee/Kirchhof, HStR VIII. § 176 Rz. 8, wonach Art. 92 GG ein Rechtsprechungsmonopol der Richter zu entnehmen sei.

105 Siehe zu den letzten beiden Sätzen BVerfG, Beschl. v. 28.10.1975, 2 BvR 883/73 und 379, 497, 526/74, BVerfGE 40, 237, 257.

106 Vgl. nur *Schmidt-Aßmann* in: Isensee/Kirchhof, HStR V. § 109 Rz. 31 m.w.N.

107 Vgl. BVerfG, Beschl. v. 08.07.1982, 2 BvR 1187/80, BVerfGE 61, 82, 110.

Rechtsschutz bleibt. Die mittelbare Wirkung des Art. 19 Abs. 4 Satz 1 GG wertet nicht bewusst das außergerichtliche Verfahren als solches verfassungsrechtlich auf. Vielmehr soll letzteres keine unzumutbaren Hürden für den gerichtlichen Rechtsschutz zur Folge haben.[108]

Im Übrigen ergeben sich verfassungsrechtlich lediglich allgemeine Standards, die der Gesetzgeber bei der Ausgestaltung und die Exekutive bei der Durchführung des Verwaltungsverfahrens beachten müssen. So wirkt bspw. das Rechtsstaatsprinzip auf das Verwaltungsverfahren insbesondere zum Zwecke eines fairen Verfahrens ein; diesem Zweck dienen u.a. das Anhörungsrecht des § 28 VwVfG (vgl. für das Steuerrecht § 91 AO) sowie das Begründungserfordernis gemäß § 39 VwVfG (siehe § 121 AO).[109] Hingegen lassen sich aus den materiellen Grundrechten kaum generelle Anforderungen für das Verwaltungsverfahren entnehmen, zumal diese zunächst im Einzelfall für anwendbar erklärt werden müssen.[110] Die verfahrensrechtliche Dimension der materiellen Grundrechte, also der Grundrechtsschutz *durch* Verwaltungsverfahren[111] kann im Kontext der aufgedrängten Aussetzung vernachlässigt werden. Relevant ist insoweit vielmehr die Frage, ob die Einleitung des Aussetzungsverfahrens gegen den Willen des Betroffenen mit dessen Grundrechten vereinbar ist, oder ob die genannten Regelungen einer einschränkenden grundrechtsfreundlichen Auslegung und Anwendung bedürfen (sog. Grundrechtsschutz *im* Verwaltungsverfahren;[112] siehe den folgenden Abschnitt).

Mit der Feststellung, dass die genannten Verwaltungsverfahren rechtsschützende Funktion haben, ist nicht die Schlussfolgerung verknüpft, dass das Einspruchs- und finanzbehördliche Aussetzungsverfahren daneben nicht auch Allgemeininteressen verfolgt. Das Verwaltungsverfahren dient dem Gesetzesvollzug, d.h. die im Gesetz enthaltene abstrakt-generelle Regelung wird durch die Verwaltung im konkret-individuellen Verhältnis zum Bürger umgesetzt.

---

108 Vgl. insoweit auch *Dietlein* in: Stern, Staatsrecht, IV/2, S. 1898 f. Judikative und Exekutive seien dazu angehalten, den grundrechtlichen Anspruch auf gerichtlichen Rechtsschutz gegenüber der öffentlichen Hand bei Anwendung der einfach-gesetzlichen Vorschriften Rechnung zu tragen sowie „*ungerechtfertigte Erschwernisse des gerichtlichen Rechtsschutzes zu unterlassen.*"

109 Vgl. *Sachs* in: Sachs, GG, Art. 20 Rz. 165 m.w.N.

110 Ausführlich zum Einfluss der Grundrechte auf das Verwaltungsverfahren *Schmitz* in: Stelkens/Bonk/Sachs, VwVfG, § 1 Rz. 45 ff. m.w.N.

111 Zur Terminologie siehe *Schmitz* in: Stelkens/Bonk/Sachs, VwVfG, § 1 Rz. 45 m.w.N.

112 Zur Terminologie vgl. *Schmitz* in: Stelkens/Bonk/Sachs, VwVfG, § 1 Rz. 45 m.w.N.

Aufgabe der Gerichte ist es hingegen, dass Verwaltungshandeln grundsätzlich repressiv auf seine Rechtmäßigkeit zu überprüfen, wobei den Anstoß hierzu der Bürger durch die Geltendmachung einer Verletzung seiner Rechte gibt.[113]

Gemäß Art. 20 Abs. 3 Hs. 2 GG sind die vollziehende Gewalt und die Rechtsprechung an Gesetz und Recht gebunden. Hieraus folgt der „*Vorrang des Gesetzes*".[114] Aus dem Gesetzesvorrang resultiert einerseits die Verpflichtung des Gesetzesanwenders, die Rechtsfolgen eintreten zu lassen, die der Gesetzgeber an das Vorliegen der Voraussetzungen eines gesetzlichen Tatbestandes knüpft.[115] „*Der Gesetzesvollzug steht nicht zur Disposition der Verwaltung.*"[116] Die Gesetzesanwender müssen sich andererseits bei der Gesetzesanwendung in dem Rahmen halten, den die Legislative abgesteckt hat, d.h. Exekutive und Judikative müssen ihr Handeln „*inhaltlich kongruent mit den gesetzlichen Anforderungen*" gestalten.[117] Sie dürfen nicht gegen die Gesetze verstoßen.[118] „*Behörden und Gerichte sind eben nicht nur verpflichtet, Gesetze irgendwie anzuwenden, sondern auch, sie **richtig anzuwenden**.*" (Hervorhebung durch Verf.).[119] Einfach-gesetzlich normiert § 85 Satz 1 AO als Besteuerungsgrundsatz, dass die Finanzbehörden die Steuern nach Maßgabe der Gesetze gleichmäßig festzusetzen und zu erheben haben. Insoweit wird der in Art. 20 Abs. 3 Hs. 2 GG verankerte Grundsatz der Gesetzmäßigkeit der Verwaltung durch

---

113 Vgl. zu den letzten beiden Sätzen *Schmitz* in: Stelkens/Bonk/Sachs, VwVfG, § 1 Rz. 58 m.w.N.

114 Vgl. BVerfG, Beschl. v. 28.10.1975, 2 BvR 883/73 und 379, 497, 526/74, BVerfGE 40, 237, 248 f.; *Grzeszick* in: Maunz/Dürig, GG, Art. 20 VI. Rz. 72 m.w.N. (Stand: 51. Lfg. Dezember 2007); *Schmidt-Aßmann* in: Isensee/Kirchhof, HStR II. § 26 Rz. 62 m.w.N. Während der Vorrang des Gesetzes die Frage klärt, was die vollziehende Gewalt und die Judikative aufgrund eines bestehenden Legislativakts tun müssen, thematisiert der Vorbehalt des Gesetzes, wie sich Exekutive und die Rechtsprechung ohne Legislativakt verhalten dürfen; letztere Fragestellung wird von Art. 20 Abs. 3 GG nicht ausdrücklich beantwortet, vgl. *Gusy*, JuS 1983, 189–194 (191).

115 Insoweit wird von einem „*Anwendungsgebot*" gesprochen, vgl. *Gusy*, JuS 1983, 189–194 (191); *Ossenbühl* in: Isensee/Kirchhof, HStR V. § 101 Rz. 5. Als vorrangige Gesetze im Sinne des Art. 20 Abs. 3 GG kommen alle Normen in Betracht gleichgültig, ob sie formelle oder materielle Regelungen enthalten, siehe *Gusy*, JuS 1983, 189–194 (192).

116 *Ossenbühl* in: Isensee/Kirchhof, HStR V. § 101 Rz. 5.

117 *Gusy*, JuS 1983, 189–194 (191), der insoweit von einem „*Abweichungsverbot*" spricht.

118 *Ossenbühl* in: Isensee/Kirchhof, HStR V. § 101 Rz. 6.

119 *Gusy*, JuS 1983, 189–194 (191).

den Grundsatz der Gesetzmäßigkeit der Besteuerung konkretisiert. Das aus § 85 Satz 1 AO folgende *Legalitätsprinzip* berechtigt und verpflichtet die Finanzbehörden dazu, sämtliche entstandene Steueransprüche (vgl. § 38 AO) festzusetzen und die Steuern zu erheben.[120]

Infolge dessen ist der Fokus der rechtswahrenden Selbstüberprüfung im Vorverfahren ein anderer als der des gerichtlichen Verfahrens. Er reicht aufgrund des Vorrangs des Gesetzes weiter als der gerichtliche Rechtsschutz, der durch Art. 19 Abs. 4 Satz 1 GG subjektiv-rechtlich geprägt ist. Daher ist es bspw. denkbar, dass die Behörde im Vorverfahren eine im Vergleich zum Ausgangsverwaltungsakt verbösernde Entscheidung trifft.[121] Das Gericht ist hingegen an das Begehren des Klägers gebunden.[122]

Im Rahmen des gerichtlichen Rechtsschutzes hat sich gezeigt, dass die verfassungsrechtliche Vorgabe des Art. 19 Abs. 4 Satz 1 GG als Maßstab für den Gesetzgeber bei der einfach-gesetzlichen Ausgestaltung des Rechtsschutzes fungiert. Insoweit kommt ihm also ein Gestaltungsspielraum zu, der am Ende so ausgeübt worden sein muss, dass der Einzelne effektiv gegen eine ihn verletzende Maßnahme vorgehen kann. Den Weg dorthin determiniert Art. 19 Abs. 4 Satz 1 GG hingegen nicht. Übertragen auf den nicht durch den Richter, sondern durch die Behörde erfolgenden Rechtsschutz, muss dies erst recht gelten. Auch hier ist der Gesetzgeber frei, wie er den Rechtsschutz im Rahmen des Verwaltungsverfahrens gestaltet.[123] Er hat bezüglich des Vorverfahrens im Vergleich zum gerichtlichen Verfahren sogar einen noch größeren Gestaltungsspielraum. Er kann über die Einführung und Abschaffung des Vorverfahrens grundsätzlich frei entscheiden.[124] Folglich ist er auch in der Ausgestaltung des Vorverfahrens frei,

---

120 Vgl. zu den letzten beiden Sätzen nur GrS BFH, Beschl. v. 28.11.2016, GrS 1/15, BStBl. II 2017, 393, 400 m.w.N.

121 Vgl. für das Einspruchsverfahren § 367 Abs. 2 Satz 2 AO.

122 Vgl. für das finanzgerichtliche Verfahren § 96 Abs. 1 Satz 2 FGO.

123 Instruktiv zum Gestaltungsspielraum des Gesetzgebers hinsichtlich des Verwaltungsverfahrens *Schmitz* in: Stelkens/Bonk/Sachs, VwVfG, § 1 Rz. 41 m.w.N.

124 Vgl. zum Vorverfahren nach §§ 68 ff. VwGO BVerfG, Beschl. v. 09.05.1973, 2 BvL 43, 44/71, BVerfGE 35, 65, 72 f., wonach dessen Einführung nicht gegen Art. 19 Abs. 4 Satz 1 GG verstoße, umgekehrt aber die Abschaffung des Vorverfahrens auch keinen verfassungsrechtlichen Bedenken ausgesetzt sei; *Schmidt-Aßmann* in: Maunz/Dürig, GG, Art. 19 Abs. 4 Rz. 249 m.w.N. (Stand: 72. Lfg. Juli 2014); *Lorenz*, Der Rechtsschutz des Bürgers, S. 179 f.; *Schmidt-Aßmann* in: Isensee/Kirchhof, HStR V. § 109 Rz. 30. Letzterer betont, dass das Widerspruchsverfahren zwar nicht verfassungsgeboten, aber dennoch sinnvoll sei.

sofern hieraus keine unzumutbaren Nachteile für den gerichtlichen Rechtsschutz drohen.[125] Für das behördliche Aussetzungsverfahren kann insoweit nichts anderes gelten.

3. Besonderheit der aufgedrängten Aussetzung der Vollziehung im verfassungsrechtlichen Kontext

Sofern sich der Gesetzgeber für die obligatorische Vorschaltung eines Vorverfahrens und eines vorläufigen außergerichtlichen Rechtsschutzes entscheidet, muss er dem Bürger die Wahrnehmung respektive Durchsetzung seiner Grundrechte ermöglichen; der Bürger muss die Möglichkeit haben, die beiden Verfahren zu initiieren.[126] Fraglich ist, ob diese leistungsrechtliche Komponente mit einem Abwehrrecht dergestalt korreliert, dass nur der Grundrechtsträger über das behördliche Aussetzungsverfahren disponieren kann.

Das Vorverfahren nach §§ 68 ff. VwGO bzw. §§ 347 ff. AO verstärkt in der Regel aufgrund des umfassenden Überprüfungsspielraums des Kontrollorgans den Rechtsschutz des Bürgers.[127] Allerdings darf das Vorverfahren, sofern dieses dem gerichtlichen Verfahren obligatorisch vorgeschaltet ist (vgl. § 44 Abs. 1 FGO), den Anspruch des Bürgers auf effektiven gerichtlichen Rechtsschutz nicht beeinträchtigen. Entsprechendes muss dann auch für das finanzbehördliche Aussetzungsverfahren gelten. Auch dieses ist dem gerichtlichen Aussetzungsverfahren in der Regel vorgeschaltet (vgl. § 69 Abs. 4 FGO). Ein unwirksamer und mit Art. 19 Abs. 4 Satz 1 GG unvereinbarer Rechtsschutz liegt jedoch erst dann vor,

---

125 Vgl. BVerfG, Beschl. v. 08.07.1982, 2 BvR 1187/80, BVerfGE 61, 82, 110 m.w.N.; BVerfG, Beschl. v. 28.10.1975, 2 BvR 883/73 und 379, 497, 526/74, BVerfGE 40, 237, 256 m.w.N. Siehe auch *Schmidt-Aßmann* in: Hoffmann-Riem/Schmidt-Aßmann/Voßkuhle, GVwR II, § 27 Rz. 68: *„Der funktionale Zusammenhang zwischen administrativem und gerichtlichem Verfahren verlangt, dass bei der Ausgestaltung und praktischen Anwendung des Verfahrensrechts in einem Verfahren der spezifische Auftrag des anderen Verfahrens nicht unmöglich gemacht oder wesentlich erschwert wird.*"

126 Vgl. insoweit auch *Korinek/Dujmovits* in: Merten/Papier, HGR I. § 23 Rz. 21 (*„Um Grundrechten effektiv zum Durchbruch zu verhelfen, spielt die Zuteilung von Initiativrechten eine grundlegende Rolle. Der Kreis derer, die ein Kontrollverfahren in Gang zu setzen befugt sind, bestimmt in maßgeblicher Weise die Effizienz der Grundrechtsdurchsetzung.*").

127 So bspw. auch BVerfG, Beschl. v. 28.10.1975, 2 BvR 883/73 und 379, 497, 526/74, BVerfGE 40, 237, 256 f.; *Lemaire*, Der vorläufige Rechtsschutz im Steuerrecht, S. 37 ff.

wenn der „*Weg zu den Gerichten in unzumutbarer, aus Sachgründen nicht mehr zu rechtfertigender Weise erschwert*" wird.[128]

In Fällen aufgedrängter Aussetzung der Vollziehung beanstandet der Einzelne nicht, dass die von ihm behauptete Rechtsverletzung im Hauptsacheverfahren nicht effektiv geprüft werde. Stattdessen wendet er sich gegen das „Mehr" an Rechtsschutz durch die nicht gewollte Aussetzung der Vollziehung. Es geht hier somit nicht um eine Leistungsforderung in Form der Rechtsschutzgewährung (= „Ob" des Rechtsschutzes), sondern um eine Eingriffsabwehr in Bezug auf das „Wie" der Rechtsschutzgewährung.

Die vollziehende Gewalt ist bei all ihren Handlungen, insbesondere im hier relevanten Bereich der Eingriffsverwaltung, grundrechtsgebunden (Art. 1 Abs. 3 GG).[129] Die materiellen Grundrechte des Betroffenen wirken sich insbesondere dort aus, wo Handlungsspielräume auf Seiten der Behörde bestehen, wie es z.B. im Rahmen behördlicher Ermessensentscheidungen der Fall ist.[130]

Für die Eingriffsabwehr kommt es allerdings auf die Gegebenheiten im Einzelfall an. Es ist also im einzelnen Fall zu klären, ob das Handeln des Grundrechtsverpflichteten gegen die einschlägigen Grundrechte verstößt. Zwar hat der Gesetzgeber im gerichtlichen und insbesondere im Verwaltungsverfahren einen Gestaltungsspielraum. Restriktionen für ihn und auch für die Verwaltung bei Anwendung der gesetzlichen Bestimmungen ergeben sich jedoch, wenn ihre Maßnahmen zu einer Grundrechtsverletzung führen. Bei einer Initiierung des Aussetzungsverfahrens gegen den Willen des Bürgers können sich u.a. aus Art. 19 Abs. 4 Satz 1 GG in seiner Vorwirkung für das gerichtliche Verfahren

---

128 BVerfG, Beschl. v. 12.01.1960, 1 BvL 17/59, BVerfGE 10, 264, 268. Vgl. ferner BVerfG, Beschl. v. 20.12.1979, 1 BvR 385/77, BVerfGE 53, 30, 72 m.w.N. (Sondervotum der Richter *Simon* und *Heußner*); BVerfG, Beschl. v. 10.10.1978, 1 BvR 475/78, BVerfGE 49, 252, 256 f. m.w.N.; BVerfG, Beschl. v. 28.10.1975, 2 BvR 883/73 und 379, 497, 526/74, BVerfGE 40, 237, 256 m.w.N.

129 Siehe auch *Stober* in: Merten/Papier, HGR III. § 77 Rz. 4: „*Die Verwaltungskontrolle besteht wegen der aufgezeigten Grundrechtsbindung zunächst darin, daß die Exekutive bei jedem Verwaltungsvorgang immanent prüfen muß, ob der Schutz des jeweiligen Grundrechtsträgers ausreichend berücksichtigt wurde. Insoweit dient* ***jede Anwendung und Auslegung verwaltungsrechtlicher Bestimmungen bei einem konkreten Verwaltungshandeln zugleich der Grundrechtskontrolle und dem Grundrechtsschutz, weil die Exekutive stets grundrechtskonform agieren und ihre Entscheidungen im Lichte des Grundgesetzes treffen muß.***" (Hervorhebungen durch Verf.).

130 Vgl. *Stober* in: Merten/Papier, HGR III. § 77 Rz. 17 m.w.N.

sowie aus den jeweils betroffenen materiellen Grundrechten Grenzen für die behördliche Ermessensausübung ergeben (siehe noch Teil II, § 3, IV. 1.).

§ 2 Funktionen des vorläufigen Rechtsschutzes

Der dienende Charakter des vorläufigen Rechtsschutzes zum Hauptsacheverfahren spiegelt sich in seinen Funktionen wieder. Der vorläufige Rechtsschutz soll einerseits die tatsächliche Wirksamkeit der Hauptsacheentscheidung dadurch sicherstellen, dass bis zum Abschluss des Verfahrens in der Hauptsache keine unumkehrbaren Zustände geschaffen werden (sog. *Sicherungsfunktion*). Andererseits ist im Hinblick darauf, dass bis zur abschließenden Klärung der streitigen Rechtsfrage unter Umständen geraume Zeit vergehen kann, in der Sache eine Entscheidung zu treffen, die die gegensätzlichen Interessen zwischen dem Bürger und der Verwaltung angemessen berücksichtigt (sog. *interimistische Befriedungsfunktion*).[131] Beide Funktionen sind grundsätzlich nebeneinander anzuwenden.[132]

Das Risiko der Diskrepanz zwischen der Entscheidung im Eilverfahren und der Hauptsacheentscheidung ist angemessen zu verteilen; hierfür bietet es sich an, primär auf die Erfolgsaussichten im Hauptsacheverfahren, also das anzuwendende materielle Recht, abzustellen.[133] Will man dem vorläufigen Rechtsschutz im Bereich hoheitlicher Abgaben nicht – mit einem Verweis auf etwaige Kompensationsmöglichkeiten durch Zinsen – seine Bedeutung absprechen,[134] wird man richtigerweise davon ausgehen müssen, dass dem Sicherungselement, also der Verhinderung irreversibler Zustände, weniger Bedeutung beizumessen und stattdessen der Schwerpunkt auf die Minimierung des Fehlentscheidungsrisikos zum Hauptsacheverfahren zu legen ist.[135] Zudem lässt ein restriktives Verständnis des Begriffs der „Irreversibilität" außer Acht, dass die Funktion von Geld

131 Zu den beiden Funktionen siehe exemplarisch *Seer* in: T/L, Steuerrecht, § 22 Rz. 210 m.w.N.; *Lemaire*, Der vorläufige Rechtsschutz im Steuerrecht, S. 20 f.; *Windthorst*, Der verwaltungsger. einstw. Rechtsschutz, S. 568 ff. m.w.N.

132 *Windthorst*, Der verwaltungsger. einstw. Rechtsschutz, S. 570.

133 Vgl. *Schmidt-Aßmann* in: Maunz/Dürig, GG, Art. 19 Abs. 4 Rz. 275a, 276 jeweils m.w.N. (Stand: 72. Lfg. Juli 2014). Vgl. auch *Schoch*, Vorläufiger Rechtsschutz, S. 1343 („*Nahezu ausnahmslos geht es dem vorläufigen Rechtsschutz indes (letztlich) um die Verwirklichung des materiellen Rechts.*"). Für die Berücksichtigung der materiellrechtlichen Lage im (gerichtlichen) Eilverfahren spricht sich auch das BVerfG aus, siehe z.B. BVerfG, Beschl. v. 19.10.1977, 2 BvR 42/76, BVerfGE 46, 166, 179 f.

134 So z.B. *Schrömbges*, DB 1988, 1418–1423 (1419).

135 Zutreffend *Schoch*, Vorläufiger Rechtsschutz, S. 920, 1340, 1341 f. m.w.N.

über die eines reinen Zahlungsmittels hinausgeht. Ein ausreichender Bestand an Liquidität ist im Wirtschaftsleben von maßgeblicher Bedeutung. Sie entscheidet mit über die Existenz eines Unternehmens.[136] Es macht aus verfassungsrechtlicher Sicht keinen Unterschied, ob dem Bürger seine berufliche Tätigkeit aufgrund einer Untersagungsverfügung wegen Unzuverlässigkeit (§ 35 Abs. 1 Satz 1 GewO[137]) verboten wird,[138] oder einem Unternehmen, das auf ständige Liquidität angewiesen ist, seine Liquidität durch hoheitliche Auferlegung von Geldzahlungspflichten genommen wird und es dadurch in seiner Existenz gefährdet ist. Ein ausreichender Bestand an Geldmitteln ist für ein Unternehmen notwendig, um handlungsfähig zu sein und rentabel am Wirtschaftsleben teilnehmen zu können.[139] Folglich ist insbesondere im Wirtschaftsleben zwischen einem grundsätzlich messbaren Nachteil durch vorenthaltenes Kapital – dieser kann durch eine Verzinsung annäherungsweise kompensiert werden – und einem immateriellen Vorteil der Dispositionsfreiheit über das – nunmehr vorenthaltene – Kapital zu differenzieren. Letzterer kann nicht zweifelsfrei bemessen und daher auch nicht nachträglich kompensiert werden.[140] Fokussiert man sich demnach darauf, bereits vorläufig den Zustand herbeizuführen, der nach jetziger Verfahrenslage am Ende des Hauptsacheverfahrens erwartet wird, so rücken die Erfolgsaussichten des Rechtsbehelfs in der Hauptsache in den Vordergrund. *„Denn wenn die Eilentscheidung im Ergebnis mit der späteren Hauptsacheentscheidung übereinstimmt,*

---

136 Vgl. *Kirchhof*, DStJG 18 (1995), 17, 38 (*„Eine vorübergehende Zahlung entgegen dem Recht kann aber dem Steuerpflichtigen wesentliche Dispositionsmöglichkeiten nehmen, Erwerbsgrundlagen gefährden“*); *Koepsell/Walbrodt*, INF 2006, 822–827 (824), die auf die Vielzahl von Insolvenzen hinweisen.

137 Gewerbeordnung (GewO) in der Fassung der Bekanntmachung vom 22.02.1999 (BGBl. I S. 202), zuletzt geändert durch das Gesetz vom 17.10.2017 (BGBl. I S. 3562).

138 Der gegen die Untersagungsverfügung eingelegte Rechtsbehelf hat aufschiebende Wirkung, wenn kein Fall des § 80 Abs. 2 Satz 1 Nr. 4 VwGO vorliegt, vgl. *Brüning* in: Pielow, BeckOK, GewO, § 35 Rz. 63 (Stand: 01.12.2017). Siehe auch § 361 Abs. 4 Satz 1 AO bzw. § 69 Abs. 5 Satz 1 FGO.

139 Siehe auch *Kirchhof*, DStZ 1989, 55–60 (56) (*„Die Verfügungsgewalt über hinreichende Geldmittel ist für die wirtschaftliche Planung, den Aufwand und Konsum, die Kreditfähigkeit und ökonomische Handlungsfreiheit jeweils in der Gegenwart bedeutsam.“*); *Seewald*, SGb 2012, 253–259 (259) (*„Beitragsnachforderungen […] können sich als existenzbedrohend oder sogar -vernichtend erweisen.“*).

140 Vgl. *Kirchhof*, DStZ 1989, 55–60 (56); *Lemaire*, Der vorläufige Rechtsschutz im Steuerrecht, S. 18 m.w.N.

hat das materielle Recht auch in der Zwischenzeit keinerlei Einbuße erlitten.“[141] Allerdings darf das Hauptsacheverfahren durch die Interimsentscheidung nicht vorweggenommen werden.[142]

Das Anforderungsprofil, dem das vorläufige Rechtsschutzverfahren im Beziehungsgeflecht zwischen Hoheitsträger und Adressat der hoheitlichen Maßnahme genügen muss, lässt sich somit wie folgt umschreiben: Im Eilverfahren soll in einer gegensätzlichen Interessenlage für einen Übergangszeitraum eine Entscheidung herbeigeführt werden, die den Interessen des Rechtsbehelfsführers und des Staates im Wege einer praktischen Konkordanz Rechnung trägt, um so die Entscheidung im Hauptsacheverfahren einschließlich der hiermit verbundenen Folgen abzusichern.

Die gegensätzliche Interessenlage, die der vorläufige Rechtsschutz einer Lösung zuführen soll, stellt sich im Regelfall so dar, dass der Rechtsbehelfsführer vor den Folgen der hoheitlichen Maßnahme bis zur abschließenden Entscheidung in der Hauptsache verschont bleiben will, wohingegen die Behörde - trotz des Rechtsbehelfs - den Bürger dazu anhalten möchte, dass dieser den Hoheitsakt befolgt.[143] Die Situation der aufgedrängten Aussetzung der Vollziehung ist vor diesem Hintergrund als *atypischer Fall* zu klassifizieren. Die Interessenpole sind hier im Vergleich zum Normalfall gegensätzlich besetzt: Der Bürger besteht, ungeachtet der von ihm geltend gemachten Rechtswidrigkeit des streitgegenständlichen Verwaltungsakts, auf dessen Vollzug, wohingegen die Verwaltung nunmehr die Suspendierung desselben herbeiführen will.

Unter dem Blickwinkel der beiden Funktionen des vorläufigen Rechtsschutzes ist es durchaus möglich, dass die Verteilung der Interessen hinsichtlich der Suspendierung und des Vollzugs des angefochtenen Verwaltungsakts wechseln, vorausgesetzt, die Verwaltung kann ein legitimes Suspendierungsinteresse geltend machen. So verlangt die interimistische Befriedungsfunktion eine Gegenüberstellung und Gewichtung der Belange des Bürgers mit denen des Staates. Welches Verfahrenssubjekt den Anstoß für die Absicherung des Hauptverfahrens leistet, ist hiernach nicht entscheidend.

---

141 *Schoch*, Vorläufiger Rechtsschutz, S. 1341 f.

142 *Gosch* in: B/G, FGO, § 69 Rz. 7, 187 (Stand: 85. Lfg. Oktober 2010).

143 Vgl. *Lemaire*, Der vorläufige Rechtsschutz im Steuerrecht, S. 23; *Schwarz*, Zwei Wege zur AdV, S. 28.

Teil II. Reichweite der finanzbehördlichen Aussetzungsbefugnis

§ 1 Bestehen eines Anhörungserfordernisses vor Erlass der amtswegigen Aussetzungsentscheidung

Eine Aussetzung von Amts wegen ist nicht gleichbedeutend mit einer *aufgedrängten* Aussetzung der Vollziehung. Die rechtliche Problematik, die die aufgedrängte Aussetzung charakterisiert, besteht darin, dass die Aussetzung *gegen den Willen* des Betroffenen erfolgt.

Es sind Fälle denkbar, in denen die Aussetzung von Amts wegen für den Betroffenen nicht mit einem Aussetzungszinsrisiko (§ 237 AO) verbunden ist. Dies gilt nicht nur dann, wenn die Aussetzung sich auf einen Verwaltungsakt bezieht, der keine Geldleistung zum Gegenstand hat,[144] sondern auch in Konstellationen, in denen über die Rechtmäßigkeit eines Geldbetrags gestritten wird, so zum Beispiel im Verfahren gegen festgesetzte Zinsforderungen nach Maßgabe der §§ 233 ff. AO. Hier gilt das Verbot von Zinseszinsen gemäß § 233 Satz 2 AO i.V.m. § 3 Abs. 4 Nr. 4 AO. Rechtsbehelfe gegen entsprechende Zinsbescheide können daher ohne Bestehen eines Aussetzungszinsrisikos durch eine Aussetzung der Vollziehung begleitet werden, und zwar sowohl auf Antrag als auch von Amts wegen (§ 361 Abs. 2 Sätze 1, 2 AO, § 69 Abs. 2 Sätze 1, 2 FGO[145]). Da § 233 Satz 2 AO für sämtliche Ansprüche auf steuerliche Nebenleistungen im Sinne des § 3 Abs. 4 AO sowie die entsprechenden Erstattungsansprüche die Verzinsung ausschließt, besteht daneben u.a. bei Rechtsbehelfsverfahren gegen Verspätungszuschläge (§ 3 Abs. 4 Nr. 2 AO), Säumniszuschläge (§ 3 Abs. 4 Nr. 5 AO) und Zwangsgeldern (§ 3 Abs. 4 Nr. 6 AO) kein Aussetzungszinsrisiko.

In Fällen, in denen die amtswegige Aussetzung von Gesetzes wegen kein Zinsrisiko zur Folge hat, wird sie regelmäßig nicht dem Willen des Betroffenen widersprechen, sodass keine aufgedrängte Aussetzung vorliegt. Interessant sind für die vorliegende Untersuchung daher nur diejenigen Fälle, die mit einem

144 Die Aussetzung der Vollziehung kann sich auch auf Handlungs-, Duldungs-, oder Unterlassungsverfügungen beziehen, sofern diese vollziehbar sind. So ist z.B. die Aussetzung der Aufforderung zur Abgabe einer Steuererklärung möglich, vgl. *Seer* in: T/K, FGO, § 69 Rz. 24 (Stand: 141. Lfg. Juli 2015).

145 Die folgende Darstellung beschränkt sich auf § 361 AO, da in dem hier relevanten Kontext zwischen § 361 AO und § 69 FGO keine inhaltlichen Unterschiede bestehen.

Aussetzungszinsrisiko behaftet sind, insbesondere Steuerbescheide, die ein Leistungsgebot enthalten. Auf solche Fälle beschränken sich die folgenden Ausführungen.

Um zunächst den Willen des Rechtsbehelfsführers hinsichtlich der Aussetzung der Vollziehung zu erforschen, könnte eine Anhörung erforderlich sein. Gemäß § 91 Abs. 1 Satz 1 AO soll derjenige, dessen Rechte durch den Erlass eines künftigen Verwaltungsakts beeinträchtigt werden, zu den entscheidungserheblichen Tatsachen angehört werden. § 91 Abs. 1 Satz 1 AO sieht unter den dort normierten Voraussetzungen im Regelfall (vgl. *„soll"*) eine Anhörungspflicht des Beteiligten vor.[146] Dem Anhörungsrecht wird nicht zuletzt aufgrund seiner verfassungsrechtlichen Verankerung im Rechtsstaatsprinzip sowie den Freiheitsgrundrechten des Bürgers eine besondere Bedeutung beigemessen, da es die Teilhabe des Bürgers am Verwaltungsverfahren sicherstelle und damit seine Stellung als Verfahrenssubjekt stärken soll.[147] Die praktische Bedeutung des Anhörungsrechts ist allerdings gering, was auch den kaum spürbaren Folgen einer unterbliebenen Anhörung (es besteht die Möglichkeit zur Heilung im finanzgerichtlichen Verfahren [§ 126 Abs. 1 Nr. 3, Abs. 2 AO], und unter Umständen ist der Verstoß gegen § 91 AO sogar unbeachtlich [vgl. § 127 AO]) geschuldet ist.[148]

Das Anhörungsrecht soll das Interesse des Steuerpflichtigen auf rechtliches Gehör gewährleisten, ohne hierdurch die Effektivität der Verwaltungstätigkeit

---

146 Trotz des abweichenden Wortlauts des § 91 Abs. 1 Satz 1 AO (*„soll"*) wird zum Teil aufgrund der gebundenen Fassung des § 28 Abs. 1 VwVfG kein (reduziertes) Ermessen, sondern eine Anhörungspflicht (*„Muss"*) angenommen, so bspw. *Seer* in: T/K, AO, § 91 Rz. 2 (Stand: 150. Lfg. Oktober 2017). A.A. *Wünsch* in: Koenig, AO, § 91 Rz. 19, der an dem *„Soll"* des § 91 Abs. 1 Satz 1 AO festhält, sodass (nur) im Regelfall Gelegenheit zur Äußerung zu geben sei. So auch die Gesetzesbegründungen, siehe Bericht und Antrag des Finanzausschusses vom 07.11.1975, BT-Drucks. 7/4292, S. 24 (zu § 91) sowie bereits Entwurf einer Abgabenordnung (AO 1974) vom 19.03.1971, BT-Drucks. VI/1982, S. 133 (zu § 105 Abs. 1).

147 Vgl. etwa *Söhn* in: H/H/S, AO, § 91 Rz. 7, 14 jeweils m.w.N. (Stand: 206. Lfg. März 2010). Siehe auch Entwurf eines Verwaltungsverfahrensgesetzes (VwVfG) vom 18.07.1973, BT-Drucks. 7/910, S. 109 (zu § 24 Abs. 1). Dort heißt es: *„Es entspricht dem heutigen Verständnis vom Wesen des Rechtsstaates, daß dem an einem Verwaltungsverfahren Beteiligten, in dessen Rechte durch eine behördliche Entscheidung eingegriffen werden soll, ein grundsätzlicher Anspruch auf vorherige Anhörung zu geben ist."*

148 Kritisch zur praktischen Relevanz des Anhörungsrechts auch *Grube*, DStZ 2013, 193–205 (193, 195, 203). Sein Fazit ist, dass es sich bei dem Anhörungsrecht um ein *„sehr schwaches Verfahrensrecht zu Gunsten der Betroffenen"* handele.

zu gefährden.[149] Es beansprucht auch im steuerlichen Einspruchsverfahren Geltung (vgl. § 365 Abs. 1 AO).[150] Da die finanzbehördliche Aussetzung der Vollziehung nach § 361 Abs. 2 Satz 1 AO in die Vorschriften über das außergerichtliche Rechtsbehelfsverfahren integriert ist, ist § 91 AO auch im finanzbehördlichen Aussetzungsverfahren anwendbar.[151] Aufgrund der rein formalen Unterscheidung zwischen § 361 Abs. 2 Satz 1 AO und § 69 Abs. 2 Satz 1 FGO je nachdem, in welchem Stadium sich das Hauptsacheverfahren befindet, gilt § 91 AO entsprechend für die finanzbehördliche Aussetzung der Vollziehung im gerichtlichen Verfahrensstadium.[152]

Klärungsbedürftig ist hinsichtlich der Tatbestandsvoraussetzungen des § 91 Abs. 1 Satz 1 AO allein, ob die Aussetzungsverfügung[153] in die Rechte des Bürgers eingreift. Unterschieden wird insoweit zwischen der Aussetzung der Vollziehung von Amts wegen, bei der die Finanzbehörde den Willen des Bürgers bei Erlass der Aussetzungsverfügung nicht kennt, und dem Fall, in dem sie bewusst gegen den Willen des Bürgers handelt.

Zunächst ist das subjektiv-öffentliche Recht im Sinne des § 91 Abs. 1 Satz 1 AO des Bürgers zu benennen, in das der künftige Verwaltungsakt eingreift, respektive eingreifen könnte.[154] Bestandteil der Rechte im Sinne des § 91 Abs. 1 Satz 1

---

149 So bereits Entwurf AO 1974 vom 19.03.1971, BT-Drucks. VI/1982, S. 132 (zu § 105).

150 Siehe *Seer* in: T/K, AO, § 91 Rz. 24 (Stand: 150. Lfg. Oktober 2017); *Bilsdorfer/Morsch/Schwarz*, Hdb. des steuerl. Einspruchsverfahrens, S. 141.

151 So i.Erg. auch FG Baden-Württemberg, Beschl. v. 18.09.1997, 2 V 14/97, EFG 1998, 129; *Söhn* in: H/H/S, AO, § 91 Rz. 30 (206. Lfg. März 2010).

152 Zur Abgrenzung zwischen § 361 AO (gilt im Stadium des Einspruchsverfahrens) und § 69 Abs. 2 FGO (findet ab Anhängigkeit der finanzgerichtlichen Klage Anwendung) siehe *Dumke* in: S/P, AO, § 361 Rz. 7 (Stand: 135. Lfg. August 2009).

153 Die finanzbehördliche Aussetzungsentscheidung erfüllt nach ganz herrschender Meinung sämtliche Voraussetzungen des § 118 Satz 1 AO, siehe exemplarisch BFH, Urt. v. 30.03.1993, VII R 37/92, BFH/NV 1994, 4, 6; BFH, Beschl. v. 10.12.1986, I B 121/86, BStBl. II 1987, 389, 390 m.w.N.; BFH, Urt. v. 12.10.1982, VII R 84/82, BStBl. II 1983, 49, 50; *Birkenfeld* in: H/H/S, AO, § 361 Rz. 751 m.w.N. (Stand: 212. Lfg. März 2011); *Seer* in: T/K, AO, § 361 Rz. 9 m.w.N. (Stand: 140. Lfg. Mai 2015). So bereits zu § 242 RAO 1965 *Schwarz*, Zwei Wege zur AdV, S. 40 m.w.N. Nicht so die folgenden Ansichten, die von einer unselbständigen Nebenentscheidung zum strittigen Hauptverwaltungsakt ausgehen, *Koenig*, BB 1993, 1635–1638 (1637 f. m.w.N.); *Schrömbges*, DB 1988, 77–80 (79). Dazu noch in Teil II, § 3, IV. 2. d), bb).

154 Vgl. nur *Söhn* in: H/H/S, AO, § 91 Rz. 52 m.w.N. (Stand: 206. Lfg. März 2010) („*Rechte i.S. des § 91 Abs. 1 Satz 1 sind subjektiv-öffentliche Rechte einschließlich des Anspruchs auf fehlerfreie Ermessensausübung*“).

AO ist auch das Recht des Bürgers auf eine fehlerfreie Ermessensausübung.[155] Gemäß § 361 Abs. 2 Satz 1 Hs. 1 AO, § 69 Abs. 2 Satz 1 FGO trifft die Finanzbehörde eine Ermessensentscheidung („*kann*“). Der Bürger hat daher ein subjektives Recht auf eine ermessensgerechte Aussetzungsentscheidung.

Der Eingriffsbegriff ist ausgehend vom Sinn und Zweck des Anhörungsrechts auszulegen. Der Sinn und Zweck der Anhörung besteht insbesondere darin, aus Sicht des Steuerpflichtigen nachteilige Entscheidungen zu verhindern, die sich auf einen Sachverhalt stützen, zu dem sich dieser zuvor nicht äußern konnte.[156] Daher wird zu Recht ein weiter Eingriffsbegriff zugrunde gelegt, der neben originär belastenden Verwaltungsakten auch solche Verwaltungsakte erfasst, die nur teilweise – aus Sicht des Bürgers – begünstigend wirken, z.B. die teilweise Ablehnung einer beantragten Stundung.[157] Demzufolge bedarf es in Antragsfällen (vgl. § 361 Abs. 2 Satz 2 AO, § 69 Abs. 2 Satz 2 FGO) in der Regel keiner Anhörung, da der Antragsteller die entscheidungserheblichen Tatsachen selbst vorgetragen hat, sodass kein Überraschungsmoment droht, vor dem das Anhörungsrecht schützen soll.

Verfügt die Behörde hingegen ohne Antrag des Steuerpflichtigen die Aussetzung der Vollziehung, bleibt es zwar bei dem tatsächlichen Vorteil, dass die Zahlungspflicht suspendiert ist. Die Suspendierung hat der Steuerpflichtige indes mangels Antrag nicht unmittelbar veranlasst. Ob § 91 AO einschlägig ist, muss anhand des Sinn und Zwecks des Anhörungserfordernisses eruiert werden. Das Anhörungsrecht will – wie bereits dargestellt – einer für den Steuerpflichtigen nachteiligen Überraschungsentscheidung vorbeugen.[158] Es soll den Bürger vor hoheitlichen Maßnahmen der Exekutive schützen, mit denen er nicht gerechnet hat und die sich für ihn nachteilig auswirken können; insoweit genügt ein potenzieller Eingriff.[159] Mit der Aussetzungsentscheidung geht für den Adressaten der Aussetzungsverfügung nach dem einschränkungslos formulierten Wortlaut

---

155 *Seer* in: T/K, AO, § 91 Rz. 4 m.w.N. (Stand: 150. Lfg. Oktober 2017).

156 Statt vieler siehe nur *Söhn* in: H/H/S, AO, § 91 Rz. 7 m.w.N. (Stand: 206. Lfg. März 2010).

157 Vgl. *Seer* in: T/K, AO, § 91 Rz. 4 (Stand: 150. Lfg. Oktober 2015); *Söhn* in: H/H/S, AO, § 91 Rz. 54–57 m.w.N. (Stand: 206. Lfg. März 2010). Restriktiver noch Entwurf VwVfG vom 18.07.1973, BT-Drucks. 7/910, S. 51 (zu § 24 Abs. 1), wonach ein bevorstehender Eingriff in eine bereits vorhandene Rechtsposition zur Begründung des Anhörungsrechts notwendig sei.

158 Vgl. nur *Söhn* in: H/H/S, AO, § 91 Rz. 7 m.w.N. (Stand: 206. Lfg. März 2010).

159 Siehe *Schmitz* in: S/P, AO, § 91 Rz. 9 (Stand: 154. Lfg. Juni 2013): *„Es genügt, wenn nach dem voraussichtlichen Verfahrensausgang mit einem Eingriff zu rechnen ist.“*

des § 237 Abs. 1 Satz 1 AO ein Aussetzungszinsrisiko einher. Auf dieses Risiko muss der Steuerpflichtige rechtzeitig hingewiesen werden, damit er sich auf die möglichen Folgen der Aussetzung einstellen kann. Ein Eingriff im Sinne des § 91 Abs. 1 Satz 1 AO liegt daher bereits trotz der zunächst günstigen, weil von der Zahlungspflicht bei Fälligkeit befreienden Aussetzungsverfügung, vor.

Bestärkt wird dieses Ergebnis durch einen Vergleich zur Klagebefugnis. Die Fachgerichte, die sich bereits mit der aufgedrängten Aussetzung der Vollziehung befasst haben, kamen übereinstimmend zu dem Ergebnis, dass der Steuerpflichtige klagebefugt sei. Trotz der an sich begünstigenden Wirkung der Aussetzung könne wegen deren Bindungswirkung für die Aussetzungszinsen – auch die rechtswidrige Aussetzungsentscheidung entfalte Bindungswirkung im Rahmen der Zinsfestsetzung – eine Rechtsverletzung im Sinne des § 40 Abs. 2 FGO nicht ausgeschlossen werden.[160] Mangels Ermessensspielraum im Rahmen der Aussetzungszinsfestsetzung führe die Aussetzung bzw. Aufhebung der Vollziehung im Falle des Unterliegens in der Hauptsache zwangsläufig zu einem rechtlichen Nachteil.[161] An den Eingriff in ein subjektiv öffentliches Recht des Bürgers durch einen künftigen Verwaltungsakt gemäß § 91 Abs. 1 Satz 1 AO können keine höheren Anforderungen als an eine Rechtsverletzung durch einen bereits existenten behördlichen Akt im Sinne des § 40 Abs. 2 FGO gestellt werden. Dies belegt der Wortlaut der beiden Vorschriften. Während § 91 Abs. 1 Satz 1 AO von einem Eingriff in die Rechte des Beteiligten spricht, verlangt § 40 Abs. 2 FGO die Geltendmachung einer Rechtsverletzung. Daher ist der klagebefugte Adressat einer aufgedrängten Aussetzungsverfügung erst recht vor Erlass der Aussetzungsverfügung anzuhören, zumal die Effektivität des Verwaltungsapparates hierdurch nicht beeinträchtigt wird, da die Fälle einer aufgedrängten Aussetzung der Vollziehung bislang selten sind.[162]

Es macht demnach keinen Unterschied, ob die Finanzbehörde einen der Aussetzung entgegenstehenden Willen des Bürgers kennt oder nicht. Angesichts der drohenden Aussetzungszinsen liegt in beiden Fällen ein Eingriff im Sinne des § 91 Abs. 1 Satz 1 AO vor, der eine Anhörungspflicht auslöst.

---

160 Vgl. BFH, Urt. v. 09.05.2012, I R 91/10, BFH/NV 2012, 2004, 2006; FG Köln, Urt. v. 08.09.2010, 13 K 960/08, EFG 2011, 105, 109; FG Düsseldorf, Urt. v. 04.04.2006, 6 K 121/06 KA, EFG 2006, 1225 f.

161 FG Düsseldorf, Urt. v. 04.04.2006, 6 K 121/06 KA, EFG 2006, 1225, 1226.

162 Vgl. auch FG Köln, Urt. v. 08.09.2010, 13 K 960/08, EFG 2011, 105, 112 („*eine AdV gegen den Willen des Stpfl. [erfolgt] nur in einer verschwindend geringen Anzahl von Fällen*" [Ergänzung durch Verf.]).

Folglich ist im Falle einer Aussetzung von Amts wegen eine Anhörung erforderlich. Dies gilt nicht nur in Fallkonstellationen, in denen die Behörde den Willen des Betroffenen nicht kennt, sodass noch gar nicht feststeht, ob ein Fall der aufgedrängten Aussetzung vorliegt. Insoweit trägt das Anhörungserfordernis zur Erforschung des Willens des (Hauptsache-)Rechtsbehelfsführers bei. Gleiches gilt in den Fällen, in denen die Finanzbehörde weiß, dass sie mit der Aussetzung der Vollziehung gegen den Willen des Betroffenen handelt, z.B. weil der Rechtsbehelfsführer bereits in dem Einspruch die Aussetzung der Vollziehung ausdrücklich ablehnt. Vor Erlass der aufgedrängten Aussetzungsverfügung ist daher im Regelfall eine Anhörung des Steuerpflichtigen erforderlich. Ein für die Beurteilung der Aussetzung relevanter Tatsachenvortrag des Bürgers im Sinne des § 91 Abs. 1 Satz 1 AO erscheint zumindest nicht von vornherein ausgeschlossen, sodass mit Blick auf den behördlichen Ermessensspielraum (§ 361 Abs. 2 Satz 1 AO) die Anhörung notwendig ist, um eine pflichtgemäße (vgl. § 5 AO) Aussetzungsentscheidung treffen zu können.

§ 2 Aufgedrängte Aussetzung als Konflikt zwischen Offizialmaxime und negativer Dispositionsfreiheit

Können auf tatbestandlicher Seite den § 361 Abs. 2 Satz 1 Hs. 1 AO und § 69 Abs. 2 Satz 1 FGO Rückschlüsse für die Frage, wieweit die Befugnisse der Finanzbehörde im Rahmen der Aussetzung der Vollziehung gehen, entnommen werden?

Es ist zwischen drei Fallkonstellationen zu unterscheiden:

1. Die Finanzbehörde setzt auf Antrag des Bürgers die Vollziehung des angefochtenen Verwaltungsakts aus.
2. Die Finanzbehörde verfügt die Aussetzung der Vollziehung ohne Antrag, wobei
   a) sie den Willen des Bürgers bei Erlass der Aussetzungsverfügung nicht kennt,
   b) sie bewusst gegen den Willen des Bürgers handelt.

Der Gesetzeswortlaut des § 361 Abs. 2 Satz 1 AO (Entsprechendes gilt für § 69 Abs. 2 Satz 1 FGO) enthält keine Einschränkungen hinsichtlich der behördlichen Aussetzungsbefugnis. Dort heißt es: „*Die Finanzbehörde, die den angefochtenen Verwaltungsakt erlassen hat, kann die Vollziehung ganz oder teilweise aussetzen; § 367 Abs. 1 Satz 2 gilt sinngemäß.*" Die zuständige Finanzbehörde ist hiernach bereits bei Vorliegen eines angefochtenen Verwaltungsakts aussetzungsberechtigt (vgl. § 361 Abs. 2 Satz 1 Hs. 1 AO), wohingegen das Gericht der Hauptsache gemäß § 69 Abs. 3 Satz 1 Hs. 1 FGO nur auf Antrag die Vollziehung aussetzen kann. Auch wenn § 69 Abs. 2 Satz 1 FGO das Merkmal eines angefochtenen Verwaltungsakts nicht ausdrücklich enthält, ergibt es sich aus gesetzessystematischer Sicht aus einer Zusammenschau mit § 69 Abs. 1 Satz 1, Abs. 2 Satz 2 FGO, wo dieses Erfordernis genannt ist.

Die weiteren Ausführungen beschränken sich auf § 361 AO, da § 69 FGO bezüglich der Aussetzung der Vollziehung durch die Finanzbehörde keine nennenswerten Unterschiede zu § 361 AO aufweist. Die Ausführungen gelten daher entsprechend für die finanzbehördliche Aussetzung im Rahmen des § 69 FGO. § 361 AO und § 69 FGO unterscheiden sich, was die behördliche Aussetzung angeht, allein formal dadurch, dass sie in unterschiedlichen Verfahrensstadien Anwendung finden. Befindet sich das Hauptsacheverfahren noch im Stadium des Einspruchsverfahrens, gilt § 361 AO; mit Erreichen des gerichtlichen Verfahrensstadiums in der Hauptsache findet § 69 FGO Anwendung.[163]

Die im vorherigen Teil präsentierten verfassungsrechtlichen Gewährleistungen haben gezeigt, dass der Gesetzgeber einen Gestaltungsspielraum bezüglich der finanzbehördlichen Aussetzung der Vollziehung hat. Aufbauend auf der weiten Fassung des § 361 Abs. 2 Satz 1 Hs. 1 AO kann die Finanzbehörde als Akteur das Aussetzungsverfahren gestalten. Fraglich ist, wo die Grenzen dieser Befugnis liegen.

Kopp folgert aus der Rechtsstaatlichkeit des Verwaltungsverfahrens hinsichtlich der Verfahrenseinleitung Folgendes: „*Der Grundsatz der Gesetzmäßigkeit der Verwaltung erfordert weiter, daß die das Verfahren führende Behörde von Amts wegen für einen geordneten, zweckmäßigen und beschleunigten Ablauf des Verfahrens sorgt und die Initiative insoweit nicht, wie dies etwa im Zivilprozeß dem Grundsatz nach der Fall ist, den Verfahrensbeteiligten überläßt.*“[164]

Aufgrund der Einordnung des behördlichen Aussetzungsverfahrens als Verwaltungsverfahren ist § 86 AO anwendbar.[165] Die Vorschrift regelt das Verhältnis zwischen der Offizialmaxime und der Dispositionsmaxime.[166] Sie entspricht

---

163 Vgl. *Dumke* in: S/P, AO, § 361 Rz. 7 (Stand: 135. Lfg. August 2009).

164 *Kopp*, Verfassungsrecht, S. 69 m.w.N.

165 Zur Einordnung des behördlichen Aussetzungsverfahrens als Verwaltungsverfahren siehe Teil I, § 1, I.

166 Siehe zu den Verfahrensgrundsätzen bezüglich des Beginns des Verwaltungsverfahrens *Söhn* in: H/H/S, AO, § 86 Rz. 13 ff. m.w.N. (Stand: 235. Lfg. Oktober 2015). Es sind folgende gegensätzliche Verfahrensmaxime auseinander zu halten: Offizial- und Dispositionsmaxime betreffend die Verfahrenseinleitung und die Eingrenzung des Verfahrensgegenstandes; hinsichtlich der Entscheidungsgrundlagen ist zwischen

inhaltlich § 22 VwVfG. Mit der Offizialmaxime ist im Kontext des § 86 AO gemeint, dass die Behörde von Amts wegen, also sie allein über die Einleitung des Verwaltungsverfahrens entscheidet. Demgegenüber steht die Dispositionsmaxime. Letztere zeichnet sich dadurch aus, dass die Entscheidungsgewalt über die Verfahrenseinleitung einem bestimmten Personenkreis zugeordnet wird.[167] Dieser Personenkreis ist demnach frei in seiner Entscheidung darüber, ob er die Verfahrenseinleitung durch seinen Antrag anstoßen möchte (positive Dispositionsfreiheit), oder er von seinem Recht keinen Gebrauch machen will (negative Dispositionsfreiheit). Wie § 86 Satz 2 Nr. 1 AO entnommen werden kann, ist auch eine Kombination dieser beiden Verfahrensgrundsätze in einer Rechtsvorschrift möglich.

Die Dispositionsmaxime prägt vornehmlich das gerichtliche Verfahren. Demzufolge darf das Gericht „*nur auf Verlangen eines Klägers oder Antragstellers tätig werden*".[168] Ihr kommt aber auch im Verwaltungsverfahren eine gewisse Bedeutung zu, wie sich bereits aus § 361 Abs. 2 Satz 2 AO, aber auch aus anderen Vorschriften (z.B. Stundung, § 222 Satz 2 AO) ergibt. Angesichts der Komplexität des steuerlichen Verfahrens, das der in steuerlichen Angelegenheiten unberatene Steuerpflichtige kaum überblicken kann, ist insoweit eine gewisse Fürsorgepflicht der Finanzbehörde angezeigt. Diesem Fürsorgegedanken trägt § 89 Abs. 1 AO Rechnung.[169] Die Finanzbehörde soll u.a. die Stellung von Anträgen anregen, wenn diese aus Unkenntnis nicht gestellt worden sind (siehe § 89 Abs. 1 Satz 1 AO). Sollte es erforderlich sein, erteilt die Finanzbehörde gemäß § 89 Abs. 1 Satz 2 AO zudem Auskunft über die Rechte und Pflichten des Verfahrensbeteiligten.[170]

Untersuchungs- und Verhandlungsgrundsatz zu differenzieren und im Rahmen des äußeren Verfahrensablaufs zwischen Amts- und Parteibetrieb; hierzu *Thürmer* in: H/H/S, FGO, § 76 Rz. 41 ff. m.w.N. (Stand: 223. Lfg. Juli 2013).

167 Vgl. zur entsprechenden Unterscheidung zwischen Offizialmaxime (Amtsgrundsatz) und Dispositionsmaxime (Verfügungsgrundsatz) im Prozessrecht *Seer* in: T/K, FGO, § 76 Rz. 6 (Stand: 139. Lfg. Februar 2015).

168 So zum Verwaltungsprozess Entwurf eines Verwaltungsverfahrensgesetzes vom 21.09.1970, BT-Drucks. VI/1173, S. 39 (zu § 16).

169 Vgl. *Seer* in: T/L, Steuerrecht, § 21 Rz. 3: „*Damit nach Möglichkeit niemand deshalb benachteiligt wird, weil er seine verfahrensrechtlichen Möglichkeiten nicht kennt, begründet § 89 I AO (Sollvorschrift) eine gewisse Fürsorge- oder Betreuungspflicht, eine Pflicht zur Beratung und Auskunft über Verfahrensfragen*".

170 Der Anwendungserlass nennt insoweit ausdrücklich die „Aussetzung der Vollziehung", siehe AEAO zu § 89 AO, Nr. 2. Satz 1 (Anwendungserlass zur Abgabenordnung [AEAO] in der Fassung der Bekanntmachung vom 31.01.2014 [BStBl. I 2014

Von größerer Bedeutung ist im Verwaltungsverfahren allerdings die Offizialmaxime. „*Die Tätigkeit der Verwaltungsbehörden wird [...] hinsichtlich der Frage, ob und wann ein Verwaltungsverfahren durchgeführt werden soll, grundsätzlich von der Offizialmaxime beherrscht.*“[171] Aus dem Wesen der Verfahrenseinleitung von Amts wegen folgt bereits, dass ein Interesse der Allgemeinheit an der Durchführung des jeweiligen Verwaltungsverfahrens bestehen muss.[172] Dieses Allgemeininteresse kann so gewichtig sein, dass es zwingend durchzusetzen ist. Mit Blick auf das in § 85 AO verankerte Legalitätsprinzip ist dies im Steuerrecht der Regelfall.[173] Gemäß § 85 Satz 1 AO *haben* die Finanzbehörden die Steuern festzusetzen und zu erheben. Voraussetzung für eine gesetzmäßige Steuerfestsetzung (vgl. § 85 Satz 1 AO) ist, dass der Steuertatbestand feststeht. Diesen hat die Finanzbehörde gemäß § 88 Abs. 1 Satz 1 AO von Amts wegen zu ermitteln (Untersuchungsgrundsatz).

Die Offizialmaxime kann aber auch mit einem gewissen Entscheidungsspielraum des Rechtsanwenders verbunden sein, wie sich aus § 86 Satz 1 AO ergibt. Nach Maßgabe des § 86 Sätze 1, 2 AO entscheidet die Finanzbehörde außerhalb entgegenstehender gesetzlicher Vorgaben nach pflichtgemäßem Ermessen darüber, ob und wann sie ein Verwaltungsverfahren durchführt. Spezielle Vorgaben enthält § 361 Abs. 3 Satz 1 AO. Hiernach ist die Finanzbehörde im Sinne des § 86 Satz 2 Nr. 1 Alt. 1 AO dazu verpflichtet, die Vollziehung eines Folgebescheids auszusetzen, soweit die Vollziehung eines Grundlagenbescheids ausgesetzt wird. Gesetzliche Vorgaben bezüglich des „Ob“ der Aussetzung ergeben sich zudem aus § 361 Abs. 2 Satz 2 AO, wonach bei Vorliegen einer der dort genannten Aussetzungsgründe auf Antrag des Betroffenen die Aussetzung erfolgen soll. § 361

S. 290], zuletzt geändert durch das BMF- Schreiben vom 24.01.2018 [GZ: IV A 3 – S 0062/17/10005, DOK: 2018/0057098 – abrufbar unter http://www.bundesfinanzministerium.de/Content/DE/Downloads/BMF_Schreiben/Weitere_Steuerthemen/Abgabenordnung/AO-Anwendungserlass/2018-01-24-aenderung-anwendungserlass-abgabenordnung.html – zuletzt aufgesucht am 25.02.2018 um 08:26 Uhr]).

171 Entwurf eines Verwaltungsverfahrensgesetzes vom 21.09.1970, BT-Drucks. VI/1173, S. 40 (zu § 16). Dieser Entwurf war Grundlage für den heutigen § 86 AO, vgl. Entwurf einer Abgabenordnung (AO 1974) vom 19.03.1971, BT-Drucks. VI/1982, S. 132 (zu § 102a): „*Die Vorschrift regelt den Beginn des Verfahrens entsprechend § 16 des Entwurfs eines VwVfG*“.

172 Vgl. Entwurf eines Verwaltungsverfahrensgesetzes vom 21.09.1970, BT-Drucks. VI/1173, S. 39 f. (zu § 16): „*Im Verwaltungsverfahren gilt für den Beginn des Verfahrens deshalb etwas anderes, weil hier in erster Linie Belange der Allgemeinheit zu wahren sind.*“

173 Vgl. *Seer* in: T/K, AO, § 86 Rz. 1 (Stand: 147. Lfg. Januar 2017).

Abs. 2 Satz 1 Hs. 1 AO enthält solche Einschränkungen im Sinne des § 86 Satz 2 AO nicht (hier „*kann*“ ausgesetzt werden), weshalb insoweit der Grundsatz des § 86 Satz 1 AO gilt. Da die Finanzbehörde demnach das Aussetzungsverfahren von Amts wegen nach pflichtgemäßem Ermessen (§ 5 AO) einleiten kann und nur auf Antrag des Rechtsbehelfsführers hierzu in der Regel verpflichtet ist (vgl. § 86 Satz 2 Nr. 1 Alt. 2 AO), wird von einem sog. unechten Antragsverfahren gesprochen.[174] Das behördliche Aussetzungsverfahren enthält somit sowohl Dispositions- als auch Offizialmaxime.

§ 86 Satz 1 AO schränkt die amtswegige Möglichkeit zur Verfahrenseinleitung insoweit ein, als die Entscheidung hierüber *nach pflichtgemäßem Ermessen* erfolgen muss. Somit ist § 5 AO zu beachten. Vor diesem Hintergrund stellt sich die Frage, wann die Entscheidung über die Verfahrenseinleitung noch pflichtgemäß im Sinne der genannten Vorschriften ist, und wann die Verfahrenseinleitung ermessenswidrig ist. Aus § 86 Satz 1 AO lässt sich zwar entnehmen, dass es für die Verfahrenseinleitung nicht zwingend auf den Willen des Betroffenen ankommt. Dies lässt sich auch aus einem Umkehrschluss zu § 86 Satz 2 Nr. 2 AO folgern. Letzterer sieht eine Ausnahme von der Verfahrenseinleitung von Amts wegen nach Maßgabe des § 86 Satz 1 AO vor, wenn die Finanzbehörde von Gesetzes wegen nur auf Antrag tätig werden darf und der Bürger keinen Antrag stellt. Besteht ein Allgemeininteresse an der Verfahrenseinleitung, kann die Behörde nach § 86 Satz 1 AO i.V.m. der Spezialregelung ohne Rücksicht auf den Willen des Einzelnen tätig werden. Allerdings muss unter Berücksichtigung der Besonderheiten des jeweiligen Verwaltungsverfahrens eruiert werden, ob dieses Vorgehen den Zwecken dieses Verwaltungsverfahrens entspricht. Maßgebend ist, worauf die Verfahrenseinleitung rechtlich gestützt werden kann und wie die gegenläufigen Interessen des Betroffenen bei der Ermessensausübung zu gewichten sind.

Eine erste Einschränkung des behördlichen Ermessens resultiert aus der inhaltlichen Abhängigkeit des vorläufigen Rechtsschutzes zum Hauptsacheverfahren; auch im Rahmen des § 361 Abs. 2 Satz 1 Hs. 1 AO müssen die Erfolgsaussichten des Rechtsbehelfs in der Hauptsache in die Aussetzungsentscheidung einfließen.[175] Als mögliches Allgemeininteresse für die amtswegige Verfahrenseinleitung kommt demzufolge die Gesetzmäßigkeit des Verwaltungshandelns in

---

174 So z.B. *Seer* in: T/K, AO, § 86 Rz. 14 (Stand: 147. Lfg. Januar 2017).

175 Vgl. *Birkenfeld* in: H/H/S, FGO, § 69 Rz. 38 (Stand: 242. Lfg. Mai 2017). Siehe auch den Anwendungserlass zur Abgabenordnung, der eine Aussetzung der Vollziehung von Amts wegen insbesondere dann vorsieht, wenn der Einspruch offensichtlich begründet ist und der Abhilfebescheid voraussichtlich nicht mehr rechtzeitig vor Fälligkeit der geforderten Steuer ergehen kann (AEAO zu § 361 AO, Nr. 2.1. Satz 3).

Betracht. Der Bürger bringt mit seinem Rechtsbehelf in der Hauptsache zum Ausdruck, dass er den angefochtenen Verwaltungsakt für rechtswidrig hält. Gemäß § 85 Satz 2 AO haben die Finanzbehörden sicherzustellen, dass Steuern nicht zu Unrecht erhoben werden. Zudem folgt aus dem Untersuchungsgrundsatz, dass die Finanzbehörde zur Objektivität verpflichtet ist, da sie gemäß § 88 Abs. 1 Satz 2 AO auch die für die Beteiligten günstigen Umstände berücksichtigen muss.

Problematisch ist, welche Bedeutung den Zinsfolgen, die mit dem Rechtsbehelfsverfahren verbunden sind, zukommt. Dass im Rahmen der behördlichen Aussetzungsentscheidung finanzielle Interessen von staatlicher Seite abwägungsrelevant sein können, zeigt § 361 Abs. 4 Satz 2 Hs. 2 AO; zu den „öffentlichen Interessen" zählen auch finanzielle Interessen.[176] Durch die derzeitige Zinssituation ist das Rechtsbehelfsverfahren für den Staat zinsrisikobehaftet, sofern der Steuerpflichtige die strittigen Beträge zunächst entrichtet (vgl. §§ 233a, 236 AO jeweils i.V.m. § 238 Abs. 1 Satz 1 AO). Vor diesem Hintergrund ist es denkbar, dass das finanzielle und damit auch das öffentliche Interesse im Einzelfall *für* die Aussetzung der Vollziehung spricht. Allerdings enthält auch § 361 Abs. 2 Satz 2 Alt. 2 AO den Rechtsbegriff der *„öffentlichen Interessen"*, und zwar als Einwand gegen das Aussetzungsbegehren des Rechtsbehelfsführers. Ob das öffentliche Interesse im Rahmen des § 361 Abs. 2 Satz 1 AO umgekehrt verortet werden kann, und zwar zugunsten der Suspendierung des streitigen Verwaltungsakts, ist daher fraglich.

Angesichts der unterschiedlichen Eingriffsintensität des Verwaltungshandelns und mit Blick auf eine etwaige Zinsfolge (§ 237 AO), ist vor Ergehen der Aussetzungsentscheidung zu klären, ob letztere dem Willen des Rechtsbehelfsführers widerspricht. Nur wenn dies der Fall ist, liegt eine aufgedrängte Aussetzung vor.

Die Aussetzung der Vollziehung durch die Finanzbehörde unterscheidet sich formal von der Möglichkeit gerichtlicher Aussetzung gemäß § 69 Abs. 3 Satz 1 Hs. 1 FGO durch das Antragserfordernis, das mit Blick auf die Dispositionsmaxime im Lichte des Art. 19 Abs. 4 Satz 1 GG für das gerichtliche Aussetzungsverfahren generell gilt. Unterschiede zwischen behördlicher und gerichtlicher Aussetzung der Vollziehung bestehen aber auch inhaltlich mit Blick auf den Prüfungsumfang. Sofern der angefochtene Steuerverwaltungsakt der Behörde

176 Siehe *Birkenfeld* in: H/H/S, AO, § 361 Rz. 624 m.w.N. (Stand: 212. Lfg. März 2011); *Dietz*, Die Voraussetzungen der gerichtlichen Vollziehungsaussetzung, S. 120. Vgl. ferner *Külpmann* in: Finkelnburg/Dombert/Külpmann, Vorl. Rechtsschutz, Rz. 772 m.w.N. (*„Fiskalische Interessen sind öffentliche Interessen"*); *Uerpmann*, Das öffentliche Interesse, S. 128 ff. m.w.N.

einen Ermessensspielraum einräumt, wie es z.B. bei Haftungsbescheiden (vgl. § 191 Abs. 1 Satz 1 AO) der Fall ist, ist die gerichtliche Aussetzungsbefugnis eingeschränkt, da auch im Hauptsacheverfahren die behördliche Ermessensentscheidung nur auf Vorliegen eines Ermessensfehlers überprüft werden kann. Hingegen hat die Finanzbehörde die Recht- und Zweckmäßigkeit ihres Handelns im Rahmen des Einspruchs – nach dem Gesetz – umfassend zu prüfen (vgl. § 367 Abs. 2 Satz 1 AO), weshalb eine positive Entscheidung im Eilverfahren auch bei nur zweckwidrigem Verhalten erreicht werden kann.[177] Auch wenn die finanzgerichtliche Aussetzung gemäß § 69 Abs. 3 Satz 1 Hs. 2 FGO prinzipiell von denselben Voraussetzungen wie die finanzbehördliche Aussetzungsentscheidung abhängt, ergeben sich kompetenzielle Unterschiede, die durch den Gewaltenteilungsgrundsatz gerechtfertigt sind. Die formalen und inhaltlichen Unterschiede sowie die im vorherigen Teil herausgearbeiteten verfassungsrechtlichen Differenzierungen zwischen behördlichem und gerichtlichem Verfahren legen es nahe, die exekutivische und die Aussetzung der Vollziehung durch die Gerichte als *zwei getrennte Maßnahmen* zu verstehen (vgl. auch § 69 Abs. 3 Satz 1 Hs. 2 FGO, wonach bestimmte Regelungen zur finanzbehördlichen Aussetzung [nur] „*sinngemäß*" gelten).

Die Möglichkeit der Aussetzung der Vollziehung von Amts wegen und ihrer Reichweite hat – vor der aufgedrängten Aussetzung der Vollziehung – kaum Bedeutung gehabt. Praktisch bedeutsam war bislang vor allem die Frage, unter welchen Voraussetzungen dem Aussetzungsantrag des Bürgers entsprochen werden muss, wenn und weil die Finanzbehörde die Aussetzung der Vollziehung trotz Antrags des Rechtsbehelfsführers verweigert. Auch in den Kommentierungen zu den Aussetzungsvorschriften wird auf die Aussetzung von Amts wegen gemäß § 361 Abs. 2 Satz 1 AO, § 69 Abs. 2 Satz 1 FGO eher beiläufig hingewiesen.[178] Vor diesem Hintergrund mag es mit einem Störgefühl behaftet sein, wenn die Finanzbehörde auf einmal im Einzelfall dazu übergeht, von sich aus die Aussetzung der Vollziehung und zwar gegen den Willen des Rechtsbehelfsführers zu verfügen. Jedenfalls der Gesetzeswortlaut des § 361 Abs. 2 Satz 1 Hs. 1 AO steht dem jedoch nicht entgegen und auch ein systematischer Vergleich zur amtswegigen Aussetzung der Vollziehung des Folgebescheids (vgl. § 361 Abs. 3 Satz 1 AO) zeigt, dass es sich bei der behördlichen Aussetzung nicht zwingend um ein

177 Vgl. zu den letzten beiden Sätzen *Gosch* in: B/G, FGO, § 69 Rz. 152 f. (Stand: 85. Lfg. Oktober 2010).

178 Vgl. etwa *Birkenfeld* in: H/H/S, AO, § 361 Rz. 707 (Stand: 212. Lfg. März 2011): „*Das Verfahren über die Aussetzung/Aufhebung der Vollziehung wird regelmäßig auf Antrag des Antragstellers beginnen. Es kann aber auch von Amts wegen durchgeführt werden.*"

vom Willen des Rechtsbehelfsführers und seiner alleinigen Dispositionsgewalt getragenes Instrument handelt. Gleichwohl dürfen die Interessen des Rechtsschutzsuchenden insoweit nicht außer Acht gelassen werden, sodass aus der weiten Fassung des § 361 Abs. 2 Satz 1 AO kein „Freibrief" zu jedweder Aussetzung der Vollziehung folgt.

Wie die konträren Interessen zwischen Rechtsschutzsuchendem und dem Staat zu gewichten sind, wo letztlich also die Grenzen der behördlichen Aussetzungsbefugnis zu ziehen sind, ist Aufgabe der vorliegenden Arbeit. Bislang liegen erst zwei finanzgerichtliche Entscheidungen zur aufgedrängten Aussetzung der Vollziehung vor, die beide durch den BFH aufgehoben worden sind.[179]

§ 3 Ermessensfehlerhaftigkeit der Aussetzung gegen den Willen des Betroffenen

I. Grundsätzliches zur Ermessensfehlerlehre und Gang der Darstellung

§ 5 AO lautet: „*Ist die Finanzbehörde ermächtigt, nach ihrem Ermessen zu handeln, hat sie ihr Ermessen entsprechend dem Zweck der Ermächtigung auszuüben und die gesetzlichen Grenzen des Ermessens einzuhalten.*" Die Vorschrift entspricht damit § 40 VwVfG.

Ermessen kann definiert werden als „*eine besondere Zuständigkeit zur Rechtskonkretisierung im Rahmen einer vorgegebenen Zweckbestimmung.*"[180] In Abweichung zur gebundenen Entscheidung kann die Verwaltung, wenn ihr ein Ermessen eingeräumt ist, die Rechtsfolge selbst bestimmen. Der Handlungsspielraum bezieht sich entweder auf die Frage, ob die Behörde tätig wird (sog. *Entschließungsermessen*), oder darauf, für welche von mehreren möglichen Maßnahmen sie sich entscheidet (sog. *Auswahlermessen*).[181] Die Behörde ist bei Vorliegen eines Ermessensspielraums zur „*Letztentscheidung*" legitimiert.[182] Unter Beachtung von Sinn und Zweck des vorläufigen Rechtsschutzes und im Lichte verfassungsrechtlicher Schranken, namentlich der Verhältnismäßigkeit, ist die

179 Siehe FG Köln, Urt. v. 08.09.2010, 13 K 960/08, EFG 2011, 105; FG Düsseldorf, Urt. v. 04.04.2006, 6 K 121/06 KA, EFG 2006, 1225. Beide wurden vom BFH aufgehoben, vgl. BFH, Urt. v. 09.05.2012, I R 91/10, BFH/NV 2012, 2004; BFH, Urt. v. 26.09.2007, I R 43/06, BStBl. II 2008, 134. Die Dunkelziffer solcher Fälle mag jedoch höher liegen, so *Mack*, Steuerfahndung und Steuerstreit (Beratungs Akzente 44), 2007, 11, 20.

180 *Starck* in: Festschrift für H. Sendler, 1991, 167.

181 Vgl. zu den letzten beiden Sätzen *Maurer/Waldhoff*, Allg. Verwaltungsrecht, § 7 Rz. 7.

182 *Maurer/Waldhoff*, Allg. Verwaltungsrecht, § 7 Rz. 6.

Behörde befugt, ihr Ermessen unter Zweckmäßigkeits- und Opportunitätsgesichtspunkten auszuüben.[183] Der Umstand, dass eine Ermessensausübung von finanziellen Erwägungen beeinflusst wird, ist nicht per se fehlerhaft.[184]

§ 5 AO setzt voraus, dass der Gesetzgeber die Finanzbehörde ermächtigt hat, Ermessen auszuüben. Dies ist bei § 361 Abs. 2 Satz 1 Hs. 1 AO, § 69 Abs. 2 Satz 1 FGO aufgrund des eindeutigen Wortlauts („*kann*") und aus gesetzessystematischer Sicht mit § 361 Abs. 2 Satz 2 AO, § 69 Abs. 2 Satz 2 FGO (hier „*soll*" auf Antrag bei Vorliegen der genannten Voraussetzungen die Aussetzung erfolgen)[185] sowie § 361 Abs. 3 Satz 1 AO, § 69 Abs. 2 Satz 4 FGO (hier „*ist*" die [Folge-]Aussetzung vorzunehmen) der Fall. Gleichwohl ist mit der Feststellung, dass ein Ermessensspielraum besteht, kein Recht der Behörde zur „*Beliebigkeit*" verbunden; sie hat „*kein freies, sondern nur ein rechtlich gebundenes Ermessen*".[186]

Nach dem Wortlaut des § 5 AO hat die Finanzbehörde das ihr eingeräumte Ermessen auszuüben (ansonsten: Ermessensnichtgebrauch/-unterschreitung[187]), muss hierbei dem Zweck der Ermächtigung entsprechend handeln (bei Verstoß: Ermessensfehlgebrauch) und darf die gesetzlichen Grenzen des Ermessens nicht überschreiten (andernfalls: Ermessensüberschreitung).[188] Die gerichtliche Kontrolle der behördlichen Ermessensentscheidung ist eingeschränkt; das Gericht prüft gemäß dem Wortlaut des § 102 Satz 1 FGO die Einhaltung der Ermessensgrenzen, und ob der Zweck der Ermächtigungsnorm gewahrt ist. Streng am Wortlaut orientiert wird von § 102 Satz 1 FGO der Fall, dass die Finanzbehörde ihr Ermessen überhaupt nicht ausübt, nicht erfasst. § 102 Satz 1 FGO ist jedoch

183 Vgl. bereits zu § 242 Abs. 2 Satz 1 RAO 1965 *Schwarz*, Zwei Wege zur AdV, S. 32 f. m.w.N.

184 Finanzielle Interessen werden zulässigerweise z.B. bei der Entscheidung über die Aufhebung eines rechtswidrigen Leistungsbescheids berücksichtigt, vgl. nur *Koepsell/Walbrodt*, INF 2006, 822–827 (827 m.w.N.); *Maurer/Waldhoff*, Allg. Verwaltungsrecht, § 7 Rz. 22 m.w.N.

185 Der „Soll-Vorschrift" kommt insoweit eine Zwitterstellung zu, als sie zwischen einer Ermessens- und einer gebundenen Entscheidung einzuordnen ist, vgl. *Beaucamp*, JA 2006, 74–78 (76 m.w.N.); *Maurer/Waldhoff*, Allg. Verwaltungsrecht, § 7 Rz. 11. Zum Streitstand hinsichtlich der Rechtsnatur der Entscheidung im Rahmen der § 361 Abs. 2 Satz 2 AO, § 69 Abs. 2 Satz 2 FGO (Ermessensentscheidung oder gebundene Entscheidung) siehe die Nachweise bei FG Köln, Urt. v. 08.09.2010, 13 K 960/08, EFG 2011, 105, 109.

186 *Maurer/Waldhoff*, Allg. Verwaltungsrecht, § 7 Rz. 8, 17.

187 Dazu *Maurer/Waldhoff*, Allg. Verwaltungsrecht, § 7 Rz. 21.

188 Siehe zu den drei Ermessensfehlern bspw. *Englisch* in: T/L, Steuerrecht, § 5 Rz. 152 m.w.N.

nicht abschließend formuliert, da es dort heißt, dass das Gericht *auch* prüft, ob ein Ermessensfehlgebrauch oder eine Ermessensüberschreitung vorliegt. Daher ist auch – oder besser: erst recht[189] – der Fall eines Ermessensnichtgebrauchs gerichtlich überprüfbar. Weitergehende Überprüfungsrechte bestehen bei Vorliegen eines behördlichen Ermessensspielraums jedoch nicht; etwaige Zweckmäßigkeitserwägungen der Verwaltung im Rahmen der Ermessensausübung sind gerichtlicher Kontrolle entzogen.[190] Insbesondere ist das Gericht aus Gründen der Gewaltenteilung nicht dazu legitimiert, *eigene* Ermessenserwägungen an die Stelle des behördlichen Ermessens zu setzen.[191] Dies wäre auch widersinnig, da das Ermessen den behördlichen Entscheidungsspielraum erweitern soll, damit die Behörde dem Einzelfall Rechnung tragen kann.[192]

Im Anwendungserlass zur Abgabenordnung finden sich keine näheren Angaben zur Ermessensausübung im Rahmen der Aussetzung von Amts wegen.[193] Lediglich für die Aussetzungsentscheidung, die auf einen Antrag hin ergeht, heißt es: „*Bei der Entscheidung über Anträge auf Aussetzung der Vollziehung ist der gesetzliche Ermessensspielraum* ***im Interesse der Steuerpflichtigen*** *stets voll auszuschöpfen.*" (Hervorhebung durch Verf.).[194]

Relevant sind für die Frage nach der Rechtmäßigkeit der aufgedrängten Aussetzung die Ermessensfehler des Ermessensfehlgebrauchs und der Ermessensüberschreitung.

---

189 Übt die Behörde überhaupt kein Ermessen aus, liegt begrifflich schon keine *Ermessens*entscheidung vor, sodass man auch über diese Argumentation zur gerichtlichen Kontrollbefugnis nach § 102 Satz 1 FGO gelangt. *Wernsmann* stuft den Ermessensnichtgebrauch als Unterfall des Ermessensfehlgebrauchs ein, siehe *Wernsmann* in: H/H/S, AO, § 5 Rz. 152 (Stand: 222. Lfg. April 2013).

190 Vgl. *Maurer/Waldhoff*, Allg. Verwaltungsrecht, § 7 Rz. 13, 18; *Starck* in: Festschrift für H. Sendler, 1991, 167, 175.

191 Vgl. GrS BFH, Gutachten v. 17.04.1951, GrS D 1/51 S, BStBl. III 1951, 107, 110.

192 Vgl. auch *Maurer/Waldhoff*, Allg. Verwaltungsrecht, § 7 Rz. 13: „*Das Ermessen dient vor allem der Einzelfallgerechtigkeit. Die Behörde wird in die Lage versetzt, unter Berücksichtigung der gesetzlichen Zielvorstellungen (des Gesetzeszwecks, der ratio legis) einerseits und der konkreten Umstände andererseits eine dem Einzelfall angemessene und sachgerechte Lösung zu finden.*"

193 Allerdings wird in AEAO zu § 361 AO, Nr. 2.1. Satz 3 ein Beispielsfall genannt, in dem eine amtswegige Aussetzung in Betracht kommt, und zwar im Vorgriff auf eine anstehende Abhilfeentscheidung, die wegen bevorstehender Fälligkeit nicht mehr rechtzeitig erfolgen kann.

194 AEAO zu § 361 AO, Nr. 2.4.

Ein Ermessensfehlgebrauch/-missbrauch liegt vor, wenn sich die Finanzbehörde bei ihrer Ermessensentscheidung von dem Zweck der Ermessenvorschrift löst, und stattdessen sachfremde Erwägungen anstellt.[195] Sie bezieht entweder Faktoren in ihre Entscheidung mit ein, die nach dem Gesetzeszweck keine Relevanz haben (sog. *Sachwidrigkeit*), oder sie lässt maßgebliche aus dem Normzweck der Ermessensvorschrift folgende Kriterien für die Ermessensausübung unberücksichtigt (sog. *Ermessensdefizit*).[196] Hingegen überschreitet die Behörde das ihr eingeräumte Ermessen, wenn sie Grenzen aus anderen gesetzlichen Bestimmungen, insbesondere auch aus höherrangigem Recht missachtet.[197] Als höherrangige Rechte, die als Ermessensgrenzen fungieren, kommt neben den Grundrechten (beachte Art. 1 Abs. 3 GG) insbesondere der – durch die Verwaltung stets zu beachtende – Verhältnismäßigkeitsgrundsatz (im weiteren Sinne) in Betracht.[198] Da in der Abgabenordnung, anders als bspw. im allgemeinen Ordnungsrecht der Länder (vgl. z.B. §§ 15, 16 OBG NRW[199]), keine gesetzliche Differenzierung zwischen Ermessen und Verhältnismäßigkeit erfolgt, ist letzteres Prinzip im finanzbehördlichen Ermessen im Sinne des § 5 AO zu verorten. Eine unverhältnismäßige Ermessensausübung der Behörde ist folglich ein Fall der Ermessensüberschreitung, da gegen rechtsstaatliche Grundsätze und somit gegen höherrangiges Recht verstoßen wird.[200]

---

195 Vgl. *Maurer/Waldhoff*, Allg. Verwaltungsrecht, § 7 Rz. 22.

196 Vgl. *Ramsauer* in: Kopp/Ramsauer, VwVfG, § 40 Rz. 88.

197 So auch *Englisch* in: T/L, Steuerrecht, § 5 Rz. 153 mit dem zutreffenden Hinweis darauf, dass zu den *„gesetzlichen Grenzen"* im Sinne des § 5 AO erst recht solche verfassungsrechtlicher Art zu zählen seien.

198 *Maurer/Waldhoff* isolieren die Aspekte des Grundrechtsverstoßes sowie der Verhältnismäßigkeit von den genannten Ermessensfehlern und bezeichnen sie als *„objektive Schranken des Ermessens"*, siehe *Maurer/Waldhoff*, Allg. Verwaltungsrecht, § 7 Rz. 23. *Ramsauer* verortet hingegen die Prüfung der Grundrechte und der Verhältnismäßigkeit im Rahmen der Ermessensüberschreitung, vgl. *Ramsauer* in: Kopp/Ramsauer, VwVfG, § 40 Rz. 92. So auch *Wernsmann* in: H/H/S, AO, § 5 Rz. 162 (Stand: 222. Lfg. April 2013); *Beaucamp*, JA 2006, 74–78 (75); *Englisch* in: T/L, Steuerrecht, § 5 Rz. 153. Vgl. ferner *Starck* in: Festschrift für H. Sendler, 1991, 167, 173, wonach die Grundrechte als gesetzliche Ermessensgrenzen im Rahmen des § 40 VwVfG zu berücksichtigen seien. Den letztgenannten Auffassungen wird hier gefolgt.

199 Gesetz über Aufbau und Befugnisse der Ordnungsbehörden – Ordnungsbehördengesetz – (OBG NRW) in der Fassung der Bekanntmachung vom 13.05.1980 (GV. NRW. S. 528), zuletzt geändert durch das Gesetz vom 06.12.2016 (GV. NRW. S. 1062).

200 Für eine Verortung des Verhältnismäßigkeitsgrundsatzes im Rechtsstaatsprinzip siehe z.B. BVerfG, Beschl. v. 15.05.1995, 2 BvL 19/91, 2 BvR 1206, 1584/91 und 2601/93, BVerfGE 92, 277, 325.

Die weitere Darstellung differenziert zwischen einem Ermessensfehlgebrauch durch eine aufgedrängte Aussetzung und einer Ermessensüberschreitung durch eine Aussetzung gegen den Willen des Betroffenen, wobei nur diejenigen Fälle thematisiert werden, in denen die Aussetzungsentscheidung mit einem Aussetzungszinsrisiko im Sinne des § 237 AO behaftet ist.

Wie soeben dargestellt zeichnet sich der Ermessensfehlgebrauch insbesondere durch falsche, weil sachfremde Erwägungen der Behörde aus, wohingegen die Ermessensüberschreitung nach dem hier zugrunde gelegten Verständnis auch den Fall erfasst, dass die Behörde die Folgen ihrer Entscheidung für den Betroffenen nicht oder unzureichend berücksichtigt. Im ersten Fall geht es also darum, worauf sich die Behörde – aus ihrer Perspektive betrachtet – sachlich bei ihrer Entscheidung stützen darf, während der zweite Fall darauf abzielt, die Perspektive des von der behördlichen Entscheidung Betroffenen in den Blick zu nehmen, insbesondere was die Folgen des hoheitlichen Handelns betrifft. Im Rahmen der Ermessensüberschreitung kann unter dem Blickwinkel der Verhältnismäßigkeit den Besonderheiten des Einzelfalls Rechnung getragen werden. Während sich die Feststellung eines Ermessensfehlgebrauchs in gewisser Weise als starr erweist, da das zu prüfende Kriterium entweder sachgerecht oder aber sachfremd ist, kann die Ermessensüberschreitung im Rahmen der Verhältnismäßigkeit einen schonenden Ausgleich zwischen den betroffenen Grundrechten des Adressaten der hoheitlichen Maßnahme und den staatlichen Interessen bewirken. Bei der Beurteilung der Verhältnismäßigkeit spielt insbesondere die Intensität der Beeinträchtigung des Betroffenen eine entscheidende Rolle.[201] Übertragen auf die aufgedrängte Aussetzung und die mögliche Zinsfolge, die gemäß § 237 Abs. 1 Satz 1 AO insbesondere von dem Ausgang des Hauptsacheverfahrens abhängt, ist eine wertende Betrachtung im Einzelfall notwendig. Die Abhängigkeit zwischen Aussetzung und Aussetzungszinsen lässt sich demnach wie folgt umschreiben: Je größer die Wahrscheinlichkeit ist, dass der Rechtsbehelfsführer in dem Hauptsacheverfahren unterliegt, desto höher ist für ihn das Aussetzungszinsrisiko.[202] Umgekehrt gilt: Je größer die Erfolgsaussichten im Hauptsacheverfahren sind, desto geringer ist das Risiko, dass nach dem Abschluss des Rechtsbehelfsverfahrens Aussetzungszinsen entstehen. Aus dieser Abhängigkeit wird deutlich, dass eine wertende Betrachtung im Einzelfall unter dem Verhältnismäßigkeitsaspekt einer „Alles-oder-nichts-Entscheidung“ vorzuziehen ist.

---

201 Vgl. *Ramsauer* in: Kopp/Ramsauer, VwVfG, § 40 Rz. 92.

202 Zum Bestehen eines Aussetzungszinsrisikos nach aufgedrängter Aussetzung der Vollziehung siehe noch Teil II, § 3, III. 3. b), dd).

Aus dieser Unterscheidung ergibt sich folgender Aufbau: Zunächst wird im Rahmen des Ermessensfehlgebrauchs erörtert, welche Kriterien für die Aussetzung relevant sind. Von Bedeutung ist insoweit auch, inwieweit finanzielle Interessen aus staatlicher Sicht im Rahmen der § 361 Abs. 2 Satz 1 AO, § 69 Abs. 2 Satz 1 FGO berücksichtigt werden dürfen. Sodann wird auf eine etwaige Ermessensüberschreitung durch die aufgedrängte Aussetzung eingegangen. Die hiermit verbundenen (Zins-)Nachteile für den Betroffenen sind verfassungsrechtlich zu beleuchten, wobei insbesondere die Verhältnismäßigkeit der aufgedrängten Aussetzung untersucht wird.

II. Entwicklung der Aussetzungsvorschriften

Um die maßgeblichen Kriterien im Rahmen der behördlichen Aussetzung der Vollziehung eruieren und diese letztlich von sachfremden Erwägungen abgrenzen zu können, bedarf es zunächst einer historischen Betrachtung der § 361 AO, § 69 FGO. Die folgenden Ausführungen beschränken sich auf die für die Beurteilung der aufgedrängten Aussetzung der Vollziehung relevanten Änderungen.

Feit beschreibt anschaulich den Konflikt, den sich die Schöpfer der Reichsabgabenordnung von 1919 in verfahrensrechtlicher Hinsicht bezüglich der Folgen der Anfechtung eines Verwaltungsakts ausgesetzt sahen: *„Dabei waren zwei völlig entgegengesetzte Interessen zu berücksichtigen: Hier das Anliegen des Staates, der zur Sicherung und Stärkung seiner Finanzkraft auch in d e n Fällen über die Möglichkeit sofortiger Steuereinziehung verfügen mußte, in denen der Steuerpflichtige Rechtsmittel gegen einen Steuerbescheid eingelegt hatte – dort das Interesse des Einzelnen, der vor harten Vollstreckungsmaßnahmen des Staates geschützt werden mußte, die trotz seines späteren Obsiegens in der Rechtsmittelinstanz nicht wieder gutzumachende Nachteile bis zum geschäftlichen Ruin zur Folge haben konnten.“*[203]

Im Zuge der Einführung der Reichsabgabenordnung 1919 war die Aussetzung der Vollziehung recht oberflächlich geregelt. Die Vorschrift des § 235 RAO 1919[204] lautet wie folgt: „*Durch Einlegung eines Rechtsmittels wird die Wirksamkeit des angefochtenen Bescheids nicht gehemmt, insbesondere die Erhebung einer Steuer nicht aufgehalten.* ***Die Behörde, die den Bescheid erlassen hat, kann die Vollziehung aussetzen, geeignetenfalls gegen Sicherheitsleistung.***“ (Hervorhebung

203 *Feit*, Die Aussetzung der Vollziehung, S. 1.

204 Reichsabgabenordnung (RAO) vom 13.12.1919, RGBl. 1919, S. 1993, 2049.

durch Verf.). Gleichen Inhalts ist die Nachfolgervorschrift des § 251 RAO 1931[205]. Die Berechtigung des Satzes 1 der § 235 RAO 1919, § 251 RAO 1931 erklärt sich daraus, dass andernfalls erst ein unter Umständen langwieriges Rechtmittelverfahren durchlaufen werden musste, bis geklärt war, ob die Finanzbehörde die geltend gemachten Steuerforderungen zu Recht beansprucht hatte.[206]

Die im Vergleich zum heutigen § 361 AO sehr knappe Fassung des § 235 RAO 1919 mag auf den rasanten Prozess zurückzuführen sein, unter dem die RAO 1919 zustande gekommen ist.[207] *Enno Becker* beschreibt die Umstände der Ausarbeitung seines Gesetzesentwurfs in seiner Kommentierung als ungünstig, da die *„Zeitverhältnisse dazu zwangen, den Entwurf in kürzester Zeit eilig und überstürzt zu vollenden."*[208] Bei der Schaffung der RAO lag der Fokus darauf, den aufgrund des verlorenen Krieges gestiegenen Finanzbedarf zu decken und den hiermit einhergehenden Steuerwiderstand zu unterbinden.[209]

Eine vertiefte Auseinandersetzung mit § 235 RAO 1919 ist in Literatur und Rechtsprechung, soweit ersichtlich, nicht erfolgt.[210] Aufgrund der kriegsbedingten Zahlungspflichten des Reichs stand die Vereinnahmung der Geldansprüche im Vordergrund.[211] Der Ausschluss des Suspensiveffekts durch das eingelegte Rechtsmittel wurde daher auch mit der Notwendigkeit der Einnahmesicherung gerechtfertigt. Der Bürger solle sich seiner Zahlungspflicht durch das Rechtsmittelverfahren nicht entziehen können.[212] Die Aussetzungsmöglichkeit nach § 235 Satz 2 RAO 1919 wirkte zwar als Korrektiv zur Verhinderung ungerechter Ergebnisse.[213] Unter welchen Voraussetzungen von der Aussetzung Gebrauch gemacht werden konnte, blieb jedoch ungewiss. Ausweislich der Gesetzesbegründung wurde § 235 Satz 2 RAO 1919 keine große Bedeutung beigemessen. Dort heißt es: *„Durch die Neueinführung der Pflicht zur Verzinsung zurückzuerstattender*

---

205 Reichsabgabenordnung (RAO) vom 22.05.1931, RGBl. I 1931, S. 161, 196.

206 Vgl. *Feit*, Die Aussetzung der Vollziehung, S. 2.

207 Enno Becker begann mit der Ausarbeitung eines Gesetzesentwurfs nach Mitte November 1918 und bereits am 23.12.1919 trat die RAO in Kraft, siehe *Becker*, RAO 1919, 7. Aufl., Einleitung S. XIV, XVI.

208 *Becker*, RAO 1919, 7. Aufl., Einleitung S. XV.

209 Vgl. *Becker*, RAO 1919, 7. Aufl., Einleitung S. XIII f.

210 Vgl. die Kommentierung zu § 235 RAO 1919 bei *Mrozek* in: Mrozek, RAO 1919, § 235. Die Möglichkeit der Behörde zur Aussetzung der Vollziehung wurde in den zwei Anmerkungen nicht einmal erwähnt.

211 Vgl. *Hensel*, Steuerrecht, S. 180.

212 Vgl. *Becker*, RAO 1919, 7. Aufl., § 235 Anm. 2; *Hensel*, Steuerrecht, S. 180. Vgl. zu § 251 RAO 1931 *Wauer*, FR 1950, 182–183 (182).

213 Siehe *Hensel*, Steuerrecht, S. 180.

Beträge ist an sich ein Schutz des Steuerpflichtigen gegen vorzeitige Einziehung der Steuern geschaffen.“[214]

Seit Beginn der 50er Jahre des 20. Jahrhunderts wurde der Aussetzung der Vollziehung gemäß § 251 Satz 2 RAO 1931 zunehmend Beachtung in Wissenschaft und Praxis geschenkt.[215]

Mit der Feststellung, dass die zuständige Behörde den angefochtenen Bescheid aussetzen kann, warf die Vorschrift viele Fragen auf. Kritisiert wurde vor allem, dass eine finanzgerichtliche Aussetzungsbefugnis nicht normiert war.[216] Die Fachgerichte waren daher nicht in der Lage, die Vollziehung des angefochtenen Bescheids auszusetzen.[217] Aber auch die Voraussetzungen, unter denen die Behörde die Vollziehung des Bescheids aussetzen konnte, beschäftigten sowohl die Literatur als auch die Gerichte. Im Fokus der Untersuchung stand die vom Steuerpflichtigen *beantragte* Aussetzung der Vollziehung. Hierzu entwickelte die Rechtsprechung Maßstäbe, unter denen dem Aussetzungsantrag des Bürgers entsprochen werden musste.[218]

Ausgehend von der Absicherung der Hauptsacheentscheidung standen bei der Aussetzungsentscheidung bereits nach damaliger Auffassung zu Recht die Erfolgsaussichten im Hauptsacheverfahren im Vordergrund.[219] Seit jeher bereitet die Prognose des Ausgangs des Hauptsacheverfahrens Schwierigkeiten.

214 Bericht des 11. Ausschusses über den Entwurf einer Reichsabgabenordnung vom 18.11.1919, Verfassungsgebende Deutsche Nationalversammlung (VGDN), Bd. 339. 1919/20, RT-Drucks. Nr. 1460, S. 1403 (zu § 235).

215 Vgl. etwa *Deussen*, BB 1952, 882–884; *Fließbach*, StW 1954, Sp. 335–342; *Friedlaender*, StW 1955, Sp. 121–122; *Hauffen*, BB 1953, 230–231; *Wauer*, FR 1950, 182–183. Gleiches gilt für die steuergerichtliche Rechtsprechung, vgl. insoweit das Rechtsprechungsverzeichnis in *Feit*, Die Aussetzung der Vollziehung, S. XVII f.

216 Zwecks effektiven Rechtsschutzes wurden Versuche unternommen, eine gerichtliche Aussetzungsbefugnis zu konstruieren, vgl. z.B. *Fließbach*, StW 1954, Sp. 335–342 (340 ff. m.w.N.). Der BFH stand diesen Versuchen jedoch ablehnend gegenüber und führte dies insbesondere auf den Wortlaut des § 251 Satz 2 RAO 1931 zurück, der eine Aussetzungsbefugnis nur durch die Exekutive vorsah, so BFH, Urt. v. 25.01.1961, II 216/60 U, BStBl. III 1961, 145, 146.

217 Vgl. zu § 235 RAO 1919 *Becker*, RAO 1919, 7. Aufl., § 235 Anm. 1; *Hensel*, StW 1928, Teil I., Sp. 397–422 (409 f.).

218 Vgl. insbesondere BFH, Urt. v. 10.09.1954, III 187/52 S, BStBl. III 1954, 328; BFH, Urt. v. 10.02.1954, II 37/53 U, BStBl. III 1954, 116. Näheres zu den beiden Entscheidungen noch im Folgenden.

219 Vgl. BFH, Urt. v. 28.06.1960, I 9/60 S, BStBl. III 1960, 357 m.w.N. („*Dabei kommt es vor allem darauf an, wie bei summarischer rechtlicher Prüfung die Aussichten des in der Hauptsache eingelegten Rechtsmittels zu beurteilen sind*“); BFH, Urt. v. 10.02.1954,

Die Mehrzahl der Verfahren bewegt sich zwischen einem sicheren Erfolg und einem offensichtlichen Unterliegen des Steuerpflichtigen im Hauptsacheverfahren.[220] Wie soll in diesen Fällen verfahren werden? Bereits § 235 Satz 1 RAO 1919 machte den gesetzgeberischen Willen deutlich, trotz Rechtsstreits die festgesetzten Steuern zu erhalten. Eine zu großzügige Aussetzungspraxis würde den Willen des Gesetzgebers missachten. Andererseits muss den schutzwürdigen Interessen des Bürgers, der nicht bloß eine Verzögerungstaktik betreibt, sondern berechtigte rechtliche Einwände gegen den angefochtenen Verwaltungsakt vorträgt, Rechnung getragen werden. Er muss die Möglichkeit haben, den Hoheitsakt nicht zu befolgen, ohne Vollstreckungsmaßnahmen des Staates ausgesetzt zu sein.[221]

Im Lichte dieses Spannungsfeldes ließ sich – gefördert durch die oberflächliche Regelung der Aussetzung der Vollziehung – vieles vertreten. Überwiegend wurde in der Literatur eine Aussetzung aus rechtsstaatlichen Gründen bereits bei *möglichen* Erfolgsaussichten befürwortet, wobei in diesen Fällen – entgegen dem Wortlaut des § 251 Satz 2 RAO 1931 – sogar eine Aussetzungspflicht angenommen wurde.[222]

Der II. Senat des Bundesfinanzhofs zeigte sich hingegen zurückhaltender.[223] In einer Entscheidung aus dem Jahre 1954 verlangte er zunächst eine „*w o h l b e g r ü n d e t e Aussicht auf Erfolg*“ im Hauptsacheverfahren.[224] Sofern ein Übergewicht der Suspendierungsinteressen des Steuerpflichtigen gegenüber den Vollzugsinteressen des Fiskus nicht auszumachen sei, gebühre den staatlichen Interessen der Vorrang.[225]

II 37/53 U, BStBl. III 1954, 116 („*w o h l b e g r ü n d e t e Aussicht auf Erfolg*“); *Wauer*, FR 1950, 182–183 (183 m.w.N.).

220 So bereits *Feit*, Die Aussetzung der Vollziehung, S. 24.

221 Vgl. zu den letzten beiden Sätzen *Feit*, Die Aussetzung der Vollziehung, S. 22.

222 So z.B. *Deussen*, BB 1952, 882–884 (882 f.). Zustimmend *Hauffen*, BB 1953, 230–231 (231). In diese Richtung geht auch *Becker*, RAO 1919, 7. Aufl., § 235 Anm. 2 mit folgendem Satz: „*Besteht die Möglichkeit der Aufhebung des Bescheides, so wird die Aussetzung der Vollziehung zur Pflicht.*“ Ablehnend, weil zu weit gehend und insbesondere mit dem Wortlaut des § 251 Satz 2 RAO 1931 („*kann*“) unvereinbar *Fließbach*, StW 1954, Sp. 335–342 (335 f.).

223 Zur finanzgerichtlichen Rechtsprechung vor der Entscheidung des BFH aus dem Jahre 1954 siehe *Feit*, Die Aussetzung der Vollziehung, S. 25 f. m.w.N.

224 BFH, Urt. v. 10.02.1954, II 37/53 U, BStBl. III 1954, 116.

225 Vgl. BFH, Urt. v. 10.02.1954, II 37/53 U, BStBl. III 1954, 116 („*Dieser Grundsatz kann nur den Sinn haben, daß in einem Fall, in dem sich das Interesse des Steuergläubigers*

Die strenge Haltung des BFH wurde mit Blick auf die Situation des Steuerpflichtigen kritisiert.[226] Seinem Aussetzungsantrag würde nur noch in einer verschwindend geringen Anzahl von Fällen entsprochen werden, was Bedenken an der Vereinbarkeit dieser Haltung mit rechtsstaatlichen Grundsätzen auslöse.[227] Außerdem wurde aufgrund des Wegfalls der Verzinsungspflicht durch § 20 Abs. 1 StAnpG 1934[228] ein großzügiger Umgang mit der Aussetzung der Vollziehung im Interesse des Bürgers gefordert, da das bei Einführung des § 235 RAO 1919 angeführte Argument der Nachteilskompensation in Fällen ungerechtfertigter Zahlungen strittiger Steueransprüche entfallen sei.[229]

Sieben Monate nach dem Urteil des II. Senats des BFH aus dem Jahre 1954 entschied der III. Senat des BFH, dass er sich der Entscheidung des II. Senats nur dann anschließen könne, wenn sie *nicht* dahin zu verstehen sei, dass der Erfolg des Rechtsmittels wahrscheinlicher sein müsse als sein Misserfolg.[230] Im Einklang mit der Auffassung von *Becker*[231], *Wauer*[232] und *Hensel*[233] müsse eine Aussetzung erfolgen, „*wenn die Möglichkeit zur Aufhebung des Bescheides in dem Sinne besteht, daß die Rechtslage auf Grund gewichtiger Darlegungen des Steuerpflichtigen zweifelhaft*“ sei.[234] Diesem Urteil wurde – vornehmlich in der Literatur – grundsätzliche Bedeutung für die Frage nach den Voraussetzungen der Aussetzung der Vollziehung im Rahmen des § 251 Satz 2 RAO 1931 beigemessen.[235]

---

und das Interesse des Steuerschuldners die Waage halten, das Interesse des Steuerschuldners gegenüber dem Interesse des Steuergläubigers zurückzutreten hat“).

226 So z.B. *Fließbach*, StW 1954, Sp. 335–342 (339), der bei diesem engen Verständnis die praktische Bedeutung der Aussetzungsvorschrift anzweifelt.

227 So z.B. *Feit*, Die Aussetzung der Vollziehung, S. 27 f.

228 Steueranpassungsgesetz (StAnpG) vom 16.10.1934, RGBl. I 1934, S. 925, 929.

229 In diese Richtung argumentiert *Fließbach*, StW 1954, Sp. 335–342 (339). Berücksichtigt werden muss insoweit aber auch, dass durch den § 20 Abs. 1 StAnpG 1934 auch etwaige Zinsansprüche des Staates gegen den Bürger entfallen sind. Der BFH hat in seinem Urteil vom 28.06.1960 (I 9/60 S, BStBl. III 1960, 357, 358) vor diesem Hintergrund etwaigen Zinsnachteilen im Rahmen der Aussetzungsentscheidung generell, also für beide Beteiligten, keine Bedeutung beigemessen.

230 BFH, Urt. v. 10.09.1954, III 187/52 S, BStBl. III 1954, 328.

231 *Becker*, RAO 1919, 7. Aufl., § 235 Anm. 2.

232 *Wauer*, FR 1950, 182–183 (183 m.w.N.).

233 *Hensel*, StW 1928, Teil I., Sp. 397–422 (407 f.).

234 BFH, Urt. v. 10.09.1954, III 187/52 S, BStBl. III 1954, 328.

235 Vgl. *Riewald* in: Becker, RAO, 9. Aufl., § 69 FGO Anm. 2, b), (2); *Feit*, Die Aussetzung der Vollziehung, S. 29 f.

Im Entwurf zur Einführung der FGO aus dem Jahre 1955 wurde die Kritik an der fehlenden gerichtlichen Aussetzungsbefugnis (vgl. § 69 Abs. 3 Satz 1 FGO-Entwurf 1955)[236] ebenso aufgenommen wie die bislang vorgefundene Unsicherheit in der Beurteilung der Anforderungen an die Erfolgsaussichten des Hauptsacherechtsbehelfs. Zu Letzterem heißt es in § 69 Abs. 1 Sätze 3, 4 FGO-Entwurf 1955: „*Die Behörde, die den Verwaltungsakt erlassen hat, kann die Vollziehung, auch gegen Sicherheit, aussetzen.* ***Die Aussetzung soll erfolgen, wenn ernsthafte Zweifel an der Rechtmäßigkeit des angegriffenen Verwaltungsakts bestehen oder wenn die Vollziehung für den Steuerpflichtigen eine unbillige, nicht durch überwiegend öffentliche Interessen gebotene Härte zur Folge hätte.***"[237] (Hervorhebung durch Verf.). Die Terminologie („ernsthafte Zweifel") war bereits zu diesem Zeitpunkt nicht neu. *Hensel* forderte bereits im Jahr 1928, dass eine Aussetzung gemäß § 235 Satz 2 RAO 1919 in Fällen ernsthafter Zweifel sowohl auf Antrag des Bürgers, aber auch ohne Antrag vorzunehmen sei, wenn die Behörde aufgrund des Rechtsmittels des Steuerpflichtigen solche Zweifel feststelle.[238]

Gleichen Inhalts wie § 69 Abs. 1 Sätze 3, 4 FGO-Entwurf 1955 war der in der dritten Wahlperiode eingebrachte Gesetzesentwurf zu § 67 Abs. 1 Sätze 3, 4 FGO 1958.[239] An dieser Stelle fällt auf, dass § 69 Abs. 1 Satz 4 FGO-Entwurf 1955 und § 67 Abs. 1 Satz 4 FGO-Entwurf 1958 – anders als § 361 Abs. 2 Satz 2 AO bzw. § 69 Abs. 2 Satz 2 FGO – bis auf die dargestellten Aussetzungsgründe keine weiteren Voraussetzungen, insbesondere *keinen Aussetzungsantrag* vorsahen. Dies änderte sich erst durch § 65 Abs. 2 Satz 2 FGO-Entwurf 1963.[240] Begründet wurde das Antragserfordernis in § 65 Abs. 2 Satz 2 FGO-Entwurf 1963 in der Gesetzesbegründung indes nicht.[241] Der Entwicklungsprozess lässt jedoch darauf schließen, dass das Antragserfordernis bewusst aufgenommen wurde.

---

236 Entwurf eines Gesetzes zur Neuordnung der Finanzgerichtsbarkeit vom 28.09.1955, BT-Drucks. II/1716, S. 12 („*Das Gericht oder der Vorsitzende kann […] auf Antrag anordnen, daß die Vollziehung auszusetzen ist*").

237 Entwurf eines Gesetzes zur Neuordnung der Finanzgerichtsbarkeit vom 28.09.1955, BT-Drucks. II/1716, S. 12 (§ 69).

238 *Hensel*, StW 1928, Teil I., Sp. 397–422 (407 f.). Er spricht indes nur von ernsthaften Rechtmäßigkeitszweifeln ohne diese näher zu definieren.

239 Siehe Entwurf eines Gesetzes zur Neuordnung der Finanzgerichtsbarkeit vom 10.01.1958, BT-Drucks. III/127, S. 13.

240 Vgl. Entwurf einer Finanzgerichtsordnung (FGO) vom 02.08.1963, BT-Drucks. IV/1446, S. 12 („*Beantragt der beteiligte Abgaben- oder Kostenpflichtige die Aussetzung, so soll diese erfolgen, wenn*").

241 Vgl. Entwurf FGO vom 02.08.1963, BT-Drucks. IV/1446, S. 51 (zu § 65).

Im Übrigen wurde an dem aus § 235 Satz 1 RAO 1919 bekannten Regel-/Ausnahme-Verhältnis zwischen Sofortvollzug und suspendierender Wirkung des Rechtsbehelfs aus den bereits bekannten Gründen (= Verzögerungstaktiken vorbeugen) festgehalten.[242]

Die in § 69 Abs. 1 Satz 4 Alt. 1 FGO-Entwurf 1955 genannten *„ernsthaften Rechtmäßigkeitszweifel"* erinnern an die strenge Linie des BFH in seinem Urteil vom 10.02.1954.[243] Diese Entscheidung des BFH wurde in der Gesetzesbegründung zur Anwendung des § 69 Abs. 1 Satz 3 FGO-Entwurf 1955 zitiert.[244] Sie sollte offenbar generell für die behördliche Aussetzungsentscheidung maßgebend sein. Für die Terminologie erntete der Gesetzesentwurf Kritik, da dieser mit der aussetzungsfreundlichen Entscheidung des BFH vom 10.09.1954 (III 187/52 S, BStBl. III 1954, 328) nicht vereinbar sei.[245] Um das Verhältnis Steuerpflichtiger–Behörde nicht auf die Probe zu stellen, wurde in der Literatur eine aussetzungsfreundliche Auslegung der „ernsthaften Zweifel" gefordert.[246]

Nach zwei erfolglosen Einbringungsversuchen des Entwurfs der FGO[247] wurde diese erst 1965 umgesetzt.[248] Erstmals wurde die gerichtliche Befugnis zur Aussetzung der Vollziehung eingeführt.[249] Es wurde fortan zwischen der Aussetzung der Vollziehung nach § 242 RAO 1965[250], der später inhaltlich in

242 Vgl. Entwurf eines Gesetzes zur Neuordnung der Finanzgerichtsbarkeit vom 28.09.1955, BT-Drucks. II/1716, S. 40 (zu § 69). So auch Entwurf eines Gesetzes zur Neuordnung der Finanzgerichtsbarkeit vom 10.01.1958, BT-Drucks. III/127, S. 41 (zu § 67).

243 So auch *Feit*, Die Aussetzung der Vollziehung, S. 92.

244 Siehe Entwurf eines Gesetzes zur Neuordnung der Finanzgerichtsbarkeit vom 28.09.1955, BT-Drucks. II/1716, S. 40 (zu § 69). So auch im Rahmen des § 67 Abs. 1 Satz 3 FGO-Entwurf 1958, siehe Entwurf eines Gesetzes zur Neuordnung der Finanzgerichtsbarkeit vom 10.01.1958, BT-Drucks. III/127, S. 42. Ebenso der Gesetzesentwurf zu § 65 Abs. 2 Satz 1 FGO-Entwurf 1963, vgl. Entwurf FGO vom 02.08.1963, BT-Drucks. IV/1446, S. 51.

245 So z.B. *Feit*, Die Aussetzung der Vollziehung, S. 92.

246 So z.B. *Kaatz*, DStZ 1957, 41–48 (47). Dem Ansehen der Behörde schade es, wenn die Behörde zweifelhafte Beträge einziehe.

247 Vgl. Entwurf eines Gesetzes zur Neuordnung der Finanzgerichtsbarkeit vom 28.09.1955, BT-Drucks. II/1716, S. 1 ff. (1. Entwurf) und Entwurf eines Gesetzes zur Neuordnung der Finanzgerichtsbarkeit vom 10.01.1958, BT-Drucks. III/127, S. 1 ff. (2. Entwurf).

248 Siehe Finanzgerichtsordnung (FGO) vom 06.10.1965, BGBl. I 1965, S. 1477 ff.

249 Vgl. *Riewald* in: Becker, RAO, 9. Aufl., § 69 FGO Anm. 1 (8).

250 FGO vom 06.10.1965, BGBl. I 1965, S. 1477, 1502 f.

§ 361 Abs. 1, 2, 4 AO 1977[251] aufgegangen ist,[252] und der Aussetzung gemäß § 69 FGO 1965[253] differenziert. § 69 Abs. 2 Sätze 1, 2 FGO 1965 (sowie § 242 Abs. 2 Sätze 1, 2 RAO 1965) lautete(n): *„Die Behörde, die den Verwaltungsakt [bei § 242 Abs. 2 Satz 1 RAO 1965: die Verfügung] erlassen hat, kann die Vollziehung ganz oder teilweise aussetzen. Beantragt der beteiligte Abgaben- oder Kostenpflichtige die Aussetzung, so soll diese erfolgen, wenn ernstliche Zweifel an der Rechtmäßigkeit des angefochtenen Verwaltungsaktes [bei § 242 Abs. 2 Satz 2 RAO 1965: der angegriffenen Verfügung] bestehen oder wenn die Vollziehung für den Abgaben- oder Kostenpflichtigen eine unbillige, nicht durch überwiegende öffentliche Interessen gebotene Härte zur Folge hätte.*" (Klammerzusätze durch Verf.).

Mit § 69 Abs. 2 Satz 2 FGO 1965 und § 242 Abs. 2 Satz 2 RAO 1965 wurde, durch Aufnahme der beiden – auch heute noch in § 361 Abs. 2 Satz 2 AO und § 69 Abs. 2 Satz 2 FGO vorzufindenden – Aussetzungsgründen („*ernstliche Zweifel an der Rechtmäßigkeit des angefochtenen Verwaltungsakts*" sowie bei Vorliegen einer „*unbilligen Härte*"), den Bedürfnissen des Bürgers nach vorläufigem Rechtsschutz Rechnung getragen. Er kann bei Vorliegen eines der beiden Aussetzungsgründe die Finanzbehörde durch seinen Aussetzungsantrag regelmäßig zur Aussetzung zwingen.[254]

Bei Kodifizierung der gerichtlichen Aussetzungsbefugnis im Jahre 1965 fehlte ein dem heutigen § 69 Abs. 4 FGO entsprechendes Rangverhältnis zwischen behördlicher und gerichtlicher Aussetzung, weshalb es dem Steuerpflichtigen frei stand, das Finanzamt oder das Finanzgericht um Aussetzung der Vollziehung zu ersuchen.[255] Infolge dessen wurden die Finanzgerichte mit Aussetzungsverfahren überschwemmt.[256]

Ernstliche Zweifel im Sinne der § 361 Abs. 2 Satz 2 Alt. 1 AO, § 69 Abs. 2 Satz 2 Alt. 1 FGO liegen nach heutigem Verständnis vor, wenn nach summarischer Prüfung neben für die Rechtmäßigkeit sprechende Umstände gewichtige Gründe gegen die Rechtmäßigkeit des angefochtenen Verwaltungsakts offenbart

---

251 Abgabenordnung (AO 1977) vom 16.03.1976, BGBl. I 1976, S. 613, 687 f.

252 *Kwasek*, StW 1976, 132–135 (135).

253 FGO vom 06.10.1965, BGBl. I 1965, S. 1477, 1486.

254 Vgl. zur finanzgerichtlichen Aussetzung gemäß § 69 Abs. 2 Satz 2 i.V.m. Abs. 3 Satz 1 Hs. 2 FGO unter Hinweis auf den Gesetzeswortlaut („*soll*") nur BFH, Beschl. v. 01.04.2010, II B 168/09, BStBl. II 2010, 558, 559 m.w.N.

255 Siehe *Blanke/Gudczinski*, DStR 1972, 198–202 (198 m.w.N.); *Gräber*, DStR 1970, 159–163 (160 m.w.N.); *Kwasek*, StW 1976, 132–135 (134).

256 *Gräber* weist auf eine „*Flut von gerichtlichen Entscheidungen*" hin, die zu § 69 FGO 1965 ergangen sind, siehe *Gräber*, DStR 1970, 159–163 (159).

werden, die zu Unklarheiten in rechtlicher Hinsicht führen respektive Bedenken bezüglich der korrekten Beurteilung tatsächlicher Geschehnisse auslösen.[257] Die Aussetzung soll bereits dann erfolgen, wenn eine Aufhebung oder Änderung des angefochtenen Verwaltungsakts im Hauptsacheverfahren möglich ist.[258]

Insgesamt lässt sich festhalten, dass im Rahmen des § 361 Abs. 2 Satz 2 Alt. 1 AO die Anforderungen, die an die Erfolgsaussichten des Hauptsacherechtsbehelfs gestellt werden, im Vergleich zur Auffassung des BFH vom 10.02.1954 zu § 251 Satz 2 RAO 1931 gesunken sind. Die Vorschrift des § 361 Abs. 2 Satz 2 AO behandelt jedoch ausschließlich die Aussetzung der Vollziehung auf Antrag des Bürgers. Rückschlüsse für die Aussetzung der Vollziehung von Amts wegen können hieraus nicht unmittelbar gewonnen werden.

Vergleicht man die Entwicklung der Aussetzungsvorschriften mit der Entwicklung der steuerlichen Zinsvorschriften, so fällt auf, dass bei Einführung des § 235 RAO 1919 Aussetzungszinsen noch nicht ausdrücklich normiert waren.[259] Dies änderte sich erst mit Einführung des § 251a RAO 1961[260]. Zwischenzeitlich, in der Zeit zwischen 1934 und 1961, galt § 20 StAnpG 1934[261].[262] Die Vorschrift lautete: „*(1) Das Reich erhebt bei Reichsteuern weder Verzugzinsen noch Aufschubzinsen. (2) Bei Einkommensteuer, Körperschaftsteuer, Vermögensteuer und Umsatzsteuer erhebt das Reich auch keine Stundungzinsen. Bei anderen Steuern werden, sofern nicht das Finanzamt im einzelnen Fall zinslose Stundung bewilligt,*

---

257 Vgl. exemplarisch BFH, Beschl. v. 21.07.2016, V B 37/16, BFH/NV 2016, 1487, 1488 m.w.N.; BFH, Beschl. v. 06.11.2008, IV B 126/07, BStBl. II 2009, 156, 158 m.w.N.; *Birkenfeld* in: H/H/S, AO, § 361 Rz. 173 m.w.N. (Stand: 212. Lfg. März 2011); *Seer* in: T/K, FGO, § 69 Rz. 89 m.w.N. (Stand: 141. Lfg. Juli 2015). Vgl. bereits zu § 69 Abs. 2 Satz 2 FGO 1965 BFH, Beschl. v. 10.02.1967, III B 9/66, BStBl. III 1967, 182, 183.

258 So *Birkenfeld* in: H/H/S, AO, § 361 Rz. 175 (Stand: 212. Lfg. März 2011): „*Besteht die nicht nur entfernte Möglichkeit, dass der angefochtene VA infolge gewichtiger Darlegungen und darauf beruhender Zweifelhaftigkeit der Rechtslage im Verfahren über den Rechtsbehelf aufgehoben oder geändert wird, so soll ausgesetzt werden*".

259 Siehe *Bergkemper*, Steuerliche Nebenleistungen, S. 11, 14.

260 Gesetz zur Änderung des Einkommensteuergesetzes, des Körperschaftsteuergesetzes, des Gewerbesteuergesetzes, des Bewertungsgesetzes, des Vermögensteuergesetzes, des Steuersäumnisgesetzes, der Reichsabgabenordnung, des Steueranpassungsgesetzes, des Gesetzes zur Förderung der Wirtschaft von Berlin (West) und anderer Gesetze (Steueränderungsgesetz 1961) vom 13.07.1961, BGBl. I 1961, S. 981, 996.

261 StAnpG vom 16.10.1934, RGBl. I 1934, S. 925, 929.

262 Vgl. *Bergkemper*, Steuerliche Nebenleistungen, S. 14.

Stundungzinsen erhoben. Ihre Höhe bestimmt das Finanzamt unter Berücksichtigung der jeweiligen Lage des einzelnen Falls. (3) Das Reich zahlt keine Steuerzinsen (weder bei Erstattung oder Vergütung noch bei Hinterlegung baren Geldes)."

Unter Geltung des § 20 StAnpG 1934 erfolgte die Aussetzung der Vollziehung somit *zinsunabhängig*. Andererseits wurde auch ein etwaiger Erstattungsanspruch des Bürgers nicht verzinst (siehe § 20 Abs. 3 StAnpG 1934). Folglich war die behördliche Aussetzungsentscheidung im Geltungsbereich des § 20 StAnpG 1934 von jeglichen Zinsüberlegungen unabhängig, was auch ausdrücklich betont wurde. So heißt es in einem Urteil des BFH, dessen zugrunde liegender Sachverhalt in der zinsfreien Periode verwirklicht wurde, dass durch die Abschaffung der Verzinsung „*bei einer Entscheidung über die Aussetzung der Vollziehung der Zinsverlust* ***weder zugunsten des Steuerpflichtigen noch zugunsten des Steuerfiskus*** *entscheidend*" (Hervorhebung durch Verf.) sei.[263]

Angesichts des damaligen Zinsniveaus auf dem Markt war es aus finanzieller Sicht des Staates nicht sinnvoll, dem Steuerpflichtigen die Aussetzung der Vollziehung von Amts wegen zu gewähren. So blieb nach Einführung der gerichtlichen Aussetzungsbefugnis der gesetzlich fixierte Zinssatz i.H.v. 6 % p.a. deutlich hinter den in der Wirtschaft erzielbaren Zinssätzen zurück.[264] Unter Zuhilfenahme der historischen Entwicklung kann die hier relevante Fragestellung, unter welchen Voraussetzungen die Aussetzung von Amts wegen und auch *gegen den Willen des Steuerpflichtigen* erfolgen kann, nicht unmittelbar beantwortet werden, da sich die Zinssituation erst seit dem Jahr 2009 immer weiter zuspitzt.[265]

Bei Übertragung der Ergebnisse zu den Vorgängervorschriften des § 361 AO ist im Hinblick auf die Beurteilung der aufgedrängten Aussetzung der Vollziehung Vorsicht geboten. Der vorläufige Rechtsschutz im Steuerrecht fand bis zur Einführung der FGO nur durch die Exekutive statt. Aus damaliger Sicht musste das behördliche Aussetzungsverfahren die fehlende gerichtliche Aussetzungskompetenz kompensieren. Durch die Einführung der gerichtlichen Befugnis zur

---

263 Siehe BFH, Urt v. 28.06.1960, I 9/60 S, BStBl. III 1960, 357, 358.

264 Siehe *Martens*, StuW 1967, Sp. 635–658 (645). Anfang des Jahres 1970 waren Zinssätze im zweistelligen Prozentbereich für kurzfristige Kredite keine Seltenheit, vgl. *Dietz*, Die Voraussetzungen der gerichtlichen Vollziehungsaussetzung, S. 141 f.

265 So lag bspw. der Geldmarktsatz für ein Dreimonatsgeld im Januar 2009 noch bei 2,46 % p.a. Im Dezember 2009 sank er auf 0,71 % p.a. Seit Mai 2015 bewegt er sich sogar im Negativbereich; siehe Geldmarktsätze/EURIBOR Dreimonatsgeld/Monatsdurchschnitt (Stand: 02.01.2019), abrufbar unter https://www.bundesbank.de/de/statistiken/geld--und-kapitalmaerkte/zinssaetze-und-renditen/geldmarktsaetze-650668 (zuletzt abgerufen am 30.01.2019 um 21:00 Uhr).

Aussetzung ist das Kompensationsbedürfnis entfallen. Die gerichtliche Aussetzungsbefugnis bleibt de lege lata nicht hinter der behördlichen Aussetzung der Vollziehung zurück.[266] Es ist daher möglich, § 361 Abs. 2 Satz 1 AO ein gegenüber den Vorgängervorschriften verselbständigtes Anwendungsfeld beizumessen.

In der Historie der behördlichen Aussetzung wurden die Voraussetzungen, unter denen die Behörde zur Aussetzung der Vollziehung *von Amts wegen* befugt ist, wenn überhaupt, nur beiläufig erwähnt. Eine Aussetzung gegen den Willen des Bürgers ist, soweit ersichtlich, nicht vorgekommen. Zwischen der Aussetzung der Vollziehung von Amts wegen und der beantragen Aussetzung der Vollziehung wurde des Öfteren nicht differenziert. Die beiden Fälle wurden aufgrund des offenen Wortlauts der § 235 Satz 2 RAO 1919; § 251 Satz 2 RAO 1931 denselben Maßstäben unterworfen.[267] *Riewald* unterschied im Rahmen des § 69 Abs. 2 Sätze 1, 2 FGO 1965 die Aussetzung der Vollziehung auf Antrag von der antragslosen Aussetzungsentscheidung; letztere sei nur in den Fällen zulässig, in denen *„besondere Gründe"* vorlägen, wie insbesondere *„gute Erfolgsaussichten"* des Hauptsacherechtsbehelfs.[268]

Fest steht, dass bereits die Aussetzungsvorschrift des § 235 Satz 2 RAO 1919 sowie der spätere § 251 Satz 2 RAO 1931 die Möglichkeit zur Aussetzung der Vollziehung von Amts wegen nicht ausschlossen.[269] Die unter Geltung der § 235 Satz 2 RAO 1919 und § 251 Satz 2 RAO 1931 entwickelten Grundsätze zu den Voraussetzungen der Aussetzung der Vollziehung *auf Antrag* des Steuerpflichtigen haben Eingang in das Gesetz gefunden (zunächst in § 242 Abs. 2 Satz 2 RAO 1965, der später in § 361 Abs. 2 Satz 2 AO aufging). Der für § 361 Abs. 2 Satz 1 AO verbleibende Anwendungsbereich ist daher trotz des vergleichbaren

---

266 Anders noch die ersten beiden Entwürfe zur Einführung der FGO. Nach § 69 Abs. 3 Satz 1 FGO-Entwurf 1955 (vgl. Entwurf eines Gesetzes zur Neuordnung der Finanzgerichtsbarkeit vom 28.09.1955, BT-Drucks. II/1716, S. 12) bzw. § 67 Abs. 3 Satz 1 FGO-Entwurf 1958 (vgl. Entwurf eines Gesetzes zur Neuordnung der Finanzgerichtsbarkeit vom 10.01.1958, BT-Drucks. III/127, S. 14) konnte das Gericht auf Antrag nur dann die Vollziehungsaussetzung anordnen, wenn die Vollziehung eine unbillige Härte zur Folge gehabt hätte und keine überwiegenden öffentlichen Interessen der Aussetzung entgegenstanden.

267 So z.B. *Hensel*, StW 1928, Teil I., Sp. 397–422 (407 f.); *Deussen*, BB 1952, 882–884 (883). Letzterer argumentierte, dass eine Aussetzung auf Antrag oder von Amts wegen erfolgen müsse, wenn das Rechtsmittel des Steuerpflichtigen *„nicht erkennbar aussichtslos"* sei.

268 *Riewald* in: Becker, RAO, 9. Aufl., § 69 FGO Anm. 2, b), (2).

269 Vgl. nur *Kühn*, RAO 1931, § 251 Anm. 1: *„Die Aussetzung kann auch [...] von A m t s w e g e n erfolgen."*

Wortlauts zu § 235 Satz 2 RAO 1919 und § 251 Satz 2 RAO 1931 nicht mit deren Regelungsgehalt identisch.

III. Ermessensfehlgebrauch durch aufgedrängte Aussetzung? – Ermessensrelevante Faktoren im Rahmen der behördlichen Aussetzungsentscheidung

1. Rechtsschutz des Bürgers und Entlastung der Fachgerichte

Im Rahmen der verfassungsrechtlichen Darstellung zum vorläufigen Rechtsschutz wurde zwischen dem gerichtlichen und dem behördlichen Verfahren differenziert. Art. 19 Abs. 4 Satz 1 GG wirkt in Letzterem nicht unmittelbar. Ferner wurde festgestellt, dass den materiellen Grundrechten, auch unter Berücksichtigung ihrer verfahrensrechtlichen Dimension, keine direkten Vorgaben für die Gestaltung des Verwaltungsverfahrens im Sinne eines Individualrechtsschutzes – was letztlich einer analogen Anwendung des Art. 19 Abs. 4 Satz 1 GG gleich käme – entnommen werden können. Gleichwohl sind die Grundrechte auch im Verwaltungsverfahren zu beachten (Art. 1 Abs. 3 GG). Letztlich besteht insoweit ein – im Vergleich zum gerichtlichen Verfahren – weiter Gestaltungsspielraum seitens des Gesetzgebers.[270]

Da der Gesetzgeber in § 361 AO und § 69 FGO nicht explizit und abschließend formuliert hat, welche Kriterien entscheidungserheblich für die Aussetzung der Vollziehung sind, ist im Wege der Auslegung zu ermitteln, welche Kriterien der Gesetzgeber als sachgerecht bewertet und welche Faktoren nicht mehr dem Zweck der Aussetzungsvorschriften entsprechen, also sachwidrig und somit ermessensfehlerhaft sind.

Ausgehend von dem Wortlaut und der Historie der § 361 AO, § 69 FGO lässt sich unzweifelhaft feststellen, dass die behördliche Aussetzung der Vollziehung ebenso wie die fachgerichtliche Aussetzung dazu dient, den *Rechtsschutz des Bürgers* zu verwirklichen.[271] So stellen § 361 Abs. 2 Satz 2 AO, § 69 Abs. 2 Satz 2 FGO (i.V.m. § 69 Abs. 3 Satz 1 Hs. 2 FGO) sicher, dass der Einspruchsführer bzw. Kläger bei Vorliegen eines Aussetzungsgrundes die Suspendierung des angefochtenen Verwaltungsakts erreichen kann; die Aussetzung „*soll*" hier erfolgen. § 361 Abs. 2 Satz 2 AO, § 69 Abs. 2 Satz 2 FGO sind letztlich das Produkt der Rechtsprechung, die in zahlreichen Verfahren, in denen der Rechtsbehelfsführer um Aussetzung

270 Siehe bereits Teil I, § 1, III. 2. m.w.N.

271 Vgl. insoweit auch Entwurf eines Gesetzes zur Neuordnung der Finanzgerichtsbarkeit vom 10.01.1958, BT-Drucks. III/127, S. 42 (zu § 67), wo der „*Rechtsschutz des Betroffenen*" explizit genannt wird.

der Vollziehung ersucht hat, die weit gefassten § 235 Satz 2 RAO 1919 und § 251 Satz 2 RAO 1931 konkretisiert hat. Auch die Literatur hat, wie im vorherigen Abschnitt dargestellt, die finanzbehördliche Aussetzung mitgeprägt und sich überwiegend für eine großzügige Aussetzung der Vollziehung ausgesprochen. Dem lagen regelmäßig Antragsfälle zugrunde.

Aber auch die Aussetzung nach Maßgabe der § 242 Abs. 2 Satz 1 RAO 1965, § 69 Abs. 2 Satz 1 RAO 1965, in denen das Antragserfordernis nicht enthalten ist, wurde unter dem Blickwinkel des Schutzes des Rechtsbehelfsführers interpretiert. So legte *Schwarz* die vorgenannten Vorschriften in der Weise aus, dass eine Aussetzung hiernach möglich sei, „*[w]enn die Interessen des Einzelnen überwiegen*". Gleichzeitig betonte er insoweit aber auch, dass die Verwaltung kein Vollziehungsinteresse habe, wenn das Rechtsmittel des Einzelnen im Ergebnis Erfolg hat, da sie dann den Vollzug rückgängig machen müsse.[272] Letztere Feststellung indiziert bereits, dass auch aus Sicht der Verwaltung ein Suspendierungsinteresse möglich ist, denn die Negation des Vollzugsinteresses kann nur bedeuten, dass auch sie ein Interesse daran haben kann, dass die Folgen aus dem erlassenen Verwaltungsakt zunächst nicht eintreten bis geklärt ist, ob letzterer rechtmäßig ist.

Die Voraussetzungen, wie sie heute in § 361 Abs. 2 Satz 2 AO, § 69 Abs. 2 Satz 2 FGO geregelt sind, tragen den schutzwürdigen Interessen des Bürgers Rechnung. Sofern er berechtigterweise den Verwaltungsakt, gegen den er sich im Hauptsacheverfahren wehrt, nicht befolgen will, insbesondere eine streitige Abgabe nicht zahlen möchte, wird er durch eine Aussetzungsentscheidung vom Grundsatz des § 361 Abs. 1 Satz 1 AO, § 69 Abs. 1 Satz 1 FGO regelmäßig befreit. Besonders deutlich wird die Schutzwirkung der Aussetzung in § 361 Abs. 2 Satz 2 Alt. 2 AO, wonach dem Aussetzungsantrag regelmäßig stattzugeben ist, wenn die Vollziehung für den Betroffenen eine unbillige Härte mit sich brächte, der nicht überwiegende Vollzugsinteressen des Staates entgegenstehen.

Gemäß § 89 Abs. 1 Satz 1 AO soll die Finanzbehörde u.a. die Stellung von Anträgen anregen, die offensichtlich nur versehentlich oder aus Unkenntnis nicht gestellt werden. Unter Umständen kann auch die Stellung eines Aussetzungsantrags versehentlich oder mangels Kenntnis unterblieben sein. Für die Finanzbehörde bestehen insoweit zwei Möglichkeiten: Entweder sie erkundigt sich bei dem Rechtsbehelfsführer, der regelmäßig den Rechtsbehelf ohne Inanspruchnahme von Rechtsberatung eingelegt haben wird, ob er einen Aussetzungsantrag stellen möchte, oder es kommt die Aussetzung von Amts wegen in Betracht (vgl. nur § 361 Abs. 2 Satz 1 Hs. 1 AO). Wie sich bereits aus dem Gesetzeswortlaut

---

272 Zu den letzten beiden Sätzen siehe *Schwarz*, Zwei Wege zur AdV, S. 28, 29.

des § 89 Abs. 1 Satz 1 AO ergibt, bedarf es einer gewissen Evidenz („*offensichtlich*") hinsichtlich des fehlenden Antrags. In Zusammenschau mit § 89 Abs. 1 Satz 2 AO, wonach die Finanzbehörde ggf. Auskunft über die Rechte und Pflichten der an dem Verfahren Beteiligten erteilt, ist im Regelfall der Hinweis auf die Möglichkeit, einen Aussetzungsantrag zu stellen, vorzugswürdig gegenüber einer amtswegigen Aussetzung der Vollziehung, denn dann kann der Rechtsbehelfsführer selbst entschieden, wie er das Rechtsbehelfsverfahren gestaltet.

Die historische Darstellung zeigt, dass die finanzbehördliche Aussetzung auch dazu dient, die Fachgerichte zu entlasten. Erst im Jahre 1978 wurde ein Rangverhältnis zwischen behördlicher und gerichtlicher Aussetzung etabliert.[273] Seitdem ist primär die Behörde für die Aussetzung der Vollziehung zuständig (vgl. Art. 3 § 7 Abs. 1 Satz 1 VGFGEntG 1978[274]). Folglich dient die finanzbehördliche Aussetzung im Rahmen der § 361 Abs. 2 AO, § 69 Abs. 2 FGO auch der Entlastung der Fachgerichte (vgl. § 69 Abs. 4 Satz 1 FGO). Auch § 80 Abs. 6 Satz 1 VwGO enthält bei der Anforderung öffentlicher Abgaben und Kosten ein dem § 69 Abs. 4 Satz 1 FGO vergleichbares Rangverhältnis, sodass zunächst die Behörde um Aussetzung der Vollziehung ersucht werden muss. Eine vergleichbare Regelung enthält das SGG in den §§ 86a, 86b SGG nicht. Überwiegend wird dem Betroffenen daher ein Wahlrecht zugestanden, sodass er sich aussuchen kann, ob er einen Antrag an die zuständige Stelle im Sinne des § 86a Abs. 3 Satz 1 SGG richtet oder sich direkt an das zuständige Gericht wendet (vgl. § 86b Abs. 1 Satz 1 Nr. 2 SGG).[275]

---

273 Zur Entwicklung des § 69 FGO siehe *Birkenfeld* in: H/H/S, FGO, § 69 Rz. 6 ff. m.w.N. (Stand: 242. Lfg. Mai 2017).

274 Gesetz zur Entlastung der Gerichte in der Verwaltungs- und Finanzgerichtsbarkeit (VGFGEntG) vom 31.03.1978, BGBl. I 1978, S. 446, 448. Art. 3 § 7 Abs. 1 Satz 1 VGFGEntG 1978 lautet: „*Ein Antrag an das Gericht auf Aussetzung der Vollziehung nach § 69 Abs. 3 der Finanzgerichtsordnung ist nur zulässig, wenn die Finanzbehörde einen Antrag nach § 69 Abs. 2 der Finanzgerichtsordnung ganz oder zum Teil abgelehnt hat.*"

275 Siehe exemplarisch BSG, Urt. v. 14.02.2013, B 14 AS 62/12 R, SozR 4–1300 § 63 Nr. 19, Rz. 28; BSG, Urt. v. 17.10.2007, B 6 KA 4/07 R, SozR 4–1935 § 17 Nr. 1, Rz. 20 (zu § 86b Abs. 1 Satz 1 Nr. 1 SGG); *Keller* in: Meyer-Ladewig, SGG, § 86b Rz. 7a m.w.N.; *Udsching/Groth* in: Krasney/Udsching/Groth, Hdb. des sozialger. Verfahrens, V. Kapitel Rz. 45. Das Rechtsschutzbedürfnis für eine gerichtliche Eilentscheidung soll in den Fällen fehlen, in denen der Bürger erst einen Aussetzungsantrag bei der Behörde gestellt hat und hierüber noch nicht entschieden wurde, so *Krodel/Feldbaum* in: Krodel/Feldbaum, Das sozialger. Eilverfahren, Rz. 25. Mit Blick auf die Entlastung der Fachgerichte wird teilweise ein Rangverhältnis zwischen dem behördlichen und

2. *Bedeutung der Zweifel an der Rechtmäßigkeit des angefochtenen Verwaltungsakts*

Die historische Betrachtung der § 361 AO, § 69 FGO hat gezeigt, dass die Aussetzung durch die Finanzbehörde nicht zwingend einen entsprechenden Antrag voraussetzt. Auch eine Aussetzung von Amts wegen wurde, soweit ersichtlich, seit jeher für möglich erachtet. Da die Antragssituationen und Aussetzungsgründe in § 361 Abs. 2 Satz 2 AO, § 69 Abs. 2 Satz 2 FGO speziell geregelt sind, fragt sich, welcher Anwendungsbereich für § 361 Abs. 2 Satz 1 AO, § 69 Abs. 2 Satz 1 FGO übrig bleibt.

§ 86 Satz 1 AO ermöglicht es der Finanzbehörde, nach pflichtgemäßer Ermessensausübung darüber zu entscheiden, ob und wann sie ein Verwaltungsverfahren durchführt (Offizialmaxime verbunden mit dem Opportunitätsprinzip).[276] Daher ist es möglich, dass die Behörde – mangels entgegenstehender Regelungen in § 361 Abs. 2 Satz 1 AO, § 69 Abs. 2 Satz 1 FGO (vgl. § 86 Satz 2 AO) – auf das Rechtsbehelfsverfahren Einfluss nimmt. Die Behörde ist, anders die Gerichte (vgl. § 96 Abs. 1 Satz 2 FGO), nicht an das Begehren des Rechtsbehelfsführers gebunden (vgl. §§ 88 Abs. 2 Satz 1 Hs. 2; 367 Abs. 2 Satz 1 AO).

§ 85 Satz 1 AO verpflichtet die Finanzbehörde dazu, die Steuern nach Maßgabe der Gesetze gleichmäßig festzusetzen und zu erheben. Bestehen rechtliche Zweifel kann sie demnach nicht verpflichtet sein, trotz unsicherer Rechtslage den zunächst erlassenen Verwaltungsakt zu vollziehen. Vielmehr liegt der Schluss nahe, dass, wenn sie schon den angefochtenen Verwaltungsakt bei festgestellter Rechtswidrigkeit aufheben kann und aus Gründen der Gesetzmäßigkeit hierzu auch angehalten ist, als Minus die Kompetenz einhergeht, auf einen rechtlich zweifelhaften Verwaltungsakt durch die Aussetzung der Vollziehung zu reagieren. Rechtlichen Unsicherheiten kann die Finanzbehörde bereits bei Erlass des Erst-Verwaltungsakts Rechnung tragen (vgl. § 165 Abs. 1 Satz 2 AO). Als Minus zur Aufhebung muss es der Behörde im Hinblick auf die Offizialmaxime aber auch nach Erlass des Verwaltungsakts und dessen Anfechtung durch den

---

dem gerichtlichen Aussetzungsverfahren in Anlehnung an § 69 Abs. 4 Satz 1 FGO bzw. § 80 Abs. 6 Satz 1 VwGO befürwortet, so insbesondere LSG Nordrhein-Westfalen, Beschl. v. 19.03.2012, L 11 KA 15/12 B ER, Rz. 20 – juris, sodass demnach erst dann ein Rechtsschutzbedürfnis für eine gerichtliche Aussetzungsentscheidung bestehe, wenn ein Antrag an die Verwaltung erkennbar aussichtslos sei. So i.Erg. wohl auch *Krodel*, NZS 2001, 449–459 (458).

276 Vgl. zum inhaltsgleichen § 22 Satz 1 VwVfG *Schmitz* in: Stelkens/Bonk/Sachs, VwVfG, § 22 Rz. 2. Siehe bereits Teil II, § 2 m.w.N.

Betroffenen möglich sein, auf festgestellte Rechtmäßigkeitszweifel autonom, also unabhängig vom Willen des Adressaten des Verwaltungsakts, zu reagieren.

Aus der Entwicklung der § 361 AO, § 69 FGO wird deutlich, dass die Erfolgsaussichten des Hauptsacheverfahrens immer eine tragende Rolle bei der Aussetzungsentscheidung gespielt haben.[277] Bereits im Rahmen der Vorgängernormen der beiden Vorschriften wurde die Aussetzung der Vollziehung von dem Gewicht der materiell-rechtlichen Zweifel des streitigen Verwaltungsakts abhängig gemacht, und zwar auch bei der Aussetzung von Amts wegen. Uneinig war man sich nur, ob die Aussetzung von Amts wegen unter denselben Voraussetzungen vorgenommen werden müsse wie bei einer beantragten Aussetzung,[278] oder ob die materiell-rechtlichen Zweifel für eine Aussetzung von Amts wegen nicht gewichtiger sein müssen.[279]

Das Kriterium der rechtlichen Zweifel ist mittlerweile in § 361 Abs. 2 Satz 2 Alt. 1 AO, § 69 Abs. 2 Satz 2 Alt. 1 FGO etabliert. Es gilt, entgegen etwaiger systematischer Bedenken, jedoch auch im Rahmen der Sätze 1 der genannten Regelungen.[280] Hierfür spricht neben der historischen Betrachtung der Vorgängernormen der Umstand, dass das Aussetzungsverfahren dazu dient, die Hauptsacheentscheidung abzusichern. Einspruch und Klage haben jedoch keine Aussicht auf Erfolg,

---

277 Dies belegt auch die Darstellung bei *Feit*, Die Aussetzung der Vollziehung, S. 22 ff. zu § 251 Satz 2 RAO 1931. Ihre Abhandlung über die Relevanz der Erfolgsaussichten des eingelegten Rechtsmittels für die Aussetzungsentscheidung erstreckt sich von S. 22 bis S. 44, wohingegen die Fälle einer Aussetzung ohne Berücksichtigung der Erfolgsaussichten (= Sicherheitsleistung, alsbaldiges Erlöschen des Steueranspruchs, sonstige Gründe) keinen nennenswerten Umfang (siehe S. 44 bis S. 49) einnehmen.

278 Hierauf deuten bspw. die Ausführungen von *Deussen*, BB 1952, 882–884 (883) zu § 251 Satz 2 RAO 1931 hin: *„Es ist somit erforderlich, daß sich die Behörde, wenn sie trotz Einlegung eines Rechtsmittels die Vollziehung betreiben will, zunächst ein gewisses Urteil darüber bildet, ob das Rechtsmittel Aussicht auf Erfolg oder teilweisen Erfolg bietet. Ist sie wegen der Kompliziertheit des Falles dazu nicht in der Lage, so muß sie – a u c h o h n e A n t r a g – aussetzen.“*

279 Für letzteres siehe bspw. *Riewald* in: Becker, RAO, 9. Aufl., § 69 FGO Anm. 2, b), (2). Aufbauend auf der gesetzlichen Differenzierung zwischen der beantragten Aussetzung (§ 69 Abs. 2 Satz 2 FGO 1965) und der Aussetzung der Vollziehung ohne Antrag nach § 69 Abs. 2 Satz 1 FGO 1965 hält er letztere nur in besonders gelagerten Fällen für zulässig, wie insbesondere bei guten Erfolgsaussichten des Rechtsbehelfs. Angesichts der Verzinsungspflicht legt er insoweit jedoch nahe, den Steuerpflichtigen vor der Aussetzung zu fragen, ob er einen Aussetzungsantrag stellen will.

280 So i.Erg. auch FG Köln, Urt. v. 08.09.2010, 13 K 960/08, EFG 2011, 105, 111 f. m.w.N., wonach sinngemäß die Aussetzungsgründe des § 361 Abs. 2 Satz 2 AO auch im Rahmen der antragslosen Aussetzung bzw. Aufhebung der Vollziehung gelten.

wenn keine rechtlichen Zweifel bestehen. Ein ohne rechtliche Zweifel eingelegter Rechtsbehelf ist regelmäßig bereits unzulässig (vgl. § 350 AO, § 40 Abs. 2 FGO). Die Fälle, in denen ein Einspruch allein wegen behaupteter Unzweckmäßigkeit, was denkbar ist (vgl. § 367 Abs. 2 Satz 1 AO), eingelegt wird, können im Rahmen der hier relevanten Aussetzung, die mit einem Aussetzungszinsrisiko (§ 237 AO) verbunden ist, vernachlässigt werden. Selbst einem Aussetzungsantrag aufgrund einer geltend gemachten Unbilligkeit im Sinne des § 361 Abs. 2 Satz 2 Alt. 2 AO wird nach fast einhelliger Auffassung nicht entsprochen, wenn keinerlei Zweifel an der Rechtmäßigkeit des angefochtenen Verwaltungsakts bestehen.[281] Angesichts der Möglichkeit des Steuerpflichtigen, bei Vorliegen der Voraussetzungen des § 222 Satz 1 AO Stundung zu beantragen, ist dem zuzustimmen. Im Vollstreckungsverfahren ist zudem gemäß § 258 AO eine einstweilige Einstellung oder Beschränkung der Vollstreckung in Fällen der Unbilligkeit möglich.

Die rechtlichen Zweifel sind folglich im Rahmen der § 361 Abs. 2 Sätze 1, 2 AO, § 69 Abs. 2 Sätze 1, 2 FGO ein ermessensrelevantes Kriterium, dessen Vorliegen, i.V.m. dem Rechtsbehelf des Bürgers, den Anwendungsbereich der finanzbehördlichen Aussetzung der Vollziehung eröffnet. Freilich wäre es zu kurz gegriffen, wenn diese Feststellung dazu führen würde, dass jeder Rechtsbehelf, dem eine gewisse Erfolgsprognose attestiert oder unter Umständen auch nur wohlwollend unterstellt wird, zur Aussetzung der Vollziehung führen könnte.[282] § 361 Abs. 1 Satz 1 AO, § 69 Abs. 1 Satz 1 FGO stehen dem entgegen. An der grundsätzlichen Entscheidung zwischen dem Verhältnis Suspendierung und Vollzug hat der Gesetzgeber, wie die historische Darstellung zeigt, unverändert festgehalten. Insoweit sollte der Gefahr begegnet werden, dass der Steuerpflichtige mit unbegründeten Rechtsbehelfen die Vollstreckung hinauszögert.[283] Umgekehrt ist

281 Siehe insbesondere BFH, Beschl. v. 26.10.2011, I S 7/11, BFH/NV 2012, 583 m.w.N.; *Gosch* in: B/G, FGO, § 69 Rz. 164 m.w.N. (Stand: 85. Lfg. Oktober 2010); *Lemaire*, Der vorläufige Rechtsschutz im Steuerrecht, S. 219 ff. m.w.N., insbesondere S. 224 f.; *Wagner* in: Festschrift für H. W. Kruse, 2001, 735, 746 m.w.N. Siehe ferner AEAO zu § 361 AO, Nr. 2.6. Satz 3. Angesichts des Aussetzungsgrundes der ernstlichen Zweifel wird die Berechtigung des Aussetzungsgrundes der unbilligen Härte zum Teil infrage gestellt, so z.B. *Papier*, StuW 1978, 332–344 (341). Nicht so *Rengers*, Vorl. Rechtsschutz gegen Steuerbescheide, S. 35, die den Anwendungsbereich jenes Aussetzungsgrundes unterhalb ernstlicher Zweifel im Sinne der ersten Alternative verortet, sofern zugleich „*außergewöhnliche Umstände*" vorliegen. Näher konkretisiert wird diese These indes nicht.

282 Näher zu dem Problem der wertenden Erfolgsprognose, insbesondere im Rahmen der aufgedrängten Aussetzung noch in Teil II, § 3, IV. 2. c).

283 Vgl. z.B. Entwurf eines Gesetzes zur Neuordnung der Finanzgerichtsbarkeit vom 10.01.1958, BT-Drucks. III/127, S. 41 (zu § 67).

in Fallgestaltungen, in denen die Rechtswidrigkeit des angefochtenen Verwaltungsakts evident ist, die Aufhebung dieses Aktes vorzunehmen. Für eine Aussetzung der Vollziehung ist hier kein Raum. Es liegen schon keine rechtlichen *Zweifel* vor. Die materiell-rechtliche Lage bzw. das Vorliegen rechtlicher Zweifel als aussetzungsermessensrelevantes Kriterium rechtfertigt somit nicht jede Aussetzungsentscheidung. Die rechtlichen Zweifel müssen zunächst dargelegt werden. Die Aussetzungsentscheidung muss – in Anlehnung an § 80 Abs. 3 Satz 1 VwGO – erkennen lassen, dass die Behörde eine Abwägung zwischen dem Suspendierungs- und Vollzugsinteresse vorgenommen und hierbei die Wertungen des § 361 Abs. 1 Satz 1 AO, § 69 Abs. 1 Satz 1 FGO beachtet hat.

Zudem kann bei den rechtlichen Zweifeln weiter zwischen der *Qualität* und der *Quantität* solcher Zweifel unterschieden werden. Im Lichte der gesetzgeberischen Grundentscheidung, wie sie in § 361 Abs. 1 Satz 1 AO, § 69 Abs. 1 Satz 1 FGO zum Ausdruck kommt, gilt für die Quantität Folgendes: Je größer die rechtlichen Zweifel sind, desto unwahrscheinlicher ist es, dass der Gesetzgeber die festgesetzten Steuern mit Rechtsgrund erhält, was eine Rückzahlung an den Steuerpflichtigen wahrscheinlich werden lässt, womit eine Aussetzung der Vollziehung angezeigt ist. Sie verhindert ein unnötiges Hin und Her der Geldbeträge. Umgekehrt gilt: Je geringer die rechtlichen Zweifel, desto wahrscheinlicher ist es, dass der Staat die tenorierte Steuerforderung mit Rechtsgrund erhält, was letztlich auch aus Gleichheitsgesichtspunkten (vgl. § 85 Satz 1 AO, wonach die Steuern *gleichmäßig* festzusetzen und zu erheben sind) gegen eine Aussetzung der Vollziehung spricht.

In qualitativer Hinsicht setzen sich die rechtlichen Zweifel aus tatsächlichen und rechtlichen Gründen zusammen. Während sich erstere auf Unklarheiten in Bezug auf den Sachverhalt, der der Subsumtion zugrunde gelegt worden ist, beziehen, sind rechtliche Gründe mit Blick auf den Stellenwert derjenigen Regelung zu untergliedern, die verletzt worden sein könnten. Insoweit sind Verstöße gegen einfach-gesetzliche, verfassungsrechtliche oder unionsrechtliche[284] Regelungen möglich.[285] So wird insbesondere im Bereich verfassungsrechtlicher

---

284 Wird ein nationaler Verwaltungsakt aufgrund eines behaupteten Verstoßes gegen Unionsrecht angefochten gelten mangels unionsrechtlicher Spezialregelungen (Ausnahme: Zollrecht) § 361 AO, § 69 FGO; siehe hierzu und weiterführend zu unionsrechtlichen Zweifeln im Aussetzungsverfahren *Birkenfeld* in: H/H/S, FGO, § 69 Rz. 337 ff., insbesondere Rz. 339a jeweils m.w.N. (Stand: 242. Lfg. Mai 2017).

285 Vgl. zu den letzten drei Sätzen *Cöster* in: Koenig, AO, § 361 Rz. 52, 54, 56, 61 jeweils m.w.N.

Zweifel an einer Rechtsnorm, die dem angefochtenen Verwaltungsakt zugrunde liegt, über die Anforderungen an die Aussetzung der Vollziehung durch die Fachgerichte gestritten. In Bezug auf das *Ob* des vorläufigen Rechtsschutzes ist man sich einig, dass auch verfassungsrechtliche Zweifel zu einer Aussetzung der Vollziehung führen können. Über das *Wie*, also die Anforderungen, die erfüllt sein müssen, damit es bei geltend gemachten verfassungsrechtlichen Zweifeln zur Aussetzung der Vollziehung kommt, besteht hingegen aufgrund der unter Umständen weitreichenden Folgen für sämtliche Parallelfälle Uneinigkeit.[286] Es könnte sich bei den verfassungsrechtlichen Zweifeln an einer Rechtsnorm, auf der der angefochtene Verwaltungsakt beruht, um einen atypischen Aussetzungsfall handeln, für den das Vorliegen (verfassungs-)rechtlicher Zweifel ausnahmsweise nicht ausreicht, um eine positive Aussetzungsentscheidung zu erhalten. Aufgrund des Geltungsanspruchs des Gesetzes könnte vielmehr ein „*(besonderes) berechtigtes Interesse des Antragstellers an der Gewährung vorläufigen Rechtsschutzes*" erforderlich sein.[287]

Im Bereich der amtswegigen Aussetzung der Vollziehung durch die Finanzbehörde kann die Problematik, welche Anforderungen bei verfassungsrechtlichen Zweifeln mit Blick auf die Aussetzung der Vollziehung zu stellen sind, vernachlässigt werden. Dies ergibt sich zum einen aus der kompetenziellen Unterscheidung zwischen finanzbehördlichem und finanzgerichtlichem Aussetzungsverfahren, zum anderen aber auch aus der Besonderheit, dass die Aussetzung hier von Amts wegen und gegen den Willen des Betroffenen erfolgt.

Während die Gerichte originär (vgl. Art. 92 GG) dafür zuständig sind, die Rechtmäßigkeit des Verwaltungshandelns auch aus verfassungsrechtlicher Sicht zu beurteilen und insoweit auch die gesetzlichen Regelungen, die von der Exekutive angewandt worden sind, im Bedarfsfall auf ihre Vereinbarkeit mit dem

286 Instruktiv und zugleich kritisch hierzu mit zahlreichen Nachweisen *Seer* in: T/L, Steuerrecht, § 22 Rz. 221 („*Nicht nur ernstliche Zweifel an der (einfachen) Rechtmäßigkeit, sondern erst recht ernstliche Zweifel an der Verfassungsmäßigkeit des Steuerbescheides zwingen zur Aussetzung dessen Vollziehung*"). Ausführlich zur Kritik an der gerichtlichen Spruchpraxis zum vorläufigen Rechtsschutz gegen verfassungswidrige Steuergesetze *Habscheidt*, Der Anspruch des Bürgers auf Erstattung verfassungswidriger Steuern, S. 85 ff. m.w.N.

287 Siehe zu den letzten beiden Sätzen statt vieler nur BFH, Beschl. v. 01.04.2010, II B 168/09, BStBl. II 2010, 558, 559 m.w.N. Auch bei Verstößen gegen primäres Unionsrecht sei ein besonderes Aussetzungsinteresse des Antragstellers jedenfalls in den Fällen erforderlich, in denen von der Aussetzung ein gesamtes Steuergesetz betroffen wäre, siehe BFH, Beschl. v. 25.11.2014, VII B 65/14, BStBl. II 2015, 207, 210 f.

Verfassungsrecht zu überprüfen,[288] ist die Exekutive zur strikten Rechtsanwendung verpflichtet. Sie ist an Gesetz und Recht gebunden (Art. 20 Abs. 3 GG); sie hat „*keine Verwerfungskompetenz*".[289] Vielmehr muss die Behörde ordnungsgemäß zustande gekommene Gesetze vollziehen.[290] Nach Art. 100 Abs. 1 Satz 1 GG sind nur die Fachgerichte befugt, ein konkretes Normenkontrollverfahren zum Bundesverfassungsgericht einzuleiten. Dies setzt denklogisch voraus, dass die Fachgerichte das Vorliegen verfassungsrechtlicher Zweifel überprüfen können und im Lichte des Art. 19 Abs. 4 Satz 1 GG auch müssen. Die Behörde hat ausweislich des Gesetzeswortlauts des Art. 100 Abs. 1 Satz 1 GG hingegen keine Vorlagemöglichkeit,[291] was gegen eine entsprechende Überprüfungskompetenz mit Außenwirkung für den Bürger spricht. Angesichts der Komplexität, die eine verfassungsrechtliche Überprüfung regelmäßig mit sich bringt, ist bereits fraglich, ob die Finanzbehörde trotz Massenverwaltungsverfahren und im Eilverfahren der § 361 AO, § 69 FGO überhaupt eine solche Kontrolle leisten kann. Zudem droht die Aufgabenverteilung zwischen gesetzesvollziehender Exekutive und rechtsprechender Judikative zu verwischen.

Verfassungsrechtlichen Zweifeln kann die Exekutive verwaltungsintern Rechnung tragen.[292] Gegenüber dem Bürger ist es jedoch die Aufgabe der Gerichte, einen effektiven Rechtsschutz im Sinne des Art. 19 Abs. 4 Satz 1 GG, insbesondere bei geltend gemachten Verstößen gegen das Grundgesetz zu gewähren.

Die Letztentscheidung über die Rechtmäßigkeit des hoheitlichen Handelns liegt grundsätzlich bei den Gerichten. Selbst bei der Aussetzung der Vollziehung durch die Gerichte wird dem Aussetzungsbegehren des Rechtsbehelfsführers entgegengehalten, dass einem ordnungsgemäß zustande gekommenen Gesetz grundsätzlich die Vermutung der Verfassungskonformität zukomme, weshalb der Rechtsbehelfsführer ein besonderes Aussetzungsinteresse geltend

---

288 Über die Verfassungswidrigkeit von Bundes- oder Landesrecht in Bezug auf das Grundgesetz entscheidet jedoch das Bundesverfassungsgericht, Art. 93 Abs. 1 Nr. 5; 100 Abs. 1 GG.

289 *Seer* in: T/K, VerfRS, Rz. 5 (Stand: 127. Lfg. Oktober 2011).

290 *Birkenfeld* in: H/H/S, AO, § 361 Rz. 197 (Stand: 212. Lfg. März 2011).

291 Siehe auch *Cöster* in: Koenig, AO, § 361 Rz. 59, der darauf hinweist, dass den Verwaltungsbehörden allenfalls in besonderen Fallgestaltungen eine Kompetenz zur Verwerfung verfassungswidriger Gesetzesnormen zustehen könne.

292 Die Behörde, die ein von ihr angewendetes Gesetz für verfassungswidrig hält, hat die Möglichkeit, im Wege der Remonstration an die vorgesetzte Behörde auf die Einleitung einer abstrakten Normenkontrolle gemäß Art. 93 Abs. 1 Nr. 2 GG durch die jeweilige Landesregierung oder die Bundesregierung hinzuwirken, dazu *Seer* in: T/L, Steuerrecht, § 22 Rz. 284.

machen müsse, das höher zu gewichten sei als das öffentliche Interesse am Gesetzesvollzug.[293] Die Legitimation dieser Einschränkung wird höchstrichterlich neuerdings des Öfteren angezweifelt, jedoch aufgrund einer nur restriktiven Berücksichtigung öffentlicher, insbesondere der Interessen des Staatshaushalts letztlich offen gelassen.[294] Wenn das Fachgericht schon nicht befugt ist, selbst über die Verfassungskonformität einer gesetzlichen Regelung zu entscheiden, sondern die Vorschrift nach Art. 100 Abs. 1 Satz 1 GG dem Bundesverfassungsgericht vorlegen muss,[295] und – jedenfalls derzeit noch – besondere Anforderungen an die (beantragte) Aussetzung der Vollziehung stellt, würde die Behörde durch eine großzügige Aussetzungspraxis in diesen Fällen die rechtsprechende Gewalt übergehen. De facto würde sie darüber entscheiden, ob Gesetzgebungsakte auch tatsächlich umgesetzt, d.h. vollzogen werden, was mit Blick auf die Wertungen des Art. 100 Abs. 1 Satz 1 GG nicht überzeugt.

Kommt demnach eine *originäre* verfassungsrechtliche Kontrollmöglichkeit der Finanzbehörden mit Außenwirkung im Rahmen der Aussetzung der Vollziehung nicht in Betracht, ist es gleichwohl möglich, dass sie in Fällen, in denen bereits die Fachgerichte mehrheitlich verfassungsrechtliche Zweifel zum Anlass genommen haben, die Vollziehung des angefochtenen Verwaltungsakts antragsgemäß auszusetzen, sie die Gerichte vor erneuten Aussetzungsanträgen entlastet. In diesen Fällen ist die finanzbehördliche Aussetzung der Vollziehung rechtlich unbedenklich, da sich die Behörde hier die gerichtliche Begründung zueigen

293 Vgl. aus jüngerer Zeit BFH, Beschl. v. 02.03.2017, II B 33/16, BStBl. II 2017, 646, 648 m.w.N.; BFH, Beschl. v. 21.07.2016, V B 37/16, BFH/NV 2016, 1487, 1488 m.w.N.; BFH, Beschl. v. 15.06.2016, II B 91/15, BFH/NV 2016, 1391, 1392 m.w.N.; BFH, Beschl. v. 25.11.2014, VII B 65/14, BStBl. II 2015, 207, 209 m.w.N.; BFH, Beschl. v. 19.03.2014, III B 74/13, BFH/NV 2014, 1032, 1033 m.w.N.; BFH, Beschl. v. 21.11.2013, II B 46/13, BStBl. II 2014, 263, 264 m.w.N.; FG Köln, Beschl. v. 01.09.2015, 9 V 1376/15, EFG 2015, 2005, 2006 f. m.w.N. Kritisch insbesondere *Seer* in: T/L, Steuerrecht, § 22 Rz. 221 m.w.N. Ob das Kriterium eines „besonderen Aussetzungsinteresses" mit Art. 19 Abs. 4 Satz 1 GG vereinbar ist, hat das BVerfG in jüngerer Zeit offen gelassen, siehe etwa BVerfG, Beschl. v. 06.05.2013, 1 BvR 821/13, NVwZ 2013, 935, 936 m.w.N.

294 So insbesondere BFH, Beschl. v. 18.12.2013, I B 85/13, BStBl. II 2014, 947, 951 f. m.w.N.; BFH, Beschl. v. 25.08.2009, VI B 69/09, BStBl. II 2009, 826, 828. Offen gelassen ferner BFH, Beschl. v. 31.03.2016, XI B 13/16, BFH/NV 2016, 1187, 1188.

295 Das BVerfG kann nach Maßgabe des § 32 Abs. 1 BVerfGG (Gesetz über das Bundesverfassungsgericht – Bundesverfassungsgerichtsgesetz – [BVerfGG] in der Fassung der Bekanntmachung vom 11.08.1993 [BGBl. I S. 1473], zuletzt geändert durch das Gesetz vom 08.10.2017 [BGBl. I S. 3546]) durch einstweilige Anordnung auch vorläufige Regelungen treffen.

macht, sodass kein Gewaltenteilungsproblem besteht. Zugleich kann über die Aussetzung aufgrund der Übernahme der richterlichen Begründung der verfassungsrechtlichen Bedenken relativ schnell entschieden werden, sodass sie auch verfahrensökonomisch ist. Folglich ist nur eine *derivative* Übernahme gerichtlich bestätigter Verfassungszweifel zwecks Entlastung der Gerichte möglich.

Diese Unterscheidung muss sich auch auf das Rangverhältnis zwischen behördlicher und gerichtlicher Aussetzung der Vollziehung auswirken.[296] Sofern die Finanzbehörde bei verfassungsrechtlichen Zweifeln, die noch nicht höchstrichterlich bestätigt oder auf andere Weise durch die Judikative verifiziert worden sind, nicht befugt ist, die Aussetzung der Vollziehung zu gewähren oder auch von Amts wegen vorzunehmen, verfehlt das Rangverhältnis des § 69 Abs. 4 Satz 1 FGO seinen Entlastungszweck und auch die Rechtsschutzfunktion des behördlichen Aussetzungsverfahrens kann nicht erfüllt werden. Macht der Steuerpflichtige erstmals verfassungsrechtliche Bedenken geltend, die bislang in der Rechtsprechung noch nicht geprüft worden sind, ist daher eine sofortige Anrufung der Gerichte gemäß § 69 Abs. 3 FGO angezeigt und mit Blick auf die betroffenen Grundrechte des Steuerpflichtigen auch verfassungsrechtlich geboten. In diesen Fällen ist § 69 Abs. 4 Satz 1 FGO dahingehend zu verstehen, dass ein Antrag auf Aussetzung der Vollziehung bei dem Gericht der Hauptsache erst recht zulässig ist, wenn die Behörde einen Antrag auf Aussetzung der Vollziehung ablehnen müsste, weil sie diesem aus kompetenziellen Gründen nicht entsprechen kann. Sobald die Rechtsprechung die verfassungsrechtlichen Zweifel jedoch mehrheitlich bestätigt und sich eine dahingehende Aussetzungstendenz der Gerichte abzeichnet, kann sich die Finanzbehörde hierauf berufen und die Gerichte entsprechend entlasten.[297, 298]

Allerdings ist die Gewährung vorläufigen Rechtsschutzes durch die Fachgerichte bei verfassungsrechtlichen Zweifeln – wie bereits dargestellt – bislang

---

296 Für das Einspruchsverfahren sei insoweit auf die Möglichkeit der Sprungklage gemäß § 45 Abs. 1 Satz 1 FGO hingewiesen.

297 So i.Erg. auch *Birkenfeld* in: H/H/S, AO, § 361 Rz. 197 f. m.w.N. (Stand: 212. Lfg. März 2011).

298 Entsprechendes gilt bei unionsrechtlichen Zweifeln, also bei Unsicherheiten bzw. Unklarheiten darüber, ob eine nationale Vorschrift mit Vorgaben des primären Unionsrechts vereinbar ist. Auch hier obliegt es den Gerichten, die Unionsrechtskonformität festzustellen. Die Finanzbehörden können eine solche Prüfung im Eilverfahren kaum leisten. Möglich bleibt auch hier allerdings die Gerichte durch Vornahme der Aussetzung der Vollziehung zu entlasten, wenn letztere mehrheitlich in vergleichbaren Fällen bereits Aussetzung der Vollziehung gewährt haben.

(noch) restriktiv. Hinzu kommt, dass die Behörde in Fällen der aufgedrängten Aussetzung gerade gegen den Willen des Bürgers handelt. Die Ausgangssituation bei verfassungsrechtlichen Zweifeln ist demgegenüber dadurch gekennzeichnet, dass der Bürger effektiven Rechtsschutz *begehrt*, der ihm jedoch durch die Fachgerichte nur zögerlich zugesprochen wird. Prägnant sind insoweit die kritischen Ausführungen von *Habscheidt*, der die Problematik wie folgt zusammenfasst: „*Vorläufigen Rechtsschutz bekommt* ***der Bürger*** *regelmäßig nicht, weil sein Interesse, die vermutlich verfassungswidrige Steuer nicht zahlen zu müssen, hinter dem Interesse des Staates an der sofortigen Einziehung der möglicherweise verfassungswidrigen Steuer und an einem ungestörten Verwaltungsverfahren zurückzustehen hat. Hauptsacherechtsschutz bekommt* ***der Bürger*** *regelmäßig deshalb nicht, weil sein durch die Unvereinbarkeitserklärung des Bundesverfassungsgerichts eigentlich zum Restitutionsanspruch erstarktes Begehren nunmehr hinter dem Interesse des Staates zurücktreten muss, die verfassungswidrige Steuer nicht erstatten zu müssen.*“[299] (Hervorhebungen durch Verf.). Die praktische Bedeutung der *aufgedrängten* Aussetzung der Vollziehung im Bereich verfassungsrechtlicher Zweifel ist vor diesem Hintergrund gering.

Festhalten lässt sich daher, dass jedenfalls für die Aussetzung von Amts wegen und gegen den Willen des Betroffenen in qualitativer Hinsicht regelmäßig nur solche Zweifel in Betracht kommen, die die korrekte Anwendung einfachen Gesetzesrechts zum Gegenstand haben.

3. Daneben auch finanzielle Interessen des Staates berücksichtigen?

a) Dogmatischer Anknüpfungspunkt

Der Bedarf des Staates an finanziellen Mitteln ist allgegenwärtig und er wächst ständig.[300] Der Staat kann seine Aufgaben, insbesondere die sich aus dem Sozialstaatsprinzip (Art. 20 Abs. 1 GG) ergebenden Pflichten, nur dann erfüllen, wenn ihm die hierfür notwendigen Mittel zur Verfügung stehen.[301]

---

299 *Habscheidt*, Der Anspruch des Bürgers auf Erstattung verfassungswidriger Steuern, S. 85 f.

300 Instruktiv *Gröpl* in: Isensee/Kirchhof, HStR V. § 121 Rz. 3, wonach insbesondere die Sozialstaatlichkeit im Sinne der Art. 20 Abs. 1; 28 Abs. 1 Satz 1 GG ohne die massive Inanspruchnahme finanzieller Ressourcen undenkbar sei („*ohne Finanzstaat kein Sozialstaat.*“).

301 Vgl. *Isensee* in: Festschrift für H. P. Ipsen, 1977, 409, 432: „*Der Sozialstaat des Grundgesetzes findet in der Steuer sein gemäßes Instrumentarium zur Herstellung der sozialen Gerechtigkeit.*“

Sofern die Finanzbehörde nach derzeitigem Verfahrensstand bei der Bearbeitung des Einspruchs davon ausgeht, dem Rechtsbehelf des Steuerpflichtigen wahrscheinlich stattzugeben, wirkt sich der Sofortvollzug aus staatlicher Perspektive in doppelter Weise nachteilig aus. Der Staat arbeitet hier mit Steuergeldern, die er wahrscheinlich wieder an den Steuerpflichtigen auskehren muss. Darüber hinaus muss er abhängig von der Dauer des Hauptsacheverfahrens den Steuerbetrag inklusive marktferner Zinsen wieder an den Rechtsbehelfsführer zurückzahlen. Insoweit wird der Finanzbedarf durch die vorübergehende Vereinnahmung der streitigen Beträge sogar noch gesteigert, vor allem dann, wenn das Volumen der im Streit stehenden Steuern erhebliche Ausmaße einnimmt. Auf diese Weise wird ein staatlicher Mehrbedarf produziert, der im Interesse der Allgemeinheit an anderer Stelle wieder eingenommen werden muss. Es fragt sich daher, ob die Exekutive eine Möglichkeit hat, ökonomische Gesichtspunkte in die Aussetzungsentscheidung einfließen zu lassen.

Der Bundesrechnungshof prüft gemäß Art. 114 Abs. 2 Satz 1 GG die Rechnung sowie die Wirtschaftlichkeit und Ordnungsmäßigkeit der Haushalts- und Wirtschaftsführung. Insbesondere diese Vorschrift des Grundgesetzes bildet den verfassungsrechtlichen Ausgangspunkt hinsichtlich der Frage, welchen Einfluss die Grundsätze von Wirtschaftlichkeit und Sparsamkeit[302] aus juristischer Sicht haben; daneben ist das Wirtschaftlichkeitsgebot in zahlreichen einfach-gesetzlichen Regelungen enthalten.[303]

---

302 Im hier relevanten Bereich der Kostenminimierung durch Verhinderung der zu erwartenden Zinsansprüche des Rechtsbehelfsführers ergeben sich nach zutreffender Ansicht keine inhaltlichen Unterschiede zwischen dem Wirtschaftlichkeits- und dem Sparsamkeitsbegriff. Letzterer stellt einen Teilbereich der Wirtschaftlichkeit dar, so die herrschende Meinung, siehe nur *von Arnim*, Wirtschaftlichkeit als Rechtsprinzip, S. 49 f. m.w.N.; *Peters*, DÖV 2001, 749–762 (752).

303 So z.B. in § 7 Abs. 1 Satz 1 BHO (Bundeshaushaltsordnung [BHO] in der Fassung vom 19.08.1969 [BGBl. I S. 1284], zuletzt geändert durch das Gesetz vom 14.08.2017 [BGBl. I S. 3122]) oder in § 69 Abs. 2 SGB IV (Viertes Buch Sozialgesetzbuch – Gemeinsame Vorschriften für die Sozialversicherung – [SGB IV] in der Fassung der Bekanntmachung vom 12.11.2009 [BGBl. I S. 3710], zuletzt geändert durch das Gesetz vom 18.07.2017 [BGBl. I S. 2757]); zur normativen Verankerung der Grundsätze von Wirtschaftlichkeit und Sparsamkeit siehe *Gröpl* in: Isensee/Kirchhof, HStR V. § 121 insbes. Rz. 16, 21 jeweils m.w.N. Siehe auch den seit 01.01.2017 gültigen § 88 Abs. 2 Satz 2, Abs. 3 Satz 2, Abs. 5 Satz 2 AO (eingeführt durch das Gesetz zur Modernisierung des Besteuerungsverfahrens vom 18.07.2016 [BGBl. I 2016, S. 1679, 1683 f.]), der den finanzbehördlichen Untersuchungsgrundsatz um die Aspekte der Wirtschaftlichkeit und Zweckmäßigkeit erweitert. Die Aufklärungspflicht der

Obwohl Art. 114 Abs. 2 Satz 1 GG unmittelbar nur den Prüfungsrahmen für den Bundesrechnungshof vorgibt, wird dem dort genannten Wirtschaftlichkeitsgrundsatz eine Vorwirkung zu einem maßvollen Handeln der Exekutive entnommen.[304] Auch Art. 108 Abs. 4 Satz 1 GG dient als Beleg dafür, dass die Verwaltung zu einem wirtschaftlichen Handeln verfassungsrechtlich angehalten ist.[305] Gleichwohl versteht sich seine Berücksichtigung nicht von selbst. Ob und in welchem Maße finanzielle Interessen den behördlichen Handlungsspielraum beeinflussen, hängt maßgeblich vom *rechtlichen Kontext* ab.[306] Erst die auf den Sachverhalt anzuwendenden Normen geben Aufschluss über die Bedeutung des Wirtschaftlichkeitsgebots.[307] Während bspw. bei der Entscheidung über die Rücknahme einer gewährten Subvention finanzielle Interessen naturgemäß eine Rolle spielen, sind im Rahmen der Gefahrenabwehr finanzielle Interessen nur eingeschränkt berücksichtigungsfähig.[308]

Mit der Anwendung respektive Konkretisierung der öffentlichen Interessen – als Oberbegriff der finanziellen Interessen –[309] im Einzelfall delegiert der Gesetzgeber einen Teil seiner Entscheidungsgewalt auf den Rechtsanwender (Verwaltung und Gerichte), wobei er durch die normative Gestaltung auf

---

Finanzbehörde wird demnach von wirtschaftlichen Überlegungen, z.B. die Relation zwischen voraussichtlichem Arbeitsaufwand und steuerlichem Erfolg, beeinflusst; siehe den Entwurf eines Gesetzes zur Modernisierung des Besteuerungsverfahrens vom 18.12.2015, BR-Drucks. 631/15, S. 81.

304 Vgl. *Kube* in: Maunz/Dürig, GG, Art. 110 Rz. 153 m.w.N. (Stand: 70. Lfg. Dezember 2013); *Fratzky*, Ökonomisierung der polizeilichen Gefahrenabwehr, S. 41 ff. m.w.N.; *Gröpl*, VerwArch 93 (2002), 459–484 (474 m.w.N.).

305 Vgl. BFH, Urt. v. 22.10.2014, X R 18/14, BStBl. II 2015, 371, 375 („*Der Gesichtspunkt einer möglichst effizienten Verwaltung genießt ebenfalls Verfassungsrang (vgl. Art. 108 GG)*"); *Seer* in: Kahl/Waldhoff/Walter, BK, GG, Art. 108 Rz. 56 m.w.N. (Stand: 151. Lfg. April 2011) („*Art. 108 Abs. 4 Satz 1 […] macht die Verwaltungseffizienz zu einem verfassungsimmanenten Ziel.*"); *Seer*, DStJG 31 (2008), 7, 18 m.w.N.

306 Zutreffend *Uerpmann*, Das öffentliche Interesse, S. 129 f. m.w.N.: „*So kann es sein, daß die Rechtsordnung finanzielle Interessen in bestimmten Zusammenhängen von vornherein für illegitim erklärt oder aber hinter anderen Interessen zurücktreten läßt. Ein Beispiel ist das Verbot der Enteignung aus fiskalischen Gründen.*"

307 Siehe *Peters*, DÖV 2001, 749–762 (756).

308 Vgl. *Peters*, DÖV 2001, 749–762 (757, 759 ff. jeweils m.w.N.). Umfassend zur Berücksichtigung finanzieller Interessen im Bereich der Gefahrenabwehr *Fratzky*, Die Ökonomisierung der polizeilichen Gefahrenabwehr, S. 189 ff. m.w.N. Sparsamkeitserwägungen seien im polizeilichen Auswahlermessen zu berücksichtigen, so *Fratzky*, Die Ökonomisierung der polizeilichen Gefahrenabwehr, S. 193.

309 Ausführlich *Uerpmann*, Das öffentliche Interesse, S. 128 ff. m.w.N.

Tatbestands- oder Rechtsfolgenseite darüber entscheiden kann, wer maßgeblich über das öffentliche Interessen befinden soll.[310] Eine Schnittstelle für die Einbeziehung finanzieller respektive wirtschaftlicher Interessen bilden insbesondere *Ermessensspielräume.*[311] Anders als auf Tatbestandsebene obliegt die letztgültige Konkretisierung der öffentlichen Interessen bei Vorliegen eines Ermessensspielraums grundsätzlich der Verwaltung.[312]

Gemäß § 5 AO, § 40 VwVfG hat die Behörde, soweit ihr ein Ermessenspielraum seitens des Gesetzgebers eingeräumt ist, ihr Ermessen entsprechend dem Zweck der Ermächtigung auszuüben und die gesetzlichen Grenzen des Ermessens einzuhalten. Während der primäre Handlungsmaßstab durch den Zweck der ermessensbegründenden Norm festgelegt wird, kann als sog. Sekundärzweck die Wirtschaftlichkeit des Handelns in die Verwaltungsentscheidung einfließen.[313] Der Wirtschaftlichkeitsgrundsatz kann hier im Sinne eines sog. Optimierungsgebots[314] die Ermessensausübung beeinflussen.[315]

---

310 Vgl. *Uerpmann*, Das öffentliche Interesse, S. 226, 244.

311 Siehe *Schliesky*, DVBl. 2007, 1453–1462 (1461). Insoweit spielt es nach zutreffender Auffassung keine Rolle, ob man dem Wirtschaftlichkeitsgrundsatz Außenwirkung beimisst, siehe *Peters*, DÖV 2001, 749–762 (753 f.); *Schliesky*, DVBl. 2007, 1453–1462 (1461).

312 Siehe *Uerpmann*, Das öffentliche Interesse, S. 228 f.

313 Siehe *Gröpl*, VerwArch 93 (2002), 459–484 (480 m.w.N.). Vgl. auch *Uerpmann*, Das öffentliche Interesse, S. 227. Hiernach müsse die Behörde ihre Ermessensentscheidung am öffentlichen Interesse ausrichten.

314 Dazu *von Arnim*, Wirtschaftlichkeit als Rechtsprinzip, S. 36 f.

315 Vgl. *Gröpl* in: Isensee/Kirchhof, HStR V. § 121 Rz. 30, 38 jeweils m.w.N.; *Kemmler*, Geldschulden im Öffentlichen Recht, S. 416 f. m.w.N. am Beispiel der Erhebung der Verjährungseinrede. Siehe auch *Seer*, StuW 2015, 315–330 (319), wonach die Finanzbehörde im Rahmen des Gesetzesvollzugs verpflichtet sei, verwaltungsökonomische Gesichtspunkte in ihre Abwägungsentscheidung einzubeziehen. Restriktiv hingegen *Kirchhof*, NVwZ 1983, 505–515 (511 f.). Grundsätzlich könnten finanzielle Interessen im Rahmen der behördlichen Ermessensentscheidung als „Zweitmotiv" nach dem verwaltungsgesetzlichen Sachprogramm berücksichtigt werden. Im Abgabenrecht, das primär der Einnahmebeschaffung diene, scheide eine nochmalige haushaltsrechtliche Modifizierung bei den Mitteln zur Erfüllung dieses Zwecks jedoch aus. Der Ansicht von *Kirchhof* kann nicht uneingeschränkt zugestimmt werden. Zutreffend ist an dieser These, dass der Gesetzgeber im Abgabenrecht durch die einzelnen Steuergesetze bereits eine profinanzielle Entscheidung getroffen hat. Hieraus zu folgern, dass damit jede weitere Berücksichtigung finanzieller Interessen von staatlicher Seite ausgeschlossen sei, ist jedoch zu pauschal. Im Rahmen der Steuerfestsetzung mag dies zutreffen. Für den Bereich des abgabenrechtlichen Rechtsbehelfsverfahrens

Im Hinblick auf die materiellen Grundrechte des Bürgers, die im Aussetzungsverfahren beachtet werden müssen (Art. 1 Abs. 3 GG), können verwaltungsökonomische Überlegungen allerdings nur mit Zurückhaltung berücksichtigt werden. Schranken ergeben sich insoweit zum einen aus dem Umstand, dass die Steuergesetze bereits Ausdruck finanzpolitischer Entscheidung sind sowie zum anderen aus den betroffenen Freiheitsgrundrechten des Bürgers; die Berücksichtigung wirtschaftlicher Interessen des Staates muss demnach auch verhältnismäßig sein.[316] Hiermit wäre es unvereinbar, wenn durch die Berücksichtigung solcher staatlicher Interessen der Rechtsschutz des Bürgers übermäßig beeinträchtigt wird. Dort, wo eine solche Beeinträchtigung nicht zu erwarten ist, können finanzielle Interessen berücksichtigt werden. Ein verwaltungsökonomisches Handeln ist immer dann angezeigt, wenn die Exekutive unter Inanspruchnahme von Mitteln des Staatshaushalts aktiv wird.[317]

b) Unterscheidung zwischen Erlangung von Zinsvorteilen und Verhinderung zinsbedingter Nachteile aus staatlicher Sicht

aa) Gang der Darstellung

Es stellt sich angesichts des derzeitigen Niedrig-Zinsniveaus auf den Kapitalmärkten die Frage, inwieweit Zinsüberlegungen auf Seiten der Finanzverwaltung Eingang in die Aussetzungsentscheidung finden dürfen. Zur Beantwortung dieser Frage bietet es sich an, aus behördlicher Sicht die finanziellen Interessen

---

ist der Ausschluss finanzieller Interessen hingegen nicht zwingend. Dort, wo die Behörde eine Einzelfallentscheidung zu treffen hat und ihr durch den Gesetzgeber die Möglichkeit eingeräumt worden ist, die Umstände des Einzelfalls abzuwägen und zu gewichten, können richtigerweise – im Sinne eines Sekundärzwecks – auch finanzielle Interessen eine Rolle spielen.

316 Vgl. insoweit auch *Seer* in: Kahl/Waldhoff/Walter, BK, GG, Art. 108 Rz. 56 m.w.N. (Stand: 151. Lfg. April 2011): „*Das staatliche Fiskalinteresse verwirklicht sich bereits durch das Gesetzmäßigkeitsprinzip, so dass für einen am Ertrag orientierten „ökonomischen" Gesetzesvollzug kein Raum verbleibt. Verwaltungseffizient oder verwaltungsökonomisch ist der Gesetzesvollzug vielmehr dann, wenn er die Handlungsziele der Gesetzmäßigkeit und der Rechtsanwendungsgleichheit mit den im konkreten Einzelfall betroffenen Freiheitsgrundrechten zu einem angemessenen (verhältnismäßigen) Ausgleich bringt.*"

317 Vgl. u.a. unter Hinweis auf § 7 Abs. 1 Satz 1 BHO *Gröpl*, VerwArch 93 (2002), 459–484 (478). Nur hingewiesen sei auf die umstrittene Frage, ob das Haushaltsrecht eine Außenwirkung entfaltet, oder es sich nicht vielmehr um rein innerstaatliches Recht handelt, dazu *Fratzky*, Ökonomisierung der polizeilichen Gefahrenabwehr, S. 173 ff. m.w.N.

in zwei Gruppen aufzuteilen: Die *Erlangung von Zinsvorteilen* und die *Verhinderung von Zinsnachteilen*.[318] Spiegelbildlich ergibt sich im ersten Fall für den Bürger das Risiko, entsprechende Zinszahlungen leisten zu müssen, während ihm im zweiten Fall durch die Aussetzung der Vollziehung die Chance abgeschnitten wird, selbst Zinsen nach Maßgabe der §§ 233a, 236 AO beanspruchen zu können.

In der folgenden Darstellung wird zunächst anhand der soeben präsentierten Ermessenskriterien geprüft, ob die unterschiedlichen Motive zur aufgedrängten Aussetzung ermessensfehlerhaft im Sinne eines Ermessensfehlgebrauchs sind. Im Anschluss wird der Frage nachzugehen sein, ob die unter Umständen schwierige Abgrenzung zwischen diesen beiden Fällen (die Ziele der aufgedrängten Aussetzung hängen von der subjektiven Entscheidung des Aussetzenden ab) nicht aus anderen Gründen dahingestellt bleiben kann. Dies wäre der Fall, wenn die aufgedrängte Aussetzung für den Aussetzungsadressaten nicht mit einem Aussetzungszinsrisiko behaftet wäre. Letzteres ist jedoch eine Frage, die am Maßstab des § 237 AO zu klären und deshalb der Ermessensfehlerhaftigkeit der behördlichen Aussetzungsentscheidung im Sinne der § 361 Abs. 2 Satz 1 AO, § 69 Abs. 2 Satz 1 FGO nachgelagert ist.

bb) Aufgedrängte Aussetzung, um Aussetzungszinsen zu generieren

Die rechtliche Beurteilung der ersten Fallgruppe ist unter Berücksichtigung der bisherigen Erkenntnisse zu den ermessensrelevanten Kriterien der § 361 AO, § 69 FGO wie folgt zu lösen: Je wahrscheinlicher es ist, dass das Rechtsbehelfsverfahren in der Hauptsache zugunsten des Staates ausgeht und damit Aussetzungszinsen gemäß § 237 Abs. 1 Satz 1 AO verwirkt werden, desto geringer müssen umgekehrt die materiell-rechtlichen Zweifel an dem angefochtenen Verwaltungsakt sein. Bei geringen Erfolgsaussichten ist die gesetzgeberische Entscheidung für den Sofortvollzug, wie sie ihn § 361 Abs. 1 Satz 1 AO, § 69 Abs. 1

318 Vgl. auch *Peters*, DÖV 2001, 749–762 (751, 752). *Peters* differenziert zwischen der Einnahmenseite, worunter die Vermehrung des Vorhandenen insbesondere durch öffentliche Abgaben zu verstehen sei, und der Ausgabenseite, womit sie die sparsame Verwendung der bereits vereinnahmten Mittel meint. Dass finanzielle Interessen nicht nur einnahmeorientiert verstanden werden müssen, sondern (im Rahmen des § 80 Abs. 2 Satz 1 Nr. 4 VwGO) auch der Verhinderung staatlicher Ausgaben dienen können, zeigt das Beispiel der Zahlungseinstellung von Dienstbezügen eines entlassenen Beamten respektive die Kürzung seiner Versorgungsbezüge, dazu OVG Koblenz, Beschl. v. 26.02.1965, 2 D 3/65, DVBl. 1967, 239, 240 m.w.N.; *Schenke* in: Kopp/Schenke, VwGO, § 80 Rz. 99 m.w.N.

Satz 1 FGO zum Ausdruck kommt, zu beachten. Sie steht einer Aussetzung der Vollziehung entgegen, da ausweislich der gesetzlichen Konzeption die Aussetzung der Vollziehung gerade nicht die automatische Folge des Rechtsbehelfs des Bürgers ist. Die Abweichung von § 361 Abs. 1 Satz 1 AO, § 69 Abs. 1 Satz 1 FGO bedarf daher einer Begründung. Angesichts der Atypizität einer Aussetzung von Amts wegen, wo das ipso iure bestehende Rangverhältnis zwischen Suspendierung und Vollzug nicht von dem Bürger, sondern durch die Behörde erfolgt, die den ursprünglichen Verwaltungsakt selbst erlassen hat, wird man insoweit eine *besondere Begründung* verlangen müssen. Eine solche wird auch in § 80 Abs. 3 Satz 1 VwGO in Fällen der behördlichen Anordnung der sofortigen Vollziehung (§ 80 Abs. 2 Satz 1 Nr. 4 VwGO) verlangt.[319] Zwar regelt § 80 Abs. 2 Satz 1 Nr. 4 VwGO diejenige Situation, in der die Behörde im Einzelfall die an sich bestehende aufschiebende Wirkung (siehe § 80 Abs. 1 Satz 1 VwGO) beseitigen will. Gleichwohl ist beiden Fällen gemeinsam, dass die Behörde im Einzelfall von der gesetzgeberischen Grundentscheidung abweicht. Eine solche Abweichung bedarf der Begründung. Da unterstellt werden kann, dass der Gesetzgeber eine aufgedrängte Aussetzung der Vollziehung bei Kodifizierung der finanzbehördlichen Aussetzung nicht vor Augen hatte, ist eine entsprechende Anwendung des § 80 Abs. 3 Satz 1 VwGO angesichts der vergleichbaren Interessenlage angezeigt.

In Abweichung zu den Fällen der Aussetzung der Vollziehung auf Antrag des Bürgers, verhält sich die Behörde in Fällen der von Amts wegen verfügten Aussetzung scheinbar widersprüchlich, da sie zweifach hoheitlich tätig wird, wobei der erste Hoheitsakt in Gestalt der Ausgangsverfügung und der zweite Hoheitsakt der Aussetzungsentscheidung sich insoweit widersprechen, als die Folgen des ersteren durch letztere vorläufig aufgehoben werden. Während der Bürger mit der Begründung seines Rechtsbehelfs in der Hauptsache zum Ausdruck bringt, warum er dem Tenor des angefochtenen Verwaltungsakts nicht entsprechen möchte, muss die Behörde den Anschein widersprüchlichen Verhaltens entkräften. Zur Entkräftung genügen daher nicht geringe Rechtmäßigkeitszweifel, oder ein möglicher Erfolg des Bürgers im Hauptsacheverfahren. Vielmehr muss die Behörde dem Rechtsbehelf eine positive Erfolgsprognose attestieren, was bei geringen Erfolgsaussichten jedoch nicht passiert.

Zudem widerstrebt die aufgedrängte Aussetzung der Rechtsschutzfunktion des vorläufigen Rechtsschutzes. Es ist bereits aus objektiver Sicht eines mit dem steuerrechtlichen Rechtsschutz vertrauten Beobachters nicht ratsam bei nur

319 Siehe auch § 361 Abs. 4 Satz 2 Hs. 2 AO, wonach die Finanzbehörde das öffentliche Interesse *begründen* muss.

geringen Erfolgsaussichten die Aussetzung der Vollziehung zu beantragen, wenn hiermit ein Aussetzungszinsrisiko einhergeht. Auch aus subjektiver Sicht des konkret Betroffenen missachtet die Aussetzungsentscheidung dessen Rechtsschutzbegehren. Im Ergebnis steht daher auch die Rechtsschutzfunktion in diesen Fällen der aufgedrängten Aussetzung entgegen.

Eine Entlastung der Gerichte ist bei einer Aussetzung trotz nur geringer Erfolgsaussichten ebenfalls nicht zu erwarten. Vielmehr erhöht sich die Wahrscheinlichkeit, dass die Fachgerichte auch über die Rechtmäßigkeit dieser aufgedrängten Aussetzungsentscheidung im Lichte der mit ihr unter Umständen verbundenen Zinsfolge entscheiden müssen.

Somit ist die Aussetzung der Vollziehung zum Zwecke der Aussetzungszinsgenerierung sachwidrig, weil das Interesse an der Erzielung von Aussetzungszinsen schon kein relevanter Faktor im Rahmen der § 361 AO, § 69 FGO ist, sodass die Aussetzungsentscheidung hierauf nicht gestützt werden kann (sog. *Sachwidrigkeit*)[320]. Die Berücksichtigung finanzieller Interessen im Rahmen der Ermessensausübung kann, wie im vorherigen Abschnitt dargestellt, nur als „Sekundärzweck" erfolgen. Sie trägt die Aussetzungsentscheidung nicht, sondern ist nur als zusätzlicher Aspekt bei Vorliegen eines ermessensrelevanten Kriteriums berücksichtigungsfähig. Es liegt gleichzeitig ein sog. *Ermessensdefizit*[321] vor, da die drei Eckpfeiler der ermessensrelevanten Faktoren im Rahmen der behördlichen Aussetzung (Rechtsschutz des Bürgers, Entlastung der Gerichte, Vorliegen beachtlicher materiell-rechtlicher Zweifel) nicht ausreichend gewürdigt worden sind. Insoweit liegt mithin aus beiden Gründen ein Ermessensfehlgebrauch vor.

cc) Aufgedrängte Aussetzung zur Vermeidung drohender Zinsansprüche des Rechtsbehelfsführers

(1) Für die zweite Fallkonstellation, in der die Behörde mit der Aussetzung der Vollziehung auch etwaigen Zinsansprüchen des Bürgers aus §§ 233a, 236 AO vorbeugen will, ergibt sich hingegen folgendes Bild: Die rechtlichen Zweifel an dem angefochtenen Verwaltungsakt sind hier beachtlich; andernfalls würde kein Erstattungszinsanspruch des Rechtsbehelfsführers drohen. Ein mit dem Steuerrechtsschutz vertrauter objektiver Beobachter würde, wenn man die Zinssituation ausblendet, die Aussetzung der Vollziehung beantragen, da die Steuerforderung aller Voraussicht nach unbegründet ist. Diesem Antrag wäre gemäß § 361 Abs. 2 Satz 2 Alt. 1 AO, § 69 Abs. 2 Satz 2 Alt. 1 FGO regelmäßig stattzugeben. Einem

320 Vgl. *Ramsauer* in: Kopp/Ramsauer, VwVfG, § 40 Rz. 88.

321 Vgl. *Ramsauer* in: Kopp/Ramsauer, VwVfG, § 40 Rz. 88.

unberatenen Steuerpflichtigen könnte, die Zinsfolge hinweggedacht, in solchen Fällen aus Verfahrensfürsorgegesichtspunkten Aussetzung von Amts wegen gemäß § 361 Abs. 2 Satz 1 Hs. 1 AO, § 69 Abs. 2 Satz 1 FGO gewährt werden. Auch eine Entlastung der Gerichte könnte durch die Aussetzung erreicht werden, da auch die Judikative einem entsprechenden Aussetzungsantrag entsprechen müsste (vgl. § 69 Abs. 3 Satz 1 FGO i.V.m. § 69 Abs. 2 Satz 2 Alt. 1 FGO).

Unter Ausklammerung der Verzinsung wäre demnach eine Aussetzung der Vollziehung angezeigt. Auch unter Berücksichtigung des Zwecks, den der Gesetzgeber mit dem Ausschluss des automatischen Suspensiveffekts verfolgt ([nur] Verhinderung missbräuchlicher Rechtsbehelfe)[322] wäre hier die Aussetzung geboten. Letztlich ist es auch aus ökonomischer Sicht der Verwaltung geboten, ein – mit Blick auf die Erfolgsaussichten des Rechtsbehelfs – unnötiges Hin und Her der Steuergelder von vornherein zu vermeiden. Demzufolge spricht also alles für eine Aussetzung der Vollziehung des angefochtenen Steuerbescheids.

Bezieht man nun die §§ 233 ff. AO in die Überlegungen mit ein, so ist die behördliche Aussetzung für den Betroffenen wirtschaftlich nachteilig, weil ihm die Möglichkeit genommen wird, den gesetzlichen Zins für sich nutzbar zu machen. Aufgrund der Aussetzung fallen für den ausgesetzten Zeitraum keine Erstattungs- und Prozesszinsen an, da der Rechtsbehelfsführer im Besitz der streitigen Beträge bleibt (vgl. § 233a Abs. 3 Satz 3 Hs. 2 AO, § 236 Abs. 1 Satz 2 AO). Ist auch in diesen Fällen die aufgedrängte, also gegen den Willen des Betroffenen verfügte Aussetzung der Vollziehung nach § 361 Abs. 2 Satz 1 Hs. 1 AO, § 69 Abs. 2 Satz 1 FGO ermessensfehlerhaft im Sinne des § 5 AO?

(2) *Koepsell/Walbrodt* haben sich in einem Aufsatz aus dem Jahre 2006 explizit mit der Aussetzung und der Aufhebung der Vollziehung (vgl. § 361 Abs. 2 Satz 3 AO, § 69 Abs. 2 Satz 7 FGO) gegen den Willen des Steuerpflichtigen auseinandergesetzt.[323] Sie erachten ein solches Vorgehen der Finanzbehörden grundsätzlich für ermessensgerecht.[324] Im Rahmen einer rein interessenorientierten

322 Vgl. *Rätke* in: Klein, AO, § 361 Rz. 3, wonach mit der Regelung in § 361 Abs. 1 Satz 1 AO u.a. bezweckt wird, dass keine Einsprüche eingelegt werden, um „*eine Stundungswirkung zu erreichen.*“

323 *Koepsell/Walbrodt*, INF 2006, 822–827. Der Titel des Aufsatzes lautet: „*Aufhebung und Aussetzung der Vollziehung gegen den Willen des Steuerpflichtigen*“.

324 Vgl. *Koepsell/Walbrodt*, INF 2006, 822–827 (827): „*Die Finanzbehörde verhält sich daher in aller Regel ermessensgerecht, wenn sie bei Vorliegen ernstlicher Zweifel an der Rechtmäßigkeit des Verwaltungsakts die Aussetzung der Vollziehung verfügt, weil sie im Rahmen eines Abwägungsprozesses ihre Verpflichtung zur budgetären Risikovorsorge höher gewichtet als das wirtschaftliche Interesse des Steuerpflichtigen.*“

Abwägung sei auf staatlicher Seite das Interesse an einer verlässlichen Finanz- und Haushaltsplanung zu berücksichtigen.[325] Zwar sei das Kriterium der verlässlichen Finanz- und Haushaltsplanung grundsätzlich auf Seiten des Vollzugsinteresses zu verorten und stehe insoweit dem Aussetzungsbegehren des Steuerpflichtigen entgegen.[326] In Fällen verfassungsrechtlicher Zweifel an einer Norm, auf die der angefochtene Verwaltungsakt beruht, könne die Finanzbehörde aber auch *durch die Aussetzung der Vollziehung (von Amts wegen) „budgetäre Risikovorsorge*" betreiben.[327] Der Gedanke der budgetären Risikovorsorge könne isoliert und auf die Aussetzung mit überschießender Innentendenz, also gegen den Willen des Betroffenen, übertragen werden.[328] Es sei möglich, dass aufgrund der verlässlichen Haushaltsplanung im Einzelfall kein Vollzugsinteresse bestehe, sofern der angefochtene Steuerbescheid ernstlich zweifelhaft sei, wobei für das Vorliegen ernstlicher Zweifel keine überwiegenden Erfolgsaussichten erforderlich seien.[329] Der Steuerpflichtige stelle nur wegen der Zinsvorteile und somit allein aus wirtschaftlichen Interessen keinen Aussetzungsantrag.[330] Demgegenüber sei der Einwand, dass die aufgedrängte Aussetzung gezielt zur Generierung von Aussetzungszinsen dienen soll, insbesondere deshalb unbegründet, weil sich die Finanzbehörde durch die Aussetzung der Vollziehung einem Insolvenzrisiko aussetze.[331] Zudem wirke die Aussetzung durch den mit ihr verbundenen Liquiditätsvorteil für den Betroffenen unmittelbar begünstigend, wohingegen der Staat durch das Niedrigzinsniveau und einer prekären Haushaltslage berechtigterweise die Gefahr etwaiger Erstattungszinsansprüche des Rechtsbehelfsführers vermeiden wolle.[332] Demnach verstoße die aufgedrängte Aussetzung nicht gegen den Zweck des § 361 Abs. 2 Sätze 1, 3 AO.[333]

Auch überschreite die aufgedrängte Aussetzung nicht die Ermessensgrenzen, insbesondere den Verhältnismäßigkeitsgrundsatz.[334] Insoweit stünden sich das

---

325 Vgl. *Koepsell/Walbrodt*, INF 2006, 822–827 (824).

326 Vgl. *Koepsell/Walbrodt*, INF 2006, 822–827 (824).

327 So *Koepsell/Walbrodt*, INF 2006, 822–827 (824) unter Hinweis auf die entsprechenden Stellen in der Kommentierung von *Seer* zu § 361 AO, § 69 FGO sowie den Aufsatz von *Drüen*, FR 1999, 289–294 (290 f.).

328 *Koepsell/Walbrodt*, INF 2006, 822–827 (824).

329 Vgl. *Koepsell/Walbrodt*, INF 2006, 822–827 (824, 825 m.w.N.).

330 Vgl. *Koepsell/Walbrodt*, INF 2006, 822–827 (824).

331 Vgl. *Koepsell/Walbrodt*, INF 2006, 822–827 (824).

332 Vgl. *Koepsell/Walbrodt*, INF 2006, 822–827 (824 f.).

333 *Koepsell/Walbrodt*, INF 2006, 822–827 (825).

334 Vgl. *Koepsell/Walbrodt*, INF 2006, 822–827 (825 ff.).

in Art. 110 GG verankerte Interesse des Staates, zu dem die budgetäre Risikovorsorge zähle, und das Interesse des Steuerpflichtigen, Zinsvorteile zu erhalten, gegenüber.[335] Bei der Abwägung müsse berücksichtigt werden, dass sich die Schutzwirkung der finanzbehördlichen Aussetzung darauf beschränke, die aufgrund der sofortigen Vollziehung entstehenden Nachteile zu verhindern; vor wirtschaftlichen Nachteilen, die aus der Nichtvollziehung resultieren, schütze § 361 AO nicht.[336]

Im Rahmen der Verzinsung nach § 233a AO sei es irrelevant, ob bei dem Steuerpflichtigen Liquiditätsvorteile abgeschöpft werden, die er konkret nicht erzielt hat, was auch für § 237 AO gelten müsse, weshalb den Zinsnachteilen im Rahmen der Interessenabwägung *keine Bedeutung* beizumessen seien; jedenfalls aber müsse insoweit ein substantiierter Vortrag des wirtschaftlichen Nachteils durch den Steuerpflichtigen erfolgen.[337] Auf staatlicher Seite sei in der Abwägung zu berücksichtigen, dass auch hier ein vergleichbares Zinsrisiko wie für den Steuerpflichtigen bestehe.[338] Zudem sei der Staat zu einem wirtschaftlichen und sparsamen Handeln angehalten, wie sich aus Vorschriften wie § 7 BHO, aber auch aus einem Vergleich zu den Fällen, in denen öffentliche Zuschüsse aufgrund einer durch die Haushaltsgrundsätze beeinflussten Ermessensentscheidung zurückgefordert werden, ergebe.[339] *„Es liegt nicht im Interesse des Staates, während des Rechtsbehelfsverfahrens als lukratives Anlageinstitut verstanden zu werden.“*[340]

(3) Gegen die Sichtweise von *Koepsell/Walbrodt* argumentiert *Seer*, der insoweit auf die verfassungsrechtliche Bedeutung der Aussetzung der Vollziehung als Instrument zur Verwirklichung vorläufigen Individualrechtsschutzes im Sinne des Art. 19 Abs. 4 Satz 1 GG hinweist.[341] Ein systematischer Vergleich zwischen § 361 Abs. 2 Sätze 1, 2 AO spreche zwar dafür, dass die Aussetzung der Vollziehung durch die Finanzbehörde nicht nur auf Antrag, sondern auch von Amts wegen erfolgen könne. Da § 361 Abs. 2 Satz 2 AO mit den dort genannten

---

335 Vgl. *Koepsell/Walbrodt*, INF 2006, 822–827 (825).
336 Vgl. *Koepsell/Walbrodt*, INF 2006, 822–827 (825).
337 Vgl. *Koepsell/Walbrodt*, INF 2006, 822–827 (826 m.w.N.).
338 *Koepsell/Walbrodt*, INF 2006, 822–827 (826).
339 Vgl. *Koepsell/Walbrodt*, INF 2006, 822–827 (827 m.w.N.).
340 *Koepsell/Walbrodt*, INF 2006, 822–827 (827).
341 Siehe *Seer*, Ubg 2008, 249–253 (250 m.w.N.). Ebenso *Steinhauff*, juris PR-SteuerR 7/2008, Anm. 5 (unter D. 2.): *„Art. 19 Abs. 4 GG gewährleistet einen umfassenden und effektiven Rechtsschutz, wozu auch die Gewährung vorläufigen Rechtsschutzes gehört. Dieser Rechtsschutz dient indes ausschließlich dem Betroffenen, nicht dem Staat, der insoweit gar nicht Schutz durch Art. 19 Abs. 4 GG in Anspruch nehmen kann“*.

Aussetzungsgründen bei Vorliegen eines Antrags des Rechtsbehelfsführers den behördlichen Entscheidungsprozess vorzeichne, stelle sich die Frage, welcher Anwendungsbereich daneben überhaupt für § 361 Abs. 2 Satz 1 AO übrig bleibe. Der Wortlaut sei insoweit unergiebig.[342] Der Anwendungserlass zur Abgabenordnung deute jedoch darauf hin, dass auch die Aussetzung von Amts wegen individualrechtsschützend sei.[343] Die Aussetzung sei insoweit *„Akt behördlicher Verfahrensfürsorge"*, insbesondere für den unberatenen Steuerpflichtigen.[344]

Der Auffassung von *Koepsell/Walbrodt* könne schon deswegen nicht gefolgt werden, weil sie die Aussetzung der Vollziehung zweckentfremde, und zwar vom Individualrechtsschutz *„zum Schutz staatlicher Fiskalinteressen."*[345] Der Gedanke der *„budgetären Risikovorsorge"* – mit dem *Koepsell/Walbrodt* argumentieren – sei gegen die restriktive Aussetzungspraxis in Fällen der verfassungsrechtlichen Zweifel an einer Norm, die dem angefochtenen Steuerbescheid zugrunde liegt, gerichtet. Die *„budgetäre Risikovorsorge"* verhindere, dass der Staat mit Steuergeldern arbeitet, die ihm (noch) nicht endgültig zustehen, und richte sich somit *gegen* staatliche Haushaltsinteressen bei der Aussetzungsentscheidung. Der Begriff sei nicht isolierbar, sondern untrennbar mit dem Individualrechtsschutz verknüpft.[346] Die Aussetzung diene zum Schutz vor staatlicher Hoheitsgewalt und nicht zur staatlichen Einnahmeerzielung respektive Einnahmensicherung.[347] Ausgehend hiervon sei ein Ermessensfehlgebrauch gegeben, wenn die Finanzbehörde die Aussetzung verfügt, um Aussetzungszinsen zu erzielen.[348] Zudem sei die Aussetzung der Vollziehung für den Steuerpflichtigen mit erheblichen wirtschaftlichen Risiken verbunden, weil er gezahlte Aussetzungszinsen nicht steuermindernd geltend machen könne, wohingegen er vereinnahmte Erstattungs- und Prozesszinsen der Besteuerung unterwerfen müsse. Auch diese *„Asymmetrie des materiellen Ertragsteuerrechts"* schränke die Ermessensausübung im Rahmen des § 361 Abs. 2 Satz 1 AO ein. Selbst bei Vorliegen ernstlicher Rechtmäßigkeitszweifel müsse es angesichts der drohenden wirtschaftlichen

---

342 Vgl. zu den letzten drei Sätzen *Seer*, Ubg 2008, 249–253 (250).

343 Vgl. *Seer*, Ubg 2008, 249–253 (250) unter Hinweis auf AEAO zu § 361 AO, Nr. 2.1. Sätze 2, 3, wonach eine Aussetzung gemäß § 361 Abs. 2 Satz 1 AO, § 69 Abs. 2 Satz 1 FGO in Betracht kommt, wenn der Rechtsbehelf offensichtlich begründet ist, der Abhilfebescheid aber voraussichtlich nicht mehr vor Fälligkeit der geforderten Steuer ergehen kann.

344 Vgl. *Seer*, Ubg 2008, 249–253 (250).

345 Vgl. *Seer*, Ubg 2008, 249–253 (250 f.).

346 Vgl. zu den letzten drei Sätzen *Seer*, Ubg 2008, 249–253 (250 f.).

347 Vgl. *Seer*, Ubg 2008, 249–253 (251).

348 Vgl. *Seer*, Ubg 2008, 249–253 (251).

Nachteile allein der Entscheidungsgewalt des Rechtsbehelfsführers obliegen, ob er Aussetzung beantragt oder nicht.[349] § 361 Abs. 2 Sätze 1, 2 AO diene allein dem Individualrechtsschutz, womit eine aufgedrängte Aussetzung unvereinbar sei.[350] Letztere sei wegen Verstoßes gegen den Zweck der Vorschrift ermessensfehlerhaft.[351]

(4) Das FG Köln schließt sich in seiner Entscheidung vom 08.09.2010 der Auffassung von *Seer* im Ergebnis an. „*Die aufgezwungene Aussetzung und Aufhebung der Vollziehung ist grundsätzlich ermessensfehlerhaft, wenn nicht besondere Gründe ausnahmsweise die Finanzbehörde berechtigen, die tendenziell auf den Rechtsschutz des Bürgers ausgerichtete AdV in objektiv belastender Weise gegen den Willen des Bürgers einzusetzen*".[352] Die Finanzbehörde hat ausgehend von dem Sachverhalt, der der finanzgerichtlichen Entscheidung zugrunde liegt, die Aussetzungsentscheidung maßgeblich auf Zinsüberlegungen gestützt.[353]

Das FG Köln betont, ebenso wie *Seer*, dass der vorläufige Rechtsschutz unter Berücksichtigung des Art. 19 Abs. 4 Satz 1 GG dem Individualrechtsschutz diene. Das aus Art. 19 Abs. 4 Satz 1 GG abgeleitete Gebot effektiven Rechtsschutzes werde einfach-gesetzlich durch § 361 AO, §§ 69, 114 FGO umgesetzt.[354] Zur These von *Koepsell/Walbrodt* bezieht das FG Köln wie folgt Stellung: „*Es findet sich [...] kein plausibler Grund dafür, warum das finanzielle Interesse des Staates bei der Entscheidung über die Gewährung des dem Individualrechtsschutz dienenden vorläufigen Rechtsschutz eine Bedeutung entfalten sollte.*"[355] Die Finanzbehörde habe den Steuerpflichtigen durch Erlass des streitigen Verwaltungsakts zu dem Rechtsbehelfsverfahren veranlasst. Auch dürften die rechtlichen Zweifel in diesen Fällen nicht gewichtig sein, da die Finanzbehörde andernfalls mit Blick auf § 85 Satz 1 AO die Steuer schon nicht hätte festsetzen dürfen.[356]

---

349 Vgl. zu den letzten drei Sätzen *Seer*, Ubg 2008, 249–253 (251 m.w.N.).

350 Vgl. *Seer*, Ubg 2008, 249–253 (251).

351 *Seer*, Ubg 2008, 249–253 (251 f.).

352 FG Köln, Urt. v. 08.09.2010, 13 K 960/08, EFG 2011, 105, 110. Zustimmend FG Baden-Württemberg, Beschl. v. 16.01.2018, 2 V 3389/16, Rz. 48 – juris (Entscheidung aus anderen Gründen aufgehoben durch BFH, Beschl. v. 03.09.2018, VIII B 15/18, BFH/NV 2018, 1279).

353 Vgl. FG Köln, Urt. v. 08.09.2010, 13 K 960/08, EFG 2011, 105, 110: „*Auch im Streitfall spielte die Zinsüberlegung [...] auf Seiten des Bekl. [...] eine überragende Rolle.*"

354 Vgl. zu den letzten beiden Sätzen FG Köln, Urt. v. 08.09.2010, 13 K 960/08, EFG 2011, 105, 110 f. m.w.N.

355 FG Köln, Urt. v. 08.09.2010, 13 K 960/08, EFG 2011, 105, 111.

356 Vgl. zu den letzten beiden Sätzen FG Köln, Urt. v. 08.09.2010, 13 K 960/08, EFG 2011, 105, 111.

Interessanterweise hält das FG Köln eine Aussetzung bzw. Aufhebung der Vollziehung gegen den Willen des Bürgers ausnahmsweise für möglich, so z.B., wenn eine baldige Abhilfeentscheidung beabsichtigt werde, oder aber, wenn die Finanzbehörde zur Schätzung der Besteuerungsgrundlagen gemäß § 162 AO befugt sei, weil der Steuerpflichtige seinen Mitwirkungspflichten nicht nachgekommen ist.[357]

Letztlich sei die aufgedrängte Aussetzungs- respektive Aufhebungsentscheidung im Streitfall auch deshalb ermessensfehlerhaft, weil sie nur in einer „*verschwindend geringen Anzahl von Fällen und soweit ersichtlich nur bei erheblichen Streitwerten*" erfolgt sei, was eine Abweichung von der bisherigen Ermessenspraxis darstelle, die nicht ausreichend begründet sei und daher gegen Art. 3 Abs. 1 GG verstoße.[358]

(5) Die Auffassung von *Seer*, der das FG Köln im Wesentlichen folgt, ist in der Literatur auf breite Zustimmung gestoßen.[359] Die in der vorstehenden Fußnote genannten Literaturansichten – bis auf *Heuermann*, der nur die Aussetzung gegen den Willen des Betroffenen zum Zwecke der Zins-Einnahmeerzielung als ermessensfehlerhaft einzustufen scheint –[360] beurteilen die aufgedrängte Aussetzung offenbar generell als rechtswidrig und begründen dies mit dem Individualschutz der Norm.[361] Allerdings ist das Urteil des FG Köln im Revisionsverfahren durch den BFH aufgehoben und die Klage aus Gründen der Unzulässigkeit

---

357 Siehe FG Köln, Urt. v. 08.09.2010, 13 K 960/08, EFG 2011, 105, 111.

358 FG Köln, Urt. v. 08.09.2010, 13 K 960/08, EFG 2011, 105, 112.

359 Siehe *Birkenfeld* in: H/H/S, AO, § 361 Rz. 707 (Stand: 212. Lfg. März 2011); *Heuermann* in: H/H/S, AO, § 237 Rz. 6b (Stand: 234. Lfg. August 2015); *Rätke* in: Klein, AO, § 361 Rz. 56; *Beck*, ZInsO 2012, 2353–2359 (2354); *Mack*, Steuerfahndung und Steuerstreit (Beratungs Akzente 44), 2007, 11, 20; *Schüppen*, JFStR 13/14, 302, 313 f.; *Seer/Klemke*, Neuordnung der Verzinsung von Ansprüchen aus dem Steuerschuldverhältnis, ifst-Schrift Nr. 490 (2013), S. 72.

360 *Heuermann* in: H/H/S, AO, § 237 Rz. 6b (Stand: 234. Lfg. August 2015): „*Die Finanzbehörde handelt also ermessensfehlerhaft, wenn sie eine Aussetzung der Vollziehung nur aus dem Grund anordnet, dem Staat Arbitrage-Zinsgewinne (Verhältnis des Marktzinssatzes zu 6 % gesetzlicher Zinsen) zu verschaffen*".

361 Vgl. die Aussage von *Birkenfeld* in: H/H/S, AO, § 361 Rz. 707 m.w.N. (Stand: 212. Lfg. März 2011), wonach eine gegen den Willen des Steuerpflichtigen verfügte Aussetzung ermessensfehlerhaft sei. Siehe auch *Seer/Klemke*, Neuordnung der Verzinsung von Ansprüchen aus dem Steuerschuldverhältnis, ifst-Schrift Nr. 490 (2013), S. 72: „*Eine dem Steuerpflichtigen gegen seinen Willen aufgedrängte Aussetzung der Vollziehung ist schlussendlich aufgrund der Zwecksetzung des § 361 Abs. 2 S. 1 AO als Individualrechtsschutznorm ermessensfehlerhaft und damit nicht rechtmäßig.*"

abgewiesen worden.[362] Bis dato liegt damit keine höchstrichterliche Entscheidung zur Rechtmäßigkeit der aufgedrängten Aussetzung bzw. Aufhebung der Vollziehung vor.

Zunächst ist an die Unterscheidung zwischen der Aussetzung der Vollziehung durch das Gericht und der behördlichen Aussetzung in verfassungsrechtlicher Hinsicht zu erinnern (siehe Teil I, § 1, II. und III. jeweils m.w.N.). Art. 19 Abs. 4 Satz 1 GG und das hieraus abgeleitete individualschützende Effektivitätspostulat steht einem aufgedrängten Rechtsschutzverfahren entgegen. Allerdings ist diese Vorschrift für das gerichtliche Verfahren konzipiert und beeinflusst somit das behördliche Verfahren nicht unmittelbar.

Es wurde bereits festgestellt, dass das finanzbehördliche Aussetzungsverfahren als Verwaltungsverfahren zu qualifizieren ist.[363] Für Verwaltungsverfahren regelt § 86 Satz 1 AO, dass die Finanzbehörde selbst nach pflichtgemäßem Ermessen über die Einleitung eines solchen – hier also die Aussetzung der Vollziehung gemäß § 361 Abs. 2 Satz 1 AO, § 69 Abs. 2 Satz 1 FGO – entscheidet.[364] Mit den Antragsmerkmalen in § 361 Abs. 2 Satz 2 AO, § 69 Abs. 2 Satz 2 FGO wird eine Übereinstimmung mit dem Willen des Rechtsbehelfsführers sichergestellt. § 86 Satz 1 AO findet gemäß § 86 Satz 2 AO in diesen Fällen keine Anwendung. Im Umkehrschluss lässt sich hieraus folgern, dass auch ohne und gegen den Willen des Rechtsbehelfsführers das Aussetzungsverfahren gemäß § 361 Abs. 2 Satz 1 AO, § 69 Abs. 2 Satz 1 FGO eingeleitet werden kann. Dies gilt freilich nur vorbehaltlich des § 5 AO.

Eine Übereinstimmung mit dem Willen des Betroffenen wird in Fällen des § 86 Satz 1 AO ausweislich des Gesetzeswortlauts und insbesondere aus einem Umkehrschluss zu § 86 Satz 2 Nr. 2 AO, wonach § 86 Satz 1 AO nicht gilt, wenn die Behörde nach einer gesetzlichen Regelung nur auf Antrag tätig werden darf und ein solcher fehlt, nicht verlangt. Auch ein systematischer Vergleich zu § 88 AO spricht dafür, dass ein Handeln von Amts wegen zunächst ohne Rücksicht auf den Willen des Betroffenen erfolgt. Hiernach ermittelt die Behörde den Sachverhalt von Amts wegen (§ 88 Abs. 1 Satz 1 AO). Gemäß § 88 Abs. 2 Satz 1 Hs. 2 AO ist sie insoweit nicht an das Vorbringen bzw. an die Beweisanträge der Beteiligten gebunden. Sie kann und muss sich ggf. über den Willen der Beteiligten hinwegsetzen, wenngleich sie die Sachverhaltsermittlung nicht einseitig an dem finanziellen Interesse des Staates ausrichten darf (vgl. § 88 Abs. 1 Satz 2 AO).

---

362 Siehe BFH, Urt. v. 09.05.2012, I R 91/10, BFH/NV 2012, 2004, 2005 ff.

363 Siehe Teil I, § 1, I.

364 Siehe bereits Teil II, § 2 m.w.N.

Wenn demnach die Initiierung des Aussetzungsverfahrens durch die Finanzbehörde auch gegen den Willen des Betroffenen denkbar ist, stellt sich die Frage, unter welchen Bedingungen hiervon Gebrauch gemacht werden darf. Gemäß § 86 Satz 1 AO hat die Finanzbehörde nach pflichtgemäßem Ermessen über die Verfahrenseinleitung zu entscheiden. Es geht also im Lichte des § 5 AO darum, diejenigen Kriterien herauszufiltern, die eine Aussetzung der Vollziehung gegen den Willen des Betroffenen rechtfertigen.

Ausgehend von den oben[365] hergeleiteten relevanten Kriterien für die behördliche Ermessensentscheidung im Rahmen der Aussetzung der Vollziehung (= Rechtsschutz des Bürgers, Entlastung der Gerichte und Vorliegen rechtlicher Zweifel), werfen *Seer* und das FG Köln der Ansicht von *Koepsell/Waldbrodt* zu Recht vor, dass die Begründung der Aussetzung mit finanziellen Interessen des Staates nicht überzeugt. Die Berücksichtigung finanzieller Interessen im Rahmen der behördlichen Ermessensausübung versteht sich nicht von selbst, sondern hängt vom rechtlichen Kontext ab, insbesondere von dem Zweck der Ermächtigungsvorschrift.[366] Insoweit hinkt der von *Koepsell/Walbrodt* vorgenommene Vergleich zu der behördlichen Ermessensentscheidung bei der Rückforderung von Subventionen.[367] Der Vergleichbarkeit der Subventionsrückforderung und der aufgedrängten Aussetzung steht bereits entgegen, dass die Finanzbehörde im Rahmen der Eingriffs- und nicht der Leistungsverwaltung tätig wird. Damit nähert sich das behördliche Handeln eher dem der Gefahrenabwehr an, wo anerkannt ist, dass finanzielle Interessen nur zurückhaltend berücksichtigt werden dürfen.[368] Die Frage, ob die Finanzbehörde das ihr de lege lata auferlegte Zinsrisiko, das das Rechtsbehelfsverfahren (ohne Aussetzung der Vollziehung) mit sich bringt, auf den Rechtsbehelfsführer überwälzen kann, hängt somit vom Vorliegen der ermessensrelevanten Faktoren ab. Die genannten Ermessenskriterien bilden einen Rahmen, innerhalb dessen auch finanzielle Interessen Beachtung finden können.

Die Gefahr, dass durch die Zahlung der streitigen Steuerbeträge zu Unrecht vollendete Tatsachen geschaffen werden, wird umso größer, je besser die Erfolgsaussichten des Rechtsbehelfs in der Hauptsache sind. Zur allgemeinen Aufgabe

---

365 Teil II, § 3, III. 1. und 2.

366 Vgl. *Uerpmann*, Das öffentliche Interesse, S. 129 f. m.w.N.

367 Siehe *Koepsell/Walbrodt*, INF 2006, 822–827 (827 m.w.N.).

368 Vgl. *Peters*, DÖV 2001, 749–762 (759 ff. m.w.N.). Umfassend zur Berücksichtigung finanzieller Interessen im Bereich der Gefahrenabwehr *Fratzky*, Die Ökonomisierung der polizeilichen Gefahrenabwehr, S. 189 ff. m.w.N.

des vorläufigen Rechtsschutzes gehört es, der Schaffung solcher endgültigen Zustände soweit wie möglich vorzubeugen.[369]

Da der Rechtsbehelfsführer in Fällen der aufgedrängten Aussetzung gleichwohl auf den Vollzug des angefochtenen Verwaltungsakts besteht, stellt sich die Frage, in welchem Verhältnis die drei Ermessenskriterien zueinander stehen. Während die Rechtsschutzfunktion mit Blick auf den Willen des konkreten Rechtsbehelfsführers hier gegen die Aussetzung der Vollziehung spricht, steigt das rechtsstaatliche Bedürfnis zugunsten der Aussetzung umso mehr, je größer die rechtlichen Zweifel sind. Grundsätzlich kommt der Rechtsschutzfunktion und damit dem Willen des Rechtsbehelfsführers im behördlichen Aussetzungsverfahren maßgebliche Bedeutung zu, da er allein über dieses Verfahren erreichen kann, vorläufig möglicherweise unberechtigte Steuerforderungen abzuwehren. Auch im Rahmen des behördlichen Verfahrens dient die Aussetzung der Vollziehung insbesondere dem vorläufigen Rechtsschutz des Bürgers.[370]

Sofern der Rechtsbehelfsführer allerdings sachfremde, also von dem Rechtsbehelfsverfahren nicht gedeckte Ziele verfolgt, kann das Vorliegen rechtlicher Zweifel ausnahmsweise stärker zu gewichten sein als die mit der Rechtsschutzfunktion verbundene Dispositionsbefugnis des Bürgers über das Aussetzungsverfahren. Letzterer ist zur Zahlung der streitigen Beträge nicht selten deshalb bereit, weil er hieraus wirtschaftliche Vorteile generieren möchte.[371] Dem Vollzugsinteresse des Bürgers kommt hier im Vergleich zu den rechtlichen Zweifeln, die für eine Suspendierung seines Rechtsbehelfs sprechen, weniger Bedeutung zu. Er bestreitet selbst die streitigen Beträge zahlen zu müssen. Wenn er allein zwecks Zinseinnahmen gleichwohl auf den Vollzug des streitigen Verwaltungsakts besteht, ist er nicht schutzwürdig. Wie sich aus der Rechtsschutzfunktion des Einspruchs- und auch des Klageverfahrens ergibt, muss der Rechtsbehelfsführer *rechtliche* Argumente vortragen, die Zweifel an dem Leistungsgebot des Verwaltungsakts begründen. Mit der Beschwer (vgl. § 350 AO) und der Klagebefugnis

369 Vgl. z.B. BVerfG, Beschl. v. 19.06.1973, 1 BvL 39/69 und 14/72, BVerfGE 35, 263, 274, wonach Art. 19 Abs. 4 GG auch die Aufgabe habe, „*irreparable Entscheidungen, wie sie durch die sofortige Vollziehung einer hoheitlichen Maßnahme eintreten können, soweit als möglich auszuschließen.*“

370 Zutreffend FG Köln, Urt. v. 08.09.2010, 13 K 960/08, EFG 2011, 105, 110 („*die tendenziell auf den Rechtsschutz des Bürgers ausgerichtete AdV*“).

371 Denkbar ist allerdings auch, dass er nur wirtschaftliche Nachteile in Gestalt drohender Zinsansprüche des Staates (vgl. § 237 AO) verhindern möchte.

(vgl. § 40 Abs. 2 FGO) werden solche Rechtsbehelfe des Bürgers bereits als unzulässig zurückgewiesen, die nicht rechtlich zweifelhafte (ggf. auch zweckwidrige) Verwaltungsakte zum Gegenstand haben. Für die Verhinderung vollendeter Tatsachen im Zeitpunkt der Entscheidung über die Aussetzung der Vollziehung kann es nicht darauf ankommen, ob am Ende des Hauptsacheverfahrens Kompensationsansprüche (mit überschießender Wirkung) bestehen, da dies im Ergebnis einem Rückschritt zur „*dulde und liquidiere*"-Formel gleichkäme.[372]

Zudem sei an die verfassungsrechtliche Dimension des behördlichen Aussetzungsverfahrens erinnert. Während das finanzgerichtliche Verfahren unter Art. 19 Abs. 4 Satz 1 GG fällt und damit primär individualschützend ist, gewährleistet die Finanzbehörde keinen Rechtsschutz in diesem Sinne.[373] Das behördliche Aussetzungsverfahren stellt ein Verwaltungsverfahren dar, das neben dem Rechtsschutz auch den Gesetzesvorrang wahren muss. Die Möglichkeit eines Handelns von Amts wegen indiziert, dass nicht allein der Wille des Betroffenen für die Aussetzung entscheidend sein muss. Ein gesetzmäßiges (vgl. § 85 Satz 1 AO) und damit rechtsstaatliches Handeln spricht dafür, bei Vorliegen beachtlicher Rechtmäßigkeitszweifel diejenigen Maßnahmen zu ergreifen, die es der Behörde ermöglichen, auf die erkannte Rechtsunsicherheit zu reagieren, sofern hierdurch die Grundrechte des Bürgers nicht verletzt werden. Im Lichte des § 86 Satz 1 AO ist die Finanzbehörde bei Vorliegen rechtlicher Zweifel zur Aussetzung gemäß § 361 Abs. 2 Satz 1 AO, § 69 Abs. 2 Satz 1 FGO befugt; je größer die rechtlichen Zweifel sind, desto größer ist das Bedürfnis die Vollziehung auszusetzen, bis eine abschließende Entscheidung in der Hauptsache ergeht. Die Aussetzung ist auch gegenüber etwaigen verwaltungsinternen Maßnahmen vorzugswürdig, weil sie transparent (wegen der erforderlichen Begründung, § 80 Abs. 3 Satz 1 VwGO analog) und gerichtlich kontrollierbar (Möglichkeit der Anfechtung der Aussetzungsverfügung) erfolgt.

Ausgehend von der Atypizität des behördlichen Vorgehens bei aufgedrängter Aussetzung sowie im Lichte des § 80 Abs. 3 Satz 1 VwGO muss die Finanzbehörde jedoch zunächst den Anschein entkräften, die Aussetzung dem Rechtsbehelfsführer *allein* aus (rechtswidrigen) finanziellen Interessen aufzudrängen. Sie muss die Aussetzung im Wege einer qualifizierten Begründung dem Bürger plausibel machen. Sofern der Finanzbehörde dieser Nachweis gelingt, wird man, was die

372 Die „*dulde und liquidiere*"-Formel ist überwunden, statt vieler siehe nur *Schmidt-Aßmann* in: Maunz/Dürig, GG, Art. 19 Abs. 4 Rz. 28 m.w.N. (Stand: 72. Lfg. Juli 2014).

373 Zu den verfassungsrechtlichen Gewährleistungen im gerichtlichen und im außergerichtlichen Verfahren siehe bereits Teil I, § 1, II. und III. jeweils m.w.N.

damit verbundene Folge für etwaige Zinsansprüche des Rechtsbehelfsführers angeht, paritätisch feststellen müssen, dass auch er insoweit nicht schutzwürdig ist. Ein Rechtsbehelfsverfahren dient, worauf *Koepsell/Walbrodt* zutreffend hinweisen, nicht als Anlagemöglichkeit für den Bürger.[374]

Die bisherigen Fälle der aufgedrängten Aussetzung waren, wie insbesondere das Verfahren des FG Köln zeigt, dadurch gekennzeichnet, dass die Behörde durch die Aussetzung die Zinsrisiken des Rechtsbehelfsverfahrens generell auf den Bürger verlagern wollte. *Koepsell/Walbrodt* erachten dies wohl für zulässig, da sie eine aufgedrängte Aussetzung bereits bei Zweifeln, die nicht überwiegend erfolgversprechend sind, für möglich erachten.[375] Die Ausgangssituation der aufgedrängten Aussetzung ist jedoch nicht mit den typischen Antragsfällen vergleichbar, was einer Übertragung der Grundsätze zu der Aussetzung der Vollziehung auf Antrag des Rechtsbehelfsführers entgegensteht. Die beantragte Aussetzung dient unmittelbar dem grundrechtlich fundierten Anspruch des Bürgers auf Rechtsschutz. Hieraus folgt, dass jedwede Einschränkung dieses Anspruchs prinzipiell rechtfertigungsbedürftig ist. Die Voraussetzungen, die an die Umsetzung des Rechtsschutzbegehrens des Bürgers gestellt werden, sind grundrechtskonform auszulegen und anzuwenden, wobei der Zugang zu den Gerichten, die einen effektiven Rechtsschutz im Lichte des Art. 19 Abs. 4 Satz 1 GG ermöglichen sollen, nicht unnötig erschwert werden darf.[376] Hiervon unterscheidet sich die Situation bei aufgedrängter Aussetzung der Vollziehung. Letztere dient gerade nicht unmittelbar dem Grundrechtsschutz, sondern sie könnte in die jedenfalls durch Art. 2 Abs. 1 GG verfassungsrechtlich geschützte Gestaltung des Rechtsbehelfsverfahrens durch den Grundrechtsträger eingreifen (dazu in Teil II, § 3, IV. 1.).

Nach alledem kommt die aufgedrängte Aussetzung nur dann in Betracht, *wenn die rechtlichen Zweifel so gewichtig sind, dass die Aussetzung wahrscheinliche Zinsansprüche des Rechtsbehelfsführers nach Abschluss des Rechtsbehelfsverfahrens verhindern soll.* In diese Richtung gehen auch die beiden Beispielsfälle des FG Köln (aufgedrängte Aussetzung im Vorgriff auf eine geplante Abhilfeentscheidung respektive bei Verstoß des Steuerpflichtigen gegen seine Mitwirkungspflichten).[377] Diese beiden Fallgestaltungen zeichnen sich zudem dadurch aus, dass sie rechtliche Zweifel voraussetzen, wie sie auch nach diesseitiger

---

374 Siehe *Koepsell/Walbrodt*, INF 2006, 822–827 (827).

375 Vgl. *Koepsell/Walbrodt*, INF 2006, 822–827 (825 m.w.N.).

376 Zur Vorwirkung des Art. 19 Abs. 4 GG für das behördliche Verfahren siehe *Sachs* in: Sachs, GG, Art. 19 Rz. 140, 143a jeweils m.w.N.

377 Siehe FG Köln, Urt. v. 08.09.2010, 13 K 960/08, EFG 2011, 105, 111.

Auffassung unentbehrliche Aussetzungsvoraussetzung sind, wobei die Zweifel – nach den Beispielen des FG Köln zu urteilen – entweder so erheblich sein müssen, dass dem Rechtsbehelf des Bürgers aller Voraussicht nach entsprochen wird, oder dieser für die rechtliche Unsicherheit zumindest verantwortlich gemacht werden kann.

(6) Als weiterer denkbarer Anwendungsfall einer aufgedrängten Aussetzung der Vollziehung kommt folgende Fallgestaltung in Betracht: In Unkenntnis bzw. vor Ergehen einer aktuellen höchstrichterlichen Entscheidung bezieht die Finanzbehörde Einkünfte – entgegen dieser Entscheidung – in die Besteuerung ein. Der Steuerpflichtige legt gegen die Einbeziehung der Einkünfte in die Besteuerung unter Hinweis auf die aktuelle Entscheidung des BFH Einspruch ein. Verwaltungsintern wird derzeit noch geprüft, ob das höchstrichterliche Urteil über den entschiedenen Einzelfall hinaus angewandt werden soll.

Aufgrund der höchstrichterlichen Entscheidung bestehen gute Erfolgsaussichten des Einspruchsführers.[378] Unterstellt, die Steuerfestsetzung wäre noch nicht erfolgt, käme im Rahmen des *Festsetzungsverfahrens* gemäß § 165 Abs. 1 Satz 1 AO i.V.m. § 165 Abs. 1 Satz 2 Nr. 4 AO i.V.m. § 165 Abs. 2 Satz 3 AO – letzterer macht das Ende der Ungewissheit davon abhängig, ob der vom BFH entschiedene Einzelfall für allgemeingültig erklärt wird –[379] eine vorläufige Steuerfestsetzung in Betracht.[380] Alternativ wäre es möglich, die Steuer insoweit gemäß § 165 Abs. 1 Satz 4 AO i.V.m. § 165 Abs. 1 Satz 2 Nr. 4 AO, ggf. verbunden mit einer Sicherheitsleistung – *aussetzungszinsfrei* –,[381] auszusetzen.

---

378 Zu den „guten Erfolgsaussichten“ siehe noch Teil II, § 3, IV. 2. c).

379 Ausweislich der Gesetzesbegründung sei die Ungewissheit insbesondere dann beseitigt, wenn die BFH-Entscheidung im Bundessteuerblatt veröffentlicht wird, siehe Entwurf eines Gesetzes zur Modernisierung und Entbürokratisierung des Steuerverfahrens (Steuerbürokratieabbaugesetz) vom 02.09.2008, BT-Drucks. 16/10188, S. 31 (zu § 165 Abs. 2 Satz 3).

380 Nach dem Wortlaut hat die Finanzbehörde einen Ermessensspielraum, da § 165 Abs. 1 Satz 1 AO eine Kann-Vorschrift ist und § 165 Abs. 1 Satz 2 AO auf Satz 1 Bezug nimmt („*Diese Regelung ist auch anzuwenden, wenn*“). Die Entscheidung über die Vorläufigkeit im Sinne des § 165 Abs. 1 Satz 2 Nr. 4 AO sollen – zwecks Vereinheitlichung – die obersten Finanzbehörden des Bundes und der Länder treffen, siehe Entwurf Steuerbürokratieabbaugesetz vom 02.09.2008, BT-Drucks. 16/10188, S. 30 (zu § 165 Abs. 1 Satz 2 Nr. 4). § 165 Abs. 1 Satz 2 Nr. 4 AO ist zudem für Massenverfahren geschaffen worden, siehe Entwurf Steuerbürokratieabbaugesetz vom 02.09.2008, BT-Drucks. 16/10188, S. 30 (zu § 165 Abs. 1 Satz 2 Nr. 4).

381 Nach dem eindeutigen Wortlaut des § 237 Abs. 1 Satz 1 AO (siehe auch die Überschrift „*Zinsen bei Aussetzung der Vollziehung*“) wird hiernach ein Zinsanspruch

Allerdings ist im vorliegenden Fallbeispiel das *Einspruchsverfahren* bereits anhängig, sodass fraglich ist, ob § 165 AO auch hier noch Anwendung finden kann. § 165 AO ermöglicht es der Finanzbehörde, trotz einer gegenwärtig nicht ausräumbaren, punktuellen Ungewissheit tatsächlicher (siehe § 165 Abs. 1 Satz 1 AO) bzw. rechtlicher Art (siehe § 165 Abs. 1 Satz 2 AO), die Steuer (vorläufig) festzusetzen respektive auszusetzen (§ 165 Abs. 1 Satz 4 AO).[382] Die Anwendung des § 165 AO im Einspruchsverfahren ist aufgrund der Stellung der Norm im Abschnitt über die „*Steuerfestsetzung*" (vierter Teil, dritter Abschnitt, erster Unterabschnitt) systematischen Bedenken ausgesetzt. Über den Verweis in § 365 Abs. 1 AO können die systematischen Bedenken zur Anwendbarkeit des § 165 AO zwar grundsätzlich ausgeräumt werden.[383] § 165 AO ist jedoch nach Maßgabe des § 365 Abs. 1 AO nicht einschlägig, soweit die §§ 347 ff. AO selbst Regelungen treffen. Dies wird bestätigt durch den Wortlaut des § 365 Abs. 1 AO, wonach „*im Übrigen*" die Vorschriften sinngemäß gelten, die für den Erlass des angefochtenen Verwaltungsakts Anwendung finden.[384] Folglich ist § 361 Abs. 2 Satz 1 AO im Einspruchsverfahren vorrangig anzuwenden.

Eine „*Zwangsruhe*"[385] gemäß § 363 Abs. 2 Satz 2 Hs. 1 AO kommt hingegen bereits nach dem Wortlaut der Norm nicht in Betracht, da im obigen Beispielsfall die höchstrichterliche Entscheidung vorliegt, sodass die Rechtsfrage bei dem obersten Bundesgericht nicht mehr anhängig ist (vgl. § 363 Abs. 2 Satz 2 Hs. 1 AO).[386]

Aufgrund der guten Erfolgsaussichten des Einspruchs, die einen Zinsanspruch des Bürgers wahrscheinlich machen, kann eine Aussetzung von Amts wegen und gegen den Willen des Rechtsbehelfsführers erfolgen. Ein Aussetzungszinsmotiv liegt hier nicht vor. Die Finanzbehörde trägt das Risikos der Verfahrenskosten im

---

nur in Fällen der Aussetzung der Vollziehung nach § 361 AO bzw. § 69 FGO begründet. Aufgrund des strikten Gesetzesvorbehalts (vgl. § 233 Satz 1 AO) kommt auch eine analoge Anwendung des § 237 AO im Rahmen des § 165 Abs. 1 Satz 4 AO nicht in Betracht.

382 Vgl. *Seer* in: T/K, AO, § 165 Rz. 1 f. (Stand: 149. Lfg. Juli 2017).

383 Vgl. auch *Birkenfeld* in: H/H/S, AO, § 365 Rz. 108 m.w.N. (Stand: 231. Lfg. Februar 2015).

384 So i.Erg. auch *Birkenfeld* in: H/H/S, AO, § 365 Rz. 32 (Stand: 231. Lfg. Februar 2015). Aus dem Hinweis („*im Übrigen*") ergebe sich, dass die besonderen nur für das Einspruchsverfahren vorhandenen Vorschriften vorrangig anzuwenden seien.

385 Zur Terminologie siehe *Brandis* in: T/K, AO, § 363 Rz. 12 (Stand: 140. Lfg. Mai 2015).

386 Vgl. auch *Brandis* in: T/K, AO, § 363 Rz. 15 m.w.N. (Stand: 140. Lfg. Mai 2015). Die Zwangsruhe ende, wenn das Musterverfahren von jenem Gericht entschieden sei.

Falle des Unterliegens vor den Gerichten (vgl. insbesondere § 135 Abs. 1, 2 FGO i.V.m. § 139 FGO). Freilich darf die Feststellung guter Erfolgsaussichten keine Scheinbehauptung darstellen. Der Steuerpflichtige, der Zweifel an den prognostizierten Erfolgsaussichten der Finanzbehörde hat, muss die Möglichkeit haben, dies gerichtlich überprüfen zu lassen (dazu in Teil III).

Ferner kommt eine aufgedrängte Aussetzung in Konstellationen in Betracht, in denen die Finanzverwaltung eine ältere höchstrichterliche Rechtsprechung auf den Prüfstand stellen will und zu diesem Zweck ein entsprechendes Verfahren durch den Rechtsbehelfsführer initiiert, der sich entsprechend der älteren Rechtsprechungsauffassung verhält und gegen die hiervon abweichende Verwaltungsauffassung vorgeht. Auch hier dürften die Erfolgsaussichten des Rechtsbehelfsführers so gut sein, dass eine Verwirkung von Aussetzungszinsen unwahrscheinlich ist.

In den vorgenannten Fällen wäre ein Prozessverlust aus Sicht der Finanzbehörde greifbar, womit die Aussetzung der Vollziehung der Verhinderung wahrscheinlicher Zinsansprüche des Rechtsbehelfsführers nach Abschluss des gerichtlichen Verfahrens dient.

Die Beispielsfälle machen deutlich, dass die aufgedrängte Aussetzung in der praktischen Anwendung eine eher untergeordnete Bedeutung hat. Angesichts der Ressourcenknappheit im steuerlichen Massenverfahren ist diese Erkenntnis folgerichtig.[387] Um die Entscheidungsfindung im Hauptsacheverfahren nicht unnötig zu verlangsamen, ist hier Zurückhaltung geboten. Die begrenzten Ressourcen der Finanzverwaltung sind auf eine möglichst schnelle Entscheidung über den Rechtsbehelf des Bürgers zu konzentrieren. Alles andere wäre einem effektiven Rechtsschutz hinderlich.

(7) Die hier vorgenommene Bewertung der Suspendierungs- und Vollzugsinteressen ist von der Erwägung getragen, die derzeitige Zinssituation aus dem Rechtsbehelfsverfahren insoweit zu neutralisieren, als sie zum Zwecke der Einnahmeerzielung genutzt werden kann. Ein Rechtsschutzverfahren soll im Fokus des Rechtsschutzes stehen und nicht als Instrument der Einnahmeerzielung missbraucht werden. Dies gilt für Finanzbehörde und Steuerpflichtigen gleichermaßen. Demnach ist es der Finanzbehörde außerhalb eines zinsarbitragemotivierten Vorgehens nicht versagt, Zinsnachteilen, die aus dem Hauptsacheverfahren resultieren können, im Vorfeld zu begegnen.

---

387 Zur Endlichkeit der Ressourcen der Finanzverwaltung im Besteuerungsverfahren siehe nur *Seer*, SteuerStud 2010, 369–374 (369 f. m.w.N.).

Mit der Differenzierung zwischen der (unzulässigen) aufgedrängten Aussetzung, die dazu dient, Aussetzungszinsansprüche zu generieren und der (nach diesseitiger Auffassung zulässigen) Aussetzung gegen den Willen des Betroffenen, die erhebliche rechtliche Zweifel voraussetzt und damit die wahrscheinlichen Erstattungs- respektive Prozesszinsansprüche des Rechtsbehelfsführers verhindern will, steht man vor dem Problem der *praktischen Abgrenzung* dieser beiden Fallgruppen. Es steht außer Zweifel, dass die Behörde durch die aufgedrängte Aussetzung der Vollziehung Einfluss auf die Gestaltung des Rechtsbehelfsverfahrens nimmt, womit sich die Frage nach der grundrechtlichen Relevanz des behördlichen Vorgehens stellt. Zudem sind neben der Höhe drohender Aussetzungszinsen (§ 237 i.V.m. § 238 Abs. 1 Satz 1 AO: 0,5 % pro Monat) auch die weiteren ertragsteuerlichen Nachteile der Verzinsung – worauf *Seer* zutreffend hinweist – zu berücksichtigen.[388]

Kann der Bürger der aufgedrängten Aussetzung unabhängig von einem gerichtlichen Verfahren durch Zahlung der streitigen Beträge begegnen, oder muss er das behördliche Handeln zunächst über sich ergehen lassen? Muss die Behörde eine Zahlung trotz Aussetzung entgegennehmen? Eine endgültige Lösung dieses Rechtsproblems lässt sich erst auf *Verhältnismäßigkeitsebene* finden. Sowohl die Beeinträchtigung von Grundrechten des Bürgers als auch die hiermit verbundene Frage nach der Verhältnismäßigkeit sind gerichtlich im Rahmen der Prüfung einer etwaigen Ermessensüberschreitung durch die aufgedrängte Aussetzung kontrollierbar.[389]

dd) Aussetzungszinsen gemäß § 237 AO trotz Aussetzung der Vollziehung gegen den Willen des Betroffenen?

(1) Bevor auf die Ermessensüberschreitung durch eine aufgedrängte Aussetzung der Vollziehung eingegangen wird, ist zunächst zu klären, ob mit Blick auf die besondere Situation der Aussetzung gegen den Willen des Rechtsbehelfsführers ein Zinsanspruch aus § 237 Abs. 1 Satz 1 AO überhaupt gerechtfertigt ist. Sollte dies nicht der Fall sein, wäre die aufgedrängte Aussetzung für den Betroffenen nicht mit einem Aussetzungszinsrisiko behaftet. Damit wäre die Unterscheidung zwischen der aufgedrängten Aussetzung der Vollziehung zum Zwecke der Zinseinnahme in Abgrenzung zur Aussetzung zwecks Vermeidung

---

388 Vgl. *Seer*, Ubg 2008, 249–253 (251), wonach die *„rechtsschutzverkürzende Asymmetrie des materiellen Ertragsteuerrechts"* den behördlichen Ermessensspielraum im Rahmen des § 361 Abs. 2 Satz 1 AO einschränke.

389 Dazu bereits Teil II, § 3, I. m.w.N.

von Zinsansprüchen des Rechtsbehelfsführers im Ergebnis obsolet. Gleichwohl ist zu beachten, dass es sich bei der Aussetzungsentscheidung (§ 361 Abs. 2 Satz 1 AO, § 69 Abs. 2 Satz 1 FGO) und der Aussetzungszinsentscheidung (§ 237 Abs. 1 Satz 1 AO i.V.m. § 239 Abs. 1 Satz 1 AO i.V.m. § 155 Abs. 1 Satz 1 AO) um zwei separate Verfahren handelt. Unter dem Blickwinkel des Rechtsschutzes gegen die aufgedrängte Aussetzung der Vollziehung ist die Unterscheidung somit relevant. Einmal wendet sich der Betroffene gegen die Aussetzungsverfügung und rügt dessen Ermessensfehlerhaftigkeit. Das andere Mal wartet er den Erlass des Aussetzungszinsbescheids ab und geht hiergegen mit Rechtsbehelfen vor, wobei er die fehlende Anwendbarkeit des § 237 AO durch das atypische Vorgehen der Finanzbehörde geltend macht. Freilich bliebe die verfügte Aussetzung insoweit nachteilig, als dem Betroffenen die Möglichkeit abgeschnitten wird, selbst Zinsansprüche nach Abschluss des Hauptsacherechtsbehelfsverfahrens geltend zu machen.

Die fehlende Anwendbarkeit des § 237 AO hätte den Vorteil, dass die Abgrenzung zwischen guten und schlechten Erfolgsaussichten vernachlässigt werden könnte, da kein Aussetzungszinsrisiko bestünde. Hierdurch wäre die aufgedrängte Aussetzung aus behördlicher Sicht weniger interessant. Die Finanzbehörde wird sich – sollte § 237 AO nicht einschlägig sein – genau überlegen, ob sie von ihrem Ermessensspielraum im Sinne der § 361 Abs. 2 Satz 1 AO, § 69 Abs. 2 Satz 1 FGO Gebrauch macht, statt die streitigen Beträge zunächst entgegenzunehmen. Im Ergebnis könnte somit eine Konzentration auf das laufende Hauptsacherechtsbehelfsverfahren erreicht werden, ohne einen unter Umständen prozessintensiven Nebenschauplatz zu schaffen.

Die folgende Darstellung beginnt mit einem Überblick über die Verzinsung, insbesondere über die Aussetzungszinsen. Sodann wird anhand der Auslegung des § 237 AO untersucht, ob die neuartige und atypische Aussetzung der Vollziehung gegen den Willen des Rechtsbehelfsführers der Verwirkung von Aussetzungszinsen entgegensteht.

(2) Zinsen sind *„laufzeitabhängiges Entgelt für den Gebrauch eines auf Zeit überlassenen oder vorenthaltenen Geldkapitals“*.[390]

Die Verzinsung im Öffentlichen Recht soll allgemein – ebenso wie im Zivilrecht – dazu dienen, einen Schaden auf Seiten des Gläubigers auszugleichen und Liquiditätsvorteile beim Schuldner abzuschöpfen sowie Zahlungsverzögerungen

390 BFH, Urt. v. 20.05.1987, II R 44/84, BStBl. II 1988, 229, 230 m.w.N. Siehe auch *Heuermann* in: H/H/S, AO, Vorb. §§ 233–239 Rz. 2 (Stand: 231. Lfg. Februar 2015). Vgl. ferner *Grüneberg* in: Palandt, BGB, § 246 Rz. 2 m.w.N.

vorzubeugen.[391] In Abgrenzung zum Säumniszuschlag (§ 240 AO) haben die Verzinsungsregelungen keine Sanktions- bzw. Druckmittelfunktion.[392]

Ausgehend von den allgemeinen Verzinsungsgründen besteht ein kompensationsbedürftiger Liquiditätsnachteil des Rechtsbehelfsführers, wenn dieser die tenorierten Steuerforderungen rechtzeitig bezahlt hat und sich anschließend, nach rechtskräftigem Abschluss des Verfahrens, herausstellt, dass er die Steuern zu Unrecht gezahlt hat. In diesen Fällen kommt ein Zinsanspruch nach Maßgabe der §§ 233a Abs. 1 Satz 1, Abs. 2, 3 Sätze 1, 3, Abs. 5; 236 Abs. 1, 4 AO in Betracht. Mit Blick auf den Zinssatz des § 238 Abs. 1 Satz 1 AO ist es regelmäßig aus wirtschaftlicher Sicht für den Rechtsbehelfsführer vorteilhaft, die im Streit stehenden Beträge zunächst zu leisten und so die Chance zu haben, später Erstattungs- respektive Prozesszinsen generieren zu können.[393] Gleichzeitig verhindert er durch die Zahlung, dass er selbst Zinsen zahlen muss, wenn sich der angefochtene Steuerbescheid als rechtmäßig erweist.[394] Sofern der Rechtsbehelfsführer jedoch aufgrund der aufgedrängten Aussetzung der Vollziehung keine Zahlungen geleistet hat, ist ihm kein kompensationsbedürftiger Liquiditätsnachteil entstanden, der eine Verzinsung rechtfertigen könnte (vgl. auch §§ 233a Abs. 3 Satz 3 Hs. 2; 236 Abs. 1 Satz 2 AO). Hiernach ergeben sich also keine Zinsansprüche des Rechtsbehelfsführers, obwohl das Rechtsbehelfsverfahren zu seinen Gunsten ausgegangen ist.

Stellt sich nach dem endgültigen Ausgang des Rechtsbehelfsverfahrens die Rechtmäßigkeit der Steuerfestsetzung heraus, verwirkt der von der Aussetzung Betroffene nach Maßgabe des § 237 Abs. 1 Satz 1, Abs. 2 AO Aussetzungszinsen. Aussetzungszinsen sind *„das laufzeitabhängige Entgelt für die durch die Aussetzung gewährte Kapitalnutzung“*.[395] Soweit ein Einspruch oder eine Anfechtungsklage gegen einen Steuerbescheid, eine Steueranmeldung oder einen Verwaltungsakt, der einen Steuervergütungsbescheid aufhebt oder ändert, oder gegen eine Einspruchsentscheidung über einen dieser Verwaltungsakte endgültig keinen Erfolg gehabt hat, ist nach § 237 Abs. 1 Satz 1 AO der geschuldete

---

391 Siehe nur *Kemmler*, Geldschulden im Öffentlichen Recht, S. 652.

392 Vgl. *Loose* in: Festschrift für H. W. Kruse, 2001, 295, 297 f.; *Seer/Klemke*, Neuordnung der Verzinsung von Ansprüchen aus dem Steuerschuldverhältnis, ifst-Schrift Nr. 490 (2013), S. 20 m.w.N.

393 Vgl. *Ortheil*, BB 2012, 1513–1518 (1516).

394 Da die Steuerfestsetzung in diesen Fällen Bestand hat, scheidet insbesondere eine Verzinsung nach § 233a Abs. 1 Satz 1, Abs. 5 Satz 1 AO aus.

395 *Loose* in: T/K, AO, § 237 Rz. 1 m.w.N. (Stand: 143. Lfg. Januar 2016).

Betrag, hinsichtlich dessen die Vollziehung des angefochtenen Verwaltungsakts ausgesetzt wurde, zu verzinsen.

Für die Zinspflicht spielen verfahrenstechnische, personelle und sachliche Gegebenheiten der Aussetzung grundsätzlich keine Rolle, sodass irrelevant ist, ob die Aussetzung beantragt oder von Amts wegen erfolgt, durch die Finanzbehörde oder das Gericht gewährt und sie rechtmäßig oder rechtswidrig verfügt worden ist.[396] Angesprochen ist mit letzterem die sog. Tatbestandswirkung, der zufolge die Zinsfestsetzung allein von den tatsächlich ausgesetzten Beträgen abhängt.[397] Etwaige Einwendungen gegen die Aussetzungszinsen – außerhalb der Tatbestandsvoraussetzungen des § 237 Abs. 1 Satz 1 AO – kann der Steuerpflichtige mangels Ermessensspielraum für die Finanzverwaltung (vgl. §§ 237 Abs. 1 Satz 1; 239 Abs. 1 Satz 1 AO i.V.m. § 155 Abs. 1 Satz 1 AO) regelmäßig nur im Wege des Billigkeitsverfahrens nach § 237 Abs. 4 AO i.V.m. § 234 Abs. 2 AO geltend machen. Verzicht (siehe § 234 Abs. 2 AO) ist gleichbedeutend mit Erlass im Sinne des § 227 AO.[398] Es gelten daher dieselben Maßstäbe, die im Rahmen der allgemeinen Billigkeitsmaßnahmen (§§ 163 Abs. 1; 227 AO) Anwendung finden.[399] Die Erhebung der Aussetzungszinsen muss demnach aus sachlichen und/ oder persönlichen Gründen unbillig sein.[400] Der Anspruch auf Aussetzungszinsen entsteht erst mit Unanfechtbarkeit des angefochtenen Verwaltungsakts respektive mit der Rechtskraft der gerichtlichen Entscheidung.[401] Die Festsetzung der Zinsen erfolgt durch einen eigenständigen Zinsbescheid (§ 239 Abs. 1 Satz 1 AO i.V.m. § 155 Abs. 1 Satz 1 AO).[402]

Unabhängig davon, wie das Rechtsbehelfsverfahren ausgeht, hat sich *die Finanzbehörde durch die aufgedrängte Aussetzung von jeglichem Zinsrisiko auf*

---

396 Vgl. nur *Heuermann* in: H/H/S, AO, § 237 Rz. 22 (Stand: 234. Lfg. August 2015); *Loose* in: T/K, AO, § 237 Rz. 11 m.w.N. (Stand: 143. Lfg. Januar 2016); *Seer/Klemke*, Neuordnung der Verzinsung von Ansprüchen aus dem Steuerschuldverhältnis, ifst-Schrift Nr. 490 (2013), S. 33 m.w.N.

397 Siehe exemplarisch BFH, Urt. v. 31.08.2011, X R 49/09, BStBl. II 2012, 219, 220 m.w.N.; BFH, Urt. v. 09.12.1998, XI R 24/98, BStBl. II 1999, 201, 202 m.w.N.; *Behrens*, FR 2015, 214–227 (223 m.w.N.).

398 *Heuermann* in: H/H/S, AO, § 234 Rz. 20 (Stand: 231. Lfg. Februar 2015).

399 Vgl. *Loose* in: T/K, AO, § 237 Rz. 23 m.w.N. (Stand: 143. Lfg. Januar 2016); *Behrens*, FR 2015, 214–227 (215).

400 Vgl. nur *Seer/Klemke*, Neuordnung der Verzinsung von Ansprüchen aus dem Steuerschuldverhältnis, ifst-Schrift Nr. 490 (2013), S. 28 f. m.w.N. und Beispielen.

401 *Heuermann* in: H/H/S, AO, § 237 Rz. 31 (Stand: 234. Lfg. August 2015).

402 *Heuermann* in: H/H/S, AO, § 239 Rz. 6 m.w.N. (Stand: 231. Lfg. Februar 2015).

Kosten des Rechtsbehelfsführers befreit. Das Zinsrisiko trägt fortan der Rechtsbehelfsführer allein. Entweder er obsiegt im Rechtsbehelfsverfahren mit der Folge, dass keine Zinsansprüche bestehen, oder er unterliegt. Nach der weiten Fassung des § 237 Abs. 1 Satz 1 AO könnte er dann neben der strittig gewesenen Steuerforderung und den Verfahrenskosten zusätzlich Aussetzungszinsen i.H.v. 0,5 % pro Monat schulden.

(3) Der Wortlaut des § 237 Abs. 1 Satz 1 AO differenziert nicht zwischen den verschiedenen Modalitäten der Aussetzung der Vollziehung im Sinne der § 361 Abs. 2 Sätze 1, 2 AO, § 69 Abs. 2 Sätze 1, 2 FGO (= Aussetzung von Amts wegen im mutmaßlichen Willen, oder gegen den Willen des Betroffenen sowie Aussetzung auf Antrag des Rechtsbehelfsführers). Demnach scheint der Gesetzeswortlaut für eine absolute Verzinsung (in allen drei Fällen) nach gewährter Aussetzung der Vollziehung zu sprechen, sofern die weiteren Voraussetzungen des § 237 Abs. 1 Satz 1 AO erfüllt sind.

Bei der historischen Auslegung des § 237 AO ist zu beachten, dass es sich bei der aufgedrängten Aussetzung der Vollziehung um ein relativ junges Phänomen handelt. Die Vorschrift hat zahlreiche Änderungen durchlaufen.[403] Hervorzuheben ist, dass mit Einführung des § 237 AO zum 01.01.1977 der Zinslauf nicht mehr mit dem Tage der Rechtshängigkeit zu laufen begann (so noch § 4c Abs. 2 Satz 1 StSäumG 1975[404]), sondern bereits vom Tag des Eingangs des außergerichtlichen Rechtsbehelfs bei der Behörde, deren Verwaltungsakt angefochten wird, sofern die Aussetzung der Vollziehung nicht erst zu einem späteren Zeitpunkt gewährt wird (vgl. § 237 Abs. 2 Sätze 1, 2 AO).[405] Die Ausweitung der Aussetzungszinsen auf das außergerichtliche Rechtsbehelfsverfahren wurde u.a. mit der Gleichbehandlung der Stundungszinsen, die einer allgemeinen Verzinsung zugeführt wurden, begründet.[406] Aus der Ausdehnung des Aussetzungszinszeitraums auf das Einspruchsverfahren lässt sich die gesetzgeberische Wertung entnehmen, Aussetzungszinsen möglichst lückenlos durchzusetzen. Auch dies deutet prima facie auf eine absolute Verzinsung nach erfolgter Aussetzung der

---

403 Zur Entwicklung des § 237 AO siehe *Heuermann* in: H/H/S, AO, § 237 Rz. 1 ff. m.w.N. (Stand: 234. Lfg. August 2015).

404 *„Zinsen werden erhoben vom Tage der Rechtshängigkeit an bis zu dem Tag, an dem die Aussetzung der Vollziehung endet."* Siehe drittes Gesetz zur Änderung des Steuerberatungsgesetzes vom 24.06.1975, BGBl. I 1975, S. 1509, 1533.

405 AO 1977 vom 16.03.1976, BGBl. I 1976, S. 613, 667; Unterrichtung durch die Bundesregierung vom 06.01.1978, BT-Drucks. 8/1410, S. 3 (unter 2.1).

406 Siehe Bericht und Antrag des Finanzausschusses vom 07.11.1975, BT-Drucks. 7/4292, S. 39 (zu § 237).

Vollziehung hin. Entsprechendes folgt aus einem systematischen Vergleich zu den Prozesszinsen (§ 236 AO). Abweichend zu § 237 Abs. 2 AO sieht § 236 Abs. 1 Satz 1 AO frühestens vom Tag der Rechtshängigkeit eine Verzinsung des Erstattungsbetrags vor.

Allerdings könnte dem Sinn und Zweck des § 237 AO ein anderes zu entnehmen sein. Die atypische Situation der aufgedrängten Aussetzung im Vergleich zu denjenigen Fällen, in denen die Aussetzung vom Willen des Rechtsbehelfsführers gedeckt ist, zeichnet sich dadurch aus, dass hier die Aussetzung nicht der Grundrechtsverwirklichung dient, sondern in Grundrechte des Betroffenen eingreifen könnte (siehe noch in Teil II, § 3, IV. 1.). Der Rechtsbehelfsführer will gerade nicht, dass mit Blick auf seinen Rechtsbehelf das Leistungsgebot des streitigen Verwaltungsakts suspendiert wird. Die von ihm gewünschte Situation (Rechtsbehelf ohne Suspensiveffekt) entspricht dem gesetzlichen Leitbild im Steuerrecht (siehe § 361 Abs. 1 Satz 1 AO, § 69 Abs. 1 Satz 1 FGO).

Welchen Zweck § 237 AO verfolgt, wird nicht einheitlich beurteilt. Zum Teil wird die Vorteilsabschöpfung beim Steuerpflichtigen nach einer gewährten Aussetzung der Vollziehung und dem (teilweise) Unterliegen des Rechtsbehelfsführers im Hauptsacheverfahren betont.[407] Andere befürworten, dass die Aussetzungszinsen sowohl der Vorteilsabschöpfung als auch dem Nachteilsausgleich dienen.[408] Wieder andere schreiben den Aussetzungszinsen allein die Funktion zu, einen Schaden auf Seiten des Finanzamtes auszugleichen und begründen dies mit einem Vergleich zu den Prozesszinsen (§ 236 AO).[409]

Darüber hinaus wird neben den vorstehenden repressiven Funktionen des Öfteren ein Präventionsgedanke als Ratio legis des § 237 AO fruchtbar gemacht; das zinslose Hinausschieben der Zahlungspflicht durch unnötige Steuerprozesse soll verhindert werden.[410] Dieser Präventionsgedanke tritt nicht selten sogar in

---

407 Siehe z.B. BFH, Urt. v. 12.12.2007, XI R 25/07, BFH/NV 2008, 339, 340 m.w.N.; BFH, Urt. v. 09.12.1998, XI R 24/98, BStBl. II 1999, 201, 202 m.w.N.; *Heuermann* in: H/H/S, AO, § 237 Rz. 6a m.w.N. (Stand: 234. Lfg. August 2015); *Koenig* in: Koenig, AO, § 237 Rz. 2 m.w.N.; *Loose*, StuW 2003, 377–383 (377).

408 Siehe nur BFH, Urt. v. 25.04.2013, V R 29/11, BStBl. II 2013, 767, 769; BFH, Urt. v. 21.02.1991, V R 105/84, BStBl. II 1991, 498, 501 m.w.N.; *Seer/Klemke*, Neuordnung der Verzinsung von Ansprüchen aus dem Steuerschuldverhältnis, ifst-Schrift Nr. 490 (2013), S. 33.

409 *Kemmler*, Geldschulden im Öffentlichen Recht, S. 580.

410 Vgl. BFH, Urt. v. 01.07.2014, IX R 31/13, HFR 2014, 968, 969 unter Hinweis auf die historische Entwicklung der Aussetzungszinsen; *Loose* in: T/K, AO, § 237 Rz. 1 m.w.N. (Stand: 143. Lfg. Januar 2016).

den Vordergrund.[411] Auch die Gesetzesmaterialien betonen den Missbrauchsverhinderungsgedanken der Aussetzungszinsen. So heißt es in der Gesetzesbegründung zur Einführung des § 251a RAO[412] im Jahre 1961: „*Durch die Einführung von Zinsen für die Aussetzung der Vollziehung dürfte außerdem erreicht werden, daß unnötige Steuerprozesse vermieden werden. Es kommt heute vor, daß Steuerpflichtige, selbst wenn sie die Aussichten eines Rechtsstreits für gering erachten, die Finanzgerichte anrufen, da die Prozeßkosten in vielen Fällen geringer sind als der Zinsvorteil, der ihnen infolge der Aussetzung der Vollziehung und der damit bedingten späteren Zahlung erwächst.*“[413] Auch die Gesetzesmaterialien zum Entwurf zur Einführung einer FGO aus dem Jahre 1963 stellen den präventiven Zweck der Aussetzungszinsen heraus.[414] Mit der präventiven Funktion der Aussetzungszinsen überschneiden sich diese mit dem Säumniszuschlag (§ 240 AO). Letzterem kommt im Steuerrecht primär die Funktion zu, den Steuerpflichtigen zur rechtzeitigen Zahlung anzuhalten.[415]

---

411 Vgl. z.B. BFH, Urt. v. 21.02.1991, V R 105/84, BStBl. II 1991, 498, 501, wo der Missbrauchsverhinderungsgedanke als erstes genannt wird. Ebenso *Heuermann* in: H/H/S, AO, § 237 Rz. 6a m.w.N. (Stand: 234. Lfg. August 2015); *Koenig* in: Koenig, AO, § 237 Rz. 2 m.w.N.; *Kögel* in: B/G, AO, § 237 Rz. 1 m.w.N. (Stand: 41. Lfg. Mai 2003); *Seer/Klemke*, Neuordnung der Verzinsung von Ansprüchen aus dem Steuerschuldverhältnis, ifst-Schrift Nr. 490 (2013), S. 33 („*soll zunächst verhindern*“).

412 Steueränderungsgesetz 1961 vom 13.07.1961, BGBl. I 1961, S. 981, 996.

413 Entwurf eines Gesetzes zur Änderung des Einkommensteuergesetzes, des Körperschaftsteuergesetzes, des Gewerbesteuergesetzes, des Bewertungsgesetzes, des Vermögensteuergesetzes, des Steuersäumnisgesetzes, der Reichsabgabenordnung, des Steueranpassungsgesetzes und des Gesetzes zur Förderung der Wirtschaft von Berlin (West) – Steueränderungsgesetz 1961 – vom 04.03.1961, BT-Drucks. III/2573, S. 37 (zu Artikel 12 Ziff. 10).

414 Siehe Entwurf FGO vom 02.08.1963, BT-Drucks. IV/1446, S. 51 (zu § 65), wonach die Zinsanordnung der Verhinderung „*eines Mißbrauchs der Aussetzungsmöglichkeit*“ dient.

415 Siehe BFH, Urt. v. 14.09.1978, V R 35/72, BStBl. II 1979, 58, 59 m.w.N. („*Druckmittel eigener Art zur Durchsetzung fälliger Steuern*“); *Seer* in: T/L, Steuerrecht, § 21 Rz. 363 m.w.N., der zugleich darauf hinweist, dass der Nebenzweck des Säumniszuschlags darin bestehe, als Zinsersatz für die verspätete Zahlung (= nach Fälligkeit) zu fungieren. Siehe insoweit auch BFH, Beschl. v. 02.03.2017, II B 33/16, BStBl. II 2017, 646, 650 m.w.N.: „*Sie sind ein Druckmittel eigener Art, das den Steuerschuldner zur rechtzeitigen Zahlung anhalten soll. Darüber hinaus verfolgt § 240 AO den Zweck, vom Steuerpflichtigen eine Gegenleistung für das Hinausschieben der Zahlung fälliger Steuern zu erhalten. Durch Säumniszuschläge werden schließlich auch die Verwaltungsaufwendungen*

Legt man die genannten Funktionen der Beurteilung der aufgedrängten Aussetzung zugrunde, so ergibt sich Folgendes: Der Missbrauchsverhinderungsgedanke ist hier nicht einschlägig, da der Rechtsbehelfsführer die Aussetzung der Vollziehung explizit ablehnt. Die Finanzbehörde drängt diesem den Liquiditätsvorteil auf. Was den Liquiditätsnachteil des Staates und die Vorteilsabschöpfung beim Betroffenen bedingt durch die aufgedrängte Aussetzungsentscheidung angeht, so mögen diese zwar bei rein tatsächlicher Betrachtung vorliegen. Bei wertender Beurteilung unter Berücksichtigung des behördlichen Vorgehens in Fällen aufgedrängter Aussetzung der Vollziehung überzeugt es indes nicht, den Staat für etwas zu entschädigen und den Bürger für etwas zu belasten, und zwar in marktferner Höhe (vgl. § 238 Abs. 1 Satz 1 AO), was er überhaupt nicht in Anspruch nehmen wollte, sondern ausdrücklich abgelehnt hat. Verfügt die Finanzbehörde gegen den Willen des Rechtsbehelfsführers die Aussetzung der Vollziehung so ist sie sich bewusst, dass die Liquiditätslage unter Berücksichtigung der § 361 Abs. 1 Satz 1 AO, § 69 Abs. 1 Satz 1 FGO verschoben wird. Sie ist in keinem Fall dazu verpflichtet, die Aussetzung der Vollziehung von Amts wegen und gegen den Willen des Steuerpflichtigen vorzunehmen. Sie *kann* gemäß § 361 Abs. 2 Satz 1 Hs. 1 AO, § 69 Abs. 2 Satz 1 FGO die Vollziehung aussetzen. Nach dem hier zugrunde gelegten Verständnis kann sie die aufgedrängte Aussetzung dann rechtmäßiger Weise verfügen, wenn sie letztlich nur wahrscheinliche Zinsansprüche des Rechtsbehelfsführers verhindern will. In diesen Fällen rechnet sie also schon gar nicht damit, Aussetzungszinsen generieren zu können. Aus der oben zitierten Gesetzesbegründung zu den Aussetzungszinsen ergibt sich zumindest mittelbar, dass der Gesetzgeber den Fall einer aufgedrängten Aussetzung der Vollziehung bei Kodifizierung der Aussetzungszinsen nicht vor Augen hatte. Die Aussetzungszinsen sollten und sollen vielmehr der Preis für die gewährte, also gewollte Aussetzung der Vollziehung sein.[416]

Was jedoch nicht begehrt – hier sogar ausdrücklich abgelehnt – wird, kann nicht später bepreist werden, wie sich auch aus einem Vergleich zum Zivilrecht in Fällen sog. aufgedrängter Bereicherung entnehmen lässt. Hiernach muss derjenige, der eine nicht erwünschte Wertsteigerung erhalten hat, einem etwaigen

abgegolten, die bei den verwaltenden Körperschaften dadurch entstehen, dass Steuerpflichtige eine fällige Steuer nicht oder nicht fristgemäß zahlen".

416 Vgl. *Heuermann* in: H/H/S, AO, § 237 Rz. 6a m.w.N. (Stand: 234. Lfg. August 2015). Hervorgehoben sei folgende Aussage: „*Wie im Fall der Stundung hat der Stpfl. die Wahl, die Möglichkeit eines „staatlichen Steuerkredits" zu nutzen und diesen mit 6 % zu verzinsen oder auf den „Steuerkredit" zu verzichten und die Steuerschuld aus eigenem Vermögen oder einem für ihn günstigen Bankkredit zu zahlen.*"

Bereicherungsausgleichsanspruch primär durch Beseitigung oder Verweisung auf Wegnahme der Wertsteigerung begegnen; sekundär wird die Ersatzpflicht entsprechend § 818 Abs. 2 BGB nach dem subjektiven Nutzen für den vermeintlich Bereicherten bemessen.[417] Übertragen auf die Fälle aufgedrängter Aussetzung der Vollziehung ist zu berücksichtigen, dass der Betroffene hier Adressat einseitigen, hoheitlichen Handelns ist. Wie noch in Teil II, § 3, IV. 2. d), cc) zu erörtern sein wird, ist der primäre Verweis auf die Abwehr der Aussetzung der Vollziehung insbesondere durch Zahlung der ausgesetzten Beträge problematisch, da unklar ist, ob die Behörde zur Annahme verpflichtet ist.

Ein subjektiver Nutzen für den Betroffenen ist in Fällen aufgedrängter Aussetzung nicht zu erkennen, da er die streitigen Beträge weiterhin zur Bezahlung – abhängig vom Ausgang des Hauptsacheverfahrens – vorhalten muss. Es fehlt seitens des Rechtsbehelfsführers zudem an der Veranlassung der von § 361 Abs. 1 Satz 1 AO, § 69 Abs. 1 Satz 1 FGO abweichenden Liquiditätsverschiebung, sodass das Zinsrisiko hier nicht seinem Verantwortungsbereich zugerechnet werden kann.[418] Mangels Veranlassung des Zahlungsaufschubs durch den von der aufgedrängten Aussetzung Betroffenen besteht auch kein Wertungswiderspruch zu den klassischen Antragsfällen, bei denen gemäß § 237 Abs. 1 Satz 1 AO Aussetzungszinsen festzusetzen sind, wenn der Antragsteller später im Hauptsacheverfahren unterliegt.

Bei wertender Betrachtung fehlt es folglich an einem Liquiditätsnachteil – die Behörde hat bewusst auf die Entgegennahme der ausgesetzten Beträge verzichtet – und einem abschöpfungsfähigen Vorteil, wenn der Rechtsbehelfsführer, was regelmäßig unterstellt werden kann,[419] tatsächlich zahlungsfähig und -bereit ist.

Auch unter Berücksichtigung der allgemeinen Funktionen der Zinsen ist ein Zinsanspruch nach § 237 AO bei aufgedrängter Aussetzung der Vollziehung verfehlt, da Zinsen *keine Sanktion* sein sollen.[420] Der zahlungswillige Adressat der aufgedrängten Aussetzung wird indes sanktioniert, wenn ihm der Liquiditätsvorteil

---

417 Siehe zur aufgedrängten Bereicherung nur *Herrler* in: Palandt, BGB, § 951 Rz. 18 ff. m.w.N.; *Sprau* in: Palandt, BGB, § 812 Rz. 52 m.w.N.

418 Vgl. *Kruse*, FR 1988, 1–12 (6), der zur Rechtfertigung der Aussetzungszinsen zu Recht auf die Wahlmöglichkeit des Steuerpflichtigen abstellt, Aussetzung der Vollziehung zu beantragen oder nicht.

419 Ab Fälligkeit der streitigen Steuerforderung würde der Rechtsbehelfsführer – ohne Aussetzung der Vollziehung – Säumniszuschläge gemäß § 240 AO verwirken.

420 Die Zinsen sind kein Sanktionsinstrument bzw. Druckmittel, vgl. *Loose* in: Festschrift für H. W. Kruse, 2001, 295, 297 f.; *Seer/Klemke*, Neuordnung der Verzinsung von Ansprüchen aus dem Steuerschuldverhältnis, ifst-Schrift Nr. 490 (2013), S. 20 m.w.N.

durch den Staat zwecks Erzielung oder unter Inkaufnahme von Zinsvorteilen aufgezwungen wird. Aussetzungszinsen zum Zwecke der Einnahmensteigerung zu erstreben läuft den Funktionen der §§ 233 ff. AO zuwider.[421]

Mit Blick auf den offenen Wortlaut – § 237 AO spricht auch nicht ausdrücklich davon, dass bei *jeder* Aussetzung der Vollziehung Aussetzungszinsen geschuldet werden – und aufgrund des Umstandes, dass auch die historische sowie systematische Auslegung nicht zwangsläufig für die Verwirkung von Aussetzungszinsen nach einer atypischen, weil aufgedrängten Aussetzung der Vollziehung streiten, ist dem Sinn und Zweck entscheidende Bedeutung beizumessen. Ergänzend zu den obigen Ausführungen ist in teleologischer Hinsicht zudem Folgendes zu beachten: Der Gesetzgeber wollte mit Einführung der Aussetzungszinsen typisierend missbräuchlichen Rechtsbehelfen – die im Ergebnis nur die Zahlungspflicht aufschieben – begegnen. Hieran muss er sich mit Blick auf das veränderte Zinsniveau auch in der umgekehrten Situation, in der es aus staatlicher Sicht lukrativ ist, Aussetzung der Vollziehung zu gewähren, festhalten lassen. Das Missbrauchsrisiko hat sich aufgrund der Veränderung des Zinsniveaus umgekehrt. Die gesetzgeberische Wertung ist folgerichtig auch auf die heutige Situation, in der die Aussetzung der Vollziehung dem Staat Zinsvorteile bereitet, zu erstrecken. Folglich werden sämtliche Funktionen der Aussetzungszinsen in Fällen aufgedrängter Aussetzung verfehlt, sodass es dahingestellt bleiben kann, ob § 237 AO sämtlichen der oben genannten Zwecken dient und ob insoweit einzelne Funktionen gewichtiger als andere sind.

Aufgrund *teleologischer Reduktion*[422] des § 237 Abs. 1 Satz 1 AO schuldet der Rechtsbehelfsführer daher keine Aussetzungszinsen.[423] Durch die teleologische Reduktion des einschränkungslosen Gesetzeswortlauts in der Weise, dass § 237 Abs. 1 Satz 1 AO in Fällen einer Aussetzung gegen den Willen des Rechtsbehelfsführers nicht gilt, wird der gebotenen Differenzierung zwischen einer Aussetzung der Vollziehung im Interesse des Rechtsbehelfsführers und der Aussetzung gegen dessen Willen Rechnung getragen. Ungleiches muss aus Gründen der Gerechtigkeit ungleich behandelt werden.[424] Folglich droht aus Sicht des Betroffenen nach

421 Zutreffend *Kemmler*, Geldschulden im Öffentlichen Recht, S. 580 f.

422 Zur teleologischen Reduktion siehe *Larenz/Canaris*, Methodenlehre der Rechtswissenschaft, S. 210 ff. m.w.N.

423 Ein Zinsrisiko aus § 233a AO kann hier vernachlässigt werden, da eine Überschneidung von Aussetzungszinsen und Nachzahlungszinsen nur in Ausnahmefällen vorkommt, vgl. *Loose* in: T/K, AO, § 233a Rz. 89 (Stand: 143. Lfg. Januar 2016).

424 Vgl. *Larenz/Canaris*, Methodenlehre der Rechtswissenschaft, S. 211, wonach die teleologische Reduktion durch das „*Gebot der Gerechtigkeit, Ungleiches ungleich zu*

aufgedrängter Aussetzung *kein Aussetzungszinsrisiko*. Eine gleichwohl erfolgende Festsetzung der Aussetzungszinsen ist rechtswidrig. Da sämtliche Zwecke des § 237 AO in Fällen aufgedrängter Aussetzung nicht erreicht werden, bedarf es auch keiner Überlegung dazu, ob ggf. (nur) marktangemessene Aussetzungszinsen geschuldet werden.[425]

(4) Für den Fall, dass man § 237 AO auch bei einer Aussetzung gegen den Willen des Betroffenen für anwendbar hält, wird im Folgenden – hilfsweise – auf eine Ermessensüberschreitung durch die aufgedrängte Aussetzung mit Blick auf die dann drohenden Aussetzungszinsen eingegangen.

IV. Ermessensüberschreitung durch aufgedrängte Aussetzung der Vollziehung bei Annahme eines Aussetzungszinsrisikos

1. Grundrechtliche Relevanz der Aussetzung gegen den Willen des Betroffenen

Im vorherigen Abschnitt wurde festgestellt, dass in Fällen aufgedrängter Aussetzung infolge teleologischer Reduktion des § 237 Abs. 1 Satz 1 AO schon gar kein Aussetzungszinsanspruch des Staates droht. Für die folgende Darstellung wird gleichwohl unterstellt, dass § 237 AO auch die Fälle einer Aussetzung gegen den Willen des Rechtsbehelfsführers umfasst.

Um die Frage nach der Beeinträchtigung von Grundrechten des Bürgers durch die aufgedrängte Aussetzung beantworten zu können, muss man sich die Situation und die Folgen der Aussetzungsentscheidung vergegenwärtigen: Legt der Steuerpflichtige Einspruch (§§ 347 ff. AO) gegen den an ihn gerichteten mit einer Zahlungsaufforderung verbundenen Steuerbescheid ein und setzt daraufhin die Finanzbehörde den angefochtenen Steuerverwaltungsakt von der Vollziehung aus, so folgt hieraus zunächst, dass der Steuerpflichtige von dem Leistungsgebot (= zahle die tenorierte Steuerforderung) befreit wird. Die Finanzbehörde darf von ihrem Titel in Gestalt des erlassenen Verwaltungsakts keinen Gebrauch machen.[426] Daneben hat die Aussetzung der Vollziehung zur Folge, dass das Zinsrisiko, das mit dem Einspruchsverfahren und einem etwaigen nachfolgenden finanzgerichtlichen Verfahren verbunden ist, auf den Rechtsbehelfsführer verlagert wird, da er weiterhin im Besitz der streitigen Steuerbeträge bleibt.

---

behandeln, d.h. die von der Wertung her erforderlichen Differenzierungen vorzunehmen" zu rechtfertigen sei.

425 Siehe zu einem reduzierten Aussetzungszins noch Teil II, § 3, IV. 2. d), aa).

426 Vgl. nur *Birkenfeld* in: H/H/S, AO, § 361 Rz. 652 m.w.N. (Stand: 212. Lfg. März 2011).

Das Zinsrisiko aktualisiert sich zu einem Aussetzungszinsanspruch des Staates gemäß § 237 Abs. 1 Satz 1 AO erst mit der endgültigen Erfolglosigkeit des Rechtsbehelfs. Es liegt daher nicht in der Hand der Finanzbehörde, durch Erlass einer Einspruchsentscheidung (vgl. §§ 366; 367 Abs. 1 Satz 1 AO) den Zinsanspruch zur Entstehung zu bringen. Dem unterlegenen Steuerpflichtigen bleibt es unbenommen, das aus seiner Sicht erfolglose Einspruchsverfahren im Klageverfahren vor den Finanzgerichten fortzusetzen und eine rechtskräftige gerichtliche Entscheidung zu erhalten. Auch der Betroffene hat es nicht in der Hand, ob das Aussetzungszinsrisiko in einem Aussetzungszinsanspruch aufgeht, sondern dies hängt davon ab, wie der jeweilige Spruchkörper in der Hauptsache entscheidet. Stellt sich im Ergebnis die Rechtswidrigkeit des angefochtenen Verwaltungsakts heraus, so erwachsen aus dem Rechtsbehelfsverfahren überhaupt keine Zinsansprüche, da der Steuerpflichtige berechtigterweise weiterhin über die strittig gewesenen Geldbeträge verfügt hat.

Abgestellt auf den *Zeitpunkt der Aussetzungsentscheidung* steht somit noch nicht fest, ob sich die aufgedrängte Aussetzung der Vollziehung für den Betroffenen wirtschaftlich nachteilig oder aber wirtschaftlich neutral auswirkt. Die Möglichkeit des Rechtsbehelfsführers, selbst Zinsansprüche aus dem Verfahren zu erzielen, ist ihm hingegen für den ausgesetzten Zeitraum endgültig entzogen.

Das Zinsrisiko in Gestalt von Aussetzungszinsen ist umso größer, je unwahrscheinlicher die Erfolgsaussichten des Rechtsbehelfs sind. Umgekehrt sinkt das Zinsrisiko in Fällen der aufgedrängten Aussetzung umso mehr, je größer die rechtlichen Zweifel sind. Bezieht man die zeitliche Komponente mit ein, ergibt sich, dass mit zunehmender Dauer des Rechtsbehelfsverfahrens – begleitet von der Aussetzung der Vollziehung – das Zinsrisiko mit Blick auf das mögliche Aussetzungszinsvolumen (vgl. § 237 AO i.V.m. § 238 Abs. 1 Satz 1 AO) steigt.

Spezielle Freiheitsgrundrechte sind in Fällen aufgedrängter Aussetzung der Vollziehung regelmäßig nicht einschlägig, da die Aussetzungsentscheidung zum einen mangels Anknüpfung an einen Erwerbsvorgang keine berufsspezifische Maßnahme darstellt.[427] Die Aussetzungsentscheidung schließt vielmehr an das Rechtsbehelfsverfahren an. Letzteres kann aus unterschiedlichen, mitunter auch allein privaten Gründen (z.B. bei Streitigkeiten um die Anerkennung von

427 Art. 12 Abs. 1 GG schützt „*die Freiheit der beruflichen Betätigung vor berufsspezifischen Einschränkungen*"; erst eine Maßnahme, die sich gegen die berufliche Betätigung als solche richte, sei an der Berufsfreiheit zu messen, so zutreffend *Epping*, Grundrechte, Rz. 380.

Dienstleistungen im Sinne des § 35a EStG[428]) geführt werden. Die aufgedrängte Aussetzung der Vollziehung erfolgt somit regelmäßig berufsneutral und ist daher nicht an Art. 12 Abs. 1 GG zu messen.[429] Zum anderen ist aufgrund der rechtlichen Zweifel noch nicht sicher, ob die Aussetzung zu einem wirtschaftlichen Nachteil in Gestalt einer Zinszahlungspflicht für den Betroffenen führt, sodass durch die aufgedrängte Aussetzung kein staatlicher Zugriff auf eine konkrete vermögenswerte Rechtsposition erfolgt.[430] Umgekehrt ist ein etwaiger, durch den Ausgang des Hauptsacheverfahrens bedingter, Zinsanspruch des Bürgers als bloße Chance bzw. Aussicht auf eine Vermögensmehrung nicht von der Eigentumsfreiheit umfasst.[431]

Die aufgedrängte Aussetzung verstößt in der Regel auch nicht gegen Art. 19 Abs. 4 Satz 1 GG. Dieses Grundrecht steht solchen Maßnahmen entgegen, die den Zugang zu den Gerichten unzumutbar erschweren.[432] Über Art. 1 Abs. 3 GG bindet diese Einschränkung auch die Exekutive.[433] Der Zugang zum gerichtlichen Hauptsacheverfahren müsste durch die aufgedrängte Aussetzungsentscheidung unzumutbar erschwert werden. Der Gewährleistungsgehalt des Art. 19 Abs. 4 Satz 1 GG ist insoweit enger als der aus Art. 2 Abs. 1 GG (dazu sogleich).

Einer unzumutbaren Erschwerung des Zugangs zu den Gerichten durch die aufgedrängte Aussetzung steht regelmäßig der Verweis auf repressiven Rechtsschutz entgegen. Die im Falle des Unterliegens drohenden Aussetzungszinsen können zwar je nach Verfahrensdauer beträchtliche Ausmaße annehmen. Da die Aussetzungsentscheidung selbst und auch der Aussetzungszinsbescheid (vgl. § 237 AO i.V.m. § 239 Abs. 1 Satz 1 AO i.V.m. § 155 Abs. 1 Satz 1 AO) anfechtbar sind, ist die Möglichkeit für den Betroffenen gerichtlichen Rechtsschutz zu erhalten, nicht unzumutbar beeinträchtigt. Durch die gerichtliche Kassation der Aussetzungsverfügung würde es an einer Grundlage für einen entsprechenden

---

428 Einkommensteuergesetz (EStG) in der Fassung der Bekanntmachung vom 08.10.2009 (BGBl. I S. 3366), zuletzt geändert durch das Gesetz vom 17.08.2017 (BGBl. I S. 3214).

429 Zur Ausklammerung von Hoheitsakten mit „*berufsneutraler Zwecksetzung*“ aus dem Schutz der Berufsfreiheit siehe *Mann* in: Sachs, GG, Art. 12 Rz. 96 m.w.N.

430 Zum Schutzbereich des Art. 14 Abs. 1 GG bei Geldleistungspflichten siehe *Wendt* in: Sachs, GG, Art. 14 Rz. 38 ff. m.w.N.

431 Allgemein zum Schutz des Art. 14 Abs. 1 GG bezüglich Gewinnchancen, Aussichten etc. *Wendt* in: Sachs, GG, Art. 14 Rz. 44 ff. m.w.N.

432 Vgl. nur BVerfG, Beschl. v. 10.10.1978, 1 BvR 475/78, BVerfGE 49, 252, 256 f. m.w.N.; BVerfG, Beschl. v. 28.10.1975, 2 BvR 883/73 und 379, 497, 526/74, BVerfGE 40, 237, 256 m.w.N.

433 Vgl. *Lorenz*, Jura 1983, 393–400 (399).

Zinsanspruch der Finanzbehörde fehlen. Ferner kommt in Ausnahmefällen auch ein Aussetzungszinsverzichtverfahren nach Maßgabe des § 237 Abs. 4 AO i.V.m. § 234 Abs. 2 AO in Betracht, sodass Einzelfallungerechtigkeiten begegnet werden kann.

Ein anderes gilt, wenn die Behörde das Einspruchsverfahren nach der Aussetzung der Vollziehung unnötig in die Länge zieht, da sie sich des Zinsrisikos entledigt hat. Ein effektiver Rechtsschutz muss so schnell wie möglich erfolgen.[434] In seiner Vorwirkung für das dem gerichtlichen Verfahren vorgelagerte Verwaltungsverfahren verlangt Art. 19 Abs. 4 Satz 1 GG, dass das Vorverfahren - trotz Aussetzung der Vollziehung - in angemessener Zeit durchgeführt wird.[435] Andernfalls könnte der Zugang zu den Gerichten de facto vereitelt werden, wobei dieses Risiko durch die drohenden Aussetzungszinsen noch gesteigert wird.

Mit der aufgedrängten Aussetzungsverfügung greift die Finanzbehörde in die *allgemeine Handlungsfreiheit*[436] aus Art. 2 Abs. 1 GG ein, da dem Betroffenen die Freiheit genommen wird, zu tun und zu lassen, was er will.[437] Die Finanzbehörde nimmt dem Grundrechtsträger durch die hoheitlich und einseitig oktroyierte Aussetzungsentscheidung die Möglichkeit, selbst zu entscheiden, wie er das Rechtsbehelfsverfahren gestaltet. Seine negative Dispositionsfreiheit, d.h. seine Entscheidung, von der Aussetzung der Vollziehung keinen Gebrauch zu machen,

---

434 Mit Blick auf das Wirksamkeitspostulat des Art. 19 Abs. 4 GG ist auf eine größtmögliche Verfahrensbeschleunigung hinzuwirken, siehe *Lorenz*, Jura 1983, 393–400 (399 m.w.N.). Ein Rechtsschutz ist nur dann effektiv, wenn er nicht unangemessen lange dauert, vgl. *Kirchhof*, DStZ 1989, 55–60 (58 m.w.N.). Zum Einfluss des Art. 19 Abs. 4 Satz 1 GG auf die gerichtliche Verfahrensdauer siehe *Schenke* in: Kahl/Waldhoff/Walter, BK, GG, Art. 19 Abs. 4 Rz. 691 ff. m.w.N. (Stand: 143. Lfg. Dezember 2009).

435 Vgl. BVerfG, Beschl. v. 28.10.1975, 2 BvR 883/73 und 379, 497, 526/74, BVerfGE 40, 237, 257.

436 Siehe grundlegend zum weiten Verständnis des Art. 2 Abs. 1 GG im Sinne einer allgemeinen menschlichen Handlungsfreiheit die Elfes-Entscheidung des BVerfG (Urt. v. 16.01.1957, 1 BvR 253/56, BVerfGE 6, 32, 36 ff.). Die umfassende Handlungsfreiheit des Art. 2 Abs. 1 GG hat sich zu Recht durchgesetzt, da nur so ein lückenloser und damit effektiver Grundrechtsschutz vor staatlicher Beschränkung, welche demnach immer einer gesetzlichen Grundlage bedarf, gewährleistet werden kann, zutreffend *Epping*, Grundrechte, Rz. 554.

437 So i.Erg. auch *Seer*, Ubg 2008, 249–253 (253). Zum Schutzumfang des Art. 2 Abs. 1 GG siehe: *Murswiek/Rixen* in: Sachs, GG, Art. 2 Rz. 52 („*Schutzbereich der allgemeinen Handlungsfreiheit ist gegenständlich nicht beschränkt*“); *Epping*, Grundrechte, Rz. 560 („*Art. 2 Abs. 1 GG schützt daher die Freiheit, zu tun und zu lassen, was man will.*“).

wird von der Exekutive übergangen. Durch das zielgerichtete Handeln in Kenntnis des entgegenstehenden Willens des Betroffenen erfolgt der Grundrechtseingriff mittels der hoheitlichen Aussetzungsentscheidung unmittelbar und final.

Infolge der Aussetzungsentscheidung wird das mit dem Rechtsbehelfsverfahren verbundene Zinsrisiko einseitig auf den Betroffenen verlagert. Unterliegt er im Hauptsacheverfahren, wird er mit einem Aussetzungszinsanspruch konfrontiert. Der Aussetzungszinsanspruch kann durch die Diskrepanz zwischen Marktzins und dem fixem Zinssatz des § 238 Abs. 1 Satz 1 AO den Rechtsbehelfsführer erheblich belasten. Zwar ist die Belastung mit Aussetzungszinsen erst eine künftige und durch den Ausgang des Hauptsacheverfahrens bedingte. Die Aussetzungsverfügung schafft insoweit jedoch die Grundlage für den Zinsanspruch aus § 237 Abs. 1 Satz 1 AO. Da das Aussetzungszinsrisiko bereits geeignet ist, auf die Entscheidung des Grundrechtsträgers hinsichtlich der Durchführung des Hauptsacheverfahrens Einfluss zu nehmen, stellt bereits das Aussetzungszinsrisiko eine reale Belastung dar. Die Intensität der Belastung ist erst eine Frage der Rechtfertigung des Eingriffs in Art. 2 Abs. 1 GG. Jedenfalls wird dem Betroffenen durch die aufgedrängte Aussetzung der Vollziehung bereits jetzt die Möglichkeit abgeschnitten, bei Obsiegen in der Hauptsache Zinsen nach §§ 233a, 236 AO beanspruchen zu können. Ob dieser Nachteil zu einer Verletzung des Art. 2 Abs. 1 GG führt, ist wiederum eine Frage, die auf Rechtfertigungsebene zu klären ist.

Fraglich ist, ob die aufgedrängte Aussetzung zu einem Gleichheitssatzverstoß führt. Das FG Köln ist der Ansicht, dass ein Ermessensfehler auch darin liege, dass die Finanzbehörde die Aussetzung gegen den Willen des Steuerpflichtigen in Durchbrechung ihrer bisherigen Ermessenspraxis – und somit unter Verstoß gegen Art. 3 Abs. 1 GG (i.V.m. dem Grundsatz der Selbstbindung der Verwaltung) – nur in einer „*verschwindend geringen Anzahl von Fällen und soweit ersichtlich nur bei erheblichen Streitwerten*“ verfüge.[438] Rechtfertigungsgründe für die Ungleichbehandlung seien nicht ersichtlich, insbesondere eine Differenzierung nach der Höhe der streitigen Beträge rechtfertige die Ungleichbehandlung nicht.[439]

Gemäß Art. 3 Abs. 1 GG, der über Art. 1 Abs. 3 GG Legislative, Exekutive und Judikative bindet, sind alle Menschen vor dem Gesetz gleich. Nach ständiger Rechtsprechung des BVerfG liegt ein Verstoß gegen Art. 3 Abs. 1 GG vor, wenn wesentlich gleich gelagerte Sachverhalte ungleich respektive wesentlich

---

438 FG Köln, Urt. v. 08.09.2010, 13 K 960/08, EFG 2011, 105, 112. So i.Erg. auch *Birkenfeld* in: H/H/S, FGO, § 69 Rz. 128 (Stand: 242. Lfg. Mai 2017).

439 FG Köln, Urt. v. 08.09.2010, 13 K 960/08, EFG 2011, 105, 112.

ungleiche Sachverhalte gleich behandelt werden, ohne dass die Ungleich- bzw. Gleichbehandlung sachlich gerechtfertigt werden kann.[440]

Über Art. 3 Abs. 1 GG wird die an sich verwaltungsintern wirkende Selbstbindung für den Grundrechtsträger justiziabel; die Verwaltung muss sich aufgrund einer in der Vergangenheit mit einer gewissen Kontinuität praktizierten bestimmten – in der Regel durch Verwaltungsvorschriften vorgezeichneten – Handlungsweise gegenüber dem Bürger grundsätzlich auch künftig festhalten lassen.[441] Gleichwohl erweist sich die Selbstbindung im Vergleich zur Fremdbindung durch das Gesetz insoweit als flexibel, als sie ein Absehen und ein Abweichen von der bisherigen Entscheidungsweise nicht ausschließt; die Selbstbindung ist nicht starr, sondern sie kann an veränderte Umstände jederzeit angepasst werden.[442]

Der Gesetzgeber hat der Behörde im Rahmen der § 361 Abs. 2 Satz 1 AO, § 69 Abs. 2 Satz 1 FGO einen Ermessensspielraum eingeräumt, damit die Finanzbehörde den Besonderheiten des Einzelfalls Rechnung tragen kann. Daher löst nicht jede abweichende Behandlung gleich gelagerter Sachverhalte verfassungsrechtliche Bedenken im Sinne des Art. 3 Abs. 1 GG aus, selbst wenn dieselbe Behörde handelt.[443] Auch in den Fällen, in denen aus Verwaltungsvorschriften eine Selbstbindung der Finanzbehörde resultiert, ist die *„Entscheidungsfreiheit im Einzelfall"* zu gewährleisten, sodass auch in diesen Fällen der Behörde ein Rest-Ermessen zugestanden werden muss.[444] Die Aussetzungsentscheidung ist

---

440 Vgl. nur BVerfG, Beschl. v. 12.10.2010, 1 BvL 12/07, BVerfGE 127, 224, 244 m.w.N. (*„Der allgemeine Gleichheitssatz des Art. 3 Abs. 1 GG gebietet dem Gesetzgeber, wesentlich Gleiches gleich und wesentlich Ungleiches ungleich zu behandeln"*); BVerfG, Urt. v. 17.12.1953, 1 BvR 147, BVerfGE 3, 58, 135 (*„Gleiches gleich, Ungleiches seiner Eigenart entsprechend verschieden"*). Siehe aber auch BVerfG, Beschl. v. 31.05.1988, 1 BvL 22/85, BVerfGE 78, 232, 247 m.w.N.: *„Art 3 Abs. 1 GG gebietet, alle Menschen vor dem Gesetz gleich zu behandeln. Demgemäß ist dieses Grundrecht vor allem dann verletzt, wenn eine Gruppe von Normadressaten im Vergleich zu anderen Normadressaten anders behandelt wird, obwohl zwischen beiden Gruppen keine Unterschiede von solcher Art und solchem Gewicht bestehen, daß sie die ungleiche Behandlung rechtfertigen könnten"*.

441 Vgl. *Ossenbühl* in: Isensee/Kirchhof, HStR V. § 104 Rz. 54 f. m.w.N.

442 Vgl. *Ossenbühl* in: Isensee/Kirchhof, HStR V. § 104 Rz. 61.

443 Zutreffend *Drüen* in: T/K, AO, § 5 Rz. 50 m.w.N. (Stand: 137. Lfg. August 2014); *Gersch* in: Klein, AO, § 5 Rz. 9 m.w.N.

444 Vgl. *Drüen* in: T/K, AO, § 5 Rz. 50 m.w.N. (Stand: 137. Lfg. August 2014); *Maurer/Waldhoff*, Allg. Verwaltungsrecht, § 7 Rz. 14 f. Letztere weisen zutreffend darauf hin, dass eine durch Verwaltungsrichtlinien vorgeprägte Ermessensausübung zwar

eine Einzelfallentscheidung, die einen gewissen Handlungsspielraum auf Seiten des Rechtsanwenders erfordert. Ermessenslenkende Verwaltungsvorschriften[445], die sich an einem vertypten Musterfall orientieren, können naturgemäß den Besonderheiten des Einzelfalls nicht Rechnung tragen.[446] Die Selbstbindung darf daher nicht zu einer „Selbstlahmlegung“ in der Weise führen, dass die gesetzgeberisch Entscheidung, der Verwaltung durch das eingeräumte Ermessen die Möglichkeit zu geben, dem Einzelfall umfänglich Rechnung tragen zu können, durch die Selbstbindung wieder genommen wird. Den Besonderheiten des Einzelfalls muss die Behörde auch weiterhin Rechnung tragen können.[447]

Bei der aufgedrängten Aussetzung handelt es sich, worauf auch das FG Köln hinweist, um eine *neue* Erscheinung.[448] In den bisherigen Verwaltungsvorschriften ist zur Aussetzung gegen den Willen des Bürgers, soweit ersichtlich, nichts zu lesen. So beschränkt sich der Anwendungserlass zur Abgabenordnung hinsichtlich der behördlichen Aussetzung der Vollziehung fast ausschließlich auf Antragsfälle.[449] Lediglich in Ziffer 2.1. Sätze 2 und 3 wird auf die Möglichkeit, die Aussetzung von Amts wegen vorzunehmen, hingewiesen. Insbesondere bei offensichtlicher Begründetheit des Rechtsbehelfs sei, wenn die Fälligkeit der

---

gleichheitsrechtlich betrachtet vorzugswürdig sein mag, dafür aber den Einzelfall möglicherweise auf Kosten dessen besonderer Umstände typisiere; dieser Konfliktlage könne durch die Befugnis der Behörde, in atypischen Fallgestaltungen von dem vorgeprägten Ermessen abweichen zu dürfen, begegnet werden.

445 Hierunter sind solche Vorschriften zu subsumieren, die bestimmen, *„in welcher Weise von dem der Verwaltung eingeräumten Ermessen Gebrauch gemacht werden soll“*, siehe *Maurer/Waldhoff*, Allg. Verwaltungsrecht, § 24 Rz. 13.

446 Zutreffend *Englisch* in: T/L, Steuerrecht, § 5 Rz. 32: *„Ermessensspielräume dienen gerade dazu, die Berücksichtigung der Umstände des Einzelfalles zu ermöglichen. Der auf den Einzelfall abgestellten Ermessensermächtigung des Gesetzes laufen ermessensregulierende abstrakte Verwaltungsvorschriften oft zuwider“*.

447 Zutreffend *Ossenbühl* in: Isensee/Kirchhof, HStR V. § 104 Rz. 69, wonach trotz bestehender Ermessensvorschriften dem gesetzgeberischen Willen, Einzelfallgerechtigkeit herzustellen, im Ergebnis der Vorrang gebühre mit der Folge, dass *„von den ermessenslenkenden Verwaltungsvorschriften auch dann abgewichen werden darf, wenn die Umstände des Einzelfalles eine solche Abweichung gebieten oder doch rechtfertigen.“*

448 FG Köln, Urt. v. 08.09.2010, 13 K 960/08, EFG 2011, 105, 110 (*„Beispielsfall der erst in jüngerer Vergangenheit zu beobachtenden Aufhebung oder AdV gegen den (ausdrücklichen) Willen des Stpfl.“*).

449 Vgl. insbesondere AEAO zu § 361 AO, Nr. 2.4.: *„Bei der Entscheidung über Anträge auf Aussetzung der Vollziehung ist der gesetzliche Ermessensspielraum im Interesse der Steuerpflichtigen stets voll auszuschöpfen.“*

Steuerforderung kurz bevorstehe, eine Aussetzung ohne Antrag möglich.[450] Von einer Aussetzung gegen den Willen des Betroffenen wird indes an keiner Stelle gesprochen. Daher ist es denkbar, dass insoweit noch keine Verwaltungspraxis besteht, gegen die die Finanzbehörde durch die aufgedrängte Aussetzung verstößt. Dies wäre dann anzunehmen, wenn die bisherige Aussetzungspraxis zu Antragsfällen mit der Aussetzung von Amts wegen und gegen den Willen des Betroffenen nicht vergleichbar wäre. Versteht man hingegen die bisherige Aussetzungspraxis weit und fasst hierunter sämtliche Aussetzungsfälle, so wäre die Behörde zumindest bei atypischen Sachverhaltsgestaltungen befugt, vom Grundsatz der Selbstbindung der Verwaltung abzuweichen.[451]

Die Situation der aufgedrängten Aussetzung unterscheidet sich nach den bisherigen Feststellungen deutlich von dem Regelfall der antragsabhängigen Aussetzung gemäß § 361 Abs. 2 Satz 2 AO, § 69 Abs. 2 Satz 2 FGO. Der Interessenwiderstreit, der bei der aufgedrängten Aussetzung einer Lösung zugeführt werden soll, zeichnet sich durch das Suspendierungsinteresse des Staates aus, dem das Vollzugsinteresse des Bürgers entgegensteht. Die Interessenlage ist damit genau gegenläufig zu den Antragsfällen. Die Finanzbehörde kann nicht unter denselben Voraussetzungen die Aussetzung der Vollziehung von Amts wegen und gegen den Willen des Bürgers verfügen wie sie sich in Antragsfällen nach § 361 Abs. 2 Satz 2 AO, § 69 Abs. 2 Satz 2 FGO ergeben.

Während der Bürger nur auf diesem Weg sanktionslos (vgl. § 240 AO) der Zahlung der strittigen Steuern entgehen kann, was eine großzügige Auslegung der ernstlichen Zweifel im Sinne der § 361 Abs. 2 Satz 2 Alt. 1 AO, § 69 Abs. 2 Satz 2 Alt. 1 FGO rechtfertigt, hat die Behörde durch den Erlass des Verwaltungsakts erst den Anlass für das Rechtsbehelfsverfahren gegeben. Zudem ist sie an den Grundsatz des Sofortvollzugs gebunden (§ 361 Abs. 1 Satz 1 AO, § 69 Abs. 1 Satz 1 FGO). Im Falle der § 361 Abs. 2 Satz 2 AO, § 69 Abs. 2 Satz 2 FGO macht der Bürger von seinen grundrechtlich geschützten Rechten Gebrauch während im Falle der aufgedrängten Aussetzung die Aussetzungsverfügung in sein Grundrecht aus Art. 2 Abs. 1 GG eingreift. Aufgrund der gewichtigen Unterschiede zwischen der beantragten, den Interessen des Rechtsbehelfsführers dienenden und der aufgedrängten Aussetzung zur Umsetzung von Interessen der Allgemeinheit, steht die bisherige Verwaltungspraxis in Antragsfällen der

450 Siehe AEAO zu § 361 AO, Nr. 2.1.

451 Vgl. *Drüen* in: T/K, AO, § 5 Rz. 50 m.w.N. (Stand: 137. Lfg. August 2014). Auch wenn sie hierdurch ggf. gegen bestehende Verwaltungsvorschriften verstößt, begründet dieser Verstoß keine verfassungsrechtlich relevante Ungleichbehandlung im Sinne des Art. 3 Abs. 1 GG, siehe *Maurer/Waldhoff*, Allg. Verwaltungsrecht, § 24 Rz. 29.

aufgedrängten Aussetzung nicht entgegen. Allein der pauschale Hinweis auf die bisherige Aussetzungspraxis, wenn Aussetzung der Vollziehung beantragt worden ist, lässt unter dem Aspekt der Selbstbindung der Verwaltung keine Rückschlüsse auf die Zulässigkeit der aufgedrängten Aussetzung zu.

Im Ergebnis liegt somit in Fällen der aufgedrängten Aussetzung im Regelfall ein Eingriff in den Schutzbereich des Art. 2 Abs. 1 GG vor. Dieser kann durch formell und materiell verfassungskonforme Gesetzesvorschriften (hier die § 361 Abs. 2 Satz 1 AO, § 69 Abs. 2 Satz 1 FGO) als Konkretisierungen der Schranke der verfassungsmäßigen Ordnung gerechtfertigt werden.[452] Die aufgedrängte Aussetzungsentscheidung muss im Wege der Schranken-Schranken insbesondere verhältnismäßig sein.

2. *Wahrung des Verhältnismäßigkeitsgrundsatzes*

a) *Prüfung der Verhältnismäßigkeit der aufgedrängten Aussetzung der Vollziehung*

Eine Ermessensüberschreitung könnte sich aus einem Verstoß der aufgedrängten Aussetzung bzw. Aufhebung der Vollziehung gegen den Verhältnismäßigkeitsgrundsatz ergeben. Das Verhältnismäßigkeitsgebot respektive Übermaßverbot enthält eine Obergrenze bei freiheitsgrundrechtlich relevanten Beschränkungen durch die Verwaltung.[453] Es beeinflusst nicht nur den Gesetzgeber bei dem Erlass von Gesetzen, sondern auch die Exekutive und die Judikative müssen das Übermaßverbot bei der Gesetzesanwendung beachten.[454]

Zwar wird erwogen, dass Übermaßverbot, das eine Feinjustierung ermöglicht und somit im Vergleich zu abstrakt-generellen Vorschriften besser geeignet ist, Einzelfallgerechtigkeit herbeizuführen, über den Bereich der Ermessensverwaltung hinaus auch auf gebundene Entscheidungen anzuwenden.[455] Daher könnte man erwägen, auch die Festsetzung der Aussetzungszinsen gemäß § 237 Abs. 1 Satz 1 AO i.V.m. § 239 Abs. 1 AO i.V.m. § 155 Abs. 1 Satz 1 AO im Kontext der aufgedrängten Aussetzung unter einen Verhältnismäßigkeitsvorbehalt zu stellen. Allerdings hat der Gesetzgeber mit dem Aussetzungszinsverzichtsverfahren nach § 237 Abs. 4 AO i.V.m. § 234 Abs. 2 AO bereits die Möglichkeit eröffnet,

---

452 Vgl. BVerfG, Urt. v. 16.01.1957, 1 BvR 253/56, BVerfGE 6, 32, 38 („*der Bürger aber wird in seiner allgemeinen Handlungsfreiheit legitim eingeschränkt […] durch jede formell und materiell verfassungsmäßige Rechtsnorm*“).

453 Vgl. *Seer*, Verständigungen im Steuerverfahren, S. 299.

454 Vgl. *Schlink* in: Festschrift 50 Jahre Bundesverfassungsgericht, 2001, Bd. II., 445.

455 Siehe ausführlich zu dieser Thematik *Naumann*, DÖV 2011, 96–104 (96 ff. m.w.N.).

Einzelfallgerechtigkeit herzustellen, sodass hierfür kein Bedürfnis besteht.[456] Das Übermaßverbot ist daher nur bei der Entscheidung über die aufgedrängte Aussetzung nach § 361 Abs. 2 Satz 1 AO, § 69 Abs. 2 Satz 1 FGO sowie im Rahmen eines Verzichts auf Aussetzungszinsen von Bedeutung.

Als mögliche verfassungsrechtliche Anknüpfungspunkte für den Verhältnismäßigkeitsgrundsatz kommen insbesondere die Abwehrfunktion der Freiheitsgrundrechte sowie das Rechtsstaatsprinzip in Betracht.[457] Wie im vorangegangenen Abschnitt festgestellt, greift die aufgedrängte Aussetzung jedenfalls in Art. 2 Abs. 1 GG ein, sodass sich bereits hieraus eine Verpflichtung der Finanzverwaltung zu einem verhältnismäßigen Handeln ergibt. Unabhängig davon, ob man den Verhältnismäßigkeitsgrundsatz grundrechtlich begründet oder ihn aus dem Rechtsstaatsprinzip ableitet, beansprucht er in beiden Fällen jedenfalls Geltung im Verhältnis Staat – Bürger.[458] Verhältnismäßig im weiteren Sinne ist die aufgedrängte Aussetzung im Lichte des Art. 2 Abs. 1 GG dann, wenn die Finanzbehörde mit ihr einen legitimen Zweck verfolgt und die Aussetzungsentscheidung geeignet, erforderlich und angemessen bzw. verhältnismäßig im engeren Sinne ist.[459]

---

456 So im Kontext der §§ 163, 227 AO auch *Naumann*, DÖV 2011, 96–104 (102).

457 Siehe z.B. BVerfG, Beschl. v. 05.03.1968, 1 BvR 579/67, BVerfGE 23, 127, 133 f. m.w.N. („*kein Verstoß gegen die Grundsätze der Verhältnismäßigkeit und des Übermaßverbotes, die sich als übergreifende Leitregeln allen staatlichen Handelns zwingend aus dem Rechtsstaatsprinzip ergeben und deshalb Verfassungsrang haben*"); BVerfG, Beschl. v. 15.12.1965, 1 BvR 513/65, BVerfGE 19, 342, 348 f., wonach sich die verfassungsrechtliche Herleitung des Verhältnismäßigkeitsgrundsatzes „*aus dem Rechtsstaatsprinzip, im Grunde bereits aus dem Wesen der Grundrechte selbst [ergebe], die als Ausdruck des allgemeinen Freiheitsanspruchs des Bürgers gegenüber dem Staat von der öffentlichen Gewalt jeweils nur so weit beschränkt werden dürfen, als es zum Schutz öffentlicher Interessen unerläßlich ist*" (Ergänzung durch Verf.). Nach *Wendt* ist das Verhältnismäßigkeitsgebot primär im Bereich der Grundrechte von Bedeutung, siehe *Wendt*, AöR 104 (1979), 414, 416. Siehe zur Herleitung des Verhältnismäßigkeitsgrundsatzes auch *Schlink* in: Festschrift 50 Jahre Bundesverfassungsgericht, 2001, Bd. II., 445, 447 ff. m.w.N.

458 Vgl. *Schlink* in: Festschrift 50 Jahre Bundesverfassungsgericht, 2001, Bd. II., 445, 447.

459 Vgl. zu den Bestandteilen des Übermaßverbots *Murswiek/Rixen* in: Sachs, GG, Art. 2 Rz. 21; *Wendt*, AöR 104 (1979), 414, 415 m.w.N. Siehe auch BVerfG, Beschl. v. 08.03.1988, 1 BvL 9/85 und 43/86, BVerfGE 78, 38, 50 m.w.N., wonach die zu prüfende Maßnahme zur Erreichung des beabsichtigten Zweckes geeignet und erforderlich sein müsse und zudem der mit der Maßnahme einhergehende Eingriff nicht außer Verhältnis zur Bedeutung der Sache stehen dürfe. Zu recht befürwortet *Wendt* eine einheitliche Anwendung des Übermaßverbots unabhängig davon, in welches

Im Gegensatz zur Legislative ist die Verwaltung eingeschränkt, was die möglichen Zwecke ihres Handelns betrifft. Sie muss sich im Rahmen dessen bewegen, was ihr der Gesetzgeber aufgetragen hat.[460] Als legitimer Zweck der aufgedrängten Aussetzung gemäß § 361 Abs. 2 Satz 1 AO, § 69 Abs. 2 Satz 1 FGO kommt nach den obigen Feststellungen zum Ermessensfehlgebrauch das Kriterium der materiell-rechtlichen Zweifel in Betracht. Aufgrund der rechtlichen Zweifel hat die Finanzbehörde ein Interesse daran, den angefochtenen Verwaltungsakt nicht zu vollziehen bis dessen Rechtmäßigkeit respektive Rechtswidrigkeit geklärt ist. Auf diese Weise trägt sie dem Bedürfnis nach einem rechtsstaatlichen Vollzug Rechnung, da sie durch die Aussetzung der Vollziehung verhindert, dass ein unter Umständen rechtswidriger Verwaltungsakt verwirklicht wird.

Aufgrund des Gesetzesvorrangs ist die Verwaltung zu einem Handeln im Einklang mit den Gesetzen verpflichtet.[461] Erweist sich das Vorbringen des Einspruchsführers als stichhaltig, sodass der bereits existente Verwaltungsakt rechtswidrig sein könnte – was aber eben noch nicht abschließend geklärt ist –, ist es aus rechtsstaatlichen Gründen geboten, sich über die Rechtmäßigkeit des Verwaltungsakts zunächst Klarheit zu verschaffen, bevor von seiner Titelfunktion Gebrauch gemacht wird. Die Aussetzung der Vollziehung trägt – objektiv gesehen – zu einem rechtsstaatlichen und verhältnismäßigen Vollzug der Gesetze bei, vorausgesetzt, es bestehen wirklich rechtliche Zweifel.

Die aufgedrängte Aussetzung müsste auch geeignet sein, das Interesse an einem rechtsstaatlichen Vollzug zu verwirklichen. Dies ist der Fall, wenn die Aussetzungsentscheidung die Zweckerreichung zumindest fördert.[462] Durch die Aussetzung der Vollziehung ist die Finanzbehörde am Vollzug des angefochtenen Verwaltungsakts gehindert. Ohne die Aussetzung müsste die Behörde den Verwaltungsakt trotz Einspruchs bzw. Klage vollziehen (vgl. § 361 Abs. 1 Satz 1 AO, § 69 Abs. 1 Satz 1 FGO).

Die Aussetzung müsste auch erforderlich sein, d.h. es dürfte kein gleich geeignetes, aber milderes, also den Grundrechtsträger weniger belastendes Mittel, zur Verfügung stehen.[463] Im Gegensatz zu der Situation des Gesetzgebers, dem insoweit ein Prognosespielraum zuzugestehen ist, ist die Erforderlichkeit bei der

---

Grundrecht im konkreten Fall eingegriffen wird, siehe *Wendt*, AöR 104 (1979), 414, 450 ff. m.w.N.

460 Vgl. *Schlink* in: Festschrift 50 Jahre Bundesverfassungsgericht, 2001, Bd. II., 445, 450.

461 Siehe zum Vorrang des Gesetzes bereits Teil I, § 1, III. 2. m.w.N.

462 Vgl. BVerfG, Beschl. v. 08.03.1988, 1 BvL 9/85 und 43/86, BVerfGE 78, 38, 50.

463 Vgl. BVerfG, Beschl. v. 31.05.1988, 1 BvL 22/85, BVerfGE 78, 232, 245; *Stern* in: Stern, Staatsrecht, III/2, S. 779 m.w.N.

finanzbehördlichen Aussetzungsentscheidung nach § 361 Abs. 2 Satz 1 AO, § 69 Abs. 2 Satz 1 FGO gerichtlich voll nachprüfbar.[464]

Als mögliche Alternativen zur aufgedrängten Aussetzung ist zunächst an eine vollständige Aufhebung des angefochtenen Verwaltungsakts im Wege der Korrektur[465] (in Abgrenzung zur Aufhebung der Vollziehung im Sinne der § 361 Abs. 2 Satz 3 AO, § 69 Abs. 2 Satz 7 FGO), zumindest aber an eine Aussetzung der Steuerfestsetzung gemäß § 165 Abs. 1 Satz 4 AO zu denken.

Für eine Aufhebung spricht, dass die Finanzbehörde in Fällen der aufgedrängten Aussetzung – nach dem hier zugrunde gelegten Verständnis – selbst Zweifel bekommt, was die Rechtmäßigkeit ihres Handelns in Gestalt des angefochtenen Verwaltungsakts angeht. Sie ist für den Rechtsstreit mit dem Rechtsbehelfsführer verantwortlich, da sie ihn erst dazu veranlasst hat, gegen den Verwaltungsakt vorzugehen. Die Aufhebung des Verwaltungsakts wäre auch gegenüber der aufgedrängten Aussetzung für den Bürger das mildere Mittel, da letzterer hier bekommt, was er mit seinem Rechtsbehelf begehrt. Allerdings ist das Stadium des Hauptsacheverfahrens im Anwendungsbereich der Aussetzung der Vollziehung regelmäßig noch nicht so weit fortgeschritten, dass bereits eine abschließende Entscheidung getroffen werden kann. Es bestehen vielmehr Rechtmäßigkeits*zweifel*. Die rechtliche Prüfung ist also noch im Gange. Im Stadium des Einspruchsverfahrens ist die Finanzbehörde nach dem Gesetz zur Vollüberprüfung verpflichtet (siehe § 367 Abs. 2 Satz 1 AO). Somit scheidet eine vollständige Aufhebung des angefochtenen Verwaltungsakts aus.

Denkbar ist allerdings, dass die Steuer nach Maßgabe des § 165 Abs. 1 Satz 4 AO – mit oder ohne Sicherheitsleistung – ausgesetzt wird, sofern die Voraussetzungen des § 165 Abs. 1 Sätze 1, 2 AO erfüllt sind. Auch dies wäre für den Bürger gegenüber der Aussetzung der Vollziehung ein milderes Mittel, da sich aus der Aussetzung im Sinne des § 165 Abs. 1 Satz 4 AO keine Zinsrisiken im Sinne des § 237 AO für den Betroffenen ergeben. § 237 AO beschränkt sich nach dem eindeutigen Gesetzeswortlaut auf eine Verzinsung nach Aussetzung der Vollziehung im Sinne der § 361 AO, § 69 FGO. Einer etwaigen analogen Anwendung des § 237 AO steht § 233 Satz 1 AO entgegen.

Fraglich ist jedoch, ob § 165 AO im Stadium des Einspruchsverfahrens überhaupt anwendbar ist.[466] Angesichts der systematischen Stellung der Norm im

---

464 *Wernsmann* in: H/H/S, AO, § 5 Rz. 167 (Stand: 222. Lfg. April 2013).

465 Zum Überblick über den Dualismus bei der Korrektur von Steuerverwaltungsakten siehe *Seer* in: T/L, Steuerrecht, § 21 Rz. 384.

466 Für eine sinngemäße Anwendung siehe z.B. *Birkenfeld* in: H/H/S, AO, § 365 Rz. 108 f. m.w.N. (Stand: 231. Lfg. Februar 2015).

Abschnitt über das Festsetzungs- und Feststellungsverfahren (1. Unterabschnitt: Steuerfestsetzung) ergeben sich insoweit Bedenken. § 361 AO ist im Rahmen der Verfahrensvorschriften zum außergerichtlichen Rechtsbehelfsverfahren implementiert. Die Anwendung des § 165 AO im Einspruchsverfahren setzt daher voraus, dass die §§ 347 ff. AO lückenhaft sind und ein entsprechender Verweis in den Vorschriften über das außergerichtliche Verfahren enthalten ist. Zwar ordnet § 132 Satz 1 AO an, dass die Vorschriften über Rücknahme, Widerruf, Aufhebung und Änderung von Verwaltungsakten auch während des Einspruchs- und Klageverfahrens Anwendung finden, jedoch enthalten die §§ 347 ff. AO mit § 361 AO eine spezielle Vorschrift für rechtlich zweifelhafte Verwaltungsakte im Stadium des Einspruchsverfahrens sowie § 69 FGO für das finanzgerichtliche Stadium. Daher kommt ein Rückgriff auf die allgemeinen Vorschriften im Rechtsbehelfsverfahren nicht in Betracht. Dies wird bestätigt durch den Wortlaut des § 365 Abs. 1 AO, wonach für das Einspruchsverfahren „***im Übrigen*** *die Vorschriften sinngemäß (gelten), die für den Erlass des angefochtenen [...] Verwaltungsakts gelten*“ (Hervorhebung und Ergänzung durch Verf.). Somit sind § 361 AO und § 69 FGO spezieller gegenüber § 165 AO.[467] Folglich ist die aufgedrängte Aussetzung auch erforderlich.

Für die Angemessenheit bzw. Verhältnismäßigkeit im engeren Sinne – oder auch Proportionalität – dürfen die Nachteile, die mit der aufgedrängten Aussetzung für den Betroffenen verbunden sind, nicht erkennbar außer Verhältnis zum angestrebten Erfolg stehen.[468] Mit der aufgedrängten Aussetzung reagiert die Behörde auf die rechtlichen Zweifel und verhindert im Interesse der Rechtsstaatlichkeit, dass ein Vollzug trotz unsicherer Sach- und/oder Rechtslage erfolgt. Hiermit bewirkt sie zugleich einen Nachteil für den Betroffenen, da sie in dessen Gestaltung des Rechtsbehelfsverfahrens und somit in Art. 2 Abs. 1 GG eingreift und gleichzeitig das mit dem Verfahren verbundene Zinsrisiko auf diesen überwälzt. Daher ist bei der Abwägung der Vor- und Nachteile der aufgedrängten Aussetzung besonderes Augenmerk auf die Intensität des Grundrechtseingriffs für den Betroffenen zu legen. Als äußerste Abwägungsgrenze fungiert Art. 19 Abs. 2 GG, wonach in keinem Falle ein Grundrecht in seinem Wesensgehalt angetastet werden darf.

---

467 Siehe auch Teil II, § 3, III. 3. b), cc), (6).

468 Vgl. nur *Stern* in: Stern, Staatsrecht, III/2, S. 782 f. m.w.N.; *Wendt*, AöR 104 (1979), 414, 457 m.w.N. Letzterer betont, dass die Güterabwägung schon aus praktischen Gründen keine reine Optimierung zum Ziel habe, sondern allein der Verhinderung eines Missverhältnisses diene.

Durch die aufgedrängte Aussetzung der Vollziehung wird auf die Freiheit des Grundrechtsträgers über die Gestaltung des Rechtsbehelfsverfahrens Einfluss genommen. Der Eingriff erfolgt gezielt und unmittelbar per Hoheitsakt. Hiermit geht eine Zinsrisikoüberwälzung auf den Grundrechtsträger einher, die mit Blick auf § 237 AO vom Verfahrensausgang abhängt, aber bezüglich der Zinsansprüche des Bürgers aus §§ 233a, 236 AO bereits endgültig ist. Die mögliche Belastung mit Aussetzungszinsen wird umso intensiver, je länger das Rechtsbehelfsverfahren samt Aussetzung der Vollziehung andauert und je größer das Aussetzungsvolumen ist. Im Vergleich hierzu ist der Eingriff in die allgemeine Handlungsfreiheit weniger intensiv, wenn das Rechtsbehelfsverfahren im Ergebnis erfolgreich ist. Ein Aussetzungszinsanspruch besteht in diesen Fällen nicht (vgl. § 237 Abs. 1 Satz 1 AO).

Umgekehrt hat aber auch der Rechtsbehelfsführer keinen Zinsanspruch, da ihm schon kein Liquiditätsnachteil entstanden ist. Er hat weiterhin über die ursprünglich strittig gewesenen Beträge verfügt. Für die Verhältnismäßigkeit im engeren Sinne ist daher entscheidend, dass durch den Aussetzungsakt als solchen noch kein unmittelbarer, (intensiver) wirtschaftlicher Nachteil begründet wird. Dem Betroffenen wird lediglich der Vorteil abgeschnitten, Zinsansprüche aus dem Rechtsbehelfsverfahren zu generieren.

Gleichwohl schwebt mit der aufgedrängten Aussetzung das Aussetzungszinsrisiko über dem Rechtsbehelfsführer. Angesichts der 0,5 %-Verzinsung pro Monat (§ 238 Abs. 1 Satz 1 AO) kann dieses im Einzelfall beträchtliche Ausmaße erreichen.[469] Daher ist es notwendig, die mit der Aussetzungsentscheidung verbundene Zinsrisikoverlagerung in die Verhältnismäßigkeitsprüfung aufzunehmen. Würde man den Grundrechtsträger darauf verweisen, Rechtsschutz gegen die Aussetzungszinsfestsetzung zu suchen, so könnte die Verhältnismäßigkeit mangels Ermessensspielraum im Rahmen des § 237 Abs. 1 Satz 1 AO erst in einem separaten Verzichtsverfahren (§ 237 Abs. 4 AO i.V.m. § 234 Abs. 2 AO) berücksichtigt werden. Hierdurch käme es zugleich zu der misslichen Situation, dass eine einheitliche Ermessensentscheidung – die Aussetzung der Vollziehung gegen den Willen des Betroffenen vorzunehmen – künstlich aufgespalten würde, da die Zinsüberlegungen bereits die Entscheidung über die Aussetzung der Vollziehung beeinflusst haben.

469 So hatte das Finanzamt im Verfahren, das der Entscheidung des FG Köln zugrunde liegt, Beträge im zunächst drei- später zweistelligen Millionenbereich ausgesetzt, siehe FG Köln, Urt. v. 08.09.2010, 13 K 960/08, EFG 2011, 105, 106.

Im Rahmen der Abwägung stehen sich das Suspendierungsinteresse der Finanzverwaltung, gestützt auf einen rechtsstaatlichen Gesetzesvollzug und das Vollzugsinteresse des Rechtsbehelfsführers, der durch das Vorgehen der Behörde in seiner allgemeinen Handlungsfreiheit beeinträchtigt wird, gegenüber.

Bei der Gewichtung der Interessen des Bürgers fällt die gesetzliche Entscheidung zugunsten des Sofortvollzugs (vgl. § 361 Abs. 1 Satz 1 AO, § 69 Abs. 1 Satz 1 FGO) sowie der Umstand ins Gewicht, dass die Aussetzung der Vollziehung auch individualrechtsschützende Funktion hat.[470] Zudem hat die Behörde den mit materiell-rechtlichen Zweifeln behafteten Verwaltungsakt erlassen, sodass bereits gegen den Gesetzesvorrang verstoßen worden sein könnte. Allerdings würde es eine Vertiefung bzw. Intensivierung des Verstoßes gegen rechtsstaatliche Grundsätze bedeuten, wenn die Finanzbehörde den wirksamen, rechtlich zweifelhaften Verwaltungsakt auch noch vollzieht.

Die aus Sicht des Bürgers an sich mittels Hauptsacherechtsbehelf beabsichtigte Unrechtsabwehr kann insbesondere aus zweierlei Gründen unter Ausklammerung des vorläufigen Rechtsschutzes im Sinne der § 361 Abs. 2 Satz 2 AO, § 69 Abs. 2 Satz 2 FGO erfolgen. Entweder der Rechtsbehelfsführer ist sich im Hauptsacheverfahren seiner Sache nicht sicher und befürchtet Aussetzungszinsansprüche des Staates gemäß § 237 AO. Denkbar ist aber auch, dass er die Chance ergreifen möchte, selbst Zinsansprüche nach §§ 233a, 236 AO nach Obsiegen im Hauptsacheverfahren beanspruchen zu können. Freilich ist eine Abgrenzung der Verhinderung von Zinsnachteilen und der Erzielung von Zinsvorteilen nicht immer trennscharf möglich (hierzu noch in Teil II, § 3, IV. 2. c)). Unterscheidet man zunächst (theoretisch) zwischen diesen beiden Fällen, so leuchtet im ersten Fall die Schutzwürdigkeit des Grundrechtsträgers ohne Weiteres ein. Es ist nachvollziehbar und mit Blick auf die Dispositionsbefugnis hinsichtlich der Stellung eines Aussetzungsantrags nicht zu beanstanden, wenn sich der Bürger nicht dem Risiko eines marktfernen Zinsanspruchs des Staates aussetzen will. Mit Blick auf die Situation der Finanzverwaltung ist das Suspendierungsinteresse in diesen Fällen nur von untergeordneter Bedeutung, da die Erfolgsaussichten hier gering sind. Dann aber rückt zwangsläufig das Zinserzielungsinteresse aus staatlicher Sicht in den Fokus der Aussetzungsentscheidung, was rechtswidrig ist.[471]

Die Höhe des Zinssatzes (§ 238 Abs. 1 Satz 1 AO = 6 % p.a.) ist bei der Entscheidung über die aufgedrängte Aussetzung der Vollziehung mit einzubeziehen.

470 Zur Rechtsschutzfunktion der behördlichen Aussetzung der Vollziehung siehe Teil II, § 3, III. 1. m.w.N.

471 Vgl. Teil II, § 3, III. 3. b), bb).

Die Behörde darf nicht stumpf auf die gesetzliche Typisierung verweisen. Soweit es ihr möglich ist, muss sie atypischen Folgen der Typisierung begegnen.[472] Der behördliche Entscheidungsspielraum ist im Rahmen der § 361 Abs. 2 Satz 1 AO, § 69 Abs. 2 Satz 1 FGO unter Berücksichtigung sämtlicher Umstände des Einzelfalls auszuüben, sodass neben dem Zinssatz auch die ertragsteuerliche Behandlung der Zinsen berücksichtigt werden muss.[473] Während Erstattungszinsen und Prozesszinsen auf Erstattungsbeträge besteuert werden, können gezahlte Aussetzungszinsen, die mit nicht abzugsfähigen Steuern im Zusammenhang stehen (Einkommensteuer, Körperschaftsteuer, Gewerbesteuer) nicht steuermindernd berücksichtigt werden.[474] Die Aussetzungszinsen sind demnach aus bereits versteuertem Einkommen des Steuerpflichtigen zu leisten.[475] Dieser wirtschaftliche Nachteil ist in die Interessenabwägung zugunsten des Vollzugsinteresses des Rechtsbehelfsführers einzubeziehen.

Sind die materiell-rechtlichen Zweifel hingegen gewichtig und beantragt der Rechtsbehelfsführer die Aussetzung der Vollziehung gemäß § 361 Abs. 2 Satz 2 AO, § 69 Abs. 2 Satz 2 FGO nur aus dem Grund nicht, weil er aus dem Rechtsbehelfsverfahren Zinsvorteile generieren möchte, macht er sich im Ergebnis Hoffnung auf eine lukrative Unrechtsabwehr. Zwar kann auch dieses Interesse noch dem Schutzbereich des weit gefassten Art. 2 Abs. 1 GG unterfallen, die Intensität des Grundrechtseingriffs ist hier jedoch bei gleichwohl erfolgender aufgedrängter Aussetzung gering.[476] Mit dem Einwand des Steuerpflichtigen, durch die Aussetzung gehindert zu sein, Erstattungszinsen nach Maßgabe des § 233a AO bzw. Prozesszinsen gemäß § 236 AO erzielen zu können, wird er nicht

472 Vgl. zu den letzten beiden Sätzen mit Blick auf das dem gerichtlichen Verfahren vorgelagerte behördliche Vorverfahren *Isensee*, Die typisierende Verwaltung, S. 180 f.

473 Zutreffend *Seer*, Ubg 2008, 249–253 (251). Zustimmend auch *Schüppen*, JFStR 13/14, 302, 315.

474 *Ortheil*, BB 2012, 1513–1518 (1514); *Seer*, Ubg 2008, 249–253 (251). Letzterer spricht von einer rechtsschutzverkürzenden Asymmetrie des materiellen Ertragsteuerrechts.

475 *Seer*, Ubg 2008, 249–253 (251).

476 Im Rahmen des Art. 2 Abs. 1 GG wird zwar auch *„die Freiheit im wirtschaftlichen Verkehr"* geschützt, allerdings ist eine Verletzung dieses Grundrechts nur anzunehmen, wenn dem Betroffenen durch das hoheitliche Handeln (z.B. Auferlegung von Beitragspflichten) kein angemessener Spielraum zur wirtschaftlichen Betätigung verbleibt, vgl. nur BVerfG, Beschl. v. 31.05.1988, 1 BvL 22/85, BVerfGE 78, 232, 244 f. m.w.N., 246. Für die hier erstrebten Zinsvorteile durch das Rechtsbehelfsverfahren scheidet eine Verletzung des Art. 2 Abs. 1 GG daher erst recht aus.

gehört.[477] Insoweit ist eine abweichende Behandlung zum finanziellen Interesse des Staates an der Erzielung von Aussetzungszinsen, welches ebenfalls mit einem Rechtsschutzverfahren unvereinbar ist, nicht gerechtfertigt.

Koepsell/Walbrodt halten Zinsarbitragemotive auf staatlicher Seite für abwegig, da sich der Fiskus durch die Aussetzung einem Insolvenzrisiko aussetze.[478] Dieses Argument überzeugt indes nicht, da der Steuerpflichtige in Fällen aufgedrängter Aussetzung der Vollziehung gerade zahlungsbereit und zahlungswillig ist. Das Insolvenzrisiko erzeugt die Behörde durch die aufgezwungene Aussetzung selbst. Warum hierdurch Zinseinnahmeüberlegungen auf staatlicher Seite ausgeschlossen sein sollen, leuchtet nicht ein und wird auch nicht näher erörtert. Gemäß § 361 Abs. 2 Satz 5 AO bzw. § 69 Abs. 2 Satz 3 FGO besteht zudem grundsätzlich die Möglichkeit, einem Zahlungsausfallrisiko durch die Anforderung einer Sicherheitsleistung vorzubeugen.

Auch der Steuerpflichtige soll das Rechtsbehelfsverfahren nicht dazu nutzen, wirtschaftliche Vorteile zu generieren.[479] Sein Interesse an der Erzielung von Zinseinnahmen ist kein abwägungsrelevantes Kriterium im Rahmen der § 361 Abs. 2 Satz 1 AO, § 69 Abs. 2 Satz 1 FGO. Zu weit gehen *Koepsell/Walbrodt*, wenn sie auch etwaige Zinsnachteile des Steuerpflichtigen für irrelevant erachten.[480] Hier wird eine Schieflage zu den – ihrer Auffassung nach – schutzwürdigen Interessen des Staates bezüglich der Verhinderung von Zinsnachteilen statuiert, die nicht überzeugt. Der Zinssatz ist für beide Seiten Anreiz zur zinsoptimierten Gestaltung des Rechtsbehelfsverfahrens. Insoweit sind beide Verfahrensbeteiligten m.E. nicht schutzwürdig.

Hingegen sind die Nachteile, die aus dem derzeitigen Zinssystem entstehen können, in die Interessenabwägung einzustellen. Zwar ist es hinsichtlich der Zinsnachteile nicht zwingend, beide Beteiligten als gleich schützenswert anzusehen. Während die Verwaltung als Teil der Exekutive selbst Staatsorgan ist, was dafür spricht, dass sie sich das Handeln (oder besser: Untätigbleiben) des Gesetzgebers zurechnen lassen muss, ist der Bürger in das staatliche Beziehungsgeflecht nicht involviert, was ihn prinzipiell schutzwürdiger erscheinen lässt als die Verwaltung. Dies lässt sich mit der Existenz der Grundrechte, auf die sich

---

477 Vgl. zu den wirtschaftlichen Motiven des Steuerpflichtigen auch das Fallbeispiel bei *Koepsell/Walbrodt*, INF 2006, 822–827 (822 f.).

478 *Koepsell/Walbrodt*, INF 2006, 822–827 (824).

479 Insoweit zutreffend *Koepsell/Walbrodt*, INF 2006, 822–827 (827). Siehe auch *Schüppen*, JFStR 13/14, 302, 315, wonach die Aussetzung „*auch zugunsten des Steuerpflichtigen nicht als ein Instrument des Financial Engineering gedacht*" sei.

480 Siehe *Koepsell/Walbrodt*, INF 2006, 822–827 (825 f.).

der Grundrechtsträger gemäß Art. 1 Abs. 3 GG gegenüber allen drei Gewalten berufen kann, begründen. Gleichwohl wirken die Grundrechte des Bürgers nicht absolut, wie sich bereits aus einem Umkehrschluss zu Art. 19 Abs. 2 GG ergibt, und sie können im Einzelfall sogar verwirkt werden (vgl. Art. 18 GG).

Wenn der Grundrechtsträger das Rechtsbehelfsverfahren (auch) zu Anlagezwecken nutzen möchte, geht er über das eigentliche Ziel des Einspruchs- und Klageverfahrens – einer geltend gemachten Rechtsverletzung abzuhelfen – hinaus. Die insoweit fehlende Schutzwürdigkeit des Grundrechtsträgers geht mit dem Interesse des Staates an einem ressourcenschonenden Handeln einher. Mit Blick auf die rechtlichen Zweifel kann die Verwaltung daher auf Zinseinnahmemotive des Rechtsbehelfsführers reagieren.

Das Suspendierungsinteresse der Finanzverwaltung ist umso größer, je besser die Erfolgsaussichten des Rechtsbehelfs sind. Bei guten Erfolgsaussichten wäre es unpraktikabel, wenn die Behörde zunächst die Zahlung annehmen und diese später, unter Umständen samt Zinsen, wieder an den Rechtsbehelfsführer erstatten müsste. Freilich kann die Behörde durch Vorantreiben des Rechtsbehelfsverfahrens auf die Verzinsung und die Rückabwicklung des Vollzugs Einfluss nehmen. Allerdings muss insoweit berücksichtigt werden, dass auch das steuerliche Einspruchsverfahren ein Massenverfahren ist.[481] Die reale Möglichkeit, das Einspruchsverfahren rasch zum Abschluss zu bringen, ist daher eingeschränkt.

Bei guten Erfolgsaussichten des Rechtsbehelfs ist auf staatlicher Seite im Rahmen der Abwägung zu berücksichtigen, dass die Behörde den Vollzug des angefochtenen Verwaltungsakts wahrscheinlich ohnehin später wieder rückgängig machen muss. Die Rückabwicklung führt bei Geldleistungen aufgrund des fixen Zinssatzes und unter Berücksichtigung des Marktzinsniveaus zu einer Überkompensation. Aus verfahrensökonomischer Sicht ist bei guten Erfolgsaussichten eine Aussetzung der Vollziehung angezeigt. Wirtschaftlich zu handeln meint, soweit hier von Interesse, ein Vorgehen, bei dem der öffentliche Haushalt nach Möglichkeit geschont wird, sodass das erstrebte Ziel mit geringstmöglichem Verbrauch personeller respektive sachlicher Ressourcen erreicht wird.[482] Demzufolge ist die Aussetzungsentscheidung gegenüber dem Sofortvollzug aufgrund

481 So wurden im Jahr 2016 ca. 3,3 Millionen Einsprüche eingelegt, siehe Tabelle 1: Einspruchsstatistik der Jahre 2012 bis 2016 der Statistiken des BMF über die Einspruchsbearbeitung in den Finanzämtern (September 2017), abrufbar unter http://www.bundesfinanzministerium.de/Monatsberichte/2017/09/Inhalte/Kapitel-3-Analysen/3-6-Statistik-zur-Einspruchsbearbeitung-in-den-Finanzaemtern.html (zuletzt aufgerufen am 25.02.2018 um 08:07 Uhr).

482 Vgl. *Grupp*, JZ 1982, 231–237 (234).

der damit verbundenen Rückgängigmachung der Vollzugsfolgen die ressourcensparendere Maßnahme für die Zeit, bis die Rechtmäßigkeit des streitigen Verwaltungsakts geklärt ist.

Nach alledem ist die aufgedrängte Aussetzung bei guten Erfolgsaussichten angemessen und somit verhältnismäßig. Je größer die Erfolgsaussichten seines Rechtsbehelfs sind, desto unwahrscheinlicher ist es, dass sich die Aussetzung der Vollziehung für ihn wirtschaftlich nachteilig auswirkt. Umgekehrt: Je geringer die materiell-rechtlichen Zweifel sind, desto wahrscheinlicher sind die Zinsnachteile für den Grundrechtsträger. Der Steuerpflichtige wird durch die Aussetzungsentscheidung der Finanzbehörde bei guten Erfolgsaussichten nicht über Gebühr benachteiligt. Tatsächliche, unmittelbare Nachteile entstehen ihm durch die Aussetzung nicht, da er durch die Suspendierung des streitigen Verwaltungsakts weiter über die Steuerbeträge verfügen kann. In Bezug auf die Zinsbesteuerung ist zu berücksichtigen, dass bei guten Erfolgsaussichten der Anfall von Aussetzungszinsen unwahrscheinlich ist und durch die Aussetzung auch keine Zinsansprüche des Steuerpflichtigen begründet werden, die besteuert würden. Ein Zinseinnahmemotiv ist im Rahmen des Rechtsbehelfsverfahrens und auch des Aussetzungsverfahrens generell, also paritätisch für Rechtsbehelfsführer und aus Sicht des Staates, nicht schützenswert.

b) Folgerungen aus der Verhältnismäßigkeitsprüfung

Bei der Abwägung zwischen dem Suspendierungs- und dem Vollzugsinteresse ist zu berücksichtigen, wer für das Vorliegen der rechtlichen Zweifel verantwortlich ist. Denkbar ist, dass der Rechtsbehelfsführer den für die Subsumtion relevanten Sachverhalt nicht vollständig offen gelegt hat. Zwar wird der Steuerpflichtige, der bei der von Amts wegen erfolgenden Sachverhaltsaufbereitung der Finanzbehörde (§ 88 Abs. 1 Satz 1 AO) entgegen seiner aus § 90 Abs. 1 Satz 1 AO bestehenden Pflicht nur unzureichend mitwirkt, um – nach erfolgreichem Klageverfahren – Zinsen zu generieren, hiermit keinen Erfolg haben (vgl. § 236 Abs. 3 AO i.V.m. § 137 Satz 1 FGO). Neben der fehlenden Schutzbedürftigkeit des Rechtsbehelfsführers sowie aus verfahrensökonomischen Gründen ist in diesen Fällen die aufgedrängte Aussetzung der Vollziehung vorzugswürdig, da die Behörde hiermit in einem frühen Verfahrensstadium auf das Vorgehen reagieren kann.[483]

---

483 In diese Richtung geht auch die Auffassung des FG Köln, Urt. v. 08.09.2010, 13 K 960/08, EFG 2011, 105, 111. Der Senat hält eine aufgedrängte Aussetzung u.a. bei Verstößen des Steuerpflichtigen gegen seine Mitwirkungspflichten für möglich, sofern die Finanzbehörde gemäß § 162 AO nunmehr schätzungsbefugt sei.

Sollte die Finanzbehörde nach verfügter Aussetzung erkennen, dass der Hauptsacherechtsbehelf aufgrund einer veränderten Sach- oder Rechtslage nicht mehr erfolgsversprechend ist und daher keine Erfolgsaussichten mehr bestehen, ist sie aufgrund der dargestellten Nachteile für den Steuerpflichtigen verpflichtet, die Aussetzungsverfügung aufzuheben. Insoweit ist eine Ermessensreduktion der §§ 130, 131 AO ggf. i.V.m. § 132 AO angezeigt. In diesen Fällen wird die Behörde jedoch in der Regel zugleich in der Hauptsache entscheiden können, sodass die Aussetzung der Vollziehung, wenn sie nur für das Einspruchsverfahren verfügt worden ist, ohnehin endet.

Von der Aussetzung von Amts wegen aus Gründen der Verfahrensfürsorge ist im Anwendungsbereich des § 237 AO nur zurückhaltend Gebrauch zu machen. Regelmäßig dürfte ein rechtlicher Hinweis gemäß § 365 Abs. 1 AO i.V.m. § 89 Abs. 1 Satz 1 AO hinsichtlich der Möglichkeit, einen Aussetzungsantrag zu stellen, ein milderes Mittel sein, da es dann der Entscheidung des Rechtsbehelfsführers obliegt, ob er das Aussetzungszinsrisiko in Kauf nehmen möchte oder trotz seines Rechtsbehelfs die streitigen Beträge zunächst bezahlt.

c) *Einschätzung der Erfolgsaussichten des Hauptsacherechtsbehelfs als Wertungsfrage*

Der Rechtsbegriff der ernstlichen Zweifel an der Rechtmäßigkeit des angefochtenen Verwaltungsakts im Sinne des § 361 Abs. 2 Satz 2 Alt. 1 AO ist unbestimmt und bedarf damit näherer Konkretisierung. Der sich hieraus ergebende Vorteil größerer Flexibilität des Rechtsanwenders zugunsten der Einzelfallgerechtigkeit geht Hand in Hand mit dem Nachteil, dass letzterer seinen Entscheidungsspielraum auch ergebnisorientiert einsetzen kann. Die vermeintliche Konkretisierung eines unbestimmten Rechtsbegriffs durch die nicht weniger deutungsoffene Festlegung eines bestimmten Grades hinsichtlich der Erfolgsprognose (mögliche, wahrscheinliche, überwiegende Erfolgsaussichten) ändert hieran nichts.

Der Bewertungsspielraum, der aus dem Prüfungsmaßstab des § 361 Abs. 2 Satz 2 Alt. 1 AO bzw. aus § 69 Abs. 2 Satz 2 Alt. 1 FGO folgt, setzt sich in den vorstehend genannten Möglichkeiten zur Festlegung der Erfolgsprognose in gleicher Weise fort. Zudem erhärtet sich der Verdacht willkürlicher Konkretisierung der ernstlichen Zweifel dadurch, dass dieser Rechtsbegriff – wie noch dargestellt wird – unterschiedlich interpretiert wird. Die wertende Festlegung des Prüfungsmaßstabs durch denjenigen, der zugleich zur Anwendung des selbst entwickelten Maßstabs berufen ist, erscheint aus Gründen der Gewaltenteilung nicht unbedenklich. Im Kontext der aufgedrängten Aussetzung ist die Bewertung der Erfolgsaussichten unter dem Aspekt des Aussetzungszinsrisikos besonders anfällig, ergebnisorientiert auszufallen. Daher besteht bei der aufgedrängten Aussetzung Anlass, weitere Kriterien in die Aussetzungsentscheidung aufzunehmen.

Im Folgenden wird zunächst der Wertungsspielraum des Rechtsanwenders bei der Beurteilung der ernstlichen Zweifel an der Rechtmäßigkeit des angefochtenen Verwaltungsakts skizziert und sodann das Augenmerk auf die drohenden Aussetzungszinsen gelegt.

Das Aussetzungsverfahren soll eine schnelle Entscheidung ermöglichen; es handelt sich um ein summarisches Verfahren.[484] Mit Blick auf die drohende Fälligkeit der streitigen Beträge bedarf es nicht selten einer raschen Entscheidung über die Aussetzung der Vollziehung. Die Prüfung ist aufgrund der Eilbedürftigkeit „*n i c h t i n j e d e r W e i s e u m f a s s e n d*".[485] Sie wird umschrieben mit den Begriffen „*abgekürzt, vereinfacht, kurz und bündig, schnell*".[486] Weder werden hier komplexe Rechtsfragen ausdiskutiert, noch erfolgen komplizierte Tatsachenfeststellungen.[487] Die Prüfung muss im Kontext des § 361 Abs. 2 Satz 2 AO nur so weit gehen, bis feststeht, dass ernstliche Zweifel oder aber eine unbillige Härte vorliegen; die Sachentscheidungsvoraussetzungen bedürfen hingegen eingehender Prüfung.[488] Mangels näherer gesetzlicher Vorgaben für die „summarische Prüfung" gehen die Meinungen dazu, wie diese Prüfung, insbesondere hinsichtlich

---

484 Siehe hierzu bereits BFH, Beschl. v. 10.02.1967, III B 9/66, BStBl. III 1967, 182, 184: „*Da ausgesetzt werden soll, wenn ernstliche Zweifel bestehen, ob der angefochtene Verwaltungsakt rechtmäßig ist, muß die Prüfung nur soweit [sic!] reichen, bis feststeht, ob gewichtige Gründe gegen die Rechtmäßigkeit sprechen, die nicht durch für die Rechtmäßigkeit sprechende Gründe ausgeräumt werden können.* ***Nach dieser Prüfung verbleibende Zweifel brauchen nicht geklärt zu werden; sie dürfen aber auch nicht geklärt werden****, weil es für die Aussetzungsentscheidung hierauf nicht ankommt. Diese Entscheidung und die Funktion der Aussetzung der Vollziehung als Ersatz für den nicht ipso jure eintretenden Suspensiveffekt machen deutlich, daß an die Prüfung der Tat- und* ***Rechtsfragen nicht die gleichen Anforderungen gestellt werden, wie im Verfahren über die Hauptsache.***" (Hervorhebungen durch Verf.).

485 So zu § 251 RAO 1931 BFH, Urt. v. 10.02.1954, II 37/53 U, BStBl. III 1954, 116. Siehe ferner AEAO zu § 361 AO, Nr. 3.4. Satz 2, wonach die Begründetheit des Rechtsbehelfs im Rahmen der Aussetzung nur in einem begrenzten Umfang zu prüfen ist.

486 *Schwarz*, Zwei Wege zur AdV, S. 86.

487 Vgl. nur OVG Nordrhein-Westfalen, Beschl. v. 25.08.1988, 3 B 2564/85, NVwZ-RR 1990, 54, 55 m.w.N. Siehe zur Kritik an der summarischen Prüfung im Rahmen des § 123 VwGO *Dombert* in: Finkelnburg/Dombert/Külpmann, Vorl. Rechtsschutz, Rz. 313 ff. *Dombert* lehnt eine summarische Rechtsprüfung ab; in Bezug auf den entscheidungserheblichen Sachverhalt sei eine summarische Prüfung hingegen möglich, siehe *Dombert* a.a.O. Rz. 314, 315.

488 Vgl. nur *Hardtke* in: K/v.W, AO, § 361 Rz. 42 m.w.N.

der rechtlichen Beurteilung auszusehen hat, auseinander.[489] Aus praktischer Sicht könnte man geneigt sein, mit Blick auf das ohnehin bestehende Hauptsacheverfahren die Entscheidung über die Aussetzung der Vollziehung schnell und unkompliziert zu treffen. Sie entfaltet ohnehin keine Bindungswirkung für das Hauptsacheverfahren.[490] Je umfangreicher die rechtliche Prüfung im Nebenverfahren erfolgt, desto mehr könnte die Notwendigkeit des Hauptsacheverfahrens anzuzweifeln sein. Der Gesetzeswortlaut setzt nur ernstliche Rechtmäßigkeitszweifel voraus (vgl. § 361 Abs. 2 Satz 2 Alt. 1 AO), verlangt also im Umkehrschluss jedenfalls keine Gewissheit über die Rechtmäßigkeit respektive Rechtswidrigkeit des angefochtenen Verwaltungsakts. Eine großzügige Auslegung der rechtlichen Zweifel im Sinne des § 361 Abs. 2 Satz 2 Alt. 1 AO läuft indes Gefahr, die gesetzgeberische Wertung, wie sie sich aus § 361 Abs. 1 Satz 1 AO entnehmen lässt, zu unterlaufen. Es besteht insoweit das Risiko, dass je oberflächlicher die rechtliche Prüfung im Aussetzungsverfahren erfolgt, desto eher die gesetzgeberische Entscheidung für den Sofortvollzug außer Kraft gesetzt wird.

Die Beurteilung der materiell-rechtlichen Zweifel, die Voraussetzung jeder Aussetzungsentscheidung im Rahmen der § 361 Abs. 2 Sätze 1, 2 AO bzw. § 69 Abs. 2 Sätze 1, 2 FGO sind,[491] und die damit verbundene Prognose über die Erfolgsaussichten im Hauptsacheverfahren sind zwangsläufig beeinflusst von Wertungen. Die Finanzbehörde bewertet die relevanten Umstände des Einzelfalls in sachlicher und rechtlicher Hinsicht.[492] *Schreiner* betont den engen Zusammenhang zwischen Wertungen und Rechtsnormen.[493] Es könne insbesondere zwischen Sätzen differenziert werden, die sich überwiegend mit Tatsachen befassen, weshalb Werten bzw. Wertungen insoweit nur untergeordnete Bedeutung zukomme, und solchen Sätzen, die nach einer Ausfüllung durch Wertung verlangen, wobei das „*Wollen*" durch das Gesetz bzw. die konkrete Rechtsnorm vorgezeichnet sei.[494]

---

489 Siehe hierzu im Kontext des steuergerichtlichen Eilrechtsschutzes nach § 69 FGO die Darstellung des Streitstandes bei *Luttermann*, FR 1998, 1084–1088 (1084 f. m.w.N.).

490 Vgl. *Birkenfeld* in: H/H/S, AO, § 361 Rz. 774 (Stand: 212. Lfg. März 2011), wonach die Hauptsacheentscheidung die Aussetzungsentscheidung überholt und damit gegenstandslos macht.

491 Siehe Teil II, § 3, III. 2. m.w.N.

492 *Rüthers/Fischer/Birk* sprechen insoweit von offen normativen Begriffen, siehe *Rüthers/Fischer/Birk*, Rechtstheorie, § 5 Rz. 183.

493 Siehe *Schreiner*, Die Intersubjektivität von Wertungen, S. 90: „*Werte bzw. Wertungen und Normen stehen im Bereich der Rechtsordnung in einem engen Konnex.*"

494 Vgl. *Schreiner*, Die Intersubjektivität von Wertungen, S. 89 f.

Ein anschauliches Beispiel für eine wertende Entscheidung des Rechtsanwenders liefern Gesetzesformulierungen, die „auf die Lage des jeweiligen Einzelfalls" abstellen (vgl. etwa § 234 Abs. 2 AO).[495] Auch die Prognose über die Erfolgsaussichten des Hauptsacherechtsbehelfs ist nicht wertungsfrei, sondern geprägt von der Beurteilung der Umstände des Einzelfalls. Die Feststellung des Vorliegens materiell-rechtlicher Zweifel erfolgt zwar aufgrund des *vorhandenen* Sach- und Streitstandes, was die Aussetzungsentscheidung von Wahrscheinlichkeitsurteilen unterscheidet.[496] Gleichwohl ist die endgültige Entscheidung in der Sache dem Hauptsacheverfahren vorbehalten. Wie Letzteres ausgeht lässt sich aber nicht mit Gewissheit vorhersagen. Der Rechtsanwender ist daher aufgerufen, selbst im Rahmen einer *Abwägung* feststellen, ob der im Gesetz angelegte Wertmaßstab erreicht ist oder nicht; insoweit dürfen u.a. Wertungen, die sich aus den Grundrechten ergeben, nicht außer Acht gelassen werden.[497]

Bereits die Hauptsacheentscheidung ist das Produkt rechtlicher Interpretation. Dies wird bei der Auslegung von Rechtsbegriffen besonders deutlich. Ihre Auslegung ist in personeller sowie in zeitlicher Hinsicht unter Umständen Veränderungen unterworfen, weshalb ein einmal gewonnenes Auslegungsergebnis durch Austausch des Rechtsanwenders aber auch durch Zeitablauf wechseln kann.[498] *„Gesetzesausführung ist daher niemals nur logische Ableitung von im*

---

495 Instruktiv hierzu bei der Frage, was unter den Rechtsbegriff des wesentlichen Bestandteils (§ 94 BGB) fällt, *Larenz/Canaris*, Methodenlehre der Rechtswissenschaft, S. 38 f., insbesondere S. 39 (*„Dort, wo die Entwicklung „im Flusse", die Verkehrsanschauung unsicher ist, gibt es, statt festliegender Grenzen, „fließende Übergänge" und infolgedessen in Einzelfällen einen Beurteilungsspielraum, innerhalb dessen die eine wie die andere Beurteilung, wie der Jurist sagt, „vertretbar" ist."*).

496 Zur Abgrenzung zwischen Prognosen respektive Wahrscheinlichkeitsurteilen und rechtlicher Subsumtion siehe *Ossenbühl* in: Festschrift für C.-F. Menger, 1985, 731, 732 ff. m.w.N., insbesondere S. 733: *„Subsumtion bedeutet die Verknüpfung eines ermittelten feststehenden vergangenen oder gegenwärtigen Sachverhaltes mit dem abstrakten Tatbestand des Gesetzes. Prognose ist die Vorausschau künftiger Sachverhalte."* Beispiele für klassische Prognosefälle lassen sich vor allem im Bereich der Gefahrenabwehr finden, so z.B. wenn die Behörde eine geplante Demonstration verbietet, weil sie schwere Ausschreitungen befürchtet, vgl. dazu *Ossenbühl* in: Festschrift für C.-F. Menger, 1985, 731, 736 f.

497 Vgl. *Rüthers/Fischer/Birk*, Rechtstheorie, § 5 Rz. 183.

498 Ausführlich hierzu *Hoffmann-Riem*, AöR 142 (2017), 1, 26 ff. m.w.N., insbesondere S. 27: *„Die Interpretationsoffenheit von Begriffen und der mit solchen Begriffen umschriebenen Normen sowie die Notwendigkeit der kontextbezogenen Sinndeutung und der Zurichtung der Normen auf den jeweiligen Einzelfall bedingen Möglichkeiten der*

Gesetz bereits enthaltenen Einzelaussagen, sondern stets auch rechtsschöpferische Konkretisierung.“[499] Insoweit spielt die subjektive Bewertung des Rechtsanwenders insbesondere bei der Frage, welchem von mehreren Argumenten das größere Gewicht beizumessen ist (so zum Beispiel wenn die Auslegung zu mehrdeutigen Ergebnissen führt), eine nicht unerhebliche Rolle.

Wie die Entscheidung des FG Köln zur Rechtmäßigkeit der aufgedrängten Aussetzung der Vollziehung zeigt,[500] muss sich der Rechtsanwender bei seiner Entscheidungsfindung mit unterschiedlichen rechtlichen Interpretationen auseinandersetzen und ggf. im Wege der Auslegung zu einem gerechten Ergebnis kommen.[501] Dass bei der Gewichtung der einzelnen Ansichten und bei der Beurteilung dessen, wie ein gerechtes Ergebnis auszusehen hat, eine eigene Wertung des Rechtsanwenders mitschwingt, dürfte in der Natur der Sache liegen.

Wenn aber schon die Entscheidung im Hauptsacheverfahren nicht ohne Wertung auskommt, muss dies erst recht gelten, wenn es in einem relativ frühen Verfahrensstadium darum geht, die Erfolgs*aussichten* eines Rechtsbehelfs zu bewerten. Dabei ist es durchaus möglich, dass die Bewertung „guter“ und „schlechter“ Erfolgsaussichten in demselben Fall entgegengesetzt ausfällt, so z.B. wenn Entscheidungsträger A (etwa der Sachbearbeiter im Veranlagungsbezirk) das Argument 1 für besonders gewichtig hält und damit zu einer positiven Erfolgsprognose kommt, während Entscheidungsträger B (der zuständige Bearbeiter in der Rechtsbehelfsstelle desselben Finanzamtes) dieses für nicht tragfähig erachtet, sondern mit dem Argument 2 zu einer negativen Erfolgsprognose kommt.

Dieser Wertungsspielraum wirkt sich auch auf verfassungsrechtlicher Ebene aus. Selbst in Fällen, in denen ein Finanzgericht von der Verfassungswidrigkeit einer streitentscheidenden Norm überzeugt ist und daher ein konkretes Normenkontrollverfahren einleitet, sei es mit Art. 19 Abs. 4 Satz 1 GG vereinbar, wenn der BFH im Rahmen des vorläufigen Rechtsschutzes – entgegen der finanzgerichtlichen Entscheidung – nicht einmal „ernstliche Zweifel“ an der Verfassungsmäßigkeit jener Vorschrift hat.[502] Es besteht daher Anlass zur Sorge, dass

---

Kontingenz von Ergebnissen: Sie könnten häufig auch anders ausfallen, ohne dass dies Ausdruck von Beliebigkeit sein muss.“

499 *Heitsch*, DÖV 2003, 367–375 (370).

500 Siehe FG Köln, Urt. v. 08.09.2010, 13 K 960/08, EFG 2011, 105, 110 ff.

501 Allgemein zum Bestreben des Richters, den Einzelfall „gerecht“ zu entscheiden *Larenz/Canaris*, Methodenlehre der Rechtswissenschaft, S. 168 ff. m.w.N.

502 Siehe BVerfG, Beschl. v. 06.05.2013, 1 BvR 821/13, NVwZ 2013, 935.

die Einschätzung über die Erfolgsaussichten je nach gewünschtem Ergebnis positiv oder negativ ausfällt.[503]

Wie die *Antragsfälle* zur Aussetzung der Vollziehung zeigen, gibt es insbesondere zwei Möglichkeiten, wie man an die Prognoseentscheidung im Rahmen der § 361 Abs. 2 Satz 2 Alt. 1 AO, § 69 Abs. 2 Satz 2 Alt. 1 FGO, § 80 Abs. 4 Satz 3 Alt. 1 VwGO, § 86a Abs. 3 Satz 2 Alt. 1 SGG herangehen kann. Entweder man reduziert die Anforderungen an das Vorliegen rechtlicher Zweifel, indem man auch mögliche Erfolgsaussichten ausreichen lässt, um die Aussetzung der Vollziehung vornehmen zu können und letztlich einen effektiven vorläufigen Rechtsschutz zu erreichen.[504] Alternativ kann man das Kriterium der „ernstlichen" Zweifel ernst nehmen und die Aussetzung der Vollziehung auf Fälle beschränken, in denen der Rechtsbehelf überwiegende Erfolgsaussichten hat (ein Obsiegen in der Hauptsache müsse wahrscheinlicher sein als ein Unterliegen).[505]

---

503 So auch *Funke-Kaiser* in: Bader/Funke-Kaiser/Stuhlfauth/Albedyll, VwGO, § 80 Rz. 60 (*„oftmals mehr oder weniger willkürliche (ergebnisorientierte) Aussagen über die Erfolgsaussichten mit (vorläufige [sic!]) Festlegungen, die die Beteiligten zu voreiligen Schlüssen verleiten können"*).

504 Vgl. insoweit *Birkenfeld* in: H/H/S, AO, § 361 Rz. 175 (Stand: 212. Lfg. März 2011): *„Besteht die nicht nur entfernte Möglichkeit, dass der angefochtene VA infolge gewichtiger Darlegungen und darauf beruhender Zweifelhaftigkeit der Rechtslage im Verfahren über den Rechtsbehelf aufgehoben oder geändert wird, so soll ausgesetzt werden"*. Überwiegende Erfolgsaussichten werden im Rahmen der § 361 Abs. 2 Satz 2 Alt. 1 AO, § 69 Abs. 2 Satz 2 Alt. 1 FGO nicht verlangt, vgl. nur BFH, Beschl. v. 06.11.2008, IV B 126/07, BStBl. II 2009, 156, 158 m.w.N. Das Abstellen auf die Erfolgsaussichten in der Hauptsache ergibt sich mittelbar aus dem Erfordernis ernstlicher Zweifel an der Rechtmäßigkeit im Sinne der § 361 Abs. 2 Satz 2 Alt. 1 AO bzw. § 69 Abs. 2 Satz 2 Alt. 1 FGO, vgl. zu § 69 Abs. 2 Satz 2 FGO 1965 BFH, Beschl. v. 10.02.1967, III B 9/66, BStBl. III 1967, 182, 183 f.

505 So z.B. unter Aufgabe seiner bisherigen Rechtsprechung OVG Nordrhein-Westfalen, Beschl. v. 25.08.1988, 3 B 2564/85, NVwZ-RR 1990, 54 m.w.N. Bestätigt durch OVG Nordrhein-Westfalen, Beschl. v. 14.09.2017, 14 B 939/17, Rz. 2 ff. – juris, insbesondere mit Hinweis auf die gesetzgeberische Wertung aus § 80 Abs. 2 Satz 1 Nr. 1 VwGO, der zufolge das öffentliche Interesse an einem Sofortvollzug generell gewichtiger sei als das Interesse des Einzelnen an der Suspendierung der Zahlungspflicht. So auch *Külpmann* in: Finkelnburg/Dombert/Külpmann, Vorl. Rechtsschutz, Rz. 829 m.w.N. Anders hingegen *Schenke* in: Kopp/Schenke, VwGO, § 80 Rz. 116 m.w.N. Hiernach liegen ernstliche Zweifel vor, wenn der Erfolg im Hauptsacheverfahren mindestens ebenso wahrscheinlich sei wie ein Misserfolg. Teilweise wird eine Angleichung an die aussetzungsfreundliche Sichtweise des BFH befürwortet, so z.B. *Funke-Kaiser* in: Bader/Funke-Kaiser/Stuhlfauth/Albedyll, VwGO, § 80 Rz. 60. Andere fordern, dass

Während erstere Gangart – durch die geringeren Anforderungen – den Vorteil einer schnellen Entscheidung für sich hat, wird man bei dem letztgenannten Verständnis eine weitergehende rechtliche Prüfung verlangen müssen, um die Aussetzung der Vollziehung erreichen zu können.

Die Abwägung zwischen den Suspendierungsinteressen der Verwaltung und den Vollzugsinteressen des Grundrechtsträgers hat gezeigt, dass eine aufgedrängte Aussetzung dann nicht außer Verhältnis zu den mit ihr verbundenen Nachteilen für den Betroffenen steht, wenn sein Einspruch bzw. seine Klage so gute Erfolgsaussichten hat, sodass die Aussetzung im Ergebnis nur wahrscheinliche Zinsansprüche des Bürgers verhindert.[506]

Bereits *Riewald* verwendete den Begriff „gute Erfolgsaussichten" in der Kommentierung zu § 69 Abs. 2 Satz 1 FGO 1965 bei der Frage, wann die Finanzbehörde ohne Antrag des Rechtsbehelfsführers aussetzungsberechtigt sei.[507] In der angegebenen Fundstelle wird dieser Begriff indes nicht definiert respektive konkretisiert. Zwar sind Fallgestaltungen denkbar, in denen die Feststellung solcher Erfolgsaussichten möglich ist. So lässt sich eine aufgedrängte Aussetzung unzweifelhaft auf gute Erfolgsaussichten stützen, wenn eine Abhilfeentscheidung beabsichtigt ist und dieser durch die Aussetzung der Vollziehung nur vorgegriffen werden soll.[508] Denkbar ist ferner, dass die Erfolgsaussichten zwar so gut sind, dass die Behörde davon ausgeht, den streitigen Verwaltungsakt aufheben zu müssen, sie beabsichtigt jedoch, eine ältere höchstrichterliche Entscheidung

---

das Erfordernis überwiegender Erfolgsaussichten auch im Steuerrecht gelten müsse, so etwa *Schrömbges*, DB 1988, 1418–1423 (1420 ff.). Auch die überwiegende Auffassung im Bereich des Sozialrechts verlangt, dass der Erfolg im Hauptsacheverfahren wahrscheinlicher sein müsse als der Misserfolg, wobei auch hier zur Begründung auf die bewusste gesetzgeberische Entscheidung zugunsten des Sofortvollzugs (vgl. § 86a Abs. 2 Nr. 1 SGG) verwiesen wird, vgl. exemplarisch LSG Nordrhein-Westfalen, Beschl. v. 13.02.2013, L 8 LW 20/12 B ER, Rz. 17 m.w.N. – juris; LSG Berlin, Beschl. v. 27.02.2004, L 15 B 69/03, KR ER, Rz. 3 m.w.N. – juris; *Keller* in: Meyer-Ladewig, SGG, § 86a Rz. 27a m.w.N.; *Wahrendorf* in: Roos/Wahrendorf, SGG, § 86a Rz. 119 m.w.N.; *Wehrhahn* in: Breitkreuz/Fichte, SGG, § 86a Rz. 51 m.w.N.; *Seewald*, SGb 2012, 253–259 (255 m.w.N.); *Udsching/Groth* in: Krasney/Udsching/Groth, Hdb. des sozialger. Verfahrens, V. Kapitel Rz. 16 m.w.N. A.A. *Krodel* in: Rolfs/Giesen/Kreikebohm/Udsching, BeckOK SozR, SGG, § 86a Rz. 71 (Stand: 01.12.2016). Ernstliche Zweifel lägen bereits dann vor, wenn die Rechtmäßigkeit des angefochtenen Verwaltungsakts zumindest ebenso wahrscheinlich sei wie dessen Rechtswidrigkeit.

506 Siehe Teil II, § 3, III. 3. b), cc), (5) und Teil II, § 3, IV. 2. a).

507 Siehe *Riewald* in: Becker, RAO, 9. Aufl., § 69 FGO Anm. 2, b), (2).

508 Zutreffend FG Köln, Urt. v. 08.09.2010, 13 K 960/08, EFG 2011, 105, 111.

auf den Prüfstand zu stellen, und möchte durch die aufgedrängte Aussetzung das Zinsrisiko aus dem Rechtsbehelfsverfahren vermeiden.[509] Während im ersten Fall ein Zinsrisiko für den Rechtsbehelfsführer praktisch ausscheidet, ist es im zweiten Fallbeispiel zumindest nicht von vornherein ausgeschlossen, dass die Finanzbehörde das Hauptsacheverfahren gewinnt und somit grundsätzlich einen Zinsanspruch begründet (siehe § 237 Abs. 1 Satz 1 AO).

Im Regelfall ist die Anknüpfung an die Erfolgsaussichten jedoch mit dem Risiko behaftet, dass das Ergebnis dieser Prognose mehr oder weniger vom Zufall abhängt. Insbesondere in Fällen, in denen neue Rechtsfragen zu beurteilen sind, für die es noch keine gerichtliche Entscheidung gibt, fällt die Einschätzung über den Ausgang des Rechtsbehelfsverfahrens naturgemäß schwer. Die Finanzbehörde steht hier vor dem Problem, dass sie als erste über die Gesetzesanwendung entscheiden muss.[510] Zudem ist die Rechtsinterpretation nicht starr, sondern ein dynamischer Prozess. Zum einen erfolgt die Beurteilung der Erfolgsaussichten in der Regel in einem relativ frühen Verfahrensstadium, was das Risiko einer Fehlprognose erhöht. Zum anderen ist ein in der Hauptsache festgestelltes Auslegungsergebnis keinesfalls endgültig, sondern kann ggf. in nächster Instanz gegensätzlich beurteilt werden.

Bezieht man diese Faktoren in die Beurteilung der Erfolgsprognose mit ein, so müsste man in Fällen, in denen der Rechtsbehelfsführer in seinem Einspruch behauptet, sein Fall sei mit einer für ihn positiven finanzgerichtlichen Entscheidung vergleichbar, bei der Beurteilung der Erfolgsaussichten berücksichtigen, ob die finanzgerichtliche Entscheidung im Revisionsverfahren ggf. noch aufgehoben werden könnte.

Eine solche Betrachtungsweise vermag kaum zu überzeugen und wird den Bedürfnissen des Eilverfahrens nicht gerecht. Selbst eine höchstrichterliche Entscheidung muss nicht zwangsläufig Indiz für gute Erfolgsaussichten sein. Denkbar ist bspw., dass die höchstrichterliche Rechtsprechung in der Streitfrage uneinheitlich ist. Möglich ist aber auch, dass bereits zweifelhaft ist, ob die in Bezug genommene Entscheidung auf den Streitfall überhaupt anwendbar ist.

Es dürfte deutlich geworden sein, dass die Beurteilung der Erfolgsaussichten in hohem Maße von den Umständen des Einzelfalls abhängt und auch von der rechtlichen Argumentation. Die Entscheidung für mögliche, oder überwiegende Erfolgsaussichten schafft insoweit keine Rechtssicherheit. Im Kontext des

509 Siehe Teil II, § 3, III. 3. b), cc), (6).

510 Die Finanzbehörde besitzt, wenn es um die Klärung neuer – gerichtlich bislang nicht geklärter – Rechtsfragen geht, einen „*Konkretisierungsspielraum*“, siehe *Seer*, Verständigungen im Steuerverfahren, S. 171.

Rechtsschutzes gegen die aufgedrängte Aussetzung besteht das Problem, dass die gerichtliche Kontrolle der behördlichen Aussetzungsentscheidung, würde man sie auf die Prüfung der Erfolgsprognose der Finanzbehörde beschränken, nicht weniger wertend sein kann als die von der Behörde getroffene Entscheidung. Das Gericht darf aber gemäß § 102 Satz 1 FGO die behördliche Aussetzungsentscheidung nur auf Ermessensfehler prüfen. Es darf keine eigene Ermessensentscheidung an die Stelle der behördlichen Ermessensausübung setzen. Daher könnten die Gerichte allenfalls prüfen, ob die Einschätzung über die Erfolgsprognose des Rechtsbehelfs in der Hauptsache vertretbar ist.

Angesichts des unter Umständen erheblichen Aussetzungszeitraums – vom Einspruch bis zur letztinstanzlichen Entscheidung im finanzgerichtlichen Verfahren können 6 bis 10 Jahre vergehen –[511] ist es vorzugswürdig, wenn das Aussetzungszinsrisiko *unmittelbar* in den Entscheidungsprozess über die Aussetzung der Vollziehung einbezogen wird. Ergreift die Finanzbehörde in ihrer Aussetzungsentscheidung Maßnahmen zur Verhinderung respektive Reduzierung des Aussetzungszinsrisikos, bringt sie damit zum Ausdruck, dass sie dem Rechtsbehelf des Bürgers wirklich gute Erfolgsaussichten zuschreibt und nicht die aufgedrängte Aussetzung als Zinseinnahmeinstrument nutzt. Daher ist kumulativ zum Kriterium der rechtlichen Zweifel auch dem Aspekt der *Zinsrisikoverlagerung* Bedeutung im Rahmen der Verhältnismäßigkeit der behördlichen Aussetzungsentscheidung beizumessen. Auf diese Weise werden die Nachteile einer Fehlprognose über die Erfolgsaussichten im Zuge der Aussetzungsentscheidung und nicht erst (ex post) in einem Zinsverzichtsverfahren (vgl. § 237 Abs. 4 AO i.V.m. § 234 Abs. 2 AO) reduziert.

Verhältnismäßig ist die aufgedrängte Aussetzung der Vollziehung – in Ergänzung der im Rahmen des Ermessensfehlgebrauchs dargestellten Formel –[512] *je größer die rechtlichen Zweifel und umso geringer die drohenden Zinsnachteile aus der Aussetzungsentscheidung für den Grundrechtsträger sind.* Der Vorteil dieser Formel ist, dass nicht allein die rechtlichen Zweifel ausschlaggebend sind. Selbstverständlich sinkt das Zinsrisiko für den Grundrechtsträger, wenn die rechtlichen Zweifel groß sind. Dies ist jedoch, wie bereits ausgeführt, eine in der Regel nicht praktikable Herangehensweise, da jedenfalls ein Missbrauchspotenzial angesichts des nicht von der Hand zu weisenden Prognosespielraums besteht. Daher muss einer pauschalen Zinsrisikoabwälzung auf den Grundrechtsträger

511 *Seer* in: T/L, Steuerrecht, § 22 Rz. 3.

512 Siehe Teil II, § 3, III. 3. b), cc), (5), wonach die aufgedrängte Aussetzung möglich ist, wenn die rechtlichen Zweifel so gewichtig sind, dass die Aussetzung dazu dient, wahrscheinliche Zinsansprüche des Rechtsbehelfsführers zu verhindern.

entgegengewirkt werden. Dementsprechend treten hier die Zinsrisiken in den Vordergrund. Der zweite Satzteil („*umso geringer die drohenden Zinsnachteile aus der Aussetzungsentscheidung für den Grundrechtsträger sind*“) *ergänzt (nicht: ersetzt!)* das Kriterium der rechtlichen Zweifel. Die Behörde ist demnach angehalten, Maßnahmen zu ergreifen, um das Aussetzungszinsrisiko für den Betroffenen zu reduzieren.

Im Ergebnis kann sich die aufgedrängte Aussetzung dadurch als verhältnismäßig erweisen, dass die mit der Aussetzung verbundenen Zinsnachteile bzw. Zinsrisiken abgemildert werden.

Die Abmilderung des Aussetzungszinsrisikos lässt sich auf zwei Wegen umsetzen: Entweder die Verwaltung ergreift Maßnahmen, um eine wirtschaftliche Belastung des Grundrechtsträgers zu vermeiden respektive zu verringern. Alternativ fragt sich, ob der Betroffene auf die aufgedrängte Aussetzung auch selbst reagieren kann, indem er trotz Aussetzung die streitigen Beträge an die Behörde zahlt (Näheres zu den beiden Ansätzen im folgenden Abschnitt).

Bei diesem Verständnis ist die aufgedrängte Aussetzung dann angemessen und verhältnismäßig im engeren Sinne, wenn entweder nachweislich gute Erfolgsaussichten bestehen – sei es weil die Behörde demnächst eine Abhilfeentscheidung vornehmen will, oder weil sie mit ihrer Rechtsauffassung im Widerspruch zu einer höchstrichterlichen Entscheidung steht, sodass die Aussetzungszinsrisiken praktisch gegen null gehen. Da ersteres aber der Ausnahmefall sein dürfte, ist die aufgedrängte Aussetzung auch dann noch verhältnismäßig, wenn neben den festgestellten rechtlichen Zweifeln zugleich Maßnahmen zur Verringerung der Zinsrisiken für den Betroffenen ergriffen werden. Auch in den letztgenannten Fällen müssen materiell-rechtliche Zweifel vorliegen, jedoch ist neben den rechtlichen Zweifeln vor dem Hintergrund, dass die Beurteilung der Erfolgsaussichten je nach Entscheidungsträger positiv oder negativ ausfallen kann, also nicht sicher beurteilt werden kann, das Aussetzungszinsrisiko einzuschränken. Selbst bei guten Erfolgsaussichten ist ein solches Vorgehen aus Gründen der Verhältnismäßigkeit zu empfehlen. Andernfalls wäre, sollte atypischerweise nach Abschluss des Rechtsbehelfsverfahrens ein Aussetzungszinsanspruch bestehen, über einen Verzicht gemäß § 237 Abs. 4 AO i.V.m. § 234 Abs. 2 AO im Einzelfall zu entscheiden.

Analog § 80 Abs. 3 Satz 1 VwGO muss die Finanzbehörde ihre Einschätzung der Erfolgsaussichten in der Aussetzungsentscheidung begründen.[513] Hierbei

513 Vgl. bereits Teil II, § 3, III. 3. b), bb).

sollte sie aus Gründen der Verhältnismäßigkeit gleichzeitig offenlegen, wie sie das Aussetzungszinsrisiko abmildert.

d) *Rechtmäßigkeitszweifel verbunden mit Maßnahmen zur Verringerung bzw. Reaktionsmöglichkeiten zur Vermeidung des Risikos eines Zinsnachteils für den Grundrechtsträger*

Anknüpfend an die im vorangegangenen Abschnitt gewonnenen Erkenntnisse geht es nunmehr darum zu eruieren, wie die aufgedrängte Aussetzung mit Blick auf das von ihr ausgehende Zinsrisiko (§ 237 AO) ausgestaltet sein muss, um den Betroffenen nicht übermäßig zu belasten und insbesondere der Gefahr vorzubeugen, dass der Grundrechtsträger davon absieht Rechtsschutz zu suchen. Zu diesem Zweck werden drei Lösungsmöglichkeiten diskutiert, die sich dadurch unterscheiden, dass es in zwei Alternativen um Maßnahmen geht, die die Finanzbehörde trifft, um das Aussetzungszinsrisiko verhältnismäßig zu gestalten. Die dritte Lösung besteht in einem Aktivwerden des Adressaten der Aussetzungsverfügung. Insoweit stellt sich die Frage, ob dieser der aufgedrängten Aussetzung nicht durch Zahlung der ausgesetzten Beträge begegnen kann.

aa) Reduzierung der Zinshöhe der Aussetzungszinsen im Wege eines Teil-Verzichts

Zunächst fragt sich, ob die Höhe der Aussetzungszinsen verhältnismäßig gestaltet werden kann, indem man den Zinssatz auf ein marktgerechtes Niveau reduziert. Da das Aussetzungszinsfestsetzungsverfahren hierfür keine Spielräume eröffnet, stellt sich die Frage, ob zumindest im Wege eines Teil-Verzichts auf die an sich festzusetzenden Aussetzungszinsen die Belastung des Betroffenen einer aufgedrängten Aussetzung gemindert werden kann.

§ 234 Abs. 2 AO, der über § 237 Abs. 4 AO für die Aussetzungszinsen entsprechend gilt, schafft einen gewissen Handlungsspielraum zugunsten desjenigen, der über die Verzichtsfrage entscheidet. Dies ergibt sich nicht nur aus der Formulierung „*kann*" in § 234 Abs. 2 AO, sondern zugleich aus dem ausfüllungsbedürftigen Rechtsbegriff der „unbilligen Erhebung im Einzelfall". § 234 Abs. 2 AO sieht explizit die Möglichkeit vor, den Verzicht aus Billigkeitsgründen nur teilweise auszusprechen. Demnach wäre es denkbar, Aussetzungszinsen auf ein marktangemessenes Niveau zu senken.

Die Lage des Einzelfalls ist bei der aufgedrängten Aussetzung dadurch geprägt, dass der Rechtsbehelfsführer von seinen Zahlungspflichten nicht bis zum Abschluss des Rechtsbehelfsverfahrens befreit werden möchte. Er will sich also nicht in die unvorteilhafte Lage eines marktfernen Zinsrisikos begeben. Wenn ihm diese Situation gleichwohl durch die Finanzbehörde aufgezwungen wird, so könnte, wenn der Bürger in der Hauptsache unterliegt, der besondere Umstand, dass letzterer zahlungswillig gewesen ist, einem vollständigen Zinsanspruch aus § 237 AO entgegenstehen. Ein vollständiger Zinsanspruch könnte in diesen Fällen unbillig sein. Vielmehr ist die aufgedrängte Aussetzung möglicherweise nur dann verhältnismäßig, wenn sie allein die tatsächlichen Liquiditätsvorteile des Rechtsbehelfsführers und die tatsächlichen Zinsnachteile des Staates ausgleicht.[514]

Unter praktischen Aspekten ist diese Lösung allerdings dadurch aus Sicht des Rechtsbehelfsführers misslich, dass die Frage eines Verzichts naturgemäß erst relevant wird, wenn feststeht, auf was verzichtet werden soll. Es müssten also grundsätzlich Aussetzungszinsen entstanden sein, bevor die Finanzbehörde über einen teilweisen Verzicht auf diese entscheiden kann. Zudem ist die Verzichtsfrage das Ergebnis einer Bewertung des Einzelfalls, die also je nach Entscheidungsträger unterschiedlich ausfällt. Der Makel der Rechtsunsicherheit ließe sich allenfalls dadurch kompensieren, dass bereits die Aussetzungsverfügung mit dem Hinweis versehen wird, dass etwaige Aussetzungszinsen nur in marktangemessener Höhe erhoben werden.

Unabhängig von den praktischen Bedenken gegen diese Lösung ist sie auch in rechtlicher Hinsicht problematisch. § 238 Abs. 1 Satz 1 AO setzt für sämtliche Zinstatbestände der §§ 233 ff. AO den fixen Zinssatz i.H.v. 0,5 % pro Monat vor. Auch aus § 238 Abs. 1 Sätze 2, 3, Abs. 2 AO wird deutlich, dass der Gesetzgeber nicht nur bei der Höhe, sondern auch hinsichtlich der Berechnung der Zinsen genaue Vorgaben macht. Anders etwa in § 76 Abs. 2 Satz 2 SGB IV, der eine Stundung (nur) gegen angemessene Verzinsung vorsieht.

Aus Gründen der Gewaltenteilung muss die Exekutive die Gesetze so vollziehen, wie sie der Gesetzgeber erlassen hat. Die Korrektur im Verzichtsverfahren darf nicht so ausgeweitet werden, dass sich die Exekutive im Ergebnis zum Quasi-Gesetzgeber aufschwingt. Ob der Zinssatz des § 238 Abs. 1 Satz 1 AO generell, oder zumindest in besonderen Fällen, wie der aufgedrängten Aussetzung, überschießend wirkt, müssen die Gerichte – letztlich das BVerfG – entscheiden. Der Verzicht auf Aussetzungszinsen im Einzelfall muss auf krasse Ausnahmefälle beschränkt bleiben, um die Konturen der Gewaltenteilung nicht unnötig aufzuweichen. Daher ist die Zinshöhe auch aus rechtlicher Sicht nicht im Verzichtsverfahren korrigierbar.

---

514 Eine ähnliche Fragestellung wirft die Problematik eines Teil-Erlasses von Säumniszuschlägen im Zusammenhang mit einer rückwirkend aufgehobenen Aussetzungsentscheidung auf, dazu noch in Teil III, § 5.

Einen Handlungsspielraum hat die Finanzbehörde jedoch insoweit, als sie auf den Zinslauf respektive den Aussetzungszinszeitraum Einfluss nehmen kann, sodass zu klären ist, ob insoweit eine verhältnismäßige Lösung möglich ist und wie diese aussehen könnte.

bb) Rasche Entscheidung im Hauptsacheverfahren und Befristung der Aussetzungsentscheidung (§ 120 Abs. 2 Nr. 1 AO)

Nach der aufgedrängten Aussetzung der Vollziehung (§ 361 Abs. 2 Satz 1 Hs. 1 AO) und der damit verbundenen suspendierenden Wirkung des angefochtenen Verwaltungsakts steht zu befürchten, dass sich die Finanzbehörde nunmehr Zeit lässt, um in der Hauptsache (Einspruch) zu entscheiden. Dies kann sich für den Betroffenen vor allem dann als nachteilig erweisen, wenn man – entgegen der hier vertretenen Auffassung (siehe Teil II, § 3, III. 3. b), dd), (3)) – dazu kommt, dass ein Aussetzungszinsrisiko im Sinne des § 237 AO auch bei aufgedrängter Aussetzung besteht. Das Aussetzungszinsrisiko würde dann mit zunehmender Verfahrensdauer steigen (vgl. § 237 AO i.V.m. § 238 Abs. 1 Satz 1 AO).

Dieser Gefahr für den Grundrechtsträger könnte die Finanzbehörde, die über den Einspruch zu entscheiden hat, dadurch begegnen, dass sie möglichst schnell in der Hauptsache eine Entscheidung trifft. Ob dies möglich ist, hängt jedoch stark vom Einzelfall ab. Wäre der Fall so einfach gelagert, dass eine baldige Entscheidung möglich wäre, bedürfte es regelmäßig keiner (aufgedrängten) Aussetzung der Vollziehung. Vielmehr gilt allgemein: Je komplexer der Rechtsstreit, desto schwerer wird es für die Finanzbehörde, rasch über den Einspruch zu entscheiden. Mit Blick auf die rechtlichen Zweifel streitet die Gesetzmäßigkeit, insbesondere der Vorrang des Gesetzes für die Suspendierung des streitigen Verwaltungsakts, da kein Allgemeininteresse an dem Vollzug rechtswidriger Verwaltungsakte besteht. Gleichwohl gebietet ein Ausgleich mit den Interessen des Bürgers, der hier keine Suspendierung wünscht, dass zumindest die Dauer der Aussetzung der Vollziehung unter Berücksichtigung des Aussetzungszinsrisikos verhältnismäßig zu gestalten ist.

Eine gewisse Beschleunigung lässt sich dadurch erreichen, dass danach differenziert wird, ob die rechtlichen Zweifel ihre Grundlage in Unklarheiten über den entscheidungserheblichen Sachverhalt haben, oder ob sie allein die Klärung rechtlicher Fragen betreffen. Im letzteren Fall könnte eine Verfahrensbeschleunigung bspw. durch die sog. Sprungklage gemäß § 45 Abs. 1 Satz 1 FGO erreicht werden, da hierdurch schneller, weil – in Durchbrechung des in § 44 Abs. 1 FGO normierten Grundsatzes – ohne Durchführung des Einspruchsverfahrens, die Fachgerichte eingeschaltet werden.[515] Bei Sachverhaltszweifeln kommt die Sprungklage hingegen, wie sich bereits aus § 45 Abs. 2 Satz 1 FGO ergibt, regelmäßig nicht in Betracht.[516] Auch aus verfahrensökonomischer Sicht sowie mit Blick auf einen effektiven Rechtsschutz im Hauptsacheverfahren ist es sinnvoll, dass sich die Finanzbehörde möglichst früh darüber klar wird, ob sie dem Begehren des Rechtsbehelfsführers selbst abhelfen kann, oder – wenn dies nicht der Fall ist (z.B. aufgrund bindender Verwaltungsvorschriften) – zumindest darauf hinwirkt, dass dieser eine schnelle gerichtliche Entscheidung erhält. Im Rahmen der Sprungklage ist allerdings die Monatsfrist des § 45 Abs. 1 Satz 1 FGO zu beachten.

Das Hinwirken auf eine schnelle Entscheidung in der Hauptsache könnte aus Verhältnismäßigkeitsgesichtspunkten – mit Blick auf die drohenden Aussetzungszinsrisiken – noch durch eine absolute, zeitliche Grenze ergänzt werden. Denkbar ist, die Aussetzungsentscheidung und damit den Zinslauf der Aussetzungszinsen zu befristen. Die finanzbehördliche Aussetzungsentscheidung erfüllt alle Merkmale des Verwaltungsaktsbegriffs im Sinne des § 118 Satz 1 AO.[517] Die gegensätzliche Auffassung zur behördlichen Aussetzung der Vollziehung gemäß § 80 Abs. 4 Sätze 1, 3 VwGO, wonach es sich hierbei um eine unselbständige Entscheidung zum Verwaltungsakt in der Hauptsache handele,

---

515 Es handelt sich bei der Sprungklage nicht um eine eigene Klageart; mögliche Anwendungsfälle sind die Anfechtungs- und die Verpflichtungsklage (§ 40 Abs. 1 Var. 1, 2 FGO), siehe *Seer* in: T/K, FGO, § 45 Rz. 2, 3 (Stand: 138. Lfg. Oktober 2014).

516 Siehe Entwurf eines Gesetzes zur Änderung der Finanzgerichtsordnung und anderer Gesetze (FGO-Änderungsgesetz) vom 14.08.1991, BT-Drucks. 12/1061, S. 13 (zu § 45), wo zum Zweck des § 45 Abs. 2 Satz 1 FGO Folgendes ausgeführt wird: „*Zweck der Vorschrift ist, darauf hinzuwirken, daß die Finanzbehörden die zur Entscheidung des konkreten Falles notwendigen Tatsachenfeststellungen selbst treffen und der Sprungklage nicht zustimmen, um sich aufwendige Sachverhaltsermittlungen zu ersparen.*“

517 So die ganz herrschende Meinung im Steuerrecht, vgl. exemplarisch BFH, Urt. v. 30.03.1993, VII R 37/92, BFH/NV 1994, 4, 6; BFH, Beschl. v. 10.12.1986, I B 121/86, BStBl. II 1987, 389, 390 m.w.N.; BFH, Urt. v. 12.10.1982, VII R 84/82, BStBl. II 1983, 49, 50; *Birkenfeld* in: H/H/S, AO, § 361 Rz. 751 m.w.N. (Stand: 212. Lfg. März 2011); *Seer* in: T/K, AO, § 361 Rz. 9 m.w.N. (Stand: 140. Lfg. Mai 2015). A.A. *Schrömbges*, DB 1988, 77–80 (79). *Schrömbges* ist der Auffassung, dass die Aussetzungsentscheidung keinen von dem angefochtenen Verwaltungsakt unabhängigen Inhalt habe. So auch *Koenig*, BB 1993, 1635–1638 (1637 f. m.w.N.). Gegen diese Auffassung spricht, dass an die Aussetzungsentscheidung Zinsfolgen geknüpft werden (vgl. § 237 AO). Dies lässt erkennen, dass die Aussetzung der Vollziehung Anordnungen trifft, die über die Vollzugshemmung hinausgehen und damit die Aussetzungsentscheidung nicht bloßer Bestandteil des angefochtenen Verwaltungsakts ist.

vermag angesichts der inhaltsgleichen Fassung des § 35 Satz 1 VwVfG nicht zu überzeugen.[518] Gleiches gilt für die Aussetzungsentscheidung nach Maßgabe des § 86a Abs. 3 Sätze 1, 2 SGG, die ebenfalls als unselbständiger Annex zum Verwaltungsakt, der in der Hauptsache ergangen ist, angesehen wird.[519] Gemäß § 35 Satz 1 VwVfG (bzw. § 31 Satz 1 SGB X[520] respektive § 118 Satz 1 AO) stellt jede hoheitliche Maßnahme, die eine Behörde zur Regelung eines Einzelfalls auf dem Gebiet des öffentlichen Rechts trifft und die auf unmittelbare Rechtswirkung nach außen gerichtet ist, einen Verwaltungsakt dar. Einzig klärungsbedürftig ist das Merkmal der Regelung.

Einer behördlichen Maßnahme kommt dann Regelungscharakter zu, wenn das Handeln darauf abzielt, eine verbindliche Rechtsfolge zu setzen; hiervon ist insbesondere dann auszugehen, wenn durch den behördlichen Akt unmittelbar

---

518 So aber die überwiegende Auffassung, siehe exemplarisch *Schenke* in: Kopp/Schenke, VwGO, § 80 Rz. 107 i.V.m. Rz. 78 jeweils m.w.N.; *Detterbeck*, Allg. Verwaltungsrecht, Rz. 1490; *Stern/Blanke*, Verwaltungsprozessrecht in der Klausur, Rz. 587 m.w.N., wonach die Anordnung der sofortigen Vollziehung (§ 80 Abs. 2 Satz 1 Nr. 4 VwGO) – das Gegenstück zur behördlichen Aussetzung nach § 80 Abs. 4 Sätze 1, 3 VwGO – bloßer Annex zu demjenigen Verwaltungsakt sei, der vollzogen werden soll; *Wienbracke*, Verwaltungsprozessrecht, Rz. 546. Das Argument von *Schenke* in: Kopp/Schenke, VwGO, § 80 Rz. 78, wonach gegen die Qualifikation der Vollziehungsanordnung (§ 80 Abs. 2 Satz 1 Nr. 4 VwGO) als Verwaltungsakt spreche, dass andernfalls gegen diese Anordnung mit Rechtsbehelfen vorgegangen werden könnte und eine materielle Bestandskraft möglich sein müsste, überzeugt nicht, da er sich – anstatt unter die Voraussetzungen eines Verwaltungsakts zu subsumieren – direkt auf die Rechtsfolgen der Einordnung als Verwaltungsakt stützt. Für die positive Einstufung der behördlichen Aussetzungsentscheidung kommt es indes allein darauf an, ob diese die Merkmale eines Verwaltungsakts erfüllt. Erst wenn dies der Fall ist, sind die Folgen dieser Einordnung in den Blick zu nehmen. Rechtliche Bedenken gegen ein selbständiges gerichtliches Vorgehen gegen die behördliche Aussetzungsentscheidung bestehen diesseits nicht. Vielmehr dient die aufgedrängte Aussetzung der Vollziehung gerade als Beleg dafür, dass ein praktisches Bedürfnis für einen Rechtsschutz gegen die Aussetzungsentscheidung bestehen kann.

519 Vgl. LSG Hamburg, Beschl. v. 02.03.2015, L 2 R 11/15 B ER, Rz. 9 m.w.N. – juris; *Keller* in: Meyer-Ladewig, SGG, § 86a Rz. 17a m.w.N. (zur Vollziehungsanordnung [§ 86a Abs. 2 Nr. 5 SGG]); *Krodel* in: Rolfs/Giesen/Kreikebohm/Udsching, BeckOK SozR, SGG, § 86a Rz. 64 (Stand: 01.12.2016), wonach die Aussetzung der Vollziehbarkeit (§ 86a Abs. 3 Satz 1 SGG) nicht als Verwaltungsakt zu qualifizieren sei.

520 Zehntes Buch Sozialgesetzbuch – Sozialverwaltungsverfahren und Sozialdatenschutz – (SGB X) in der Fassung der Bekanntmachung vom 18.01.2001 (BGBl. I S. 130), zuletzt geändert durch das Gesetz vom 30.10.2017 (BGBl. I S. 3618).

auf die Rechte des Adressaten eingewirkt wird (z.B. durch Aufhebung oder Änderung seiner bisherigen Rechtsposition).[521] Eine solche rechtsgestaltende Maßnahme liegt auch im Falle der Aussetzung des angefochtenen Verwaltungsakts in Kommunalabgabenangelegenheiten vor, da nach Abwägung der Vollzugs- und der Suspendierungsinteressen die Rechtslage in der Weise verändert wird (vgl. § 80 Abs. 2 Satz 1 Nr. 1 VwGO), dass für den in der Aussetzungsverfügung bestimmten Zeitraum der streitige Verwaltungsakt nicht vollzogen werden darf.[522] Somit hat die Aussetzungsverfügung Regelungscharakter und stellt einen Verwaltungsakt dar. Entsprechendes gilt für § 86a Abs. 2 Nr. 1 SGG, wonach die aufschiebende Wirkung eines Rechtsbehelfs abweichend zu § 86a Abs. 1 Satz 1 SGG u.a. bei der Anforderung öffentlicher Abgaben entfällt. Mit der Abweichung von der gesetzgeberischen Entscheidung für den Sofortvollzug (vgl. § 86a Abs. 2 Nr. 1 SGG) zugunsten einer Suspendierung des streitigen Abgabenverwaltungsakts im Einzelfall wird die Rechtslage neu gestaltet, sodass die Aussetzungsentscheidung Regelungscharakter hat und damit als Verwaltungsakt einzustufen ist.

Als weiterer Beleg für die Verwaltungsaktqualität der behördlichen Aussetzungsentscheidung spricht die mit ihr einhergehende Folge bezüglich der Verwirkung von Säumniszuschlägen gemäß § 240 AO. Die positive Aussetzungsentscheidung gestaltet auch dadurch die Rechtslage, dass ab ihrer Wirksamkeit im Ergebnis keine Säumniszuschläge mehr anfallen.[523] § 240 AO wird im Kommunalabgabenbereich rezipiert (vgl. § 12 Abs. 1 Nr. 5 Buchst. b) KAG NRW) und auch im Sozialrecht ist das Druckmittel des Säumniszuschlags vorgesehen (siehe § 24 SGB IV).

Die Aussetzungsentscheidung kann aufgrund ihres Verwaltungsaktcharakters gemäß § 120 Abs. 2 Nr. 1 AO nach pflichtgemäßem Ermessen mit einer Bestimmung, nach der eine Vergünstigung oder Belastung für einen bestimmten Zeitraum gilt (Befristung), erlassen werden. Die Einordnung der Aussetzungsentscheidung als Vergünstigung, weil zunächst von der Zahlung bei Fälligkeit befreienden, oder als Belastung, weil das Zinsrisiko auf den Betroffenen

---

521 Siehe nur *von Alemann/Scheffczyk* in: Bader/Ronellenfitsch, BeckOK, VwVfG, § 35 Rz. 141 m.w.N. (Stand: 01.01.2018).

522 Auch der BFH ordnet die Aussetzungsverfügung als rechtsgestaltenden Verwaltungsakt ein, siehe BFH, Urt. v. 30.03.1993, VII R 37/92, BFH/NV 1994, 4, 6.

523 Vgl. nur *Heuermann* in: H/H/S, AO, § 240 Rz. 56 m.w.N. (Stand: 231. Lfg. Februar 2015); dort auch zu den unterschiedlichen Begründungen (fälligkeitshemmende Wirkung der Aussetzung bzw. umfassendes Vollziehungsverbot durch die positive Aussetzungsentscheidung).

überwälzenden Maßnahme, bedarf hier letztlich keiner Entscheidung, da beide Fälle vom Gesetzeswortlaut erfasst werden.

Bei der Wahl des Aussetzungszeitraums liefert die sechs-Monats-Frist des § 46 Abs. 1 Satz 2 FGO einen ersten Anhaltspunkt, wenngleich die Besonderheiten des Einzelfalls (insbesondere das mögliche Aussetzungszinsvolumen) letztlich entscheidend sein dürften. Die Orientierung an der sechs-monatigen Frist bietet sich an, da ihr Verstreichen Voraussetzung für die sog. Untätigkeitsklage ist.[524] Nach Maßgabe des § 46 Abs. 1 Satz 1 FGO ist die Klage, obwohl ein Vorverfahren nicht abgeschlossen worden ist und somit eine Klage eigentlich gemäß § 44 Abs. 1 FGO unzulässig wäre, gleichwohl zulässig, wenn über den außergerichtlichen Rechtsbehelf grundlos nicht in angemessener Frist entschieden worden ist. Hieraus folgt die gesetzgeberische Wertung, dass die Finanzbehörde grundsätzlich binnen sechs Monaten zu einer Entscheidung über den Einspruch gekommen sein muss. Auch das behördliche Verwaltungsverfahren in Gestalt des Aussetzungsverfahrens sollte sich, sofern Aussetzungszinsen drohen und die Aussetzung gegen den Willen des Rechtsbehelfsführers erfolgt, aus Gründen der Verhältnismäßigkeit an der Frist des § 46 Abs. 1 Satz 2 FGO orientieren.

Nachteilig ist an dieser Lösung, dass aufgrund der Befristung die Aussetzungsentscheidung ggf. endet, obwohl noch keine Entscheidung in der Sache ergangen ist. Allerdings könnte dies unter Berücksichtigung des Umstandes, dass die Finanzbehörde als sog. Herrin des Vorverfahrens[525] im Vergleich zum Grundrechtsträger die besseren Möglichkeiten zur Einflussnahme auf die Sachentscheidung hat, hinzunehmen sein. Letzteres gilt selbstredend nur, wenn die Hauptsache nicht schon bei den Finanzgerichten anhängig ist.

Ein weiterer Nachteil dieser Lösung ist, dass das Aussetzungszinsrisiko nur durch die zeitliche Beschränkung vermindert wird. Es fragt sich, ob das Aussetzungszinsrisiko nicht dadurch vollständig beseitigt werden kann, dass der Rechtsbehelfsführer trotz verfügter Aussetzung der Vollziehung die ausgesetzten Beträge zahlt und somit selbst – außerhalb eines Rechtsbehelfsverfahrens gegen die Aussetzungsverfügung – aktiv wird gegen das behördliche Vorgehen. Insoweit sei an die vergleichbare Problematik der aufgedrängten Bereicherung im Zivilrecht erinnert, wonach derjenige, der sich trotz ungewollter Wertsteigerung

524 Trotz der Überschrift des § 46 FGO („*Untätigkeitsklage*") befreit die Vorschrift den Kläger nur von dem Erfordernis des § 44 Abs. 1 FGO; es handelt sich hierbei nicht um eine eigene Klageart, siehe nur *Seer* in: T/L, Steuerrecht, § 22 Rz. 106 m.w.N.

525 Vgl. *Birkenfeld* in: H/H/S, § 365 Rz. 150 (Stand: 231. Lfg. Februar 2015): „*Das Finanzamt bleibt Herr des Verfahrens, solange der Einspruch aufrecht erhalten bleibt.*"

einem Ausgleichsanspruch ausgesetzt sieht, diesen primär durch Beseitigung bzw. Wegnahme durch den Anspruchssteller abwehren muss.[526]

cc) Freiwillige Zahlungen des Betroffenen

(1) Nach der hier zugrunde gelegten Lösung dürfen Aussetzungszinsen in Fällen aufgedrängter Aussetzung generell nicht festgesetzt werden (siehe oben Teil II, § 3, III. 3. b), dd), (3)). Folgt man dieser Ansicht nicht, so fragt sich, ob der Steuerpflichtige trotz Aussetzung der Vollziehung die ausgesetzten Beträge bezahlen kann bzw. die Finanzbehörde trotz der Aussetzung des aus dem angefochtenen Steuerbescheid resultierenden Leistungsgebots zur Entgegennahme der Zahlung verpflichtet ist.

Um diese Frage beantworten zu können, ist zunächst zu eruieren, in welchem Verhältnis Zahlung und Aussetzung der Vollziehung zueinander stehen. Letztere könnte der Zahlungsmöglichkeit des Rechtsbehelfsführers entgegenstehen. Sofern man dazu kommt, dass die Aussetzungsentscheidung ein Recht der Finanzbehörde begründet, die Annahme der Zahlung abzulehnen, bliebe noch die Möglichkeit, den vergeblichen Zahlungsversuch im Rahmen der Aussetzungszinsfestsetzung respektive im Aussetzungszinsverzichtsverfahren zu berücksichtigen.

(2) Nach *Schüppen* handelt es sich bei der aufgedrängten Aussetzung der Vollziehung um ein „*Scheinproblem*", da der Steuerpflichtige die Möglichkeit habe, dieser Situation durch Zahlung des ausgesetzten Betrages zu begegnen.[527] Er ist der Ansicht, dass der Steuerpflichtige der aufgedrängten Aussetzung der Vollziehung, insbesondere der daran anknüpfenden Zinsfolge (vgl. § 237 Abs. 1 Satz 1 AO) durch Zahlung der ausgesetzten Beträge – auch gegen den Willen der Behörde – begegnen könne.[528] Die Aussetzungsverfügung stehe dem nicht entgegen, da diese die Wirksamkeit respektive Fälligkeit des angefochtenen Verwaltungsakts unberührt lasse, jedenfalls aber bleibe die Steuerschuld erfüllbar im Sinne des entsprechend anzuwendenden § 271 Abs. 2 BGB.[529]

Zuzustimmen ist *Schüppen* insoweit, als es mit einem Störgefühl behaftet ist, wenn die Finanzbehörde die angebotene Zahlung des Bürgers nicht entgegennimmt, obwohl sie hierzu an sich, wie sich insbesondere aus § 361 Abs. 1 Satz 1 AO ergibt, verpflichtet ist. Der Rückgriff auf zivilrechtliche Regelungen ist

---

526 Vgl. *Herrler* in: Palandt, BGB, § 951 Rz. 18 ff., insbesondere Rz. 21 m.w.N.

527 Vgl. *Schüppen*, JFStR 13/14, 302, 314.

528 Siehe *Schüppen*, JFStR 13/14, 302, 305 ff. (Lösungshinweise zur Frage 2).

529 *Schüppen*, JFStR 13/14, 302, 306 f.

jedoch nur dann denkbar, wenn dem Steuerverfahrensrecht selbst keine diesbezüglichen Regelungen entnommen werden können. Nach dem Wortlaut des § 271 Abs. 2 BGB ist diese Regelung nur in Zweifelsfällen anwendbar. Mit Blick auf die behördlich verfügte Aussetzung der Vollziehung könnte die zivilrechtliche Bestimmung durch die spezielleren Vorschriften der § 361 Abs. 2 Satz 1 AO, § 69 Abs. 2 Satz 1 FGO verdrängt sein.

(3) Wie ist der Umstand rechtlich zu würdigen, wenn die Finanzbehörde die Entgegennahme der Zahlung des Rechtsbehelfsführers *ablehnt*? Ausgehend vom Wortlaut der § 361 AO, § 69 FGO lässt sich ein Recht des Rechtsbehelfsführers zur vorzeitigen Zahlung trotz Aussetzung der Vollziehung des angefochtenen Steuerbescheids und eine korrespondierende Entgegennahmeverpflichtung der Finanzbehörde nicht herleiten. Die Vorschrift enthält weder eine Regelung zur Aufhebung der behördlichen Aussetzungsentscheidung, noch regelt sie die Folgen, für den Fall, dass sich der Rechtsbehelfsführer über die suspendierende Wirkung seines Rechtsbehelfs hinwegsetzt.

Mit der Aussetzungsentscheidung gemäß § 361 Abs. 2 Satz 1 Hs. 1 AO, § 69 Abs. 2 Satz 1 FGO ordnet die Finanzbehörde an, dass die Vollziehung des angefochtenen Verwaltungsakts ganz oder teilweise ausgesetzt wird. Von dem ausgesetzten Verwaltungsakt darf kein Gebrauch gemacht werden.[530] Unzweifelhaft ist, dass es nunmehr der Finanzbehörde untersagt ist, das aus dem Verwaltungsakt resultierende Leistungsgebot durchzusetzen. Nicht eindeutig ist hingegen, wie sich die Aussetzungsentscheidung mit Blick auf den Adressaten auswirkt. Denkbar ist zum einen, dass auch hier – spiegelbildlich zur Situation bei der Finanzbehörde – jegliches Handeln in Bezug auf den ausgesetzten Verwaltungsakt ausgeschlossen ist. Zum anderen könnte es sich aber auch um ein nur einseitiges Vollziehungshindernis im Verhältnis Staat zum Bürger handeln.

Auseinanderzuhalten sind folgende Wirkungen der Aussetzungsentscheidung. Zum einen ist der Steuerbescheid, auf den der Steuerpflichtige zahlt, ausgesetzt worden (*unselbständige Wirkungen der Aussetzungsverfügung mit Blick auf den suspendierten Bescheid*). Zum anderen könnte die Aussetzungsverfügung selbst der Zahlung entgegenstehen, was anhand der Reichweite ihres Aufgabenbereichs zu eruieren ist (*selbständige Wirkungen der Aussetzungsverfügung*).

530 Vgl. GrS BFH, Beschl. v. 03.07.1995, GrS 3/93, BStBl. II 1995, 730, 731 m.w.N. („*so daß rechtliche (und tatsächliche) Folgerungen aus dem Verwaltungsakt nicht gezogen werden dürfen*"); BFH, Urt. v. 31.08.1995, VII R 58/94, BStBl. II 1996, 55, 57 m.w.N.; BFH, Beschl. v. 10.12.1986, I B 121/86, BStBl. II 1987, 389, 390; *Seer* in: T/K, FGO, § 69 Rz. 10 m.w.N. (Stand: 141. Lfg. Juli 2015).

In Bezug auf die unselbständige Wirkung lässt sich folgendes festhalten: Die Aussetzung der Vollziehung bewirkt im Steuerrecht nicht, dass der angefochtene Steuerbescheid als vorläufig nicht existent behandelt wird.[531] Eine Zahlung auf den wirksamen Steuerbescheid ist also grundsätzlich denkbar. Allerdings fallen für den ausgesetzten Zeitraum unstreitig keine Säumniszuschläge (§ 240 AO) an. Da Letztere aber mit der Fälligkeit der tenorierten Steuerforderung verbunden sind und bei Vorliegen der Voraussetzungen des § 240 AO automatisch Säumniszuschläge entstehen,[532] fragt sich, ob die Steuerforderung nach gewährter Aussetzung der Vollziehung fällig bleibt, oder ob die Fälligkeit der suspendierten Steuerforderung nicht eher hinausgeschoben wird, womit dann auch § 240 Abs. 1 Satz 1 AO nicht erfüllt wäre.[533] Geht man von Letzterem aus,

531 Gegen eine Wirksamkeitshemmung des angefochtenen Verwaltungsakts durch die Aussetzung der Vollziehung insbesondere GrS BFH, Beschl. v. 03.07.1995, GrS 3/93, BStBl. II 1995, 730, 731 m.w.N., 732; *Birkenfeld* in: H/H/S, AO, § 361 Rz. 651 m.w.N. (Stand: 212. Lfg. März 2011); *Seer* in: T/K, FGO, § 69 Rz. 22 m.w.N. (Stand: 141. Lfg. Juli 2015); *Stapperfend* in: Gräber, FGO, § 69 Rz. 255 m.w.N.

532 Vgl. nur BFH, Urt. v. 18.04.2006, VII R 77/04, BStBl. II 2006, 578, 579 m.w.N. („*Säumniszuschläge entstehen kraft Gesetzes, wenn die Tatbestandsvoraussetzungen der Säumnis verwirklicht sind; einer Festsetzung der Säumniszuschläge durch das FA bedarf es nicht*").

533 Ausführlich *Lemaire*, Der vorläufige Rechtsschutz im Steuerrecht, S. 154 ff. m.w.N. *Lemaire* argumentiert u.a. damit, dass bei fortbestehender Fälligkeit auch Säumniszuschläge entstehen würden, was mit Blick auf den normierten Aussetzungszinstatbestand nicht überzeuge. Für eine fälligkeitshemmende Wirkung der Aussetzung der Vollziehung siehe auch *Birkenfeld* in: H/H/S, AO, § 361 Rz. 88, 660 jeweils m.w.N. (Stand: 212. Lfg. März 2011); *Seer* in: T/K, FGO, § 69 Rz. 10 m.w.N. (Stand: 141. Lfg. Juli 2015); *Beck*, ZInsO 2012, 2353–2359 (2357 m.w.N.); So bereits zu § 242 RAO 1965, § 69 FGO 1965 *Blanke/Gudczinski*, DStR 1972, 198–202 (201). A.A. sind bspw. BFH, Urt. v. 17.09.1987, VII R 50–51/86, BStBl. II 1988, 366, 369 m.w.N.: „*Die Fälligkeit gehört aber zum materiellen Regelungsinhalt eines Verwaltungsakts; sie ist keine (untersagte) Vollziehung. Durch die Aussetzung wird sie daher nicht berührt oder gar hinausgeschoben*" (aber offen gelassen in BFH, Urt. v. 31.08.1995, VII R 58/94, BStBl. II 1996, 55, 58); *Cöster* in: Koenig, AO, § 361 Rz. 77; *Behrens*, FR 2015, 214–227 (220, 223 m.w.N.); *Birk/Desens/Tappe*, Steuerrecht, Rz. 560, die u.a. unter Hinweis auf den Gesetzeswortlaut („*Vollziehung*") von einem bloßen Vollzugshemmnis ausgehen; *Busse*, Die AdV im Abgabenrecht, S. 109. Dass gleichwohl keine Säumniszuschläge entstehen wird von den Gegnern einer fälligkeitshemmenden Wirkung der Aussetzung der Vollziehung mit dem weiten Vollziehungsbegriff begründet, der „*jedes Gebrauchmachen vom Regelungsgehalt eines Verwaltungsakts, also auch das Entstehen von Säumniszuschlägen*" verbiete, siehe etwa BFH, Urt. v. 18.04.2006, VII R 77/04, BStBl. II 2006, 578, 579 f. m.w.N.

wäre zu berücksichtigen, dass eine Pflicht zur Entgegennahme freiwilliger Zahlungen des Steuerpflichtigen *vor Fälligkeit* der Steuerschuld gesetzlich nicht vorgesehen ist,[534] weshalb insoweit auch die Rechtsprechung eine ablehnende Haltung einnimmt.[535]

Schüppen hält selbst in dem Fall, in dem von einer Wirksamkeitshemmung der Aussetzungsentscheidung ausgegangen wird, die streitige Steuerforderung für erfüllbar, sodass die Unterscheidung für ihn im Ergebnis keine Rolle spielt, da jedenfalls eine schuldbefreiende und zinsausschließende Zahlung möglich sei.[536] Der Fiskus habe kein schutzwürdiges Interesse im Sinne der Zweifelsregelung des § 271 Abs. 2 BGB, das der vorzeitigen Erfüllung der Steuerschuld entgegengehalten werden könne, zumal die Aussetzung der Vollziehung ein Instrument des Individualrechtsschutzes sei.[537] Auch die höchstrichterliche Rechtsprechung weist auf die Möglichkeit hin, den Aussetzungszinsen durch eine vorzeitige Begleichung der Steuerschuld trotz bestehender Aussetzung der Vollziehung zu begegnen.[538]

---

534 Der Gesetzgeber hat zwar im Zuge der Reformierung des § 233a AO insbesondere für freiwillige Zahlungen während einer Außenprüfung an eine Billigkeitskorrektur gedacht, siehe Entwurf eines Gesetzes zur Bereinigung von steuerlichen Vorschriften (Steuerbereinigungsgesetz 1999 - StBereinG 1999) vom 27.08.1999, BT-Drucks. 14/1514, S. 48 (zu § 233a Abs. 2). Dieser Wille ist jedoch normativ nicht verankert worden; es besteht Nachbesserungsbedarf, so zu Recht *Drüen*, FR 2014, 218–227 (222 f.); *Seer/Klemke*, Neuordnung der Verzinsung von Ansprüchen aus dem Steuerschuldverhältnis, ifst-Schrift Nr. 490 (2013), S. 121.

535 Vgl. BFH, Urt. v. 15.03.1995, I R 56/93, BStBl. II 1995, 490, 491 f. („*Zwar mögen die FÄ nicht verpflichtet sein, freiwillige Leistungen auf die Steuerschuld vor deren Festsetzung anzunehmen*"). Zweifelnd - im Kontext des § 233a AO - auch *Drüen*, FR 2014, 218–227 (222), wonach u.a. die Haushaltsgrundsätze der Wirtschaftlichkeit und Sparsamkeit eher gegen eine Pflicht zur Entgegennahme freiwilliger Zahlungen sprechen.

536 *Schüppen*, JFStR 13/14, 302, 306 ff. So i.Erg. auch *Koenig* in: Koenig, AO, § 237 Rz. 16 m.w.N. Die vorzeitige Zahlung bewirke das Erlöschen des Steueranspruchs und beende zugleich die Aussetzung. In diese Richtung gehen auch *Rüsken* in: Klein, AO, § 237 Rz. 5, 30; *Amler/Riegel*, BB 2015, 796–800 (797).

537 Siehe *Schüppen*, JFStR 13/14, 302, 306 f.

538 So z.B. BFH, Beschl. v. 28.06.2010, III B 97/09, BFH/NV 2010, 1784 m.w.N.; BFH, Urt. v. 22.05.2007, X R 26/05, BFH/NV 2007, 1817, 1821; BFH, Urt. v. 27.11.1991, X R 103/89, BStBl. II 1992, 319, 320 m.w.N.; BFH, Urt. v. 21.02.1991, V R 105/84, BStBl. II 1991, 498, 501. *Heuermann* begründet diese These mit der Akzessorietät zwischen Zins- und Steueranspruch, siehe *Heuermann* in: H/H/S, AO, § 237 Rz. 28 (Stand: 234. Lfg. August 2015).

Der Schluss von der fehlenden Wirksamkeitshemmung auf die Zahlungsbefugnis des Bürgers und einer Entgegennahmeverpflichtung der Behörde lässt jedoch außer Betracht, dass damit die Aussetzungsentscheidung faktisch unterlaufen wird. Die Entgegennahmepflicht stößt also mit Blick auf die selbständigen Wirkungen der Aussetzungsentscheidung auf Bedenken. Verfügt die Behörde die Aussetzung der Vollziehung, so trifft sie eine Einzelfallregelung, die darauf gerichtet ist, dass der in der Aussetzungsentscheidung festgelegte Zustand für den Aussetzungszeitraum beibehalten wird. Eine Veränderung jenes durch die Behörde festgelegten Zustands kann der Bürger grundsätzlich nicht einseitig vornehmen. Dafür spricht bereits, dass er die suspendierende Wirkung ebenfalls nicht ohne Mitwirkung der Behörde oder des Gerichts herbeiführen kann. Warum er sich dann aber von ihr einseitig lösen können soll, leuchtet nicht ein.

Die wirksame Aussetzungsverfügung suspendiert das Zahlungsgebot des ausgesetzten Verwaltungsakts, sodass *„sich kein Beteiligter auf diese Regelung berufen und sie zur Grundlage seines Handelns machen darf, solange die Vollziehung ausgesetzt ist"*.[539] Der BFH legt mittlerweile einen weiten Vollzugsbegriff im Sinne der § 361 AO, § 69 FGO zugrunde. In Abkehr von einer früheren Entscheidung aus dem Jahre 1987[540] beschränkt er den Vollzugsbegriff nicht mehr nur auf hoheitliche Maßnahmen, sondern erstreckt ihn auch auf zivilrechtliche Gestaltungsrechte wie z.B. die Aufrechnung (§§ 387 ff. BGB).[541] Auch die „freiwillige" Steuerzahlung durch den Steuerpflichtigen fällt unter den Vollzugsbegriff.[542] Mit der Zahlung erfüllt der Steuerpflichtige jedoch das Leistungsgebot und unterläuft damit die Aussetzungsentscheidung.

Formell entfaltet die Aussetzungsentscheidung als Verwaltungsakt mit Bekanntgabe Bindungswirkung (vgl. § 124 Abs. 1, 2 AO); sie ist daher jedenfalls im Verhältnis zwischen regelungssetzender Einheit und dem Betroffenen verbindlich.[543] Die Aussetzung der Vollziehung beansprucht, sofern sie nicht befristet

---

539 BFH, Urt. v. 31.08.1995, VII R 58/94, BStBl. II 1996, 55, 57.

540 BFH, Urt. v. 17.09.1987, VII R 50–51/86, BStBl. II 1988, 366, 369 m.w.N.: *„Die Vollziehung dagegen ist eine selbständige und grundsätzlich hoheitliche Maßnahme zur Durchsetzung einer getroffenen Anordnung im Wege des Zugriffs auf Rechtsgüter des Adressaten dieses Verwaltungsakts"*.

541 Siehe BFH, Urt. v. 31.08.1995, VII R 58/94, BStBl. II 1996, 55, 57 f. So auch BFH, Beschl. v. 24.10.1996, VII B 122/96, BFH/NV 1997, 257, 258.

542 Siehe nur BFH, Urt. v. 31.08.1995, VII R 58/94, BStBl. II 1996, 55, 57 m.w.N.; *Seer* in: T/K, FGO, § 69 Rz. 22 m.w.N. (Stand: 141. Lfg. Juli 2015).

543 Vgl. *Güroff* in: B/G, AO, § 124 Rz. 1 (Stand: 112. Lfg. November 2014); *Bumke* in: Hoffmann-Riem/Schmidt-Aßmann/Voßkuhle, GVwR II, § 35 Rz. 53, 54.

oder unter eine Bedingung gestellt wird, so lange Geltung, bis sie aufgehoben wird.[544] In materieller Hinsicht stehen auch die Funktionen des vorläufigen Rechtsschutzes der Zahlung trotz Aussetzung entgegen, insbesondere unter dem Gesichtspunkt der interimistischen Befriedungsfunktion.[545] Mit der Aussetzungsentscheidung hat die Behörde eine Interessenabwägung vorgenommen, die im konkreten Fall zugunsten des Suspendierungsinteresses ausgefallen ist. Eine Befriedung ohne Bindungswirkung erweist sich als Zirkelschluss. Sie könnte den Interessenwiderstreit zwischen Bürger und Behörde nicht bis zum Ergehen der Hauptsacheentscheidung lösen.

Gegen eine uneingeschränkte Verpflichtung der Finanzbehörde zur Annahme der Zahlung spricht ferner, dass der Rechtsbehelfsführer auf diese Weise das Zinsrisiko einseitig verlagern könnte, sodass trotz Aussetzung der Vollziehung das Zinsrisiko wieder beim Staat liegen würde. Dieses Ergebnis widerspricht der Intention der Behörde bei Erlass der Aussetzungsverfügung. Nach hier vertretener Lösung ist die aufgedrängte Aussetzung der Vollziehung bei guten Erfolgsaussichten möglich, sodass auf diese Weise wahrscheinliche Erstattungsansprüche des Rechtsbehelfsführers verhindert werden können.[546] Letzterer ist in seinem Bestreben, das Rechtsbehelfsverfahren wirtschaftlich zu gestalten, also zwecks Zinsgenerierung (§§ 233a, 236 AO), nicht schutzwürdig. Die Gefahr zinsoptimierter Gestaltung des Rechtsbehelfsverfahrens bestünde aber, wenn es dem Rechtsbehelfsführer freistünde trotz Aussetzung der Vollziehung zu zahlen. Vor diesem Hintergrund statuiert die Aussetzungsverfügung ein *Annahmeverweigerungsrecht.*

Die Aussetzung der Vollziehung steht demnach – bildlich gesprochen – *zwischen der Möglichkeit des Steuerpflichtigen, die strittigen Beträge vorerst zu bezahlen, und dem Leistungsgebot aus dem angefochtenen Steuerbescheid.* Solange die Aussetzungsverfügung wirksam ist, muss die Finanzbehörde die angebotene Zahlung durch den Steuerpflichtigen nicht entgegennehmen.

Eine Pflicht der Behörde zur Entgegennahme der Zahlungen besteht auch deshalb nicht, weil sie über Beginn und Ende der Aussetzung der Vollziehung grundsätzlich selbst entscheidet. Sie ist nicht zur Aufhebung der Aussetzungsentscheidung verpflichtet, wenn der Rechtsbehelfsführer die Zahlung der ausgesetzten Beträge anbietet. Als Verwaltungsakt entfaltet die Aussetzungsverfügung so

---

544 Siehe FG Sachsen-Anhalt, Beschl. v. 11.07.2006, 3 V 192/06, EFG 2006, 1719 f.; *Gosch* in: B/G, FGO, § 69 Rz. 204 m.w.N. (Stand: 85. Lfg. Oktober 2010).

545 Siehe zu den Funktionen des vorläufigen Rechtsschutzes Teil I, § 2 m.w.N.

546 Siehe Teil II, § 3, III. 3. b), cc), (5).

lange Bindungswirkung, bis sie gemäß § 124 Abs. 2 AO aufgehoben wird oder sich in anderer Weise erledigt.[547]

Zwar ließe sich der Zahlungsversuch des Rechtsbehelfsführers auch dahingehend auslegen, dass hiermit die Aufhebung der Aussetzungsverfügung, die nach dem hier zugrunde gelegten Verständnis ein Annahmeverweigerungsrecht begründet, begehrt wird, sodass nach Aufhebung dieser die Zahlung entgegengenommen werden müsste. Allerdings ergibt sich aus den §§ 130 Abs. 1, 131 Abs. 1 AO, die gemäß § 132 Satz 1 AO auch während des Rechtsbehelfsverfahrens gelten, dass die Finanzbehörde Ermessen hat („*kann*"), was die Aufhebung der Aussetzungsverfügung angeht. Aufgrund der Zinsrisiken ist die Finanzbehörde insbesondere nicht im Sinne einer Ermessensreduktion auf null zur Aufhebung der Aussetzungsentscheidung und damit zur Entgegenahme der Zahlungen verpflichtet. Folglich kann die Finanzbehörde aufgrund der Aussetzungsentscheidung die Annahme der Zahlungen verweigern. Sie ist in der Regel nicht verpflichtet, die Zahlung des Steuerpflichtigen entgegenzunehmen.[548] Andernfalls würde sie sich dem Risiko aussetzen, nach Abschluss des Rechtsbehelfsverfahrens Zinsen an den Rechtsbehelfsführer zahlen zu müssen, obwohl sie dies gerade durch die Aussetzung der Vollziehung verhindern wollte.

Wirkt sich der vergebliche Zahlungsversuch zumindest bei der Festsetzung der Aussetzungszinsen nach Abschluss des Hauptsacheverfahrens bzw. im Rahmen eines Verzichtsverfahrens (§ 237 Abs. 4 AO i.V.m. § 234 Abs. 2 AO) aus? Dieser Frage wird nunmehr nachgegangen.

(4) Hat die Finanzbehörde die Annahme der durch den Rechtsbehelfsführer angebotenen Zahlung verweigert und unterliegt der Rechtsbehelfsführer anschließend im Hauptsacheverfahren, sind an sich gemäß § 237 Abs. 1 Satz 1 AO die Voraussetzungen eines Aussetzungszinsanspruchs erfüllt.

---

547 Vgl. zur Verwaltungsaktqualität der Aussetzungsentscheidung BFH, Beschl. v. 10.12.1986, I B 121/86, BStBl. II 1987, 389, 390 m.w.N. Siehe auch bereits Teil II, § 3, IV. 2. d), bb) m.w.N.

548 So i.Erg. auch *Seer* in: T/K, AO, § 361 Rz. 5 (Stand: 140. Lfg. Mai 2015). Da durch die Aussetzung der Vollziehung die Fälligkeit hinausgeschoben sei, könne die Behörde den Betrag zurücküberweisen. A.A. insbesondere *Rüsken* in: Klein, AO, § 237 Rz. 5, wonach die Behörde trotz Aussetzung nicht berechtigt sei, die Zahlung des Steuerpflichtigen zurückzuweisen; zurückhaltender aber in Rz. 30, wonach der Steuerpflichtige kein „*rechtsschutzfähiges Recht*" habe, dass seine Zahlung entgegengenommen werde; *Behrens*, FR 2015, 214–227 (220, 223). Letzterer ist der Auffassung, dass die Verweigerung der Annahme der durch den Rechtsbehelfsführer angebotenen Zahlung rechtswidrig sei.

Der Zahlungsversuch könnte allenfalls bei der Auslegung des Tatbestandsmerkmals „geschuldeter Betrag“ im Sinne des § 237 Abs. 1 Satz 1 AO berücksichtigt werden. Aufgrund der Zahlung (hier: des Zahlungsversuchs) durch den Steuerpflichtigen könnte es an dieser Voraussetzung fehlen.[549] Da es im Rahmen des § 237 AO keine Soll-Verzinsung gebe, gehe eine Verzinsung trotz vorheriger Zahlung durch den Steuerpflichtigen über den Zweck der Aussetzungszinsen hinaus.[550] Diese Auffassung ist zutreffend, wenn die Zahlung seitens der Finanzbehörde angenommen wird. Vorliegend geht es jedoch um die Situation, in der die Behörde die angebotene Zahlung *ablehnt*. Insoweit spricht das Merkmal „geschuldeter Betrag“ für – und nicht gegen – eine Zinspflicht im Sinne des § 237 Abs. 1 Satz 1 AO.

Entgegen der Auffassung von *Schüppen* kann nichts anderes gelten, wenn der von der aufgedrängten Aussetzung Betroffene zunächst trotz der Aussetzung die davon betroffenen Beträge mittels Überweisung auf ein Konto der Finanzbehörde zahlt und die Finanzbehörde diese Beträge unter Verweis auf die Aussetzung der Vollziehung sogleich zurücküberweist. *Schüppen* geht in diesen Fällen davon aus, dass durch die Überweisung auf das Konto der Finanzbehörde Erfüllung im Sinne des § 47 AO i.V.m. § 224 Abs. 2 Nr. 2 AO eingetreten sei, weshalb es an dem Erfordernis des geschuldeten Betrags im Sinne des § 237 Abs. 1 Satz 1 AO fehle. Die Rücküberweisung ändere hieran nichts. Selbst wenn am Ende das Hauptsacheverfahren (zum Teil) zugunsten des Staates ausgehe, käme trotz des Umstandes, dass der Rechtsbehelfsführer nach der Rücküberweisung im Besitz der streitigen Beträge geblieben ist, ein Zinsanspruch aus § 237 AO nicht in Betracht. *Schüppen* begründet sein Ergebnis damit, dass die (Rest-)Forderung des Staates keine Steuerforderung, sondern ein öffentlich-rechtlicher Bereicherungsanspruch gemäß § 37 Abs. 2 AO sei, auf den § 237 Abs. 1 Satz 1 AO keine Anwendung finde.[551]

Dem kann jedenfalls dann nicht zugestimmt werden, wenn die Finanzbehörde die Zahlung sofort an den Rechtsbehelfsführer zurücküberweist und sie ihm auch sonst keinen Anlass zur Zahlung gegeben hat. Ein berechtigtes Vertrauen auf Seiten des Zahlenden kann insoweit nicht begründet werden. In der Sache macht es keinen Unterschied, ob die Finanzbehörde eine nur angebotene, also nicht vorgenommene Zahlung des Rechtsbehelfsführers ablehnt, oder dieser

549 In diese Richtung argumentieren z.B. *Loose* in: T/K, AO, § 237 Rz. 11 (Stand: 143. Lfg. Januar 2016); *Rüsken* in: Klein, AO, § 237 Rz. 5; *Behrens*, FR 2015, 214–227 (220 m.w.N.); *Schüppen*, JFStR 13/14, 302, 308 f.

550 So *Loose* in: T/K, AO, § 237 Rz. 17 (Stand: 143. Lfg. Januar 2016).

551 Vgl. zu den letzten vier Sätzen *Schüppen*, JFStR 13/14, 302, 308 f.

trotz der Aussetzung die ausgesetzten Beträge zahlt und postwendend die gezahlten Beträge zurück erhält. Wie sich aus dem Eingangssatz des § 224 Abs. 2 AO ergibt, bedarf es einer *wirksam geleisteten Zahlung*. Lehnt die Behörde die Zahlung jedoch aufgrund der Aussetzung der Vollziehung ab, ist die Zahlung gerade nicht wirksam geleistet. Unabhängig davon, ob die angebotene Zahlung des Rechtsbehelfsführers abgelehnt, oder die Zahlung trotz Aussetzung sogleich wieder an den Betreffenden zurücküberwiesen wird und die Finanzbehörde hierdurch die Ablehnung der Entgegennahme der streitigen Beträge kundtut, scheitert der Zinsanspruch aus § 237 Abs. 1 Satz 1 AO nicht an dem Merkmal des geschuldeten Betrags. Hierfür spricht auch der Nebensatz in § 237 Abs. 1 Satz 1 AO, der jenes Merkmal konkretisiert („*geschuldete Betrag, hinsichtlich dessen die Vollziehung des angefochtenen Verwaltungsakts ausgesetzt wurde*"). Der Gesetzeswortlaut stellt für die Verzinsung nicht auf die Zahlung (so etwa § 236 Abs. 1 Satz 1 AO), sondern auf die Vollziehungsaussetzung ab (siehe auch § 237 Abs. 2 AO).

Die Zinsfestsetzung des § 237 Abs. 1 Satz 1 AO knüpft im Falle endgültiger Erfolglosigkeit des Rechtsbehelfsführers gleichsam automatisch an den Tenor der Aussetzungsentscheidung an und legt ihn der Aussetzungszinsfestsetzung zugrunde. Demgegenüber eröffnet § 237 Abs. 4 AO mit dem Verweis auf § 234 Abs. 2 AO die Möglichkeit, im Einzelfall auf Aussetzungszinsen zu verzichten.

Die Finanzbehörde trifft im Rahmen der §§ 163 Abs. 1 Satz 1; 227 Hs. 1 AO eine Ermessensentscheidung.[552] Gleiches gilt im Rahmen des § 234 Abs. 2 AO (i.V.m. § 237 Abs. 4 AO), wonach auf Zinsen ganz oder teilweise verzichtet werden kann, wenn ihre Erhebung nach Lage des einzelnen Falls unbillig wäre. Die Gerichte müssen im Anwendungsbereich der Billigkeitsmaßnahmen den behördlichen Ermessensspielraum respektieren; die gerichtliche Kontrolle der

552 Vgl. GrS BFH, Beschl. v. 28.11.2016, GrS 1/15, BStBl. II 2017, 393, 401. Während die Rechtsfolge der genannten Billigkeitsregelungen (Ermessen) angesichts des Gesetzeswortlauts ohne Weiteres nachvollzogen werden kann, besteht Uneinigkeit darüber, ob das Merkmal der „Unbilligkeit" als unbestimmter Rechtsbegriff auf Tatbestandsseite zu verorten ist (so z.B. *Seer* in: T/L, Steuerrecht, § 21 Rz. 331), oder jenes Merkmal (nur) die Ermessensausübung beeinflusse (so z.B. GrS BFH, Beschl. v. 28.11.2016, GrS 1/15, BStBl. II 2017, 393, 401 f. m.w.N.; dort auch ausführlich zum Streitstand). Der GrS BFH weist a.a.O. darauf hin, dass die unterschiedliche Verortung des Kriteriums der Unbilligkeit auf Tatbestands- oder Rechtsfolgenseite zu keinen abweichenden Ergebnissen führe, da die ständige Rechtsprechung des BFH davon ausgehe, dass der Begriff der Unbilligkeit den Inhalt und die Grenzen des Ermessens festlege und die Rechtsprechung „*vollen Umfangs prüft, ob die Besteuerung im jeweiligen Streitfall unbillig ist.*"

Entscheidung der Finanzbehörde ist insoweit eingeschränkt (vgl. § 102 FGO).[553] Eine Verpflichtung der Behörde zum Verzicht auf Aussetzungszinsen aufgrund einer Ermessensreduzierung auf null kommt nur in den Fällen in Betracht, in denen keine Entscheidungsalternativen bestehen, sondern allein der Verzicht auf die Aussetzungszinsen ermessensgerecht ist.[554] Dass es sich insoweit um krasse Ausnahmefälle handeln muss, zeigt die Ausgestaltung der Verzinsung. Nach der Konzeption des § 237 Abs. 1 Satz 1 AO sind Aussetzungszinsen die automatische Folge des Unterliegens im Hauptsacheverfahren.[555]

Eine Unbilligkeit aus sachlichen Gründen liegt nach ständiger höchstrichterlicher Rechtsprechung vor, wenn die gesetzlichen Voraussetzungen eines Anspruchs aus dem Steuerschuldverhältnis zwar erfüllt sind, aber die Durchsetzung dieses Anspruchs mit dem Gesetzeszweck bzw. mit den hinter der gesetzlichen Regelung stehenden Wertungen nicht vereinbar ist.[556] Dies ist der Fall, wenn sich aus dem Willen des Gesetzgebers ableiten lässt, dass er die aufgeworfene Frage über eine Billigkeitsmaßnahme, sofern er letztere als regelungsbedürftig erkannt hätte, in der Weise entschieden hätte, wie sie begehrt wird.[557] Billigkeitsmaßnahmen müssen stets zur Beseitigung von Ungerechtigkeiten im Einzelfall dienen, sodass Regelungen, die der Gesetzgeber auch abstrakt hätte kodifizieren können, nicht mehr vom Typus einer Billigkeitsentscheidung gedeckt sind.[558] Als Schranken für die Anwendung von Billigkeitsmaßnahmen fungieren insbesondere der durch die Legislative der gesetzlichen Bestimmung beigemessene Geltungsanspruch sowie der Grundsatz der Rechtssicherheit.[559] Zudem sind für die

---

553 Vgl. zu § 227 AO BFH, Urt. v. 07.11.2013, X R 23/11, BFH/NV 2014, 660, 661 m.w.N.

554 Vgl. BFH, Urt. v. 07.11.2013, X R 23/11, BFH/NV 2014, 660, 661 m.w.N.

555 *Loose* in: T/K, AO, § 237 Rz. 23 m.w.N. (Stand: 143. Lfg. Januar 2016).

556 Statt vieler siehe nur BFH, Urt. v. 07.11.2013, X R 23/11, BFH/NV 2014, 660, 661 m.w.N.

557 Siehe nur BFH, Urt. v. 10.03.2016, III R 2/15, BStBl. II 2016, 508, 511 m.w.N.

558 Vgl. nur GrS BFH, Beschl. v. 28.11.2016, GrS 1/15, BStBl. II 2017, 393, 404 m.w.N. („*Da eine Regelung, die der Gesetzgeber abstrakt hätte treffen können, nicht Gegenstand von Billigkeitsmaßnahmen sein kann*“).

559 Vgl. BFH, Urt. v. 07.11.2013, X R 23/11, BFH/NV 2014, 660, 661 („*Die generelle Geltungsanordnung des Gesetzes darf durch eine Billigkeitsmaßnahme nicht unterlaufen werden*“); BFH, Beschl. v. 11.03.2011, V B 45/10, BFH/NV 2011, 999, 1000 m.w.N. („*Im Rahmen eines Billigkeitserlasses nach § 227 AO entspricht es vielmehr der Entscheidung des Gesetzgebers, dass der Grundsatz der Rechtssicherheit grundsätzlich den Vorrang haben soll vor dem Grundsatz der materiellen Gerechtigkeit im Einzelfall,*

Entscheidung über die Billigkeitsmaßnahme solche Umstände unbeachtlich, die mit der gesetzlichen Regelung typischerweise einhergehen.[560] Als Fallgruppen sachlicher Unbilligkeit haben sich insbesondere die Zweckverfehlung, wonach die Anwendung des Gesetzes im Einzelfall mit Blick auf den Zweck der Norm überschießend wirkt, sowie die Fälle, in denen die Durchsetzung des Steueranspruchs in dem konkreten Fall zu einer Grundrechtsverletzung beim Steuerpflichtigen führt, etabliert.[561]

Der Anwendungserlass zur Abgabenordnung sieht im Rahmen des § 233a AO einen Erlass aus sachlichen Billigkeitsgründen insbesondere vor, wenn der Steuerpflichtige die – erst später festgesetzte – Steuerschuld vor Fälligkeit entrichtet und die Zahlung durch das Finanzamt angenommen wird.[562] Auch bei einer erheblich verfrühten Zahlung durch den Steuerpflichtigen trotz bestehender Stundung wird ein Zinsverzicht wegen sachlicher Unbilligkeit bezüglich der nach dem Zahlungseingang – mit Blick auf den Gesetzeswortlaut – an sich festzusetzenden Stundungszinsen befürwortet.[563]

Ein Vergleich zur Stundung zeigt, dass unterschiedliche Lösungsmöglichkeiten in Fällen frühzeitiger Zahlung bestehen. Gemäß § 234 Abs. 1 Satz 1 AO, der hinsichtlich seiner Formulierung dem Zinslauf der Aussetzungszinsen (§ 237 Abs. 2 AO) vergleichbar ist, werden Zinsen für *„die Dauer einer gewährten Stundung“* erhoben. Es besteht Uneinigkeit darüber, wie sich eine vorzeitige Zahlung des gestundeten Betrags auf die Verzinsung auswirkt. Aus den Gesetzesmaterialien lässt sich schlussfolgern, dass die Möglichkeit vorzeitiger Zahlung trotz gewährter Stundung gesehen und für den Zinslauf als unbeachtlich eingestuft wird, da es dort heißt: *„Außerdem werden in Absatz 1 die Worte „Dauer der Stundung“ durch die Worte „Dauer einer gewährten Stundung“ ersetzt. Hierdurch soll ermöglicht werden, daß die Stundungszinsen bereits in der Stundungsverfügung, unabhängig davon, wann der gestundete Betrag gezahlt wird, berechnet werden können.“*[564] Einige Stimmen in der Literatur halten eine vorzeitige Zahlung trotz noch bestehender Stundung aufgrund des Wortlauts des § 234 Abs. 1 Satz 1 AO

---

wenn ein Steuerbescheid unanfechtbar geworden ist. Diese Grundsatzentscheidung des Gesetzgebers ist bei der Auslegung des § 227 AO zu berücksichtigen“).

560 Vgl. nur BFH, Urt. v. 10.03.2016, III R 2/15, BStBl. II 2016, 508, 511 m.w.N.

561 Siehe hierzu nur *Seer* in: T/L, Steuerrecht, § 21 Rz. 335, 336 jeweils m.w.N.

562 Siehe AEAO zu § 233a AO, Nr. 70.1.1. Satz 2.

563 So z.B. *Heuermann* in: H/H/S, AO, § 234 Rz. 22 m.w.N. (Stand: 231. Lfg. Februar 2015).

564 Siehe Bericht und Antrag des Finanzausschusses vom 07.11.1975, BT-Drucks. 7/4292, S. 39 (zu § 234).

für unerheblich, sodass der Zinslauf dadurch nicht tangiert werde;[565] befürwortet wird stattdessen, insbesondere wenn geraume Zeit vor Ablauf der Stundungsfrist gezahlt wird, eine Korrektur auf dem Billigkeitsweg (vgl. § 234 Abs. 2 AO).[566] Vertreten wird aber auch die Meinung, dass die vorzeitige Zahlung zum Erlöschen der Steuerschuld führe und damit auch die akzessorischen Zinsen mit Wirkung ex nunc entfallen.[567]

Überträgt man diese Sichtweise auf die aufgedrängte Aussetzung und den verfrühten Zahlungsversuch, so lässt sich ausgehend vom Sinn und Zweck der Aussetzungszinsen wie folgt argumentieren: Möchte sich der Rechtsbehelfsführer eines Liquiditätsvorteils entledigen und einen Liquiditätsnachteil des Staates verhindern, weil er zahlungsfähig und zahlungsbereit ist, und er dies dem zuständigen Entscheidungsträger offenbart, so verfehlt die kompensatorische bzw. abschöpfende Funktion der Aussetzungszinsen sowie der Missbrauchsverhinderungsgedanke seinen Zweck.[568] Gleichwohl Aussetzungszinsen nach einem staatlich aufgezwungenen Kredit in marktferner Höhe von dem Grundrechtsträger zu verlangen, wäre Übermaß und mit den Grundrechten des Betroffenen (jedenfalls Art. 2 Abs. 1 GG) unvereinbar. Zwar sind nach dem Wortlaut des § 237 Abs. 1 Satz 1 AO Aussetzungszinsen bei Vorliegen der Voraussetzungen *zwingend* (vgl. „*ist*") festzusetzen. Der Wortlaut knüpft die Aussetzungszinsen allein an den Zeitraum der gewährten Aussetzung und nicht – wie etwa in § 236 Abs. 1 AO – an den tatsächlichen Zahlungsfluss an. Der durch den Gesetzgeber statuierte Gleichlauf zwischen den Wirkungen der Aussetzung der Vollziehung und den Aussetzungszinsen darf nicht voreilig im Billigkeitswege korrigiert werden. Zudem hat der Gesetzgeber die behördliche Aussetzung der Vollziehung

565 So z.B. *Heuermann* in: H/H/S, AO, § 234 Rz. 8 m.w.N. (Stand: 231. Lfg. Februar 2015); *Koenig* in: Koenig, AO, § 234 Rz. 7; *Loose* in: T/K, AO, § 234 Rz. 4 m.w.N. (Stand: 143. Lfg. Januar 2016). Siehe ferner AEAO zu § 234 AO, Nr. 1 („*Eine vorzeitige Tilgung führt nicht automatisch zu einer Ermäßigung der Stundungszinsen.*").

566 Siehe *Heuermann* in: H/H/S, AO, § 234 Rz. 8, 22 m.w.N. (Stand: 231. Lfg. Februar 2015); *Koenig* in: Koenig, AO, § 234 Rz. 7, 19 m.w.N., wonach die Zahlung mindestens einen Monat vor Ablauf der Stundungsfrist erfolgen müsse; *Loose* in: T/K, AO, § 234 Rz. 13 m.w.N. (Stand: 143. Lfg. Januar 2016). Der Anwendungserlass räumt der Finanzbehörde insoweit Ermessen ein, sofern der Steuerpflichtige über einen Monat vor Fälligkeit des gestundeten Anspruchs zahlt und er einen Verzichtsantrag gemäß § 234 Abs. 2 AO stellt, siehe AEAO zu § 234 AO, Nr. 1.

567 So *Rüsken* in: Klein, AO, § 234 Rz. 7, insbesondere sei der Stundungsverfügung kein Zahlungsverbot zu entnehmen; *App*, DStR 1983, 504–505 (505).

568 Siehe zu den Funktionen der Aussetzungszinsen bereits Teil II, § 3, III. 3. b), dd), (3) m.w.N.

nicht antragsgebunden ausgestaltet. Dem § 237 Abs. 1 Satz 1 AO ist ebenfalls keine Beschränkung der Aussetzungszinsen auf Antragsfälle zu entnehmen. Da § 237 Abs. 1 Satz 1 AO allein an den Bestand der Aussetzungsverfügung anknüpft, besteht ein Zinsanspruch grundsätzlich auch bei einer Aussetzung von Amts wegen, selbst wenn die Aussetzungsverfügung rechtswidrig ist.[569]

Gleichwohl bringt der Gesetzgeber mit dem Verweis in § 237 Abs. 4 AO auf § 234 Abs. 2 AO zum Ausdruck, dass die automatische Verwirkung von Aussetzungszinsen überschießend wirken kann, was im Rahmen der Zinserhebung nach Lage des einzelnen Falles überprüft werden muss (siehe § 234 Abs. 2 AO). Da der Gesetzgeber mit dem Instrument der Aussetzungszinsen abstrakt-generell missbräuchlichen Rechtsbehelfen zwecks Hinausschieben der Zahllast begegnen wollte, muss er sich mit Blick auf das veränderte Zinsniveau hieran auch in der umgekehrten Situation, in der die aufgedrängte Aussetzung aus staatlicher Sicht lukrativ ist, festhalten lassen. Verfügt die Finanzbehörde die Aussetzung der Vollziehung gegen den Willen des Betroffenen darf sie dies nicht in der Erwartung tun, Aussetzungszinsen generieren zu können (siehe Teil II, § 3, III. 3. b), bb)). Lediglich die Verhinderung von wahrscheinlichen Erstattungsansprüchen des Rechtsbehelfsführers ist legitim (vgl. Teil II, § 3, III. 3. b), cc), (5)).

Im Rahmen des Verzichts auf Aussetzungszinsen ist zu berücksichtigen, dass der Rechtsbehelfsführer mit der angebotenen Zahlung die Aussetzungszinsen vermeiden wollte. Insoweit ist er schutzwürdig. In den Fällen, in denen das Hauptsacheverfahren zugunsten des Staates ausgeht, ist ein Aussetzungszinsanspruch nicht gerechtfertigt, sodass das Ermessen im Sinne des § 237 Abs. 4 AO i.V.m. § 234 Abs. 2 AO dahingehend auf null reduziert ist, dass auf die Aussetzungszinsen verzichtet werden muss. Es besteht kein kompensationsbedürftiger Liquiditätsvorteil, wenn der Bürger seine Zahlungsbereitschaft deutlich macht und die Behörde den Zahlungswunsch zurückweist. Sie muss sich zwar nicht der Gefahr von Zinsansprüchen des Rechtsbehelfsführers aussetzen. Umgekehrt darf sie das Instrument der Aussetzung der Vollziehung aber auch nicht zur Zinseinnahme nutzen. Diesem Risiko kann nur durch einen vollständigen Verzicht auf Aussetzungszinsen begegnet werden.

Somit ist von den Aussetzungszinsen abzusehen, wenn der von der aufgedrängten Aussetzung Betroffene erkennbar und ernstlich seinen Zahlungswillen zum Ausdruck gebracht hat. Dies widerspricht auch nicht der im vorangegangenen Abschnitt gewonnenen Erkenntnis, dass die Behörde ein Annahmeverweigerungsrecht hat. Nimmt sie die bezahlten Beträge entgegen, würde sie sich dem

569 Siehe nur *Loose* in: T/K, AO, § 237 Rz. 11 m.w.N. (Stand: 143. Lfg. Januar 2016).

Risiko aussetzen, dass sie am Ende des Rechtsbehelfsverfahrens Zinsen an den Rechtsbehelfsführer zahlen muss. Verweigert sie daher die Annahme, bleibt der Rechtsbehelfsführer im Besitz der streitigen Beträge. Aussetzungszinsen dürfte die Behörde gleichwohl im Falle des Unterliegens des Rechtsbehelfsführers nicht beanspruchen, da sie seinerzeit den Zahlungsversuch zurückgewiesen hat.

(5) Im Ergebnis lässt sich festhalten, dass es sich bei der aufgedrängten Aussetzung der Vollziehung – entgegen der Auffassung von *Schüppen* – nicht um ein Scheinproblem handelt.[570]

Der Gesetzeswortlaut liefert keine Antwort darauf, wie mit einer freiwilligen Zahlung trotz Aussetzung umzugehen ist. Die Darstellung hat gezeigt, dass insoweit mehrere Lösungswege bestehen. Vorzugswürdig ist es, § 237 AO im Einklang mit dem Sinn und Zweck der Norm teleologisch einschränkend auszulegen, sodass Aussetzungszinsen in Fällen aufgedrängter Aussetzung schon nicht entstehen (siehe Teil II, § 3, III. 3. b), dd), (3)). Folgt man dem nicht, hat der Betroffene jedenfalls die Möglichkeit, das Aussetzungszinsrisiko durch das Anbieten freiwilliger Zahlungen zu verhindern. In Abgrenzung zur Auffassung von *Schüppen* kann die Zahlung bzw. der Zahlungsversuch jedoch erst im Rahmen des Zinsverzichtsverfahrens berücksichtigt werden.

570 So auch *Gosch* in der Aussprache zu Schüppen, JFStR 13/14, 302, 316 f.

Teil III. Effektiver Rechtsschutz gegen die rechtswidrig aufgedrängte Aussetzung der Vollziehung

§ 1 Rechtsschutz in welchem Verfahren?

Die Brisanz der aufgedrängten Aussetzung aus Sicht des Steuerpflichtigen wird erst aus dem Zusammenspiel materiell-rechtlicher und verfahrensrechtlicher Fragestellungen deutlich. Mehrere Verfahren sind hier auseinanderzuhalten. Es stellt sich die Frage, in welchem Verfahren der Grundrechtsträger effektiven Rechtsschutz erreichen kann. Hierfür ist zunächst ein Blick auf die in Betracht kommenden Verfahren erforderlich. Insgesamt ist zwischen *vier Verfahren* zu differenzieren: Hauptsacherechtsbehelfs-, Aussetzungs-, Zinsfestsetzungs- sowie Zinsverzichtsverfahren. Es handelt sich um jeweils selbständige Verfahren.[571]

Während der Einspruch des Steuerpflichtigen gegen die Steuerfestsetzung die Grundlage für das Vorgehen der Finanzbehörde bildet, leitet die Aussetzungsentscheidung die möglicherweise nachteiligen Folgen für den Rechtsbehelfsführer in Gestalt der Aussetzungszinsen ein. Gleichwohl sind letztere Gegenstand eines separaten Zinsbescheids, der erst bei Vorliegen der Voraussetzungen des § 237 AO, insbesondere also bei Erfolglosigkeit des Hauptsacherechtsbehelfs erlassen wird. *Formell* kann somit eine Trennung zwischen Aussetzungsentscheidung und der Festsetzung der Aussetzungszinsen, die gemäß § 239 Abs. 1 Satz 1 AO i.V.m. § 155 Abs. 1 Satz 1 AO durch gesonderten Bescheid erfolgt, vollzogen werden. In *materieller* Hinsicht ist jedoch nach ständiger Rechtsprechung die Tatbestandswirkung der Aussetzungsentscheidung für die Festsetzung der Aussetzungszinsen zu beachten. Hiernach sei für die Festsetzung der Aussetzungszinsen irrelevant, ob die Aussetzungsverfügung rechtmäßig oder rechtswidrig ist.[572]

Ferner eröffnen die genannten Verfahren unterschiedliche Handlungsspielräume für die Finanzverwaltung. Während die Aussetzung gemäß § 361 Abs. 2 Satz 1 Hs. 1 AO eine behördliche Ermessensausübung vorsieht, ist die

571 Vgl. *Seer*, Ubg 2008, 249–253 (252 f.).

572 Vgl. exemplarisch BFH, Urt. v. 09.05.2012, I R 91/10, BFH/NV 2012, 2004, 2006; BFH, Urt. v. 22.05.2007, X R 26/05, BFH/NV 2007, 1817, 1820 m.w.N.; BFH, Urt. v. 09.12.1998, XI R 24/98, BStBl. II 1999, 201, 202 m.w.N.; BFH, Urt. v. 18.07.1994, X R 33/91, BStBl. II 1995, 4, 6.

Entstehung der Aussetzungszinsen allein an das Vorliegen der Voraussetzungen des § 237 AO geknüpft. Es handelt sich um eine gebundene Entscheidung (vgl. § 237 Abs. 1 Satz 1 AO). Atypischen Sachverhaltsgestaltungen kann im Rahmen eines Billigkeitsverfahrens gemäß § 237 Abs. 4 AO i.V.m. § 234 Abs. 2 AO Rechnung getragen werden.

Ausgehend von diesen Feststellungen ist es denkbar, dass einzelne Verfahrensstadien unter Berücksichtigung des sich ggf. anschließenden Verfahrens entschieden werden müssen. Eine solche Folgenbetrachtung ist durch die Verfahrensökonomie[573] und den Umstand eingeschränkt, dass jedem Verfahren ein eigenständiger – ihnen funktional zugewiesener – Anwendungsbereich verbleiben muss, um dem Willen des Gesetzgebers Rechnung zu tragen.

§ 2 Lösungen nach Rechtsprechung und Literatur

Der Umstand, dass in Fällen aufgedrängter Aussetzung nicht nur ein, sondern mehrere Verfahren nachgeschaltet sein können, die jeweils unterschiedlich ausgestaltet sind, eröffnet mehrere Möglichkeiten, was den Rechtsschutz gegen die aufgedrängte Aussetzung angeht. Insoweit lässt sich ein Spannungsfeld zwischen einem effektiven, möglichst frühen Rechtsschutz gegen das behördliche Vorgehen und dem Bedürfnis nach Prozessökonomie ausmachen. Letzteres könnte dafür sprechen, mit dem Rechtsschutz gegen die aufgedrängte Aussetzung zuzuwarten, bis feststeht, ob es überhaupt zu einer finanziellen Belastung des Betroffenen im Hinblick auf § 237 AO kommt.

Im Folgenden wird zunächst auf die unterschiedlichen Lösungen der Rechtsprechung im Umgang mit der aufgedrängten Aussetzung eingegangen, bevor die diesbezüglichen Literaturansichten dargestellt und die vertretenen Meinungen gewürdigt werden.

Die Rechtsprechung ist uneinheitlich hinsichtlich des Rechtsschutzes gegen die oktroyierte Aussetzung. Zwar wird die innere Verknüpfung von Aussetzungsverfügung und Aussetzungszinsbescheid betont. So entschied das FG Rheinland-Pfalz in einem Rechtsbehelfsverfahren gegen einen Aussetzungszinsbescheid, dass die Klage des Steuerpflichtigen gegen die seiner Meinung nach

573 Vgl. BFH, Urt. v. 09.05.2012, I R 91/10, BFH/NV 2012, 2004, 2008 u.a. unter Hinweis auf BVerwG, Urt. v. 15.11.1990, 3 C 49/87, NVwZ 1991, 570, 571. In der letztgenannten Entscheidung führt das BVerwG a.a.O. Folgendes aus: „*Es wäre prozeßökonomisch unvertretbar, ein schwieriges Rechtsproblem mit dem Aufwand, den eine Revisionsentscheidung mit sich bringt, einer Lösung zuzuführen, obwohl es darauf möglicherweise in dem Folgeprozeß gar nicht mehr ankommt.*“

zu hoch festgesetzten Aussetzungszinsen insbesondere deshalb unbegründet sei, weil die Aussetzungsverfügung Tatbestandswirkung für die spätere Zinsfestsetzung entfalte, sodass der Kläger die zunächst umfassend gewährte Aussetzung hätte anfechten müssen.[574] Er wandte sich jedoch erst im Rahmen des Zinsfestsetzungsverfahrens gegen das behördliche Vorgehen. Dies genügt nach Ansicht des FG nicht, um den ggf. zu Unrecht festgesetzten Aussetzungszinsen zu entgehen; die nicht angegriffene Aussetzungsentscheidung bestimme verbindlich Umfang und Dauer der Aussetzung.[575] Dem folgte der BFH.[576] Demzufolge ist der Rechtsbehelfsführer grundsätzlich angehalten, die Aussetzungsverfügung anzufechten und somit in einem relativ frühen Verfahrensstadium die Gerichte einzuschalten, obwohl der Anfall von Aussetzungszinsen noch nicht gewiss ist.

Das frühe Vorgehen gegen die Aussetzungsverfügung erweist sich in den Fällen als nachteilig, in denen die Finanzbehörde die Aussetzungsverfügung mit Wirkung ex nunc aufhebt, oder letztere befristet wurde und die Frist endet. In beiden Fällen solle von der Aussetzungsverfügung keine Wirkung mehr ausgehen, da das Vollstreckungshindernis entfallen sei, sodass sich die Aussetzungsverfügung erledigt habe und dem Kläger nur noch die Möglichkeit der Fortsetzungsfeststellungsklage gemäß § 100 Abs. 1 Satz 4 FGO bleibe.[577] Denkbar ist zum einen der Fall, dass die Erledigung der Aussetzungsverfügung vor Klageerhebung eintritt, sodass § 100 Abs. 1 Satz 4 FGO analog anzuwenden ist.[578] Andererseits kann die Erledigung auch erst während des Klageverfahrens gegen die Aussetzung eintreten mit der Folge, dass § 100 Abs. 1 Satz 4 FGO direkt einschlägig ist.[579] In beiden Fällen ergeben sich hinsichtlich der Klagebefugnis und zum anderen in Bezug auf das Feststellungsinteresse des Klägers vergleichbare Probleme.

Sofern die Finanzbehörde die Aussetzungsverfügung erst (ggf. aus taktischen Erwägungen) aufhebt, wenn bereits das gerichtliche Verfahrensstadium erreicht

574 Siehe FG Rheinland-Pfalz, Urt. v. 03.04.1998, 3 K 1197/96, EFG 1998, 1111, 1112.

575 Siehe FG Rheinland-Pfalz, Urt. v. 03.04.1998, 3 K 1197/96, EFG 1998, 1111, 1112 m.w.N.

576 Siehe BFH, Urt. v. 09.12.1998, XI R 24/98, BStBl. II 1999, 201, 202.

577 Vgl. BFH, Urt. v. 09.05.2012, I R 91/10, BFH/NV 2012, 2004, 2006 f.; BFH, Urt. v. 26.09.2007, I R 43/06, BStBl. II 2008, 134, 136; a.A. *Bergmann*, DStR 2013, 1651–1654 (1653 f.). Zu Letzterem noch im weiteren Verlauf dieses Abschnitts.

578 Vgl. BFH, Urt. v. 26.09.2007, I R 43/06, BStBl. II 2008, 134, 135 m.w.N.; FG Düsseldorf, Urt. v. 04.04.2006, 6 K 121/06, EFG 2006, 1225 m.w.N. Zum allgemeinen Verwaltungsprozessrecht siehe statt vieler nur *Schenke*, Jura 1980, 133–145 (140 m.w.N.).

579 Siehe hierzu FG Köln, Urt. v. 08.09.2010, 13 K 960/08, EFG 2011, 105, 106.

und der Richter sich mit der Rechtmäßigkeit der aufgedrängten Aussetzungsverfügung sachlich befasst hat, ist es aus Sicht des Rechtsschutzsuchenden wünschenswert, wenn der Prozess gleichwohl zu Ende geführt wird. Das (vorzeitige) Ende der Aussetzung der Vollziehung kann der Rechtsbehelfsführer nicht beeinflussen, sodass ihm dieses – mit Blick auf Art. 19 Abs. 4 Satz 1 GG – auch grundsätzlich nicht zum Nachteil gereichen kann. Vor diesem Hintergrund sind die beiden finanzgerichtlichen Entscheidungen zur aufgedrängten Aussetzung zu begrüßen.

Das FG Düsseldorf beschäftigt sich im Verfahren gegen eine aufgedrängte Aufhebung der Vollziehung (vgl. § 361 Abs. 2 Satz 3 AO) zunächst mit der Frage, ob die Feststellungsklage des Steuerpflichtigen nicht möglicherweise wegen fehlender Klagebefugnis unzulässig sei. Eine Klagebefugnis im Sinne des § 40 Abs. 2 FGO sei regelmäßig nicht gegeben, wenn die Klärung der Rechtmäßigkeit eines begünstigenden Verwaltungsakts begehrt werde.[580] Sofern der gegenwärtige Vorteil in Gestalt der begünstigenden Aussetzungsentscheidung jedoch in einem späteren Verfahren mit Nachteilen verbunden sei, ohne dass der Steuerpflichtige die Möglichkeit hätte, gegen den späteren Nachteil in Gestalt der Aussetzungszinsen – infolge der Tatbestandswirkung – mit Einwendungen gegen die Aussetzungsverfügung gehört zu werden, könne sich bereits aus der Aussetzungsverfügung eine Rechtsverletzung im Sinne des § 40 Abs. 2 FGO ergeben.[581] Mangels Ermessensspielraum im Rahmen der Festsetzung der Aussetzungszinsen führe die Aussetzung im Falle der Erfolglosigkeit im Hauptsacheverfahren ohne Weiteres zur Zinsfolge.[582] In diese Richtung argumentiert auch das FG Köln.[583]

Für das Vorliegen des Feststellungsinteresses begnügt sich das FG Düsseldorf mit einem Verweis auf die Tatbestandswirkung der Aussetzungsverfügung für die spätere Zinsfestsetzung. Aufgrund der Tatbestandswirkung habe die Klägerin ein berechtigtes Interesse daran, dass über die Rechtmäßigkeit der erledigten Aussetzungsverfügung entschieden werde, da nur auf diesem Weg die Aussetzungszinsfolge verhindert werden könnte.[584] Auch das FG Köln hat hinsichtlich des Feststellungsinteresses keine Bedenken, da der Grundsatz der Prozessökonomie ein berechtigtes Interesse der Klägerin begründe. Die gerichtliche Entscheidung über die Rechtswidrigkeit der erledigten Aussetzungsverfügung erzeuge

580 Vgl. FG Düsseldorf, Urt. v. 04.04.2006, 6 K 121/06, EFG 2006, 1225.
581 Siehe FG Düsseldorf, Urt. v. 04.04.2006, 6 K 121/06, EFG 2006, 1225 f. m.w.N.
582 Vgl. FG Düsseldorf, Urt. v. 04.04.2006, 6 K 121/06, EFG 2006, 1225, 1226.
583 Siehe FG Köln, Urt. v. 08.09.2010, 13 K 960/08, EFG 2011, 105, 109.
584 Vgl. FG Düsseldorf, Urt. v. 04.04.2006, 6 K 121/06, EFG 2006, 1225, 1226.

zwar keine rechtliche, wohl aber eine faktische Bindungswirkung für das nachfolgende Zinsfestsetzungs- respektive das Zinsverzichtsverfahren. Es sei bereits nach jetzigem Stand des Hauptsacheverfahrens sicher, dass sich die Frage eines Zinsverzichts (§ 237 Abs. 4 i.V.m. § 234 Abs. 2 AO) stellen werde.[585]

Nicht so der BFH, der bis dato zur Rechtmäßigkeit der aufgedrängten Aussetzung keine Stellung bezogen hat, aber einräumt, dass es sich hierbei um ein schwieriges Rechtsproblem handelt.[586] Den Ausführungen des FG Köln zur Klagebefugnis gegen die Aussetzungsverfügung stimmt er zu.[587] In Bezug auf das Feststellungsinteresse kommt der BFH jedoch in beiden Fällen zu dem Ergebnis, dass den Klägern dieses fehle, sodass die Fortsetzungsfeststellungsklagen unzulässig seien.[588]

Im Detail ergeben sich gleichwohl Unterschiede aus den beiden Entscheidungen des ersten Senats des BFH. In dem Urteil aus dem Jahre 2007 war der BFH noch der Auffassung, dass die Rechtmäßigkeit der aufgedrängten Aussetzungsverfügung wegen deren Tatbestandswirkung im Rahmen der Zinsfestsetzung nicht entscheidungserheblich sei; die Tatbestandswirkung bewirke, dass Aussetzungszinsen trotz Rechtswidrigkeit der Aussetzungsverfügung anfallen.[589] Ein gerichtlicher Ausspruch mit dem Inhalt, die Aussetzungsverfügung war rechtswidrig, nütze dem Kläger als Einwand gegen die Festsetzung der Aussetzungszinsen daher nicht.[590] Die Rechtmäßigkeit der aufgedrängten Aussetzung könne im Rahmen des *Billigkeitsverfahren* (§ 237 Abs. 4 i.V.m. § 234 Abs. 2 AO) Bedeutung haben, da dieses Verfahren der Behörde einen Ermessensspielraum einräume.[591] Auch hieraus ergebe sich für das Fortsetzungsfeststellungsverfahren gegen die erledigte Aussetzungsverfügung kein Feststellungsinteresse, da das Billigkeitsverfahren ein eigenständiges Verfahren darstelle, in dem die Rechtmäßigkeit der Aussetzungsentscheidung nur eine „*Vorfrage*" sei.[592] Zudem sei

---

585 Zu den letzten drei Sätzen siehe FG Köln, Urt. v. 08.09.2010, 13 K 960/08, EFG 2011, 105, 108.

586 Vgl. BFH, Urt. v. 09.05.2012, I R 91/10, BFH/NV 2012, 2004, 2008 („*der mit der Ausarbeitung eines umstrittenen und schwierigen Rechtsproblems verbundene Aufwand*").

587 BFH, Urt. v. 09.05.2012, I R 91/10, BFH/NV 2012, 2004, 2006.

588 Siehe BFH, Urt. v. 09.05.2012, I R 91/10, BFH/NV 2012, 2004, 2007 f.; BFH, Urt. v. 26.09.2007, I R 43/06, BStBl. II 2008, 134, 135 ff.

589 Vgl. BFH, Urt. v. 26.09.2007, I R 43/06, BStBl. II 2008, 134, 135 f. m.w.N.

590 Vgl. BFH, Urt. v. 26.09.2007, I R 43/06, BStBl. II 2008, 134, 136.

591 Siehe BFH, Urt. v. 26.09.2007, I R 43/06, BStBl. II 2008, 134, 136. Kritisch zum Verweis auf das Billigkeitsverfahren im Lichte eines effektiven Rechtsschutzes *Steinhauff*, juris PR-SteuerR 7/2008, Anm. 5 (unter D. 2.).

592 Vgl. BFH, Urt. v. 26.09.2007, I R 43/06, BStBl. II 2008, 134, 136.

der Anfall von Aussetzungszinsen angesichts des noch laufenden Hauptsacheverfahrens unsicher, sodass auch offen sei, ob die Zinsverzichtsfrage überhaupt relevant werde.[593]

Hingegen entscheid derselbe Senat fast fünf Jahre später, dass die Rechtmäßigkeit der Aussetzungsverfügung bereits im *Zinsfestsetzungsverfahren* überprüft werden könne.[594] Die Tatbestandswirkung stehe dem nicht entgegen, sofern die Aussetzung der Vollziehung vor Eintritt der Bestandskraft aufgehoben werde.[595] In der Sache differenzierte der BFH weiter zwischen der letzten Aussetzungsverfügung vom 30.06.2009, die verfügt worden ist, nachdem bereits am 26.11.2008 die in der Hauptsache streitige Rechtsfrage zu Gunsten der Finanzverwaltung höchstrichterlich entschieden und diese Entscheidung seit dem 18.03.2009 auf der Website des BFH veröffentlicht ist. Der BFH geht davon aus, dass die von der Finanzbehörde selbst erkannte Rechtswidrigkeit dieser Aussetzungsverfügung nicht zum Anlass genommen werde, eine Zinsforderung für den der Verfügung zugrunde liegenden Aussetzungszeitraum zu stellen.[596] Auch aus der vorletzten Aussetzungsverfügung vom 10.05.2007, die vor der klärenden Entscheidung des BFH ergangen ist, lasse sich ein Feststellungsinteresse nicht ableiten. Es sei prozessökonomisch sinnvoll, den Aussetzungszinsbescheid abzuwarten, da offen sei, ob und in welcher Höhe Aussetzungszinsen anfallen und die Rechtmäßigkeit der aufgedrängten Aussetzungsverfügung im Zinsfestsetzungsverfahren umfassend zu prüfen wäre und ggf. der Zinserhebung entgegenstehe.[597]

Negativ zu bewerten ist zunächst der Umgang der Fachgerichte mit prozessökonomischen Erwägungen als Unterfall des Feststellungsinteresses. Es hat den Anschein, dass die Prozessökonomie als Vehikel zur Abwehr schwieriger Rechtsfragen genutzt wird. Während das FG Köln den Aspekt der Prozessökonomie als Argument für das Vorliegen des Feststellungsinteresses anführt,[598] negiert der BFH im anschließenden Revisionsverfahren das Feststellungsinteresse und führt

593 Vgl. BFH, Urt. v. 26.09.2007, I R 43/06, BStBl. II 2008, 134, 136 f.

594 BFH, Urt. v. 09.05.2012, I R 91/10, BFH/NV 2012, 2004, 2008 („*in dem gegen eine Zinsfestsetzung (§ 237 AO) gerichteten Einspruchs- und Klageverfahren die Rechtmäßigkeit der der Klägerin aufgedrängten Vollziehungsaussetzung in vollem Umfang zu überprüfen*").

595 BFH, Urt. v. 09.05.2012, I R 91/10, BFH/NV 2012, 2004, 2008.

596 Vgl. zu den letzten beiden Sätzen BFH, Urt. v. 09.05.2012, I R 91/10, BFH/NV 2012, 2004, 2007.

597 Vgl. zu den letzten beiden Sätzen BFH, Urt. v. 09.05.2012, I R 91/10, BFH/NV 2012, 2004, 2008.

598 Vgl. FG Köln, Urt. v. 08.09.2010, 13 K 960/08, EFG 2011, 105, 108.

hierfür seinerseits prozessökonomische Gründe an, die es ihm ermöglichen, die Rechtmäßigkeit der aufgedrängten Aussetzung dahingestellt zu lassen.[599]

Es stellt sich die Frage, wieso sich der von einer aufgedrängten Aussetzung Betroffene zunächst mittels Rechtsbehelf gegen die Aussetzungsverfügung wehren muss, um sodann bei Aufhebung der Aussetzungsverfügung – durch die Finanzbehörde (also die Beklagte!) – darauf verwiesen zu werden, dass die Rechtmäßigkeit des behördlichen Handelns auch im Rahmen des Zinsfestsetzungs- respektive Zinsverzichtsverfahrens überprüft werden kann. Folgerichtig wäre es, wenn man den von der aufgedrängten Aussetzung Betroffenen aus prozessökonomischen Gründen darauf verweist, zunächst nichts gegen die aufgedrängte Aussetzung zu unternehmen, sondern erst aktiv zu werden, wenn der wirtschaftliche Nachteil der Aussetzungszinsen tatsächlich eintritt. Dann aber bleibt das Dilemma der Bindungswirkung der zwischenzeitlich in der Regel bestandskräftig gewordenen Aussetzungsentscheidung.

Die aktuelle Lösung des BFH ist zwar gegenüber der vorherigen Lösung in der Entscheidung aus dem Jahre 2007 zu begrüßen, das Prädikat eines effektiven Rechtsschutzes verdient sie gleichwohl nicht. Es ist aus Sicht des Adressaten hoheitlichen Handelns unbefriedigend, dass die Finanzbehörde im Ergebnis Einfluss auf die gerichtliche Kontrolle des Verwaltungshandelns nehmen kann. Es fragt sich daher, welche Alternativen zur höchstrichterlichen Auffassung bestehen.

Schaumburg hat sich in einer Besprechung zur oben dargestellten Entscheidung des FG Rheinland-Pfalz vom 03.04.1998 (3 K 1197/96, EFG 1998, 1111) mit der Frage auseinandergesetzt, welche Möglichkeiten der Bürger hat, wenn die Finanzbehörde über seinen Aussetzungsantrag hinausgeht, indem sie mehr aussetzt als tatsächlich streitig war, sodass man insoweit auch von einer „quantitativ aufgedrängten Aussetzung" sprechen kann. Neben dem Einspruch gegen die Aussetzungsverfügung weist sie auf die Möglichkeit hin, einen Antrag auf Rücknahme bzw. Widerruf nach §§ 130, 131 AO zu stellen. Erwogen wird ferner, trotz Aussetzung zu zahlen oder aber hinsichtlich der überschießenden Aussetzungszinsen einen Verzichtsantrag zu stellen.[600] *Schaumberg* legt jedoch nicht dar, welche Lösung seiner Ansicht nach vorzugswürdig respektive erfolgsversprechend ist. Vielmehr hält sie keine der genannten Möglichkeiten für überzeugend.[601]

---

599 Vgl. BFH, Urt. v. 09.05.2012, I R 91/10, BFH/NV 2012, 2004, 2008.

600 Vgl. zu den letzten beiden Sätzen *Schaumburg*, EFG Beilage 15/1998, 57–58 (57 f.).

601 Siehe *Schaumburg*, EFG Beilage 15/1998, 57–58 (57).

Überwiegend wird ein Vorgehen gegen die aufgedrängte Aussetzungsverfügung mittels Einspruchs respektive Anfechtungsklage befürwortet.[602] *Schüppen* hält Einspruch bzw. Anfechtungsklage für unzulässig und begründet dies damit, dass der Betroffene auf die aufgedrängte Aussetzung durch Zahlung der ausgesetzten Beträge reagieren könne; mangels Aussetzungszinsrisikos sei die Aussetzung für den Betroffenen dann ausschließlich begünstigend.[603] Zur Lösung *Schüppens* wurde bereits an früherer Stelle Stellung genommen.[604] Da nach hier vertretener Ansicht eine freiwillige Zahlung nur im Verzichtsverfahren berücksichtigt werden kann und dieses im Vergleich zur Anfechtung der Aussetzungsverfügung keinen adäquaten Rechtsschutz vermittelt, kann der Auffassung von *Schüppen* auch hinsichtlich des Rechtsschutzes gegen die aufgedrängte Aussetzung nicht gefolgt werden.

Wie mit der Bindungswirkung der Aussetzungsentscheidung für die Aussetzungszinsfestsetzung beim Vorgehen gegen die aufgedrängte Aussetzung der Vollziehung umgegangen werden soll, wird nicht einheitlich beurteilt. Hält man das Aussetzungsfestsetzungsverfahren wegen der Bindungswirkung für ungeeignet, um die Rechtmäßigkeit der aufgedrängten Aussetzung zu überprüfen, so bleiben nur zwei Alternativen: Entweder man schwenkt auf das Zinsverzichtsverfahren aus, was mit Blick auf einen effektiven Rechtsschutz auf Widerstand stößt.[605] Oder man konzentriert den Rechtsschutz auf die Anfechtung der Aussetzungsverfügung, was mit dem negativen Beigeschmack verbunden ist, dass – nach dargestellter Lösung des BFH – die Finanzbehörde die gerichtliche Kontrolle zumindest zeitweise verhindern kann.

An dieser Stelle setzt die Lösung von *Bergmann* an, der einen restriktiven Erledigungsbegriff befürwortet.[606] Er warnt davor, dass der Steuerpflichtige aufgrund der wirtschaftlichen Risiken davon absehen könnte, Rechtsschutz gegen die aufgedrängte Aussetzung zu suchen, wenn die Finanzbehörde durch Aufhebung der Aussetzungsverfügung in der Lage wäre, die gerichtliche Kontrolle ihres Vorgehens zu verhindern. Er favorisiert daher trotz Aufhebung der Aussetzungsverfügung nicht von einer Erledigung auszugehen. Die ex nunc aufgehobene

---

602 So insbesondere *Cöster* in: Koenig, AO, § 361 Rz. 158; *Mack*, Steuerfahndung und Steuerstreit (Beratungs Akzente 44), 2007, 11, 20; *Seer*, Ubg 2008, 249–253 (252 f.).

603 Siehe *Schüppen*, JFStR 13/14, 302, 314.

604 Teil II, § 3, IV. 2. d), cc), (3) und (4).

605 Kritisch zum Zinsverzichtsverfahren insbesondere *Seer*, Ubg 2008, 249–253 (252 f.), dem zufolge „*dieses selbständige Billigkeitsverfahren keinen äquivalenten Rechtsschutz im Vergleich zur Direktanfechtung der Aussetzung […] bietet.*“

606 Siehe *Bergmann*, DStR 2013, 1651–1654 (1653 f.).

Aussetzungsentscheidung entfalte insbesondere noch insoweit eine „Rest-Wirkung" im Sinne des § 124 Abs. 2 AO, als sie Grundlage für die Erhebung der bis zur Aufhebung aufgelaufenen Aussetzungszinsen sei.[607]

Für einen restriktiven Erledigungsbegriff spricht sich auch *Schenke* aus. Zwar dürfe der Erledigungsbegriff nicht zu eng ausgelegt werden, da andernfalls die Fortsetzungsfeststellungsklage praktisch anwendungslos sein würde.[608] Andererseits belege § 113 Abs. 1 Satz 2 VwGO (im Wesentlichen inhaltsgleich mit § 100 Abs. 1 Satz 2 FGO), dass insbesondere der Vollzug des angefochtenen Verwaltungsakts nicht zwingend zu dessen Erledigung führe.[609] *Schenke* ist der Auffassung, dass von einer Erledigung des Verwaltungsakts im Sinne des § 113 Abs. 1 Satz 4 VwGO (entspricht § 100 Abs. 1 Satz 4 FGO) in den Fällen auszugehen sei, in denen die Aufhebung des Verwaltungsakts – neben der Feststellung der Rechtswidrigkeit – *sinnlos* wäre.[610] Bei Strafen oder Geldbußen, die alleine an den Bestand eines missachteten Verwaltungsakts anknüpfen, sei eine Aufhebung jedoch sinnvoll, da nur durch die rückwirkende Aufhebung dieses Verwaltungsakts die Grundlage des sanktionierenden Folge-Verwaltungsakts beseitigt werden könne.[611] Überträgt man diesen Gedanken auf die drohenden Aussetzungszinsen, bliebe die Anfechtungsklage gegen die Aussetzungsverfügung statthaft; ein Folgeprozess gegen den Zinsbescheid wäre nicht erforderlich.[612] Der Vorteil dieser Lösung besteht darin, dass sie ein Taktieren der Finanzbehörde mit der aufgedrängten Aussetzung verhindert.

Zu beachten ist, worauf auch *Bergmann* hinweist, dass Aussetzungszinsen bei (teilweiser) Erfolglosigkeit des Hauptsacheverfahrens für die bis zur Aufhebung erfolgte Aussetzung der Vollziehung gemäß § 237 Abs. 1 Satz 1 AO nach wie vor entstehen können.[613] Bis zur Beendigung des Hauptsacheverfahrens schwebt

---

607 Vgl. zu den letzten drei Sätzen *Bergmann*, DStR 2013, 1651–1654 (1653).

608 *Schenke*, Jura 1980, 133–145 (133 f.). Er weist zutreffend darauf hin, dass kein Bedürfnis bestehe, einen Verwaltungsakt, von dem überhaupt keine Folgen mehr ausgehen, mit der Fortsetzungsfeststellungsklage anzugreifen.

609 *Schenke*, Jura 1980, 133–145 (134 f.).

610 *Schenke*, Jura 1980, 133–145 (134).

611 Vgl. *Schenke*, Jura 1980, 133–145 (135 m.w.N.).

612 So *Bergmann*, DStR 2013, 1651–1654 (1653 f.), der Parallelen zum Verwaltungsvollstreckungsrecht (der vollstreckte Verwaltungsakt habe noch rechtliche Wirkung hinsichtlich des Kostenbescheids, weshalb die Vollstreckung des Grund-Verwaltungsakts nicht zu dessen Erledigung führe) und Widerruf eines Leistungsbescheids (wegen ex-nunc-Wirkung bleibe Leistungsbescheid als causa für die bis zur Aufhebung gewährten Leistungen wirksam) zieht.

613 *Bergmann*, DStR 2013, 1651–1654 (1653).

demnach das Damoklesschwert in Gestalt eines Aussetzungszinsrisikos über dem Rechtsbehelfsführer. Nach der Entscheidung des BFH vom 09.05.2012 müsste der Bürger, der gegen die aufgedrängte Aussetzung vorgehen will, die Aussetzungsverfügung anfechten und – sollte sich Letztere durch die Aufhebung mit ex-nunc-Wirkung erledigen – zusätzlich die Zinsfestsetzung in einem neuen Verfahren angreifen. Für *ein Ziel* – die Rechtmäßigkeit der aufgedrängten Aussetzung zu klären – muss er im Ergebnis jedenfalls *zwei*, vorsichtshalber sogar *drei Verfahren* anstrengen. Nach der Aufhebung der Aussetzungsverfügung wird er – im Sinne der Entscheidung des BFH vom 09.05.2012 – das Klageverfahren gegen die Aussetzungsverfügung für erledigt erklären und gegen den Zinsbescheid Einspruch einlegen und vorsichtshalber zugleich einen Verzichtsantrag hinsichtlich der beanspruchten Aussetzungszinsen gemäß § 237 Abs. 4 i.V.m. § 234 Abs. 2 AO stellen.[614] Die hieraus erwachsenden Verfahrenskosten sowie die Aussetzungszinsen können beträchtliche Ausmaße annehmen. Verfahrensökonomie sieht anders aus.

§ 3 Effektiver Rechtsschutz nur im Verfahren gegen Aussetzungsverfügung und/oder Aussetzungszinsbescheid

Das Billigkeitsverfahren stellt keinen adäquaten Rechtsschutz dar, da es den Bürger auf einen unsicheren Pfad verweist, in dem eine effektive gerichtliche Kontrolle angesichts der Einzelfallkasuistik und aufgrund des behördlichen Handlungsspielraums regelmäßig nicht stattfindet.[615] Eine gerichtliche Durchsetzung des Zinsverzichts ist nur im Falle einer Ermessensreduktion auf null möglich.[616] Die Abkehr des BFH von seiner ursprünglichen Sichtweise aus dem Jahre 2007 ist daher zu begrüßen.[617]

Für einen effektiven Rechtsschutz kommen primär das Aussetzungs- und das Zinsfestsetzungsverfahren in Betracht. Als selbständiger, zuerst ergehender Verwaltungsakt ist eine Anfechtung der Aussetzungsverfügung erforderlich, um einen Verstoß gegen § 5 AO gerichtlich geltend machen zu können (vgl. § 102 Satz 1 FGO). Im Zuge der rechtlichen Überprüfung der Aussetzungsverfügung ist die pflichtgemäße Ermessensausübung im Rahmen des § 361 Abs. 2 Satz 1

---

614 Vgl. *Schüppen*, JFStR 13/14, 302, 312.

615 Kritisch auch *Seer*, Ubg 2008, 249–253 (252 f.). Auch der BFH stuft das (vergleichbare) Erlassverfahren nach § 227 AO als aus Sicht des Steuerpflichtigen ungünstig ein, siehe BFH, Beschl. v. 10.12.1986, I B 121/86, BStBl. II 1987, 389, 391.

616 Vgl. nur FG Köln, Urt. v. 08.09.2010, 13 K 960/08, EFG 2011, 105, 109.

617 So auch *Bergmann*, DStR 2013, 1651–1654 (1654).

Hs. 1 AO (§ 69 Abs. 2 Satz 1 FGO) unmittelbarer Prüfungsgegenstand. Allerdings hat sich zu diesem Zeitpunkt noch kein Zinsnachteil aktualisiert, sodass aus verfahrensökonomischen Gründen der Aussetzungszinsbescheid abzuwarten und dann anzufechten sein könnte. Beschränkt sich der Rechtsbehelfsführer auf die Anfechtung des Aussetzungszinsbescheids, läuft er Gefahr, mit Einwendungen gegen die Rechtmäßigkeit der Aussetzungsverfügung präkludiert zu sein. Denkbar ist auch, das Verfahren gegen die Aussetzungsverfügung bis zum Ergehen des Aussetzungszinsbescheids ruhend zu stellen (vgl. für das Einspruchsverfahren § 363 Abs. 2 Satz 1 AO).

Die formelle Selbständigkeit von Aussetzungs- und Zinsfestsetzungsverfahren wird durch die materielle Verbundenheit der beiden Verfahren, wie sie in § 237 Abs. 1 Satz 1 AO zum Ausdruck kommt („*geschuldete Betrag, hinsichtlich dessen die Vollziehung [...] ausgesetzt wurde*"), überlagert. Sofern die Aussetzungsverfügung kassiert wird, fehlt es in jedem Fall an einer Grundlage für einen Zinsanspruch der Finanzbehörde aus § 237 AO. Diese einseitige Bindungswirkung von Aussetzungsverfügung und Aussetzungszinsbescheid erinnert an das Grundlagen-/ Folgebescheidverhältnis, welches in den §§ 171 Abs. 10 Satz 1; 182 Abs. 1 Satz 1; 175 Abs. 1 Satz 1 Nr. 1; 351 Abs. 2 AO eine spezielle Ausgestaltung erfahren hat. Es fragt sich daher, wie sich die Tatbestandswirkung zu den genannten Regelungen über das Grundlagen-/Folgebescheidverhältnis verhält. Ist die Aussetzungsverfügung als Grundlagenbescheid und der Aussetzungszinsentscheidung als Folgebescheid einzuordnen?

§ 4 Tatbestandswirkung in Abgrenzung zum Grundlagen-/Folgebescheidverhältnis

I. Verhältnis zwischen Tatbestandswirkung und Grundlagen-/ Folgebescheid; Relevanz der Unterscheidung

1. Definitionsversuche und Abgrenzungsprobleme der Tatbestandswirkung

Während für das Verhältnis zwischen Grundlagen- und Folgebescheid im Sinne eines gestuften Verwaltungsverfahrens gesetzliche Regelungen in den §§ 171 Abs. 10 Satz 1; 182 Abs. 1 Satz 1; 175 Abs. 1 Satz 1 Nr. 1; 351 Abs. 2 AO existieren, gilt dies für die sogenannte Tatbestandswirkung nicht. Sie wird mitunter als „*Sonderfall*" bezeichnet.[618] Aus der Charakterisierung als Sonderfall wird bereits

618 So zur Tatbestandswirkung (im engeren Sinne) *Sachs* in: Stelkens/Bonk/Sachs, VwVfG, § 43 Rz. 154 m.w.N.

ersichtlich, dass sich die Tatbestandswirkung nicht so recht in das normative Kleid der Verfahrensvorschriften einfügen will.

Die Tatbestandswirkung hat ihren Ursprung im Zivilrecht.[619] Charakteristisch für die Tatbestandswirkung ist hier, dass das Vorliegen einer rechtskräftigen oder vorläufig vollstreckbaren Entscheidung Grundlage für weitere Rechtswirkungen ist, so z.B. wenn die Entscheidung Voraussetzung einer materiellen Gesetzesnorm ist (vgl. z.B. § 197 Abs. 1 Nr. 3 BGB).[620]

Neben dem Zivilrecht ist sie mittlerweile auch im Arbeits-, Sozial-, allgemeinen Verwaltungsrecht und insbesondere auch im Steuerrecht allgemein anerkannt.[621] Die Tatbestandswirkung eines Verwaltungsakts ist auch ohne gesetzliche Anordnung zu beachten.[622] Dies hat zu einem Meinungsspektrum geführt, dessen Spektrum kaum mehr zu überblicken ist.[623] Die vorliegende Untersuchung vermag daher nicht sämtliche Facetten der Tatbestandswirkung zu beleuchten.[624] Sie soll die Schwierigkeiten aufzeigen, die im Umgang mit dieser ungeregelten Begrifflichkeit einhergehen, und fokussiert sich insoweit auf das allgemeine Verwaltungsrecht sowie das Steuerrecht. Schnell wird deutlich, dass der Heranziehung gesetzlich vorgesehener Institute, wie dem Grundlagen-/Folgebescheidverhältnis, zugunsten der Rechtssicherheit der Vorrang einzuräumen ist.

Bereits die Definition der Tatbestandswirkung bereitet Schwierigkeiten.[625] Allgemein bewirkt die Tatbestandswirkung, soweit für die vorliegende Untersuchung relevant, dass ein Verwaltungsakt über die am Verwaltungsverfahren Beteiligten

---

619 Dazu mit zahlreichen Nachweisen *Seibert*, Die Bindungswirkung von Verwaltungsakten, S. 71.

620 Vgl. nur *Gottwald* in: Krüger/Rauscher, MüKo, ZPO, § 322 Rz. 20 m.w.N. und Beispielen.

621 Vgl. nur BFH, Urt. v. 21.01.2010, VI R 52/08, BStBl. II 2010, 703, 705 m.w.N.

622 Vgl. BFH, Urt. v. 21.01.2010, VI R 52/08, BStBl. II 2010, 703, 705; BVerwG, Urt. v. 23.04.1980, 8 C 82/79, BVerwGE 60, 111, 117; *Schemmer* in: Bader/Ronellenfitsch, BeckOK, VwVfG, § 43 Rz. 28 m.w.N. (Stand: 01.01.2018); *Kirchhof*, NJW 1985, 2977–2985 (2983 m.w.N.).

623 *Steinhauff* weist darauf hin, dass sowohl die Voraussetzungen als auch die Reichweite der Tatbestandswirkung umstritten sind, siehe *Steinhauff*, AO-StB 2010, 271–275 (273). *Seibert* kritisiert, dass über Bedeutung, Umfang, Voraussetzungen und Begründung der Tatbestandswirkung ein heilloser Meinungswirrwarr zu konstatieren sei, siehe *Seibert*, Die Bindungswirkung von Verwaltungsakten, S. 69.

624 Zur Vertiefung siehe z.B. *Seibert*, Die Bindungswirkung von Verwaltungsakten, S. 69 ff. m.w.N.

625 Vgl. den Überblick über die unterschiedlichen Deutungsweisen der Tatbestandswirkung bei *Knöpfle*, BayVBl. 1982, 225–230 (226 m.w.N.).

hinaus von sämtlichen staatlichen Entscheidungsträgern (vor allem anderen Behörden und Gerichten, sofern letztere nicht wegen der Rechtmäßigkeit dieses Verwaltungsakts angerufen werden) *„als gegeben hingenommen"* werden muss.[626]

Es wird zum Teil zwischen der Tatbestandswirkung im engeren Sinne und der im weiteren Sinne unterschieden. Erstere wird in Anlehnung an den zivilrechtlichen Ursprung so verstanden, dass der Erlass eines Verwaltungsakts tatbestandliche Voraussetzung für den Eintritt einer bestimmten Rechtsfolge ist, die ihrerseits aus einer Rechtsnorm folgt.[627] *Seibert* befürwortet, von einer Tatbestandswirkung im engeren Sinne nur dann zu sprechen, wenn die an einen Verwaltungsakt durch das Gesetz geknüpfte Rechtsfolge unabhängig davon eintrete, ob diese Folge mit dem Erlass des Verwaltungsakts gewollt sei.[628] So ordnet bspw. § 133 Abs. 3 Satz 1 BauGB[629] die Tatbestandswirkung im engeren Sinne an, indem es dort heißt, dass die Möglichkeit zur Beanspruchung von Vorausleistungen auf den Erschließungsbeitrag für ein Grundstück, für das eine Beitragspflicht noch nicht (vollumfänglich) entstanden ist, davon abhängt, dass ein Bauvorhaben auf dem Grundstück genehmigt wird.[630]

Die Tatbestandswirkung im weiteren, über das zivilrechtliche Verständnis hinausgehenden Sinn umschreibt den Fall, dass eine Behörde (oder ein Gericht, sofern es nicht wegen dieses Aktes angerufen worden ist) an die bereits verfügte Regelung einer anderen Behörde gebunden ist.[631]

---

626 Vgl. BVerwG, Urt. v. 28.11.1986, 8 C 122–125/84, NVwZ 1987, 496 m.w.N. Siehe ferner *Schemmer* in: Bader/Ronellenfitsch, BeckOK, VwVfG, § 43 Rz. 27 m.w.N. (Stand: 01.01.2018); *Domke*, Rechtsfragen der Bestandskraft von Verwaltungsakten, S. 58 f.; *Steinhauff*, AO-StB 2010, 271–275 (273 m.w.N.).

627 Vgl. *Schemmer* in: Bader/Ronellenfitsch, BeckOK, VwVfG, § 43 Rz. 34 m.w.N. (Stand: 01.01.2018). Anders etwa *Knöpfle*, BayVBl. 1982, 225–230 (230 m.w.N.), der insoweit nur von der *„Tatbestandswirkung"* spricht (im Sinne von Tatbestandswirkung im engeren Sinne) und diese zur *„Maßgeblichkeit"* (im Sinne von Tatbestandswirkung im weiteren Sinne) abgrenzt.

628 *Seibert*, Die Bindungswirkung von Verwaltungsakten, S. 81. Allerdings umfasse die Tatbestandswirkung im engeren Sinne nach seinem Verständnis *„nicht die Bindung an den Inhalt des Verwaltungsakts"*, siehe *Seibert* a.a.O. Er räumt indes ein, dass die Grenzen zwischen Tatbestandswirkung im engeren Sinne und der Bindungswirkung fließend sind, siehe *Seibert*, Die Bindungswirkung von Verwaltungsakten, S. 82 f. m.w.N.

629 Baugesetzbuch (BauGB) in der Fassung der Bekanntmachung vom 03.11.2017 (BGBl. I S. 3634), geändert durch Gesetz vom 30.06.2017 (BGBl. I S. 2193).

630 Siehe *Sachs* in: Stelkens/Bonk/Sachs, VwVfG, § 43 Rz. 159 m.w.N.

631 Siehe nur *Kirchhof*, NJW 1985, 2977–2985 (2983 m.w.N.). Zum Teil wird insoweit aber auch von der Feststellungswirkung gesprochen, so bspw. *Söhn* in: H/H/S, AO,

Übertragen auf das Verhältnis Aussetzungsverfügung zum Aussetzungszinsbescheid ist wohl von einer Tatbestandswirkung im engeren Sinne auszugehen. Nach § 237 Abs. 1 Satz 1 AO ist die Aussetzung der Vollziehung als solche notwendig, um überhaupt einen Aussetzungszinsanspruch zu begründen.[632] Daneben bestehen weitere Tatbestandsvoraussetzungen, insbesondere die Erfolglosigkeit des Hauptsacherechtsbehelfs. Da es demnach nicht allein auf den Willen der Behörde bei Erlass der Aussetzungsverfügung ankommt, liegt die Annahme einer Tatbestandswirkung im engeren Sinne nahe. Allerdings wird der Aussetzungsverfügung gleichzeitig eine Bindungswirkung für die Aussetzungszinsfestsetzung zugesprochen. Auf die Rechtmäßigkeit oder Rechtswidrigkeit der Aussetzungsentscheidung komme es für die Festsetzung der Aussetzungszinsen nicht an.[633]

Diese inhaltliche Bindungswirkung wird vornehmlich im Rahmen der Tatbestandswirkung im weiteren Sinne erörtert. Hilfreich ist diese Unterscheidung daher nicht. Die folgenden Ausführungen sind bewusst allgemein gehalten, da im Detail vieles umstritten ist. Die Darstellung hat den Zweck, die Notwendigkeit einer Differenzierung zwischen der Tatbestandswirkung und dem Grundlagen-/Folgebescheidverhältnis aufzuzeigen.

Manche Vorschriften enthalten konkrete Vorgaben, durch die die Tatbestandswirkung ausgefüllt wird. Ein Beispiel hierfür ist § 26 Abs. 1 Nr. 1 AsylG[634]. Hiernach hängt die Anerkennung des Ehegatten oder Lebenspartners eines Asylberechtigten als Asylberechtigter u.a. davon ab, dass die Anerkennung des asylberechtigten Ehegatten unanfechtbar ist. § 237 Abs. 1 Satz 1 AO konkretisiert die rechtliche Beziehung zwischen Aussetzungsentscheidung und Zinsfestsetzung jedenfalls nicht ausdrücklich.

---

§ 118 Rz. 383 (Stand: 225. Lfg. November 2013). *Domke* lehnt den Begriff der Tatbestandswirkung im weiteren Sinne ab und verortet die Problematik in der materiellen Bestandskraft des Erst-Verwaltungsakts, siehe *Domke*, Rechtsfragen der Bestandskraft von Verwaltungsakten, S. 64 f. und S. 89 ff. Andere isolieren diese Wirkungsweise von der Tatbestands- respektive Feststellungswirkung und bezeichnen sie als „*Beachtlichkeit*", so z.B. *Randak*, JuS 1992, 33–39 (37) bzw. als „*Maßgeblichkeit*", so *Knöpfle*, BayVBl. 1982, 225–230 (228 f.).

632 Siehe auch BFH, Urt. v. 18.07.1994, X R 33/91, BStBl. II 1995, 4, 6 (zweiter Spiegelstrich).

633 Vgl. nur BFH, Urt. v. 09.05.2012, I R 91/10, BFH/NV 2012, 2004, 2006 m.w.N.

634 Asylgesetz (AsylG) in der Fassung der Bekanntmachung vom 02.09.2008 (BGBl. I S. 1798), zuletzt geändert durch das Gesetz vom 20.07.2017 (BGBl. I S. 2780).

Abzugrenzen ist die Tatbestandswirkung von der (formellen, materiellen) Bestandskraft einerseits, sowie von der Feststellungswirkung andererseits. Die Abgrenzung zur Bestandskraft erfolgt durch den Adressatenkreis. Während die Bestandskraft, wie die Rechtskraft im Zivilrecht, zwischen den am Verfahren Beteiligten wirkt, erweitert die Tatbestandswirkung den Kreis derer, die durch die in der zuerst ergangenen Verwaltungsentscheidung gebunden werden, insbesondere auf die Gerichte sowie andere Behörden.[635]

Ob die nachfolgende Entscheidungsinstanz auch an die tatsächlichen Feststellungen der vorangegangenen Verwaltungsentscheidung gebunden ist, ist eine Frage der sogenannten Feststellungswirkung.[636] Hierbei handelt es sich um solche Elemente, die zu der getroffenen Entscheidung geführt haben.[637] Die Bindungswirkung, die sich aus der Tatbestandswirkung im zeitlich nachgelagerten Verwaltungsverfahren ergibt, bezieht sich demgegenüber allein auf den Tenor der ersten Verfügung.[638] Dies gilt auch für das Grundlagen-/Folgebescheidverhältnis;[639] der Regelungsgehalt des Verwaltungsakts ist von der nachgelagerten Behörde ungeprüft der eigenen Entscheidung zugrunde zu legen.[640]

---

635 Vgl. BGH, Urt. v. 04.02.2004, XII ZR 301/01, BGHZ 158, 19, 22 m.w.N.; *Kirchhof*, NJW 1985, 2977–2985 (2983 m.w.N.); *Knöpfle*, BayVBl. 1982, 225–230 (228 m.w.N.); *Steinhauff*, AO-StB 2010, 271–275 (273 m.w.N.).

636 Siehe nur BVerwG, Urt. v. 28.11.1986, 8 C 122–125/84, NVwZ 1987, 496, 497 m.w.N. Auch über die Feststellungswirkung existieren unterschiedliche Interpretationsweisen, siehe *Knöpfle*, BayVBl. 1982, 225–230 (227 m.w.N.).

637 Vgl. *Ramsauer* in: Kopp/Ramsauer, VwVfG, § 43 Rz. 26 m.w.N. Die Feststellungswirkung beziehe auch die der eigentlichen Entscheidung vorausliegenden Elemente, wie bspw. tatsächliche Feststellungen, auf denen der Verwaltungsakt beruhe, oder die Beurteilung vorgreiflicher Inzidentfragen in die Bindungswirkung mit ein.

638 Siehe BVerwG, Urt. v. 28.11.1986, 8 C 122–125/84, NVwZ 1987, 496 m.w.N.; BVerwG, Urt. v. 23.04.1980, 8 C 82/79, BVerwGE 60, 111, 117 m.w.N. („*Die Bescheinigungsbehörde muß deshalb von dem Tenor des Anerkennungsbescheids ausgehen*"); *Schemmer* in: Bader/Ronellenfitsch, BeckOK, VwVfG, § 43 Rz. 28 (Stand: 01.01.2018); *Söhn* in: H/H/S, AO, § 88 Rz. 60 (Stand: 206. Lfg. März 2010).

639 Siehe nur *Cöster* in: Koenig, AO, § 171 Rz. 148 m.w.N.; *von Wedelstädt* in: B/G, AO, § 175 Rz. 8 (Stand: 125. Lfg. August 2016); *Jahndorf/Kister*, DB 2008, 608–610 (609).

640 Vgl. *Kunz* in: B/G, AO, § 182 Rz. 5 (Stand: 129. Lfg. Januar 2017). Zur Bindungswirkung einer Bescheinigung der Gemeinde gemäß § 7h Abs. 2 Satz 1 EStG hinsichtlich der Voraussetzungen des § 7h Abs. 1 EStG siehe BFH, Urt. v. 06.12.2016, IX R 17/15, DStR 2017, 768, 769 f. Die Bescheinigung der Gemeinde sei für die Finanzbehörden hinsichtlich der Tatbestandsmerkmale des § 7h Abs. 1 EStG (= u.a. die Feststellung,

Die Feststellungswirkung setzt eine normative Anordnung voraus.[641] Als Abgrenzungsbeispiel sei auf eine Entscheidung des BVerwG vom 09.03.2005 verwiesen. Hiernach erzeuge ein in einem Entnazifizierungsverfahren ergangener Bescheid, der den Adressaten als *„entlastet“* einstuft, nicht eine Feststellungswirkung in dem Sinne, dass der Betroffene in einem späteren vermögensrechtlichen Verfahren als *„politisch verfolgt“* einzustufen sei. Zwar sei durch den Entlastungsbescheid verbindlich im Sinne einer Tatbestandswirkung festgestellt, dass der Betroffene *„entlastet“* sei. Die Bindungswirkung reiche jedoch nicht so weit, dass das im zeitlich nachfolgenden Verfahren relevante Tatbestandsmerkmal *„politisch verfolgt“* als gegeben unterstellt werden müsse. Eine solche Feststellungswirkung bedürfe einer gesetzlichen Anordnung, die es nicht gebe.[642]

2. *Die Tatbestandswirkung als allgemeiner Rechtsgrundsatz*

Die Finanzbehörden und die Finanzgerichte sind grundsätzlich dazu angehalten auch Vorfragen aus anderen Rechtsbereichen zu prüfen und hierüber zu befinden (vgl. § 88 Abs. 1, 2 AO, § 76 Abs. 1 FGO sowie § 17 Abs. 2 Satz 1 GVG[643]).[644] Die Tatbestandswirkung stellt insoweit eine (ungeschriebene) Ausnahme dar, die insbesondere bei rechtsgestaltenden Entscheidungen relevant wird.[645]

Die Tatbestandswirkung des Verwaltungsakts als Ausfluss des Art. 20 Abs. 3 GG bezweckt, dass die behördliche Entscheidung in Gestalt eines Verwaltungsakts u.a. nicht durch andere Behörden infrage gestellt wird, denen unter Umständen die nötige Sachkompetenz fehlt, über die dem Erst-Verwaltungsakt

---

ob begünstigte Modernisierungs- und Instandsetzungsmaßnahmen durchgeführt worden sind) bindend.

641 Siehe BVerwG, Urt. v. 28.11.1986, 8 C 122–125/84, NVwZ 1987, 496, 497 m.w.N.; *Ramsauer* in: Kopp/Ramsauer, VwVfG, § 43 Rz. 27 m.w.N.; *Bumke* in: Hoffmann-Riem/Schmidt-Aßmann/Voßkuhle, GVwR II, § 35 Rz. 219 m.w.N.; *Seibert*, Die Bindungswirkung von Verwaltungsakten, S. 130.

642 Vgl. zu den letzten vier Sätzen BVerwG, Beschl. v. 09.03.2005, 8 B 103/04, Rz. 5 – juris.

643 Gerichtsverfassungsgesetz (GVG) in der Fassung der Bekanntmachung vom 09.05.1975 (BGBl. I S. 1077), zuletzt geändert durch das Gesetz vom 30.10.2017 (BGBl. I S. 3618).

644 BFH, Urt. v. 18.03.2004, III R 50/02, BStBl. II 2004, 594, 596 m.w.N.; *Steinhauff*, AO-StB 2010, 271–275 (274 m.w.N.).

645 Vgl. BFH, Urt. v. 18.03.2004, III R 50/02, BStBl. II 2004, 594, 596 m.w.N., wonach die Tatbestandswirkung im Gesetz angelegt sein müsse (*„Indes kann das Gesetz stattdessen vorsehen, dass den Verwaltungsakten anderer Behörden eine Tatbestandswirkung zukommt und tatbestandlich das Vorliegen entsprechender Verwaltungsakte anderer Behörden voraussetzen“*); *Steinhauff*, AO-StB 2010, 271–275 (274 m.w.N.).

zugrunde liegende Rechtsfrage, wenn auch in einem anderen Sachzusammenhang, zu entscheiden.[646] Eine widerspruchsfreie Rechtsordnung setzt voraus, dass Hoheitsträger Entscheidungen anderer Hoheitsträger, die im Rahmen von deren Zuständigkeit getroffen worden sind, respektieren.[647]

Die Tatbestandswirkung könnte in § 43 VwVfG bzw. dem steuerlichen Pendant (§ 124 AO) verankert sein.[648] Hierfür spricht, dass sie als Wirksamkeitsfolge respektive Bestandteil der Wirksamkeit klassifiziert wird.[649] Allerdings nimmt § 124 Abs. 1 Satz 1 AO (§ 43 Abs. 1 Satz 1 VwVfG) ausschließlich auf den Adressaten Bezug, demgegenüber der behördliche Akt bekannt gemacht wird. So heißt es in § 124 Abs. 1 Satz 1 AO: *„Ein Verwaltungsakt wird gegenüber* ***demjenigen****, für den er bestimmt ist oder der von ihm betroffen wird, in dem Zeitpunkt wirksam, in dem er* ***ihm bekannt gegeben wird****.“* (Hervorhebungen durch Verf.). § 124 Abs. 1 Satz 2 AO konkretisiert den Satz 1, wie der Wortlaut (*„Der Verwaltungsakt“*, also der Verwaltungsakt im Sinne des Satzes 1) zeigt. Ferner wird der Verwaltungsakt nach § 124 Abs. 1 Satz 2 AO a.E. mit dem Inhalt wirksam, *„mit dem er bekannt gegeben wird.“* Die Bekanntgabe ist in § 122 AO geregelt und beschränkt den Adressatenkreis des Verwaltungsakts ebenfalls auf bestimmte Personen (vgl. § 122 Abs. 1 Satz 1 AO *„für den er bestimmt ist oder der von ihm betroffen wird“*). Eine

646 Vgl. BFH, Urt. v. 21.01.2010, VI R 52/08, BStBl. II 2010, 703, 705 m.w.N.; *Steinhauff*, AO-StB 2010, 271–275 (273 m.w.N.). Zur Herleitung der Tatbestandswirkung siehe auch *Kirchhof*, NJW 1985, 2977–2985 (2983). Der Gedanke der größeren Sachkompetenz der Behörde, die über den Erlass des Erst-Verwaltungsakts entscheidet, lässt sich auch im Rahmen des Grundlagen-/Folgebescheidverhältnisses wiederfinden; so z.B., wenn es um die Frage geht, ob die Voraussetzungen für die Inanspruchnahme erhöhter Absetzungen nach Maßgabe des § 7h Abs. 1 EStG vorliegen, worüber gemäß § 7h Abs. 2 Satz 1 EStG die zuständige Gemeindebehörde – vorbehaltlich spezifisch steuerrechtlicher Voraussetzungen – eine Bescheinigung erteilt, vgl. BFH, Urt. v. 06.12.2016, IX R 17/15, DStR 2017, 768, 770 (*„Denn mangels eigener Sachkunde ist es den Finanzbehörden nicht möglich zu überprüfen, ob Maßnahmen iSd § 7h Abs. 1 EStG durchgeführt worden sind.“*).

647 Zutreffend *Domke*, Rechtsfragen der Bestandskraft von Verwaltungsakten, S. 93 f.; *Knöpfle*, BayVBl. 1982, 225–230 (228 f.).

648 Hierauf deuten auch die Kommentierungen zur Tatbestandswirkung hin, die oftmals im Rahmen der beiden Vorschriften erfolgen, vgl. z.B. *Müller-Franken* in: H/H/S, AO, § 124 Rz. 56 ff. (Stand: 241. Lfg. Februar 2017); *Schemmer* in: Bader/Ronellenfitsch, BeckOK, VwVfG, § 43 Rz. 27 ff. (Stand: 01.01.2018).

649 Vgl. z.B. *Ramsauer* in: Kopp/Ramsauer, VwVfG, § 43 Rz. 23 m.w.N.: *„Die Tatbestandswirkung ist reguläre Folge der […] Wirksamkeit des VA und in gewissem Sinn ein wesentlicher Bestandteil davon“*.

normative Verankerung der Tatbestandswirkung in § 124 AO ist daher mit dem Wortlaut der Norm nur schwer vereinbar.

Zur Sicherstellung einer widerspruchsfreien Rechtsordnung ist die Tatbestandswirkung notwendig.[650] Sie ist daher dort, wo sie nicht bereits durch spezielle Vorschriften zum Ausdruck kommt, als allgemeiner Rechtsgrundsatz (auch) im Steuerrecht zu beachten.[651] Nicht die Berücksichtigung der Tatbestandswirkung, sondern ihr Ausschluss sei normativ zu begründen.[652]

§ 237 Abs. 1 Satz 1 AO knüpft den Zinsanspruch ausdrücklich an eine im Vorfeld gewährte Aussetzung der Vollziehung (vgl. „*der geschuldete Betrag, hinsichtlich dessen die Vollziehung des angefochtenen Verwaltungsakts ausgesetzt wurde*“), sodass bereits aus dem Wortlaut der Vorschrift ein rechtlicher Zusammenhang zwischen Aussetzung und Aussetzungszinsen zum Ausdruck kommt.

3. *Der originäre Anwendungsbereich der Tatbestandswirkung und seine Problembereiche als Folge fehlender normativer Konkretisierung*

Soweit hier von Interesse, soll die Tatbestandswirkung das Verhältnis zweier Verwaltungsakte auflösen, die beide zumindest in einem Teilbereich eine identische rechtliche Fragestellung aufwerfen, die jedoch in unterschiedlichen Kontexten von Relevanz ist. Ein Konflikt entsteht dann, wenn die Behörde A über eine Rechtsfrage verbindlich im Sinne X entschieden hat und Behörde B nunmehr dieselbe Rechtsfrage im Sinne Y entscheiden möchte.

Diese Problematik wird im Verhältnis zwischen Sozial- und Steuerrecht deutlich. Die sozialversicherungsrechtliche Einordnung der Tätigkeit eines Gesellschafter-Geschäftsführers als selbständig und damit nicht sozialversicherungspflichtig sei für die steuerliche Einkünftequalifikation der von der Gesellschaft zugunsten des Gesellschafter-Geschäftsführers entrichteten Beiträge für dessen Zukunftssicherung als – nicht steuerfreier (vgl. § 3 Nr. 62 EStG) – Arbeitslohn grundsätzlich bindend, da die Feststellungen der Sozialversicherungsträger

650 Siehe auch *Söhn* in: H/H/S, AO, § 88 Rz. 63 m.w.N. (Stand: 206. Lfg. März 2010). Die Tendenz zur Übernahme der tatsächlichen und rechtlichen Feststellungen ressortfremder Stellen sei nicht zuletzt eine im Interesse der Einheit der Rechtsordnung liegende Respektierung der durch die sachnähere Stelle getroffenen Entscheidung.

651 Vgl. nur *Kirchhof*, NJW 1985, 2977–2985 (2983 m.w.N.). Zum allgemeinen Verwaltungsrecht siehe z.B. *Randak*, JuS 1992, 33–39 (37 m.w.N.).

652 Vgl. BFH, Urt. v. 21.01.2010, VI R 52/08, BStBl. II 2010, 703, 705; BVerwG, Urt. v. 23.04.1980, 8 C 82/79, BVerwGE 60, 111, 117; *Ramsauer* in: Kopp/Ramsauer, VwVfG, § 43 Rz. 23 m.w.N.

Tatbestandswirkung für das Besteuerungsverfahren entfalten würden.[653] Einschränkend verlangt der BFH für die Tatbestandswirkung, dass die Entscheidung des Sozialversicherungsträgers *„verbindlich, wirksam und nicht offensichtlich rechtswidrig ist.“*[654]

Kennzeichnend für die Tatbestandswirkung ist, dass die Rechtmäßigkeit der ersten Verwaltungsentscheidung nicht mehr überprüft wird, sondern im zeitlich nachgelagerten Verfahren grundsätzlich zu unterstellen ist.[655] Solange die erste hoheitliche Entscheidung nicht aufgehoben oder geändert wird, hat die nachfolgende Stelle diese trotz erkannter Rechtswidrigkeit ihrer Entscheidung zugrunde zu legen.[656] Wie weit die mit der Tatbestandswirkung einhergehende Bindungswirkung im Einzelnen reicht, ist umstritten.[657] Fest steht, dass sie nicht über die materielle Rechtskraft einer gerichtlichen Entscheidung hinausgehen darf.[658]

Umstritten ist zudem, wann die Tatbestandswirkung einsetzt. Herrschend ist die Auffassung, wonach bereits mit dem Existentwerden des ersten Verwaltungsakts die Tatbestandswirkung ausgelöst werde; (Un-)Anfechtbarkeit sei nicht

---

653 Siehe BFH, Urt. v. 21.01.2010, VI R 52/08, BStBl. II 2010, 703, 704.

654 BFH, Urt. v. 21.01.2010, VI R 52/08, BStBl. II 2010, 703, 704. So auch BFH, Urt. v. 06.06.2002, VI R 178/97, BStBl. II 2003, 34, 36; BFH, Urt. v. 29.10.1965, VI 142/64 U, BStBl. III 1966, 19, 20 m.w.N. In den letzten beiden Entscheidungen heißt es verkürzt, dass Rechtsakte anderer Verwaltungen, die nicht offensichtlich rechtswidrig sind, von den Finanzbehörden zu respektieren seien.

655 Vgl. BVerfG, Beschl. v. 08.07.1982, 2 BvR 1187/80, BVerfGE 61, 82, 111 (*„Unbeschadet […] der Tatbestandswirkung von Hoheitsakten schließt dies grundsätzlich eine Bindung der rechtsprechenden Gewalt an tatsächliche oder rechtliche Feststellungen seitens anderer Gewalten hinsichtlich dessen, was im Einzelfall Rechtens ist, aus*“); BFH, Urt. v. 15.03.2012, III R 82/09, BStBl. II 2013, 226, 227; BFH, Urt. v. 21.01.2010, VI R 52/08, BStBl. II 2010, 703, 705; BFH, Urt. v. 26.09.2007, I R 43/06, BStBl. II 2008, 134, 135 f. m.w.N.; BGH, Urt. v. 04.02.2004, XII ZR 301/01, BGHZ 158, 19, 22 m.w.N.; *Schemmer* in: Bader/Ronellenfitsch, BeckOK, VwVfG, § 43 Rz. 28 (Stand: 01.01.2018).

656 Vgl. *Ramsauer* in: Kopp/Ramsauer, VwVfG, § 43 Rz. 19 m.w.N.; *Söhn* in: H/H/S, AO, § 88 Rz. 60 i.V.m. Rz. 59 (Stand: 206. Lfg. März 2010); *Kirchhof*, NJW 1985, 2977–2985 (2983).

657 Dazu bspw. *Ramsauer* in: Kopp/Ramsauer, VwVfG, § 43 Rz. 22 m.w.N.

658 Vgl. BGH, Urt. v. 04.02.2004, XII ZR 301/01, BGHZ 158, 19, 22; *Domke*, Rechtsfragen der Bestandskraft von Verwaltungsakten, S. 97. Sie spricht insoweit von der materiellen Bestandskraft, was darauf zurückzuführen ist, dass sie den Begriff der Tatbestandswirkung (im weiteren Sinne) ablehnt, vgl. *Domke*, Rechtsfragen der Bestandskraft von Verwaltungsakten, S. 64 f.

erforderlich.[659] Der BFH ist insoweit nicht immer eindeutig. In einer Entscheidung aus dem Jahre 2011 stellt er fest, dass die bestandskräftige Aussetzungsentscheidung Tatbestandswirkung für die Festsetzung der Aussetzungszinsen erzeuge.[660] In einer älteren Entscheidung rekurriert derselbe Senat des BFH auf § 124 Abs. 1 Satz 2, Abs. 2 AO und betont, dass der hiernach wirksamen Aussetzungsverfügung Tatbestandswirkung zukomme.[661]

Im Rahmen des Grundlagen-/Folgebescheidverhältnisses ist hingegen anerkannt, dass die Bindungswirkung des Grundlagenbescheids nicht erst mit dessen Unanfechtbarkeit (siehe § 182 Abs. 1 Satz 1 AO: *„Feststellungsbescheide sind, auch wenn sie noch nicht unanfechtbar sind, für andere Feststellungsbescheide […] bindend“*), sondern mit der Wirksamkeit der Grundlagenverfügung (vgl. § 124 Abs. 1 AO) einsetzt.[662]

Die Tatbestandswirkung hat mit dem Grundlagen-/Folgebescheidverhältnis gemeinsam, dass die Bindungswirkung grundsätzlich durch zwei Merkmale gekennzeichnet ist. In personeller Hinsicht befassen sich zwei unterschiedliche Hoheitsträger mit einer Rechtsfrage über die bereits ein Hoheitsträger entschieden hat (*personelle Diversität*). In verfahrensrechtlicher Hinsicht ist beiden Instrumenten wesensimmanent, dass sich zwei Verwaltungsverfahren, die unterschiedliche Ziele verfolgen, in einer konkreten rechtlichen Beurteilung überschneiden

---

659 Vgl. exemplarisch BFH, Urt. v. 21.01.2010, VI R 52/08, BStBl. II 2010, 703, 705 m.w.N. (*„bereits mit Erlass des Verwaltungsaktes“*); *Müller-Franken* in: H/H/S, AO, § 124 Rz. 57 (Stand: 241. Lfg. Februar 2017); *Ramsauer* in: Kopp/Ramsauer, VwVfG, § 43 Rz. 16; *Schemmer* in: Bader/Ronellenfitsch, BeckOK, VwVfG, § 43 Rz. 28 (Stand: 01.01.2018). *Randak* differenziert zwischen gestaltenden und (konstitutiv, deklaratorisch) feststellenden Verwaltungsakten. Nur bei deklaratorisch-feststellenden Verwaltungsakten fordert er für den Eintritt der Bindungswirkung gegenüber anderen Behörden neben der Wirksamkeit auch die materielle Bestandskraft des Verwaltungsakts, siehe *Randak*, JuS 1992, 33–39 (37 ff.). Für das hier interessierende Verhältnis zwischen Aussetzungsverfügung und Aussetzungszinsbescheid ergibt sich jedoch kein Unterschied zu den vorgenannten Auffassungen, da die Aussetzungsverfügung die Rechtslage durch die Suspendierung der strittigen Beträge gestaltet. In diesen Fällen ist auch nach *Randak* allein auf die Wirksamkeit der Aussetzungsverfügung abzustellen.

660 Vgl. BFH, Urt. v. 31.08.2011, X R 49/09, BStBl. II 2012, 219, 220 m.w.N.

661 Vgl. BFH, Urt. v. 22.05.2007, X R 26/05, BFH/NV 2007, 1817, 1820 m.w.N. Für eine Tatbestandswirkung ab Bekanntgabe der Aussetzungsverfügung siehe ferner BFH, Urt. v. 18.07.1994, X R 33/91, BStBl. II 1995, 4, 6; *Heuermann* in: H/H/S, AO, § 237 Rz. 22 m.w.N. (Stand: 234. Lfg. August 2015).

662 Vgl. *Söhn* in: H/H/S, AO, § 182 Rz. 35 (Stand: 215. Lfg. November 2011).

(*verfahrensrechtliche Diversität*). Während Letztere zwingend notwendig ist, um überhaupt zur Problematik der Bindungswirkung zu kommen, fragt sich, ob auch die personelle Diversität für beide Institute vorliegen muss. Insoweit sei darauf hingewiesen, dass die behördliche Entscheidung über die Aussetzung der Vollziehung gemäß § 361 Abs. 2 Satz 1 AO von der Finanzbehörde getroffen wird, die den angefochtenen Verwaltungsakt erlassen hat. Für die Festsetzung der Aussetzungszinsen gemäß § 237 Abs. 1 Satz 1 AO i.V.m. § 239 Abs. 1 Satz 1 AO i.V.m. § 155 Abs. 1 Satz 1 AO ist dieselbe Finanzbehörde zuständig.[663] Eine personelle Diversität liegt hier nicht vor.[664]

Den §§ 171 Abs. 10 Satz 1; 182 Abs. 1 Satz 1; 175 Abs. 1 Satz 1 Nr. 1; 351 Abs. 2 AO lässt sich eine solche Einschränkung nicht entnehmen. Der Wortlaut aller vier Vorschriften charakterisiert das Verhältnis zwischen Grundlagen- und Folgebescheid allein in Ansehung zweier Verwaltungsakte, wobei ersterer in dem nachgeschalteten Folgeverfahren in gewisser Weise eine bindende Wirkung entfaltet. Wer die beiden Verwaltungsakte erlässt, ist – nach dem Wortlaut zu urteilen – ohne Relevanz. Daher ist zum Beispiel die Entscheidung der Finanzbehörde über eine abweichende Steuerfestsetzung (§ 163 Abs. 1 AO) ebenso Grundlagenbescheid im Sinne des § 171 Abs. 10 Satz 1 AO wie Verwaltungsakte ressortfremder Behörden[665], die eine entsprechende Bindungswirkung aufweisen.[666]

Es fragt sich, ob dies auch für die Tatbestandswirkung gilt. Die fehlende gesetzliche Kodifikation offenbart hier abermals die Schwächen dieses ungeregelten Instituts. Die Frage kann nicht zweifelsfrei beantwortet werden. *Bumke* stellt in Ansehung der Tatbestandswirkung und ihrer Grenzen allein auf die Ausgestaltung von Ausgangs- und Folgeverfahren ab; welche Behörde im Folgeverfahren zur Entscheidung berufen ist, sei unschädlich.[667] In einer Entscheidung

---

663 Vgl. *Loose* in: T/K, AO, Vorb. §§ 233–239 Rz. 2 (Stand: 143. Lfg. Januar 2016).

664 Ein anderes ergibt sich, wenn nicht die Finanzbehörde, sondern das Finanzgericht die Aussetzung der Vollziehung auf Grundlage des § 69 Abs. 3 Satz 1 FGO gewährt. Auch in diesen Fällen setzen gemäß § 237 Abs. 1 Satz 1 AO i.V.m. § 239 Abs. 1 Satz 1 AO i.V.m. § 155 Abs. 1 Satz 1 AO die Finanzbehörden die Zinsen fest.

665 Hierunter fallen z.B. Denkmalschutzbehörden, Gewerbebehörden, Gesundheitsbehörden etc., siehe die Aufzählung bei *Söhn* in: H/H/S, AO, § 88 Rz. 57 (Stand: 206. Lfg. März 2010).

666 Vgl. nur *Banniza* in: H/H/S, AO, § 171 Rz. 206 m.w.N. (Stand: 238. Lfg. Mai 2016).

667 Siehe *Bumke* in: Hoffmann-Riem/Schmidt-Aßmann/Voßkuhle, GVwR II, § 35 Rz. 216. In Fällen eines gestuften Verwaltungsverfahrens entfalte der Erst-Verwaltungsakt – vorbehaltlich abweichender spezialgesetzlicher Regelungen – eine umfassende Tatbestandswirkung. Ändern sich nach Ergehen des Erst-Verwaltungsakts die

des BFH aus dem Jahre 2012 hat der III. Senat die Tatbestandswirkung eines Kindergeld-Bescheids der Familienkasse für die Steuerfestsetzung mit dem Argument versagt, dass die Familienkasse im Verhältnis zur Finanzbehörde *keine ressortfremde Behörde* sei.[668] Dies deutet darauf hin, dass eine personelle Diversität zwingend erforderlich ist. Die aus der Tatbestandswirkung resultierende Bindung wird mit der Sachkunde der Behörde, die über den Erst-Verwaltungsakt entschieden hat, begründet, was ebenfalls dafür spricht, dass die Tatbestandswirkung, sofern diese nicht explizit angeordnet ist, auf ressortfremde Behörden beschränkt werden muss.[669]

Die Einordnung als Tatbestandswirkung tritt bei Entscheidungen derselben Behörde in Konflikt mit der oben genannten Definition, wonach andere hoheitliche Entscheidungsträger an die behördliche Verfügung gebunden werden sollen. Auch löst sie Abgrenzungsprobleme zur Selbstbindungswirkung von Verwaltungsakten aus. Die Selbstbindungswirkung besagt, dass die erlassende Behörde bereits vor Eintritt der Bestandskraft an ihre Entscheidung gebunden ist und von dieser Entscheidung so lange nicht abrücken darf, bis sie diese aufhebt.[670]

Der BFH spricht pauschal von der „*Tatbestandswirkung*“ der Aussetzungsverfügung für die Zinsfestsetzung.[671] Dass es hier angezeigt sein könnte, zwischen der gerichtlich angeordneten Aussetzung (§ 69 Abs. 3 Satz 1, Abs. 2 Sätze 2 bis 6 FGO) und der behördlichen Vollziehungsaussetzung zu differenzieren, wird nicht erörtert. Im Verhältnis zwischen gerichtlichem Aussetzungsbeschluss und späterer Aussetzungszinsfestsetzung sind die Voraussetzungen des Grundlagen-/Folgebescheidverhältnisses nicht erfüllt, sodass in diesem Kontext eine Tatbestandswirkung durchaus denkbar ist.[672]

Begründen lässt sich die Auffassung des BFH im Ergebnis damit, dass eine Einschränkung hinsichtlich der personellen Diversität der Entscheidungsträger

---

sachlichen Gegebenheiten, müsse dies im Ausgangsverfahren berücksichtigt werden; im Folgeverfahren dürfe trotz der rechtserheblichen Änderungen der Regelungsgehalt des Ausgangsakts nicht missachtet werden, so *Bumke* a.a.O. Rz. 217 m.w.N.

668 Siehe BFH, Urt. v. 15.03.2012, III R 82/09, BStBl. II 2013, 226, 227.

669 Vgl. auch *Cöster* in: Koenig, AO, § 171 Rz. 148 m.w.N.: „*Darüber hinaus kann jedoch auch eine Bindungswirkung an VA anderer, ressortfremder Behörden auch ohne ausdrückliche gesetzliche Anordnung bestehen, soweit diese Sachverhalte zu beurteilen haben, die die FB mangels eigener Sachkunde nicht selbst überprüfen kann*“.

670 Vgl. *Randak*, JuS 1992, 33–39 (36).

671 Vgl. BFH, Urt. v. 09.05.2012, I R 91/10, BFH/NV 2012, 2004, 2006, 2008.

672 Eine Bindung der Finanzbehörde im Sinne einer Tatbestandswirkung kann auch bezüglich judizieller Akte bestehen, vgl. nur *Söhn* in: H/H/S, AO, § 118 Rz. 381 m.w.N. (Stand: 225. Lfg. November 2013).

jedenfalls dann – in Anlehnung an die Tatbestandswirkung im engeren Sinne – vorzunehmen ist, wenn die Gesetzesnorm diesbezüglich explizit respektive implizit Abweichendes regelt. Aus einer Gesamtschau der §§ 361 Abs. 2 Satz 1; 237 Abs. 1 Satz 1 AO i.V.m. § 239 Abs. 1 Satz 1 AO i.V.m. § 155 Abs. 1 Satz 1 AO ist von Letzterem auszugehen.

4. *Abgrenzung der Tatbestandswirkung zum Grundlagen-/Folgebescheidverhältnis aufgrund Spezialität*

Das Grundlagen-/Folgebescheidverhältnis sieht ein bewusst abgestuftes Verwaltungsverfahren vor. Die hiermit verbundene Bindungswirkung im nachgelagerten Verwaltungsverfahren muss unter Berücksichtigung der Gesetzmäßigkeit der Verwaltung (Art. 20 Abs. 3 GG) durch das Gesetz angeordnet werden.[673] Hingegen sind Fälle der Tatbestandswirkung vielseitig und können zu unvorhergesehenen Kompetenzkonflikten zwischen den Entscheidungsträgern führen.[674] Daher möchte *Bumke* auf die Beziehung zwischen den teilweise konkurrierenden Verwaltungsverfahren abstellen. Stehen sich die beiden Verwaltungsverfahren in gestufter Form gegenüber – wie dies im Verhältnis Aussetzungsverfügung und Aussetzungszinsbescheid der Fall ist –[675], so komme dem Ausgangsverfahren in der Regel eine umfassende Tatbestandswirkung zu, sodass eine Veränderung der tatsächlichen oder rechtlichen Gegebenheiten nur in diesem Verfahren berücksichtigt werden könne.[676]

Kirchhof differenziert bei der strafrechtlichen Verurteilung trotz entgegenstehendem Steuerbescheid, in dem fälschlicherweise Parteispenden steuermindernd berücksichtigt worden sind, danach, ob der Richter eine Aufhebung bzw. Änderung des Steuerbescheids durch die Finanzbehörde für möglich und wahrscheinlich hält, oder er mit einer Änderung durch die Behörde nicht mehr

---

673 Vgl. GrS BFH, Beschl. v. 11.04.2005, GrS 2/02, BStBl. II 2005, 679, 683 m.w.N. Siehe auch *Banniza* in: H/H/S, AO, § 171 Rz. 207 (Stand: 238. Lfg. Mai 2016): *„Bindende Wirkung für die Festsetzung einer Steuer hat ein VA immer dann, wenn die Bindungswirkung durch Gesetz ausdrücklich angeordnet ist."*

674 Vgl. *Seibert*, Die Bindungswirkung von Verwaltungsakten, S. 71 f.: Die Tatbestandswirkung (im engeren Sinne) *„tritt nicht zielgerichtet und bestimmungsgemäß ein […]."*

675 Sofern keine Aussetzung der Vollziehung verfügt worden ist, kann kein Zinslauf einsetzen und auch kein Zinsanspruch im Sinne des § 237 AO begründet werden.

676 *Bumke* in: Hoffmann-Riem/Schmidt-Aßmann/Voßkuhle, GVwR II, § 35 Rz. 217 m.w.N.

rechnet. Im letzteren Falle scheide auch eine strafrechtliche Verurteilung aufgrund der Tatbestandswirkung des Steuerbescheids aus.[677]

Überträgt man diesen Gedanken auf das Verhältnis zwischen Aussetzungsverfügung und Aussetzungszinsbescheid so könnte die Tatbestandswirkung, wenn man sie denn im Verhältnis zwischen derselben Behörde für anwendbar hält, einer Überprüfung der Rechtmäßigkeit der Aussetzungsverfügung im Rahmen des Aussetzungszinsbescheids dann nicht entgegen stehen, wenn eine Änderung der Aussetzungsverfügung noch rechtlich möglich wäre (z.B. nach §§ 130, 131 AO). Da hinsichtlich der hier relevanten finanzbehördlichen Aussetzungsentscheidung keine Divergenz zwischen Aussetzungs- und Zinsfestsetzungsentscheidung in behördlicher Hinsicht besteht, ist eine Verfahrensexklusivität in Bezug auf die Rechtmäßigkeit der Aussetzung der Vollziehung nicht zwingend.

Bedenken löst diese These indes aus, wenn man die Funktionen der Aussetzungszinsen einbezieht. Die Aussetzungszinsen sollen u.a. Liquiditätsvorteile abschöpfen und Liquiditätsnachteile kompensieren, die aus der gewährten Aussetzung resultieren.[678] Ausgehend von diesem Zweck des § 237 AO macht es keinen Unterschied, ob die Aussetzungsentscheidung rechtmäßig oder rechtswidrig ist. Es kommt demnach allein auf die Tatsache an, dass überhaupt der angefochtene Verwaltungsakt ausgesetzt worden ist und der Steuerpflichtige im Hauptsacheverfahren zumindest teilweise erfolglos ist.[679] Im Lichte der Funktionen des § 237 AO erscheint es wenig überzeugend, wenn derjenige, der aufgrund rechtmäßig verfügter Aussetzung in jedem Fall Aussetzungszinsen schuldet und derjenige, der – ex post betrachtet – unberechtigterweise von der Zahlungspflicht befreit worden ist, keine Aussetzungszinsen schulden würde.[680]

Im Rahmen der §§ 171 Abs. 10 Satz 1; 182 Abs. 1 Satz 1; 175 Abs. 1 Satz 1 Nr. 1; 351 Abs. 2 AO ist ein Abwarten auf den Aussetzungszinsbescheid nicht möglich.

---

677 Vgl. zu den letzten beiden Sätzen *Kirchhof*, NJW 1985, 2977–2985 (2985).

678 Vgl. Teil II, § 3, III. 3. b), dd), (3) m.w.N.

679 Vgl. BFH, Urt. v. 09.12.1998, XI R 24/98, BStBl. II 1999, 201, 202. Zusammenfassend heißt es dort: „*Wer den Vorteil der AdV in Anspruch nimmt, muß auch bei Erfolglosigkeit seines Rechtsbehelfs den Nachteil der Zinsfestsetzung ertragen.*"

680 Wurde die Aussetzung durch den Steuerpflichtigen *beantragt* könnte man auf die Idee kommen, ein „unbilliges Ergebnis" dadurch zu verhindern, dass ab Fälligkeit der tenorierten Steuerschuld Säumniszuschläge anfallen, jedoch i.Erg. nur in hälftiger Höhe (= 0,5 % pro angefangenen Monat, vgl. § 240 Abs. 1 Satz 1 AO), da aufgrund der seinerzeit gewährten – später jedoch rückwirkend aufgehobenen – Aussetzung der Druckmittelzweck des § 240 AO verfehlt wird, vgl. insoweit nur *Heuermann* in: H/H/S, AO, § 240 Rz. 60 m.w.N. (Stand: 231. Lfg. Februar 2015). Siehe dazu noch in Teil III, § 5.

Eine Anfechtung der Aussetzungsverfügung ist hier zwingend notwendig (siehe § 351 Abs. 2 AO). Die Bindungswirkung im Sinne der Tatbestandswirkung ist hingegen nicht so starr. Sie soll insbesondere dann entfallen, wenn der Erst-Verwaltungsakt „*offensichtlich rechtswidrig ist*".[681] Unabhängig davon, dass diese ungeschriebene Einschränkung alles andere als rechtssicher gehandhabt werden kann, ist sie ein weiterer Beleg dafür, dass die Einordnung der Aussetzungsverfügung und des Aussetzungszinsbescheids nicht offen bleiben kann. Vielmehr ist zwischen Tatbestandswirkung und dem Grundlagen-/Folgebescheidverhältnis zu differenzieren.

Trotz der Unterschiede zwischen den beiden Instituten unterscheidet die höchstrichterliche Rechtsprechung nicht immer zwischen der Tatbestandswirkung und der Einordnung als Grundlagen-/Folgebescheid. Teilweise wird die Einordnung ausdrücklich offen gelassen.[682] Insgesamt ist die Steuerrechtsprechung im Bereich der Tatbestandswirkung sehr uneinheitlich.[683] Zunehmend übt sie jedoch Zurückhaltung und erkennt die erste Verwaltungsentscheidung als für sie bindend an.[684]

Aus Gründen der Rechtssicherheit ist es geboten, hier genau zu unterscheiden. Die Regelungen über Grundlagen- und Folgebescheide sehen ein bewusstes Stufenverhältnis vor, das sich auf das Rechtsbehelfsverfahren auswirkt. Sofern ein Rechtsfehler im Grundlagenbescheid erkannt wird, ist zunächst der Grundlagenbescheid zu korrigieren und sind sodann die sich hieraus ergebenden

---

681 Siehe BFH, Urt. v. 21.01.2010, VI R 52/08, BStBl. II 2010, 703, 704.

682 Siehe z.B. BFH, Urt. v. 21.01.2010, VI R 52/08, BStBl. II 2010, 703, 704 f. m.w.N.; BFH, Urt. v. 06.06.2002, VI R 178/97, BStBl. II 2003, 34, 36. Anders hingegen BFH, Urt. v. 06.12.2016, IX R 17/15, DStR 2017, 768, 770 m.w.N. Hier hat der BFH die Bescheinigung der zuständigen Gemeindebehörde gemäß § 7h Abs. 2 Satz 1 EStG, die erforderlich ist, um eine erhöhte Absetzung nach § 7h Abs. 1 Satz 1 EStG in Anspruch nehmen zu können, ausdrücklich als Grundlagenbescheid im Sinne der §§ 171 Abs. 10; 175 Abs. 1 Satz 1 Nr. 1 AO eingestuft.

683 Kritisch *Söhn* in: H/H/S, AO, § 88 Rz. 63 (Stand: 206. Lfg. März 2010). Es fehle an einheitlich praktizierten, allgemeingültigen Maßstäben.

684 Vgl. *Söhn* in: H/H/S, AO, § 88 Rz. 63 m.w.N. (Stand: 206. Lfg. März 2010). Als Beleg hierfür sei auf folgende höchstrichterliche Entscheidungen hingewiesen: In einer Entscheidung aus dem Jahre 1965 ging der BFH davon aus, dass die Finanzbehörden Rentenbescheide der Sozialversicherungsträger grundsätzlich rechtlich überprüfen könnten, siehe BFH, Urt. v. 29.10.1965, VI 142/64 U, BStBl. III 1966, 19, 20. In jüngeren Entscheidungen sieht er sich durch behördliche Entscheidungen, die nicht selbst Prüfungsgegenstand sind, grundsätzlich als gebunden an, vgl. BFH, Urt. v. 21.01.2010, VI R 52/08, BStBl. II 2010, 703, 704 f.

Folgerungen im Folgebescheid gemäß § 175 Abs. 1 Satz 1 Nr. 1 AO anzupassen.[685] Bei der Annahme einer Präklusionswirkung im Zusammenhang mit der Tatbestandswirkung ist hingegen Zurückhaltung geboten. Unter Berücksichtigung des Art. 19 Abs. 4 Satz 1 GG sind der Präklusion Grenzen gesetzt. Der Rechtsschutz darf durch sie nicht uneffektiv werden, was aber passieren würde, wenn die präjudizielle Wirkung für den Betroffenen nicht erkennbar ist und er daher im falschen Verfahren Rechtsschutz sucht.[686]

Weitergehende Besonderheiten der Tatbestandswirkung gegenüber dem Grundlagen-/Folgebescheidverhältnis ergeben sich daraus, dass die Vorschriften letzterer auf die Tatbestandswirkung keine Anwendung finden. So ist neben § 351 Abs. 2 AO auch § 175 Abs. 1 Satz 1 Nr. 1 AO nicht anwendbar.[687] Es kommt jedoch eine Korrektur gemäß § 175 Abs. 1 Satz 1 Nr. 2 AO in Betracht.[688]

Aufgrund der dargestellten Unterschiede ist es notwendig, die Tatbestandswirkung und die Regelungen über das Grundlagen-/Folgebescheidverhältnis auseinanderzuhalten. Da Letztere speziell geregelt sind, *verdrängen* die §§ 171 Abs. 10 Satz 1; 182 Abs. 1 Satz 1; 175 Abs. 1 Satz 1 Nr. 1; 351 Abs. 2 AO die ungeregelte Tatbestandswirkung. Liegt kein Fall eines Grundlagen-/Folgebescheidverhältnisses im Sinne der genannten Vorschriften vor, kommt ein Rückgriff auf die Tatbestandswirkung in Betracht.[689]

Eruiert werden muss daher, ob die Voraussetzungen des Grundlagen-/Folgebescheidverhältnisses hinsichtlich der Aussetzungsverfügung und der Aussetzungszinsfestsetzung erfüllt sind.

II. Einordnung der Aussetzungsverfügung und des Aussetzungszinsbescheids

Die Regelungen über Grundlagen- und Folgebescheide sind in den §§ 171 Abs. 10 Satz 1; 182 Abs. 1 Satz 1; 351 Abs. 2; 175 Abs. 1 Satz 1 Nr. 1 AO zu finden. Legaldefiniert wird der Grundlagenbescheid in § 171 Abs. 10 Satz 1 AO und der Folgebescheid in § 182 Abs. 1 Satz 1 AO. Eruiert werden muss daher zunächst,

---

685 *Jahndorf/Kister*, DB 2008, 608–610 (609).

686 Siehe *Domke*, Rechtsfragen der Bestandskraft von Verwaltungsakten, S. 118 f. m.w.N.

687 Vgl. *Steinhauff*, AO-StB 2010, 271–275 (274).

688 BFH, Urt. v. 21.01.2010, VI R 52/08, BStBl. II 2010, 703, 705 m.w.N.; *Steinhauff*, AO-StB 2010, 271–275 (274 m.w.N.).

689 In diesem Sinne auch *Banniza* in: H/H/S, AO, § 171 Rz. 212 (Stand: 238. Lfg. Mai 2016): „*Auch Entscheidungen einer ressortfremden Behörde, die danach keine Grundlagenbescheide i.S. des § 171 Abs. 10 sind, können im Besteuerungsverfahren zu beachten sein, soweit sie nicht offensichtlich rechtswidrig sind (Tatbestandswirkung […]).*“

ob die §§ 171 Abs. 10 Satz 1; 182 Abs. 1 Satz 1 AO auf die Aussetzungsverfügung im Sinne eines tauglichen Grundlagen-Verwaltungsakts und den (Folge-)Aussetzungszinsbescheid anwendbar sind.

Nach dem Wortlaut des § 171 Abs. 10 Satz 1 AO liegt ein Grundlagenbescheid vor, „*[s]oweit für die Festsetzung einer Steuer ein Feststellungsbescheid, ein Steuermessbescheid oder ein* ***anderer Verwaltungsakt*** *bindend ist*" (Hervorhebung durch Verf.). Die Aufzählung des Gesetzgebers umfasst explizit auch andere Verwaltungsakte, also solche im Sinne des § 118 AO,[690] sodass die Aussetzungsverfügung tauglicher Grundlagenbescheid sein kann;[691] dieser muss gemäß § 171 Abs. 10 Satz 1 AO *für die Steuerfestsetzung* bindend sein. Dieser Befund könnte einer Einordnung des Aussetzungszinsbescheids als tauglicher Folgebescheid entgegenstehen. Auch § 182 Abs. 1 Satz 1 AO, der den Folgebescheid legal definiert, steht einer Subsumtion des Zinsbescheids als Folgebescheid prima facie entgegen. Die Aufzählung möglicher Folgebescheide umfasst nur Feststellungsbescheide, Steuermessbescheide, *Steuerbescheide* und Steueranmeldungen (siehe § 182 Abs. 1 Satz 1 AO).

Allerdings kann der Gesetzgeber durch einen Verweis auf die §§ 155 ff. AO zum Ausdruck bringen, dass diese außerhalb ihres originären Anwendungsbereichs durch einen entsprechenden Verweis auch für andere Vorschriften gelten sollen. Ein solcher Verweis ist zwar nicht dem § 1 Abs. 3 Satz 1 AO zu entnehmen, wonach u.a. auf die Zinsvorschriften (vgl. § 3 Abs. 4 AO) die Vorschriften der Abgabenordnung sinngemäß gelten, da die Anwendung der §§ 155 bis 217 AO gemäß § 1 Abs. 3 Satz 2 AO besonderer Anordnung bedürfen. Eine solche Anordnung enthält jedoch § 239 Abs. 1 Satz 1 AO.[692] Hiernach sind für die Zinsfestsetzung „*die für die Steuern geltenden Vorschriften entsprechend anzuwenden*". Mithin finden §§ 155 ff. AO sowie §§ 179 ff. AO auch im Rahmen der Zinsfestsetzung, vorbehaltlich der dort geregelten Besonderheiten, Anwendung.[693]

Somit kommt die Aussetzungsverfügung als Grundlagenbescheid im Sinne des § 171 Abs. 10 Satz 1 AO in Betracht. Auch der Aussetzungszinsbescheid ist wegen der Verweisung des § 239 Abs. 1 Satz 1 AO tauglicher Folgebescheid.

---

690 Vgl. *Banniza* in: H/H/S, AO, § 171 Rz. 206 (Stand: 238. Lfg. Mai 2016).

691 Zum Verwaltungsaktcharakter der finanzbehördlichen Aussetzungsentscheidung siehe nur BFH, Urt. v. 18.07.1994, X R 33/91, BStBl. II 1995, 4, 6. Siehe auch Teil II, § 3, IV. 2. d), bb) m.w.N.

692 *Koenig* in: Koenig, AO, § 239 Rz. 3.

693 So die ganz herrschende Meinung, vgl. exemplarisch *Heuermann* in: H/H/S, AO, § 239 Rz. 3, 5 jeweils m.w.N. (Stand: 231. Lfg. Februar 2015); *Koenig* in: Koenig, AO, § 239 Rz. 3 m.w.N.; *Loose* in: T/K, AO, § 239 Rz. 1 m.w.N. (Stand: 147. Lfg. Januar 2017).

Unter den Folgebescheidbegriff wird nicht nur, wie es § 182 Abs. 1 Satz 1 AO vermuten lässt, der auf einen Feststellungsbescheid folgende Bescheid gefasst, sondern in einer Gesamtschau der §§ 171 Abs. 10 Satz 1; 182 Abs. 1 Satz 1; 175 Abs. 1 Satz 1 Nr. 1; 351 Abs. 2 AO fällt hierunter auch ein anderer Verwaltungsakt, der die Regelungen eines der in § 171 Abs. 10 Satz 1 AO genannten Grundlagenverwaltungsakte verbindlich übernimmt.[694]

Das für das Grundlagen-/Folgebescheidverhältnis ausschlaggebende Element ist die *Bindungswirkung* im Sinne der §§ 171 Abs. 10 Satz 1; 182 Abs. 1 Satz 1; 175 Abs. 1 Satz 1 Nr. 1; 351 Abs. 2 AO. Angesichts der unter Umständen nachteiligen Folgen für den Steuerpflichtigen (vgl. insbesondere § 351 Abs. 2 AO) ist, wie bereits festgestellt, eine gesetzliche Anordnung der Bindungswirkung im Sinne der genannten Vorschriften notwendig. Daher sind § 361 Abs. 2 Satz 1 AO, § 69 Abs. 2 Satz 1 FGO, § 237 Abs. 1 Satz 1 AO daraufhin zu untersuchen, ob sie eine solche Bindungswirkung beinhalten.

Trifft die Finanzbehörde, die den angefochtenen Verwaltungsakt erlassen hat, eine Aussetzungsentscheidung nach Maßgabe des § 361 Abs. 2 Satz 1 Hs. 1 AO, so setzt ipso iure gemäß § 237 Abs. 2 AO der Zinslauf der Aussetzungszinsen ein. Dieser ist allein an den Bestand der Aussetzungsverfügung und den Tenor der Aussetzungsentscheidung geknüpft. Der für den Zinslauf bindende Tenor der Aussetzungsentscheidung lautet, dass die Vollziehung der im Streit stehenden Beträge i.H.v. X € vom Zeitpunkt A bis zum Zeitpunkt B ausgesetzt wird.[695]

Nach dem Wortlaut bzw. der Systematik des § 237 Abs. 1 Satz 1 AO ist zwischen Tatbestand und Rechtsfolge zu unterscheiden. Der erste Halbsatz setzt in tatbestandlicher Hinsicht voraus, dass *„ein Einspruch oder eine Anfechtungsklage gegen einen Steuerbescheid, […] endgültig keinen Erfolg gehabt hat*". Ist dies der Fall, so *„ist der geschuldete Betrag, hinsichtlich dessen die Vollziehung […] ausgesetzt wurde, zu verzinsen.*" Der Umstand, dass die Aussetzung der Vollziehung nach der gesetzlichen Konzeption Teil der Rechtsfolge ist, deutet bereits auf eine Bindungswirkung in der Weise hin, dass die über die Festsetzung der Aussetzungszinsen berufene Stelle der Finanzbehörde nicht zu prüfen hat, ob die Aussetzungsverfügung rechtmäßig ist.[696] Dies entspricht auch dem Bedürfnis nach

---

694 Vgl. BFH, Urt. v. 16.12.1987, I R 350/83, BStBl. II 1988, 600, 601; *Steinhauff* in: H/H/S, FGO, § 42 Rz. 169 (Stand: 231. Lfg. Februar 2015).

695 Vgl. BFH, Urt. v. 18.07.1994, X R 33/91, BStBl. II 1995, 4, 6 (*„Ausspruch (Tenor) verbindlich Umfang und Dauer der Aussetzung bestimmt*").

696 Die Argumentation bezieht sich allein auf die hier relevante Frage der Bindungswirkung. Ohne Aussetzung ist selbstredend das Entstehen von Aussetzungszinsen nicht möglich, weshalb der BFH das Vorliegen der Aussetzung als Tatbestandsvoraussetzung

einer praktikablen Verzinsung. Inzidentprüfungen würden eine unerwünschte Verlängerung des Zinsfestsetzungsverfahrens bedeuten und wären somit unpraktikabel.[697] Letztlich entspricht es der Funktion der Aussetzungszinsen, den im Ergebnis unberechtigt gewährten Liquiditätsvorteil abzuschöpfen,[698] und zwar erst recht, wenn die Aussetzung der Vollziehung schon nicht hätte erfolgen dürfen.[699]

Der Umstand, dass das Ergehen des Folgebescheids noch nicht sicher ist, sondern vom Ausgang des Hauptsacheverfahrens abhängt, steht der Einordnung als Grundlagen-/Folgebescheid nicht entgegen. Auch eine potentiell, durch die Existenz des Grundlagenbescheids bereits fassbare Bindungswirkung reicht aus. Gegenteiliges ist den §§ 171 Abs. 10 Satz 1; 182 Abs. 1 Satz 1; 175 Abs. 1 Satz 1 Nr. 1; 351 Abs. 2 AO nicht zu entnehmen.

Die Rechtsprechung sowie die Kommentarliteratur sind, soweit ersichtlich, einheitlich der Auffassung, dass die wirksame Aussetzungsentscheidung eine Bindungswirkung im Rahmen der Zinsfestsetzung erzeuge.[700] Der Umstand, dass die Rechtsprechung von einer Tatbestandswirkung ausgeht, ist unschädlich, da nach dem hier zugrunde gelegten Verständnis die Grundlagen-/Folgebescheidbeziehung als *spezieller Anwendungsfall der allgemeinen Tatbestandswirkung* einzustufen ist.[701] Ersteres nimmt daher die Elemente der Tatbestandswirkung in sich auf und erhält durch die sich aus den §§ 171 Abs. 10 Satz 1; 182 Abs. 1 Satz 1

---

des § 237 AO nennt, vgl. BFH, Urt. v. 18.07.1994, X R 33/91, BStBl. II 1995, 4, 6 (zweiter Spiegelstrich).

697 Vgl. auch *Kögel* in: B/G, AO, § 233 Rz. 39 (Stand: 41. Lfg. Mai 2003) („*im Interesse der Handhabbarkeit der Zinsregelungen werden typisierende Fallgestaltungen zu Grunde gelegt.*"). Die Historie der Zinsvorschriften belegt, dass der Gesetzgeber die Verzinsung möglichst praktikabel gestalten will. Siehe z.B. zur Diskussion um die Einführung einer Vollverzinsung Entwurf Steueränderungsgesetz 1961 vom 04.03.1961, BT-Drucks. III/2573, S. 34 (zu Artikel 11 – Allgemeines). Als weiteres Beispiel sei auf den fixen Zinssatz verwiesen, siehe Entwurf eines Steuerreformgesetzes 1990 vom 19.04.1988, BT-Drucks. 11/2157, S. 194 (zu § 233a AO – Allgemeines; „*[a]us Gründen der Praktikabilität wird am festen Zinssatz des geltenden Rechts (§ 238 AO) festgehalten.*").

698 Zu Sinn und Zweck des § 237 AO siehe bereits Teil II, § 3, III. 3. b), dd), (3) m.w.N.

699 Zur Situation nach einer rechtswidrig aufgedrängten Aussetzung siehe noch Teil III, § 5.

700 Statt vieler siehe nur BFH, Urt. v. 26.09.2007, I R 43/06, BStBl. II 2008, 134, 135 f. m.w.N.; *Kögel* in: B/G, AO, § 237 Rz. 41 (Stand: 41. Lfg. Mai 2003).

701 Vgl. insoweit auch *Banniza* in: H/H/S, AO, § 171 Rz. 212 (Stand: 238. Lfg. Mai 2016), der einen Rückgriff auf die Tatbestandswirkung befürwortet, wenn die Voraussetzungen des Grundlagen-/Folgebescheidverhältnisses nicht erfüllt sind.

AO ergebenden Anforderungen an die Handlungsform der beiden Entscheidungen eine spezielle Prägung, weshalb Letztere Vorrang genießen.

Folglich ist die Aussetzungsverfügung Grundlagenbescheid im Sinne des § 171 Abs. 10 Satz 1 AO und der Aussetzungszinsbescheid ist Folgebescheid (vgl. § 182 Abs. 1 Satz 1 AO).[702] Bestätigt wird dieses Ergebnis durch einen Vergleich zur Stundungsverfügung. Die Stundungsverfügung wird ebenfalls als Grundlagenbescheid im Sinne des § 171 Abs. 10 Satz 1 AO im Verhältnis zum Folge-Stundungszinsbescheid angesehen.[703] § 237 Abs. 1 Satz 1 AO und § 234 Abs. 1 Satz 1 AO ähneln sich insoweit, was insbesondere der Wortlaut der beiden Normen zeigt. Eine Gleichbehandlung ist daher geboten.

Die speziellen Vorschriften über Grundlagen- und Folgebescheide (§§ 171 Abs. 10; 182 Abs. 1 Satz 1; 175 Abs. 1 Satz 1 Nr. 1; 351 Abs. 2 AO) finden somit auf die Aussetzungsverfügung und den Aussetzungszinsbescheid Anwendung. Gemäß § 172 Abs. 1 Satz 1 Nr. 2 Buchst. d) Hs. 1 AO i.V.m. § 175 Abs. 1 Satz 1 Nr. 1 AO i.V.m. § 239 Abs. 1 Satz 1 AO besteht insbesondere eine *Anpassungspflicht* des Aussetzungszinsbescheids bei Veränderungen hinsichtlich der Aussetzungsverfügung.[704]

Der Anpassungspflicht gemäß § 175 Abs. 1 Satz 1 Nr. 1 AO steht nicht entgegen, dass die Änderung der Aussetzungsverfügung auf Grundlage der §§ 130, 131 AO erfolgt, da § 175 AO auf den in § 171 Abs. 10 AO definierten Grundlagenbescheid-Begriff Bezug nimmt und hiernach auch ein anderer Verwaltungsakt tauglicher Grundlagenbescheid sein kann.[705] Auch § 237 Abs. 5 AO tangiert die Anpassungspflicht nicht, da er ausweislich seines Wortlauts nur auf das Verhältnis Steuerbescheid – Zinsbescheid Anwendung findet. Nach dieser Vorschrift wirkt sich eine Änderung des Steuerbescheids nach Abschluss des Rechtsbehelfsverfahrens nicht auf den Zinsbescheid aus. § 239 Abs. 1 Satz 1 AO kann insoweit nicht angewandt werden, da er eine Verweisungsnorm für *außerhalb* der Zinsvorschriften geregelte Steuervorschriften enthält. Er beinhaltet jedoch

---

702 So i.Erg. wohl auch *Kögel* in: B/G, AO, § 237 Rz. 41 (Stand: 41. Lfg. Mai 2003) („*Der Zinsbescheid ist im Verhältnis zum Steuerbescheid und zur Aussetzungsverfügung bzw. Aussetzungsentscheidung Folgebescheid*“).

703 Vgl. *Banniza* in: H/H/S, AO, § 171 Rz. 208 m.w.N. (Stand: 238. Lfg. Mai 2016); *Koenig* in: Koenig, AO, § 239 Rz. 3 m.w.N.

704 Zur Anpassungspflicht siehe bspw. BFH, Beschl. v. 14.07.2008, VIII B 176/07, BStBl. II 2009, 117, 120 m.w.N., der von einer absoluten Anpassungsverpflichtung spricht. Siehe auch *von Groll* in: H/H/S, AO, § 175 Rz. 180 ff. m.w.N. (Stand: 229. Lfg. September 2014); *Steinhauff*, AO-StB 2010, 271–275 (272 m.w.N.).

705 Vgl. auch *Loose* in: T/K, AO, § 175 Rz. 4 m.w.N. (Stand: 149. Lfg. Juli 2017).

keine Verweisung für *innerhalb* desselben Abschnitts geregelte Vorschriften, die sich auf Steuerbescheide beschränken. Hierfür spricht auch der Wortlaut des § 239 Abs. 1 Satz 1 AO („*Auf die Zinsen sind die für die Steuern geltenden Vorschriften entsprechend anzuwenden*“).

Während die Bindungswirkung des § 182 Abs. 1 Satz 1 AO vor allem den Entscheidungsträger des Folgebescheids im Blick hat, spricht § 351 Abs. 2 AO (ggf. i.V.m. § 42 FGO) primär den rechtsschutzsuchenden Steuerpflichtigen an. § 182 Abs. 1 Satz 1 AO wird insoweit ergänzt durch § 351 Abs. 2 AO. Nach Maßgabe des § 351 Abs. 2 AO wirkt sich das gestufte Verwaltungsverfahren auch im Rechtsbehelfsverfahren in der Weise aus, dass die auf der ersten Stufe getroffene Entscheidung das Grundlagenverfahren zum Abschluss bringen soll, weshalb sämtliche Einwendungen des Steuerpflichtigen gegen den Grundlagenverwaltungsakt in diesem Verfahren vorgebracht werden müssen. Auf dem sich auf zweiter Stufe anschließenden Folgeverfahren kann er sämtliche in der Grundlagenentscheidung getroffene Regelungen nicht mehr angreifen; insoweit ist er, wie § 351 Abs. 2 AO zum Ausdruck bringt, präkludiert.[706]

Aus der Anwendung der §§ 171 Abs. 10 Satz 1; 182 Abs. 1 Satz 1; 175 Abs. 1 Satz 1 Nr. 1; 351 Abs. 2 AO ergeben sich insoweit keine Unterschiede zur Auffassung des BFH, der von einer Tatbestandswirkung der Aussetzungsverfügung für die Aussetzungszinsfestsetzung ausgeht, als dass die Rechtswidrigkeit der Aussetzungsverfügung grundsätzlich durch ein (außer-)gerichtliches Vorgehen gegen letztere geltend gemacht werden muss. Mit Einwendungen gegen die Rechtmäßigkeit der Aussetzungsverfügung wird der Steuerpflichtige im Rahmen der Zinsfestsetzung nicht gehört.

§ 5 Auswirkungen der Untersuchungsergebnisse aus Teil II auf das Rechtsbehelfsverfahren gegen die aufgedrängte Aussetzung

Durch die Qualifizierung von Aussetzungsverfügung und Aussetzungszinsbescheid als Grundlagen und Folgeverwaltungsakte im Sinne der §§ 171 Abs. 10 Satz 1; 182 Abs. 1 Satz 1 AO ist, wenn die Rechtswidrigkeit der aufgedrängten

706 Zum Teil wird der Rechtsbehelf gegen den Folgebescheid in diesen Fällen mangels Vorliegen einer Beschwer bereits als unzulässig angesehen, so z.B. *Cöster* in: Koenig, AO, § 351 Rz. 44. *Kunz* verortet diese Prüfung hingegen in der Begründetheit des Rechtsbehelfs gegen den Folgebescheid, vgl. *Kunz* in: B/G, AO, § 182 Rz. 10 m.w.N. (Stand: 129. Lfg. Januar 2017). Zum Streitstand siehe auch *Siegers* in: H/H/S, AO, § 351 Rz. 11 ff. m.w.N. (Stand: 237. Lfg. März 2016).

Aussetzung geltend gemacht wird, grundsätzlich die Aussetzungsverfügung anzufechten (siehe § 351 Abs. 2 AO).

Geht man – wie hier – davon aus, dass in Fällen aufgedrängter Aussetzung der Vollziehung aufgrund telelogischer Reduktion des § 237 Abs. 1 Satz 1 AO generell keine Aussetzungszinsen entstehen,[707] genügt es, wenn sich der Betroffene auf die Anfechtung des Aussetzungszinsbescheids beschränkt. Demzufolge hat der Rechtsbehelfsführer grundsätzlich die Wahl: Er kann die Rechtswidrigkeit der Aussetzungsverfügung wegen Verstoßes gegen § 5 AO geltend machen, oder er kann den Aussetzungszinsbescheid abwarten und sodann mit der Begründung anfechten, dass eine Festsetzung der Aussetzungszinsen in Fällen aufgedrängter Aussetzung der Vollziehung rechtswidrig ist. Insoweit wird nicht eine Entscheidung in einem Grundlagenbescheid (hier: Rechtmäßigkeit der aufgedrängten Aussetzungsverfügung) geltend gemacht, sondern die Zweckverfehlung der Festsetzung von Aussetzungszinsen. Im Verfahren gegen die festgesetzten Aussetzungszinsen wäre losgelöst von der Rechtmäßigkeit der aufgedrängten Aussetzung zu prüfen, ob letztere taugliche Grundlage eines Zinsanspruchs aus § 237 Abs. 1 Satz 1 AO sein kann. Da hierüber im Aussetzungsverfahren nicht entschieden wird, kann sich insoweit auch keine Bindungswirkung ergeben. Daher ist § 351 Abs. 2 AO nach dem Gesetzeswortlaut nicht einschlägig.

Es genügt insbesondere nicht allein der Umstand, dass die Aussetzung der Vollziehung gewährt worden ist, um einen Zinsanspruch aus § 237 Abs. 1 Satz 1 AO zu begründen. Hat bspw. der Hauptsacherechtsbehelf vollumfänglich Erfolg, schuldet der Obsiegende in keinem Falle Aussetzungszinsen, selbst wenn mehr ausgesetzt worden ist als ursprünglich streitig war. Werden gleichwohl Aussetzungszinsen festgesetzt, so genügt die Anfechtung des Aussetzungszinsbescheids; der Anfechtung der Aussetzungsverfügung bedarf es in diesen Fällen nicht.[708]

Nimmt man hingegen an, dass auch bei aufgedrängter Aussetzung ein Aussetzungszinsrisiko besteht, wäre eine Anfechtung der Aussetzungsverfügung zwingend erforderlich. Im Rahmen der Ermessensüberschreitung wäre dann zu prüfen, ob die Finanzbehörde auf das Aussetzungszinsrisiko reagiert hat.[709]

Entschließt sich der Betroffene – unterstellt § 237 AO greift in Fällen aufgedrängter Aussetzung nicht ein – für ein Vorgehen gegen die aufgedrängte Aussetzungsverfügung (*1. Fall*), oder ist er – sofern man § 237 AO generell für

---

707 Siehe Teil II, § 3, III. 3. b), dd), (3).

708 Vgl. zu den letzten beiden Sätzen FG Düsseldorf, Urt. v. 13.11.2008, 12 K 2457/07 AO, EFG 2009, 382 f. Bestätigt durch BFH, Urt. v. 31.08.2011, X R 49/09, BStBl. II 2012, 219.

709 Vgl. Teil II, § 3, IV. 2. c) und d).

anwendbar hält – mit Blick auf das Aussetzungszinsrisiko hierzu angehalten (§ 351 Abs. 2 AO; *2. Fall*), so ist in beiden Fällen die Anfechtungsklage gemäß § 40 Abs. 1 Var. 1 FGO statthaft.

Zur Sachurteilsvoraussetzung der Anfechtungsklage zählt insbesondere die Klagebefugnis. Der Kläger muss geltend machen, durch den Verwaltungsakt in seinen Rechten verletzt zu sein (§ 40 Abs. 2 FGO). Die Rechtsverletzung liegt in der Zusammenschau von § 40 Abs. 2 FGO und § 100 Abs. 1 Satz 1 FGO vor, wenn die Aussetzungsverfügung objektiv rechtswidrig ist und der Anfechtende subjektiv hiervon betroffen ist.[710] Die mit subjektiven Rechten versehene Norm muss, damit die Rechtsverletzung bejaht werden kann, entweder nicht oder fehlangewendet worden sein, denn damit wird der Geltungsanspruch des Rechts infrage gestellt.[711] Für die subjektive Betroffenheit genügt ein möglicher Grundrechtsverstoß.[712] Der Wortlaut des § 40 Abs. 2 FGO sieht das Erfordernis einer Belastung oder eines sonstigen (Zins-)Nachteils nicht ausdrücklich vor, was für eine Klagebefugnis auch im *1. Fall* spricht. Die Einschränkung der Klagebefugnis auf allein belastende Maßnahmen ist unter Zugrundlegung des Gesetzeswortlauts nicht zwingend.[713]

Das Abstellen auf belastende Maßnahmen ist auch kein rechtssicher handhabbares Kriterium zur Bestimmung der Klagebefugnis, wie der Rechtsschutz gegen die aufgedrängte Aussetzung zeigt. Die Abgrenzung zwischen einzubeziehenden Folgewirkungen in Gestalt drohender Aussetzungszinsen und unbeachtlichen Nachteilen lässt sich nicht trennscharf vornehmen, zumal je nach Verfahrensstand in der Hauptsache die Prognose über das Aussetzungszinsrisiko unterschiedlich ausfallen kann. Zudem sollen mit der Klagebefugnis insbesondere Popularklagen verhindert werden.[714] Auf die Frage nach einer ausreichenden Belastung des Adressaten hoheitlichen Handelns kommt es insoweit nicht an.

---

710 Vgl. *Seer* in: T/K, FGO, § 40 Rz. 35, 41 (Stand: 138. Lfg. Oktober 2014).

711 Vgl. *Lorenz*, Der Rechtsschutz des Bürgers, S. 134 m.w.N.

712 Vgl. *Seer* in: T/K, FGO, § 40 Rz. 46 (Stand: 138. Lfg. Oktober 2014).

713 So aber z.B. FG Köln, Urt. v. 08.09.2010, 13 K 960/08, EFG 2011, 105, 109: „*Der Antrag des Stpfl., der Finanzbehörde die gegen ihn gerichtete Vollziehung des Steuerbescheides (wieder) „zu erlauben", richtet sich daher zunächst auf eine verfahrensmäßige Schlechterstellung und dürfte [...] grundsätzlich unzulässig sein, wenn sich die Aussetzung oder Aufhebung der Vollziehung nicht in bindender Weise auf einem anderen rechtlichen Gehalt ungünstig auswirkt, weil der Regelungsgehalt der Aussetzungsverfügung über die bloße Hemmung der Vollziehbarkeit hinausreicht.*" Siehe auch Teil III, § 2 m.w.N.

714 Vgl. *Seer* in: T/K, FGO, § 40 Rz. 41 (Stand: 138. Lfg. Oktober 2014).

Daher steht der Klagebefugnis nicht entgegen, dass im *1. Fall* kein Aussetzungszinsrisiko besteht.

Der Rechtsbehelfsführer hat jedenfalls ein Recht auf ermessensfehlerfreie Entscheidung (§ 5 AO), das in Fällen eines Ermessensfehlgebrauchs respektive einer Ermessensüberschreitung verletzt wird.[715] Vor diesem Hintergrund lässt sich die Klagebefugnis gegen die aufgedrängte Aussetzung ohne Einbeziehung etwaiger Zinsfolgen begründen.

Eine großzügige Auslegung des § 40 Abs. 2 FGO lässt sich im Einzelfall, wenn die Abwehr nicht belastender Maßnahmen beabsichtigt wird und das Rechtsbehelfsverfahren missbräuchlich sein sollte, unter Zuhilfenahme des allgemeinen Rechtsschutzbedürfnisses lösen. In Fällen aufgedrängter Aussetzung besteht an dem Rechtsschutzbedürfnis regelmäßig kein Zweifel, da jedenfalls eine Verletzung der allgemeinen Handlungsfreiheit möglich ist, wenn die Aussetzungsentscheidung gegen den Willen des Rechtsbehelfsführers erfolgt.

Mithin ist die Klagebefugnis im Verfahren gegen die aufgedrängte Aussetzungsverfügung sowohl bei Annahme eines Aussetzungszinsrisikos (*2. Fall*) als auch bei fehlender Anwendbarkeit des § 237 Abs. 1 Satz 1 AO (*1. Fall*) gegeben.

Es fragt sich aber, ob vor Klageerhebung erst das Einspruchsverfahren gegen die aufgedrängte Aussetzungsverfügung erfolglos durchlaufen werden muss. Grundsätzlich ist das außergerichtliche Rechtsbehelfsverfahren (hier: Einspruchsverfahren, §§ 347 ff. AO), sofern es statthaft ist, zunächst durchzuführen; andernfalls ist die Anfechtungsklage unzulässig (§ 44 Abs. 1 FGO). Gemäß § 347 Abs. 1 Satz 1 Nr. 1 AO ist gegen Verwaltungsakte in Abgabenangelegenheiten im Sinne des § 347 Abs. 2 AO, auf die die Abgabenordnung Anwendung findet, der Einspruch statthaft. Demnach müsste gegen die finanzbehördliche Aussetzungsverfügung (§ 361 Abs. 2 Satz 1 AO, § 69 Abs. 2 Satz 1 FGO) zunächst Einspruch eingelegt werden.

§ 44 Abs. 1 FGO sieht in den Fällen der §§ 45, 46 FGO Ausnahmen von dem Erfordernis der erfolglosen Durchführung des Vorverfahrens vor. Die Anfechtungsklage ist hiernach u.a. dann ohne Vorverfahren zulässig, wenn die Behörde, die über den Einspruch zu entscheiden hat, innerhalb eines Monats nach Zustellung der Klageschrift dem Gericht gegenüber die Zustimmung zur sofortigen Klage erklärt (siehe § 45 Abs. 1 Satz 1 FGO). Auf diese Weise lässt sich dadurch Zeit einsparen, dass eine ohnehin unausweichliche gerichtliche Auseinandersetzung nicht unnötig durch die Durchführung des Einspruchsverfahrens

715 *Seer* in: T/K, FGO, § 40 Rz. 69 (Stand: 138. Lfg. Oktober 2014).

hinausgezögert wird.[716] Somit trägt die Vorschrift der Effektivität des Rechtsschutzes Rechnung.

Ein Blick auf die Zwecke des Einspruchsverfahrens zeigt, dass die Durchführung des Vorverfahrens gegen die aufgedrängte Aussetzungsverfügung keinen Mehrwert hat. Nach herrschender Auffassung dient das Einspruchsverfahren drei Zwecken: Selbstkontrolle der Verwaltung, Rechtsschutz des Bürgers und Entlastung der Gerichte.[717] Bei genauerer Betrachtung können diese drei Zwecke in Fällen aufgedrängter Aussetzung nicht erreicht werden, denn eine Selbstkontrolle einer zuvor getroffenen Einzelfallentscheidung findet – anders als bei fehlergeneigten Massenverfahren – in der Regel nicht statt. Daher lässt sich auch die Rechtsschutzfunktion des Bürgers durch das Vorverfahren nicht erreichen. Die Anrufung der Gerichte ist in Fällen aufgedrängter Aussetzung unausweichlich. Folglich lassen sich alle drei Zwecke des Einspruchsverfahrens nicht verwirklichen. Die Effektivität des Rechtsschutzes streitet hier für die sofortige Anrufung der Gerichte. Daher sollte die Finanzbehörde im Lichte eines effektiven Rechtsschutzes des Bürgers der Sprungklage gegen die Aussetzungsverfügung zustimmen.[718]

Gegen die Zulässigkeit der Anfechtungsklage gegen die aufgedrängte Aussetzungsverfügung bestehen demnach regelmäßig keine Bedenken.

Im Falle der *Aufhebung der Aussetzungsverfügung mit Wirkung ex nunc* während des Klageverfahrens gegen die Aussetzungsverfügung ergeben sich folgende Konsequenzen: Lehnt man ein Aussetzungszinsrisiko wegen teleologischer Reduktion des § 237 AO ab (*1. Fall*), genügt ohnehin die Anfechtung des Aussetzungszinsbescheids. Daher löst die Aufhebung der Aussetzungsverfügung durch

---

716 Ausführlich zum Zweck der Sprungklage *Steinhauff* in: H/H/S, FGO, § 45 Rz. 8 m.w.N. (Stand: 232. Lfg. April 2015).

717 Siehe, ohne Anspruch auf Vollständigkeit, *Cöster* in: Koenig, AO, Vorb. §§ 347–368 Rz. 4; *Tappe* in: H/H/S, AO, Vorb. §§ 347–368 Rz. 11 ff. m.w.N. (Stand: 230. Lfg. November 2014); *Keß* in: S/P, AO, Vorb. §§ 347–368 Rz. 3 m.w.N. (Stand: 174. Lfg. März 2017); *Seer* in: T/K, AO, Vorb. §§ 347–367 Rz. 10 ff. m.w.N. (Stand: 140. Lfg. Mai 2015). Zum Teil wird dem Vorverfahren auch eine Ausgleichs- und Befriedungsfunktion zugesprochen, siehe *Hettler*, Das außergerichtliche Rechtsbehelfsverfahren, S. 25. *Stolterfoht* erkennt die Rechtsschutzfunktion des Einspruchsverfahrens nicht an. Nur den Gerichten sei diese Aufgabe zugewiesen, siehe *Stolterfoht*, DStJG 18 (1995), 77, 85 ff. Kritisch hierzu *Hettler*, Das außergerichtliche Rechtsbehelfsverfahren, S. 28 ff.; *Lemaire*, Der vorläufige Rechtsschutz im Steuerrecht, S. 36 f., die zu Recht feststellen, dass das steuerliche Vorverfahren auch eine Rechtsschutzfunktion hat.

718 Die Zustimmung ist eine Ermessensentscheidung der Finanzbehörde, siehe *Steinhauff* in: H/H/S, FGO, § 45 Rz. 38 m.w.N. (Stand: 232. Lfg. April 2015).

die Finanzbehörde keine rechtlichen Bedenken im Sinne des Art. 19 Abs. 4 Satz 1 GG aus. Vielmehr kann der Betroffene, wenn die Finanzbehörde später einen Aussetzungszinsbescheid erlässt, hiergegen mit den dargestellten Argumenten vorgehen, ohne dass dem § 351 Abs. 2 AO entgegensteht. Demzufolge ist es für den Betroffenen ratsam, sich auf die Anfechtung des Zinsbescheids zu beschränken und dessen Zweckverfehlung wegen der aufgedrängten Aussetzung zu rügen.

Anders stellt sich die Situation dar, wenn man – entgegen der hier vertretenen Auffassung – § 237 AO generell für anwendbar hält, also unabhängig davon, unter welchen Umständen die Aussetzung der Vollziehung verfügt worden ist (*2. Fall*). Im Falle der Aufhebung der angefochtenen Aussetzungsverfügung ist hier im Einklang mit der Ansicht von *Bergmann* nicht von einer Erledigung auszugehen.[719] Zwar wird der Steuerpflichtige durch die Aussetzung von dem Leistungsgebot vorerst befreit und mit der Beendigung der Aussetzungsverfügung lebt das Leistungsgebot wieder auf, was für eine Erledigung sprechen könnte.[720] Allerdings wird die Bindungswirkung hier mit Blick auf die Aussetzungszinsen für den bereits ausgesetzten Zeitraum vor der Aufhebung der Aussetzungsentscheidung gerade nicht beseitigt, sodass § 351 Abs. 2 AO zu beachten ist. Anders als bei einer rückwirkenden Aufhebung der Aussetzungsverfügung, ist hier die Aussetzungsverfügung noch *teilweise* (vgl. § 124 Abs. 2 AO: „*soweit*"), nämlich bis zum Zeitpunkt ihrer Aufhebung wirksam.[721] Bis zum Aufhebungszeitpunkt werden keine Säumniszuschläge, sondern allenfalls Aussetzungszinsen verwirkt.

Gemäß § 351 Abs. 2 AO ist eine Entscheidung in einem Grundlagenbescheid allein durch Anfechtung dieses Bescheids angreifbar. Im Rahmen der Ermessensüberschreitung durch die behördliche Aussetzung gegen den Willen des Bürgers kommt dem Aussetzungszinsrisiko besondere Bedeutung zu. Wenn also schon das Zinsrisiko im Rahmen der pflichtgemäßen Ermessensausübung im Sinne der § 361 Abs. 2 Satz 1 Hs. 1 AO, § 69 Abs. 2 Satz 1 FGO jeweils i.V.m. § 5 AO Relevanz hat, ist die Prüfung einer Ermessensüberschreitung auch insgesamt im Anfechtungsverfahren gegen die Aussetzungsverfügung vorzunehmen. Es entspricht zudem eher der Verfahrensökonomie, wenn ein bereits eingeleitetes Anfechtungsverfahren, an dessen Klärung jedenfalls der Kläger nach wie vor ein rechtliches Interesse hat, das ihm ursprünglich auch durch die Zulässigkeit

---

719 Die Lösung *Bergmanns* wurde bereits in Teil III, § 2 dargestellt.

720 In diese Richtung argumentieren BFH, Urt. v. 09.05.2012, I R 91/10, BFH/NV 2012, 2004, 2007; BFH, Urt. v. 26.09.2007, I R 43/06, BStBl. II 2008, 134, 136.

721 Zutreffend *Bergmann*, DStR 2013, 1651–1654 (1653).

seiner Klage attestiert worden ist, zur Sachentscheidung geführt wird. Andernfalls ist eine neue Klage zu befürchten.

Mit Blick auf Art. 19 Abs. 4 Satz 1 GG darf dem Anfechtenden die Klärung seiner Rechtsfrage jedenfalls dann nicht (zeitweise) verwehrt werden, wenn die Beklagte nach Möglichkeiten sucht, eine gerichtliche Klärung der Streitfrage zu verhindern, obwohl sie durch die *rückwirkende* Aufhebung der Aussetzungsverfügung hätte klar zum Ausdruck bringen können, dass für den Betroffenen kein Aussetzungszinsrisiko droht. Beschränkt sie sich jedoch darauf, die Aussetzungsentscheidung mit Wirkung ex nunc aufzuheben, ist mit Blick auf § 351 Abs. 2 AO und aus Gründen des effektiven Rechtsschutzes ein restriktives Verständnis des Erledigungsbegriffs angezeigt.

Für diese Lösung spricht auch ein Vergleich zu den Fällen, in denen Rechtsschutz gegen einen strafbewehrten, nicht befolgten Verwaltungsakt gesucht wird. Hier steht – wie *Schenke* zutreffend feststellt – die mit dem nicht befolgten Verwaltungsakt verbundene Sanktion einer Erledigung des strafbewehrten Aktes entgegen.[722] Für die aufgedrängte Aussetzung im Lichte der Aussetzungszinsfolge kann nichts anderes gelten.[723] Somit bleibt in diesen Fällen die Anfechtungsklage gegen die Aussetzungsverfügung statthaft.

Wird die Aussetzungsverfügung gemäß § 100 Abs. 1 Satz 1 FGO aufgehoben, z.B. weil sie dazu diente, Aussetzungszinsansprüche zu generieren, fragt sich, wie sich dies auf den Anfall etwaiger Säumniszuschläge (§ 240 AO) hinsichtlich des Aussetzungszeitraums auswirkt. In Fällen rückwirkender Aufhebung eines finanzgerichtlichen Aussetzungsbeschlusses durch den BFH wird vertreten, dass Säumniszuschläge auch für den ursprünglich ausgesetzten Zeitraum anfallen, aber im Ergebnis nur in *hälftiger Höhe* (= 0,5 % pro *angefangenen* Monat, vgl. § 240 Abs. 1 Satz 1 AO). Zwar könne durch die tatsächlich erfolgte Aussetzung der Druckmittelzweck des Säumniszuschlags nicht erreicht werden; es bleibe aber noch die Zinsersatzfunktion des Säumniszuschlags, die einem vollständigen Erlass der Säumniszuschläge entgegenstehe, wenn das Hauptsacheverfahren zulasten des Rechtsbehelfsführers ausgehe.[724] Diese Lösung könne auf die

---

722 Vgl. *Schenke*, Jura 1980, 133–145 (135 m.w.N.), der darauf hinweist, dass die Aufhebung des strafbewehrten Aktes mit Blick auf den sanktionierenden Folgeakt sinnvoll sei, was einer Erledigung des ersten Aktes entgegenstehe.

723 So i.Erg. auch *Bergmann*, DStR 2013, 1651–1654 (1653).

724 Vgl. zu den letzten beiden Sätzen *Heuermann* in: H/H/S, AO, § 240 Rz. 60 (Stand: 231. Lfg. Februar 2015) unter Hinweis auf BFH, Urt. v. 14.09.1978, V R 35/72, BStBl. II 1979, 58, 59 f.; BFH, Beschl. v. 14.02.1975, VI B 72/74, BStBl. II 1975, 452, 453. Letztere Entscheidung hatte jedoch den Fall zum Gegenstand, dass Säumniszuschläge

rückwirkende Aufhebung einer finanzbehördlichen Aussetzung der Vollziehung übertragen werden.[725]

Für diese Lösung spricht zunächst, dass es scheinbar widersprüchlich ist, wenn derjenige, dem rechtmäßig Aussetzung der Vollziehung gewährt worden ist, bei Misserfolg im Hauptsacheverfahren Aussetzungszinsen (§ 237 AO) schuldet, während der Rechtsbehelfsführer, dem schon gar nicht die Aussetzung der Vollziehung hätte gewährt werden dürfen, keine wirtschaftlichen Nachteile erleiden würde.[726]

Diese Erwägung überzeugt indes bei einer nicht beantragten, sondern explizit abgelehnten Aussetzung nicht. Aber auch in Antragsfällen ist ein Teil-Erlass von Säumniszuschlägen kritikwürdig. Die Befürwortung eines Teil-Erlasses wird letztlich vom Ergebnis aus begründet; sie schafft unter Missachtung des § 233 Satz 1 AO de facto eine neue Zinsbelastung.[727] Die hälftige Reduzierung der Säumniszuschläge ist insbesondere unter dem Aspekt der Gewichtung der Zwecke des § 240 AO angreifbar. § 240 AO dient *primär* dazu, den Steuerpflichtigen zur rechtzeitigen Zahlung anzuhalten.[728] Fällt der primäre Zweck weg, ist es keinesfalls zwingend, nur die Hälfte des Säumniszuschlags zu erlassen. Möglich wäre z.B. auch ein Erlass i.H.v. ¾. Allerdings läuft der Gesetzesanwender

---

bereits *vor* dem (später aufgehobenen) Aussetzungsbeschluss entstanden und auch angefordert worden sind, siehe BFH, Beschl. v. 14.02.1975, VI B 72/74, BStBl. II 1975, 452, 453: *„Für einen Vertrauensschutz des Steuerschuldners ist insbesondere dann kein Raum, wenn der im Beschwerdeverfahren ex tunc aufgehobene Aussetzungsbeschluß – wie im Streitfall – erst ergangen war, nachdem die Säumniszuschläge bereits entstanden und angefordert waren.“* In der jüngeren Entscheidung ließ der BFH ausdrücklich offen, ob ein nur *teilweiser* Erlass der Säumniszuschläge ermessensfehlerfrei wäre, da im Streitfall – mangels rechtskräftiger Klageabweisung im Hauptsacheverfahren nach damaliger Fassung der Aussetzungszinsen (vgl. zur Historie des § 237 AO insoweit bereits Teil II, § 3, III. 3. b), dd), (3) m.w.N.) – keine Aussetzungszinsen drohten und daher nur ein vollständiger Erlass der Säumniszuschläge ermessensgerecht sei, siehe BFH, Urt. v. 14.09.1978, V R 35/72, BStBl. II 1979, 58, 60.

725 So *Heuermann* in: H/H/S, AO, § 240 Rz. 60 (Stand: 231. Lfg. Februar 2015).

726 In diese Richtung argumentiert *Koenig* in: Koenig, AO, § 240 Rz. 14.

727 Zur allgemeinen Kritik am Teil-Erlass siehe *Loose* in: T/K, AO, § 240 Rz. 5, 56 (Stand: 144. Lfg. April 2016). Er sieht hierin zu recht einen *„neuen Zinstatbestand durch die Hintertür“*, der mit dem Gesetzesvorbehalt (vgl. § 233 Satz 1 AO) nicht vereinbar sei. Bei Zahlungsunfähigkeit sei aus Gründen der Verhältnismäßigkeit der vollständige Erlass der Säumniszuschläge geboten.

728 Vgl. BFH, Beschl. v. 02.03.2017, II B 33/16, BStBl. II 2017, 646, 650 m.w.N.; BFH, Urt. v. 14.09.1978, V R 35/72, BStBl. II 1979, 58, 59 m.w.N.; *Seer* in: T/L, Steuerrecht, § 21 Rz. 363 m.w.N.

hier Gefahr, das Gesetz nicht anzuwenden, sondern zu korrigieren, insbesondere dann, wenn die Erlasshöhe nicht im Einzelfall, sondern abstrakt für jeden vergleichbaren Fall festgelegt wird. Ein solches Vorgehen ist von der Funktion des Billigkeitsverfahrens nicht gedeckt. Maßnahmen, die der Gesetzgeber abstrakt-generell hätte festlegen können, dürfen nicht im Billigkeitswege durch den Rechtsanwender ersetzend vorgenommen werden.[729] Hier kann nur der Gesetzgeber Abhilfe schaffen.

Da der hälftige Erlass auch nicht zugunsten des Grundrechtsträgers wirkt, sondern ihn im Ergebnis belastet, und zwar auch durch die abweichende gesetzliche Fassung des § 240 Abs. 1 Satz 1 Hs. 1 AO – Säumniszuschläge werden für jeden *angefangenen* Monat der Säumnis festgesetzt (anders § 238 Abs. 1 Satz 2 Hs. 1 AO: *„nur für volle Monate“*) – ist hier Zurückhaltung geboten.

Ein nur hälftiger Erlass der Säumniszuschläge kommt – ungeachtet der generellen Kritik an dem Teil-Erlass der Säumniszuschläge – jedenfalls im Kontext der aufgedrängten Aussetzung nicht in Betracht. Sollte die aufgedrängte Aussetzung der Vollziehung rechtswidrigerweise der Erzielung von Aussetzungszinsen gedient haben, bliebe die Ermessensfehlerhaftigkeit des behördlichen Handelns ansonsten praktisch wirkungslos, da mit den Säumniszuschlägen i.H.v. 0,5 % pro angefangenem Monat ein quasi Aussetzungszinstatbestand geschaffen wäre. Der Rechtsbehelfsführer hat hier jedoch, wie der Verfahrensausgang in der Hauptsache gezeigt hat, zu Recht auf die Zahlung der streitigen Beträge bestanden. Daher ist allein der vollständige Erlass der Säumniszuschläge ermessensfehlerfrei.

---

729 Vgl. nur GrS BFH, Beschl. v. 28.11.2016, GrS 1/15, BStBl. II 2017, 393, 404 m.w.N. (*„Da eine Regelung, die der Gesetzgeber abstrakt hätte treffen können, nicht Gegenstand von Billigkeitsmaßnahmen sein kann“*).

Zusammenfassung der Ergebnisse

I. Eine aufgedrängte Aussetzung der Vollziehung liegt vor, wenn die Finanzbehörde von Amts wegen und gegen den Willen des Betroffenen die Vollziehung des von Letzterem angefochtenen Verwaltungsakts aussetzt.

II. Art. 19 Abs. 4 Satz 1 GG garantiert einen effektiven Rechtsschutz. Der Fokus der gerichtlichen Kontrolle des Verwaltungshandelns liegt auf dem Individualrechtsschutz, weshalb der Grundrechtsträger auch selbst entscheiden kann, ob er (vorläufigen) Rechtsschutz in Anspruch nimmt. Auch das behördlich geführte Verfahren hat eine Rechtsschutzfunktion, wie sich aus den materiellen Grundrechten, jedenfalls aber aus dem Rechtsstaatsprinzip ergibt. Der Gesetzgeber hat bezüglich der Ausgestaltung des Verwaltungsverfahrens allerdings einen nicht unerheblichen Gestaltungsspielraum.

III. Vor Erlass der amtswegigen Aussetzungsverfügung muss die Finanzbehörde den Betroffenen regelmäßig anhören.

IV. § 361 Abs. 2 Satz 1 Hs. 1 AO, § 69 Abs. 2 Satz 1 FGO eröffnen der Finanzbehörde einen Ermessensspielraum. Gemäß § 5 AO ist dieser pflichtgemäß auszuüben. Unterschieden werden muss zwischen einem Ermessensfehlgebrauch und dem Fall einer Ermessensüberschreitung durch die amtswegige Aussetzung gegen den Willen des Betroffenen.

V. Für die Beurteilung der ermessensrelevanten Kriterien im Rahmen der amtswegigen Aussetzungsentscheidung lässt sich aus der Historie der § 361 AO, § 69 FGO entnehmen, dass den materiell-rechtlichen Zweifeln immer entscheidende Bedeutung zukam. Bei Vorliegen von Rechtmäßigkeitszweifeln wurde die Aussetzung von Amts wegen auch im Rahmen der Vorgängervorschriften zu § 361 AO, § 69 FGO für möglich erachtet, wenngleich insoweit Uneinigkeit bestand, wie gewichtig die Rechtmäßigkeitszweifel sein müssten.

Zu einer Aussetzung gegen den Willen des Betroffenen ist es unter Geltung der Vorläufer zu den heutigen Aussetzungsvorschriften, soweit ersichtlich, nicht gekommen.

VI. Die behördliche Aussetzung der Vollziehung dient dem Rechtsschutz des Bürgers und der Entlastung der Fachgerichte. Beides ergibt sich bereits aus der historischen Darstellung zu den Vorgängervorschriften der § 361 AO, § 69 FGO. Insbesondere in § 361 Abs. 2 Satz 2 AO, § 69 Abs. 2 Satz 2

FGO kommt die rechtsschützende Funktion des behördlichen Aussetzungsverfahrens deutlich zum Ausdruck.

Die Entlastungsfunktion der behördlichen Aussetzungsbefugnis belegt § 69 Abs. 4 Satz 1 FGO. Unter Geltung der § 235 Satz 2 RAO 1919, § 251 Satz 2 RAO 1931 waren die Gerichte nicht zur Aussetzung der Vollziehung befugt. Erst mit Einführung des § 69 FGO 1965 wurde erstmals die Befugnis der Fachgerichte zur Aussetzung der Vollziehung normiert. Ein Rangverhältnis zwischen behördlichem und gerichtlichem Aussetzungsverfahren fehlte. Dieses wurde erst mit Art. 3 § 7 Abs. 1 Satz 1 VGFGEntG 1978 kodifiziert.

VII. Der Anwendungsbereich der § 361 Abs. 2 Satz 1 AO, § 69 Abs. 2 Satz 1 FGO ist nicht abschließend festgelegt. Ausgehend von der Einstufung des behördlichen Aussetzungsverfahrens als Verwaltungsverfahren liefert § 86 Satz 1 AO einen Anhaltspunkt für die Frage, was mit einem Handeln von Amts wegen gemeint sein kann, wenn der Gesetzgeber kein Antragserfordernis vorsieht und der Behörde Ermessen einräumt. Nach § 86 Satz 1 AO entscheidet die Finanzbehörde dann nach pflichtgemäßem Ermessen über das „Ob" und den Zeitpunkt der Verfahrenseinleitung. Aus einer systematischen Zusammenschau mit den in § 85 Satz 1 AO normierten Besteuerungsgrundsätzen sowie dem Untersuchungsgrundsatz des § 88 AO, wonach die Finanzbehörde den Sachverhalt von Amts wegen ermittelt und an das Vorbringen und die Beweisanträge der Beteiligten nicht gebunden ist (siehe § 88 Abs. 1 Satz 1, Abs. 2 Satz 1 Hs. 2 AO), folgt, dass die Aussetzung nicht zwingend vom Willen des Rechtsbehelfsführers abhängt. Vielmehr liegt die Annahme nicht fern, dass, wenn die Behörde schon zur Aufhebung des von ihr erlassenen Verwaltungsakts befugt ist, sie als Minus auch die Kompetenz haben muss, auf einen rechtlich zweifelhaften Verwaltungsakt ohne Rücksicht auf den Willen des Adressaten dieses Akts reagieren zu können.

Pflichtgemäß im Sinne der §§ 86 Satz 1; 5 AO ist die Entscheidung über die Einleitung des Aussetzungsverfahrens nur bei Vorliegen materiell-rechtlicher Zweifel. Letzteres Kriterium hat die Aussetzung der Vollziehung – wie die historische Darstellung zeigt – durchgehend geprägt, und zwar sowohl in Antragsfällen als auch bei der amtswegigen Aussetzung.

Bei der Gewichtung der Rechtmäßigkeitszweifel ist die bewusste gesetzgeberische Entscheidung zugunsten des Sofortvollzugs zu berücksichtigen. Die rechtlichen Zweifel müssen in der Aussetzungsverfügung dargelegt werden, wobei für die amtswegige Aussetzung analog § 80 Abs. 3 Satz 1 VwGO ein besonderes Begründungserfordernis besteht.

Was die Bewertung der Rechtmäßigkeitszweifel angeht ist in quantitativer Hinsicht festzuhalten: Je größer die rechtlichen Zweifel sind, desto eher ist die Aussetzung der Vollziehung angezeigt. Umgekehrt gilt: Je geringer die rechtlichen Zweifel sind, desto wahrscheinlicher ist es, dass der Staat die tenorierte Steuerforderung mit Rechtsgrund erhält, was letztlich auch aus Gleichheitsgesichtspunkten gegen eine Aussetzung der Vollziehung spricht. In qualitativer Hinsicht kommen für die amtswegige Aussetzung primär Rechtmäßigkeitszweifel in Betracht, die ihre Ursache in der Anwendung einfach-gesetzlicher Regelungen haben.

VIII. Die Verwaltung ist zu einem wirtschaftlichen und sparsamen Handeln angehalten, wie sich u.a. aus Art. 114 Abs. 2 Satz 1 GG ableiten lässt. Als Sekundärzweck kann das wirtschaftliche Handeln die behördliche Ermessensausübung beeinflussen, wenngleich hierdurch die Grundrechte des Betroffenen nicht verletzt werden dürfen. Daher ist zu differenzieren: Dient die Aussetzung der Vollziehung gegen den Willen des Betroffenen der Erzielung von Aussetzungszinsen, oder möchte die Behörde hiermit erreichen, dass wahrscheinliche Zinsansprüche des Rechtsbehelfsführers nach Abschluss des Hauptsacherechtsbehelfsverfahrens verhindert werden.

Erstere Fallgestaltung ist ermessenswidrig, da das Zinseinnahmeinteresse schon kein aussetzungsrelevantes Kriterium ist. Zudem werden die Eckpfeiler der für die behördliche Aussetzungsentscheidung relevanten Kriterien (Rechtsschutz des Bürgers, Entlastung der Gerichte sowie das Vorliegen beachtlicher Rechtmäßigkeitszweifel) missachtet. Aus beiden Gründen stellt die Aussetzungsentscheidung in diesen Fällen einen Ermessensfehlgebrauch dar.

Nicht so eindeutig ist die Rechtmäßigkeitsprüfung der aufgedrängten Aussetzung, wenn beachtliche materiell-rechtliche Zweifel vorliegen und somit aus behördlicher Sicht das Risiko besteht, nach Abschluss des Hauptsacheverfahrens Zinszahlungen leisten zu müssen. Angesichts der beachtlichen Rechtmäßigkeitszweifel bestünden – die Zinsfolgen des Rechtsbehelfsverfahrens und der Aussetzung der Vollziehung hinweggedacht – keine Bedenken an der Aussetzung der Vollziehung. Der Rechtsbehelfsführer könnte hier erfolgreich Aussetzung der Vollziehung beantragen. Auch die amtswegige Aussetzung aus Verfahrensfürsorgegesichtspunkten wäre möglich. Zudem ist die behördliche

Ermessensentscheidung im Rahmen des § 86 Satz 1 AO aufgrund eines Umkehrschlusses zu § 86 Satz 2 Nr. 2 AO von dem Willen des Rechtsbehelfsführers grundsätzlich unabhängig.

Die Berücksichtigung finanzieller Interessen ist nur insoweit möglich, wie die Eckpfeiler der aussetzungsrelevanten Kriterien gewahrt sind. Problematisch ist, dass hier der Wille des Rechtsbehelfsführers und das Vorliegen der Rechtmäßigkeitszweifel auseinanderfallen, sodass es einer Entscheidung darüber bedarf, welchem Kriterium das größere Gewicht beizumessen ist. Da die rechtlichen Zweifel hier beachtlich sind, diese Fallgestaltungen also eigentlich den klassischen Fall abbilden, für den der Gesetzgeber das Instrument der Aussetzung der Vollziehung geschaffen hat, und allein die erwarteten Zinseinnahmen den Steuerpflichtigen davon abhalten, die Aussetzung der Vollziehung zu beantragen, ist er insoweit nicht schutzwürdig. Der Staat muss hingegen nach erwartetem Verfahrensausgang die entgegengenommen Beträge samt marktferner Zinsen an den Rechtsbehelfsführer erstatten, womit der Staatshaushalt belastet wird. Ein Allgemeininteresse am Vollzug wahrscheinlich rechtswidriger Steuerforderungen besteht nicht. Demzufolge kommt die aufgedrängte Aussetzung in Betracht, wenn die rechtlichen Zweifel so gewichtig sind, dass die Aussetzung wahrscheinliche Zinsansprüche des Rechtsbehelfsführers nach Abschluss des Rechtsbehelfsverfahrens verhindern soll.

Neben den beiden Anwendungsfällen, in denen das FG Köln (Urt. v. 08.09.2010, 13 K 960/08, EFG 2011, 105 ff.) eine aufgedrängte Aussetzung ausnahmsweise für möglich hält, kommt auch der Fall in Betracht, in dem die Finanzbehörde entgegen einer aktuellen höchstrichterlichen Entscheidung Einkünfte besteuert und der Steuerpflichtige hiergegen Einspruch einlegt. Angenommen, verwaltungsintern wird noch geprüft, ob die Entscheidung des Bundesfinanzhofs über den entschiedenen Einzelfall hinaus angewendet werden soll, käme aufgrund der guten Erfolgsaussichten eine Aussetzung auch gegen den Willen des Rechtsbehelfsführers in Betracht. Denkbar ist ferner, dass die Finanzverwaltung eine ältere höchstrichterliche Entscheidung prüfen lassen will, weil sie es für möglich hält, dass der BFH an ihr nicht mehr festhält und sie zu diesem Zweck die Steuer abweichend von der höchstrichterlichen Entscheidung festsetzt, wogegen der Steuerpflichtige Einspruch einlegt.

IX. Die praktisch unter Umständen schwierig vorzunehmende Abgrenzung bei der Einschätzung der Erfolgsaussichten des Rechtsbehelfs und den damit verbundenen unterschiedlichen Zinsfolgen ist mangels Anwendbarkeit des § 237 Abs. 1 Satz 1 AO in Fällen aufgedrängter Aussetzung weniger streitanfällig; aus behördlicher Sicht aber auch weniger reizvoll. § 237 AO dient nach seinem Sinn und Zweck insbesondere dazu, missbräuchlichen, weil nur die Zahlungspflicht hinauszögernden, Rechtsbehelfen des Steuerpflichtigen zu begegnen. Im Umkehrschluss ergibt sich selbiges für die aufgedrängte Aussetzung der Vollziehung. Auch die Verwaltung darf das Instrument der Aussetzung nicht zur Erlangung von Zinsvorteilen missbrauchen. § 237 Abs. 1 Satz 1 AO ist daher teleologisch zu reduzieren, sodass er bei einer Aussetzung gegen den Willen des Betroffenen nicht eingreift.

X. Hält man § 237 AO auch bei aufgedrängter Aussetzung für anwendbar, ist für die Prüfung der Ermessensgrenzen in Gestalt der Grundrechte des Betroffenen entscheidend, dass im Zeitpunkt der Aussetzungsentscheidung noch nicht feststeht, ob die Aussetzung für den Rechtsbehelfsführer mit wirtschaftlichen Nachteilen verbunden ist, oder ihm nur die Möglichkeit abgeschnitten wird, aus dem Rechtsbehelfsverfahren Zinsvorteile zu erzielen.

Durch die Aussetzung gegen den Willen des Betroffenen greift die Finanzbehörde in dessen allgemeine Handlungsfreiheit (Art. 2 Abs. 1 GG) ein. Ihm wird die Entscheidungsgewalt über die Durchführung des Rechtsbehelfsverfahrens genommen. Auch die mit der Rechtsschutzfunktion des Aussetzungsverfahrens verbundene Dispositionsbefugnis wird gezielt verkürzt. Ferner kommt es zu einer Verlagerung des Zinsrisikos auf den Rechtsbehelfsführer; im Falle des Misserfolgs wird er mit einem Aussetzungszinsanspruch i.H.v. monatlich 0,5 % konfrontiert.

Ein Gleichheitssatzverstoß mit Blick auf die grundsätzlich aussetzungsfeindliche Verwaltungspraxis scheitert an der fehlenden Vergleichbarkeit der aufgedrängten Aussetzung mit den Antragsfällen. Erstere sind eine neue Erscheinung, für die sich noch keine Ermessenspraxis etabliert hat. Beantragte und aufgedrängte Aussetzung unterscheiden sich bereits im Ansatz durch die abweichend besetzten Interessengegensätze.

XI. Die Finanzbehörde muss im Rahmen der Entscheidung über die aufgedrängte Aussetzung der Vollziehung das Übermaßverbot wahren. Der legitime Zweck besteht in einem rechtsstaatlichen Gesetzesvollzug. Aufgrund der rechtlichen Zweifel ist das Interesse der Finanzbehörde, den angefochtenen Verwaltungsakt nicht zu vollziehen bis dessen Rechtmäßigkeit geklärt ist, oder der Akt aufgehoben wird, legitim. An der

Geeignetheit und Erforderlichkeit bestehen keine Bedenken. Für die Angemessenheit ist die Intensität des Grundrechtseingriffs für den Betroffenen entscheidend. Im Fokus steht daher das Aussetzungszinsrisiko, das angesichts des statischen Zinssatzes i.H.v. 0,5 % pro Monat (§ 238 Abs. 1 Satz 1 AO) den Rechtsbehelfsführer erheblich belastet und ihn unter Umständen davon abhält, Rechtsschutz in Anspruch zu nehmen. Hingegen ist das Interesse des Rechtsbehelfsführers auf eine lukrative Unrechtsabwehr im Lichte der §§ 233a, 236 AO nicht schutzwürdig. Hier würde es – ohne aufgedrängte Aussetzung – zu einer Überkompensation tatsächlicher Liquiditätsnachteile des Rechtsbehelfsführers bei Erfolg im Hauptsacheverfahren kommen.

Bei guten Erfolgsaussichten ist die aufgedrängte Aussetzung angemessen und verhältnismäßig.

XII. Die Feststellung „guter Erfolgsaussichten" bereitet regelmäßig Schwierigkeiten. Der Entscheidungsträger trifft im Aussetzungsverfahren eine wertende Entscheidung, womit im Kontext der aufgedrängten Aussetzung ein Missbrauchspotenzial besteht. Da es (objektiv gesehen) die guten Erfolgsaussichten nur äußerst selten geben wird, hat die Finanzbehörde im Rahmen der Abwägung mit den Vollzugsinteressen des Rechtsbehelfsführers das Aussetzungszinsrisiko zu berücksichtigen. Demzufolge ist die aufgedrängte Aussetzung – in Ergänzung der im Rahmen des Ermessensfehlgebrauchs dargestellten Formel – verhältnismäßig, je größer die rechtlichen Zweifel *und* umso geringer die drohenden Zinsnachteile aus der Aussetzungsentscheidung für den Grundrechtsträger sind.

XIII. Die Höhe der Aussetzungszinsen lässt sich trotz der besonderen Umstände, die die aufgedrängte Aussetzung kennzeichnen und die an sich eine vollständige Zinserhebung (vgl. § 238 Abs. 1 Satz 1 AO) unbillig erscheinen lassen, nicht im Wege eines teilweisen Verzichts auf Aussetzungszinsen erreichen. Die Reduzierung des Zinssatzes auf ein marktgerechtes Niveau bleibt aus Gründen der Gewaltenteilung dem Gesetzgeber, ggf. veranlasst durch einen Ausspruch des BVerfG, vorbehalten.

XIV. Reduziert werden kann das Aussetzungszinsrisiko dadurch, dass die Finanzbehörde auf eine schnelle Entscheidung in der Hauptsache hinwirkt, so z.B. durch die Sprungklage, wenn Rechtsfragen im Streit stehen, über die sich keine außergerichtliche Einigung erzielen lässt. Daneben bietet es sich an, die behördliche Aussetzungsentscheidung zu befristen. Da es sich hierbei um einen Verwaltungsakt im Sinne des § 118 Satz 1 AO handelt, ist § 120 Abs. 2 Nr. 1 AO anwendbar. Die sechs-Monats-Frist des

§ 46 Abs. 1 Satz 2 FGO kann insoweit als erste Orientierung für den Befristungszeitraum dienen.

XV. Entgegen der Auffassung von *Schüppen* (JFStR 13/14, 302 ff.) kann der Betroffene die aufgedrängte Aussetzung nicht durch Zahlung der ausgesetzten Beträge abwenden. Zwar ist der suspendierte Bescheid nach wie vor existent, sodass auf diesen grundsätzlich auch gezahlt werden kann. Allerdings begründet die mit der Aussetzungsentscheidung vorgenommene Interessenabwägung eine verbindliche Lösung für den Zeitraum bis zum Ergehen der Hauptsacheentscheidung. Hierüber dürfen sich beide Verfahrensbeteiligten nicht hinwegsetzen. Daher begründet die Aussetzung der Vollziehung ein Annahmeverweigerungsrecht. Die Aussetzung steht demnach – bildlich gesprochen – zwischen der Möglichkeit des Steuerpflichtigen, die strittigen Beträge vorerst zu bezahlen, und dem Leistungsgebot aus dem angefochtenen Steuerbescheid.

Bekundet der Rechtsbehelfsführer ernsthaft, die strittigen Beträge zahlen zu wollen, und verweigert die Finanzbehörde die Annahme wegen der Aussetzung, ist allerdings ein vollständiger Verzicht auf Aussetzungszinsen im Falle des Unterliegens des Rechtsbehelfsführers im Hauptsacheverfahren angezeigt. Dem steht das festgestellte Annahmeverweigerungsrecht nicht entgegen, da sich die Finanzbehörde bei Entgegennahme der strittigen Beträge ihrerseits einem Zinsrisiko aussetzen würde.

XVI. Für einen effektiven Rechtsschutz kommen primär das Aussetzungs- und das Zinsfestsetzungsverfahren in Betracht. Der rechtliche Zusammenhang zwischen Aussetzungsentscheidung und Aussetzungszinsfestsetzung, der im Wortlaut des § 237 Abs. 1 Satz 1 AO zum Ausdruck kommt, ist nicht durch die ungeregelte Tatbestandswirkung, sondern durch die spezielleren Regelungen über das Grundlagen- und Folgebescheidverhältnis zu erklären.

XVII. Aus den in Teil II gewonnenen Untersuchungsergebnissen ergibt sich für den Rechtsschutz gegen die aufgedrängte Aussetzung Folgendes: Die Rechtswidrigkeit der aufgedrängten Aussetzungsverfügung wegen Ermessensfehlern ist durch Anfechtung dieser geltend zu machen. Sofern man davon ausgeht, dass § 237 Abs. 1 Satz 1 AO wegen teleologischer Reduktion in Fällen einer Aussetzung gegen den Willen des Betroffenen nicht eingreift, könnte mit dieser Argumentation aber auch allein die Aussetzungszinsfestsetzung angefochten werden. Nimmt man hingegen an, dass § 237 Abs. 1 Satz 1 AO auch die aufgedrängte Aussetzung erfasst, wäre eine Anfechtung der Aussetzungsverfügung erforderlich (§ 351 Abs. 2 AO). Gegen die aufgedrängte Aussetzungsverfügung ist in beiden Fällen die Anfechtungsklage statthaft.

Hebt die Finanzbehörde im laufenden Prozess gegen die aufgedrängte Aussetzungsverfügung diese mit Wirkung ex nunc auf, führt dies nach der hier zugrunde gelegten Lösung zu keiner Rechtsschutzlücke, da sich der Betroffene ohnehin auf die Anfechtung des Aussetzungszinsbescheids beschränken sollte. Die Aussetzungszinsfestsetzung ist – ohne dass dem die Bindungswirkung durch die zuvor bestandskräftig gewährte Aussetzung der Vollziehung entgegenstünde – wegen Zweckverfehlung der Aussetzungszinsen bei einer Aussetzung gegen den Willen des Betroffenen rechtswidrig. § 237 Abs. 1 Satz 1 AO ist insoweit teleologisch zu reduzieren. Für den Fall, dass man § 237 AO auch bei aufgedrängter Aussetzung für anwendbar hält, muss die Aussetzungsverfügung angefochten werden (§ 351 Abs. 2 AO). Hebt die Finanzbehörde im Klageverfahren die Aussetzungsentscheidung nur mit Wirkung für die Zukunft auf, bleibt die Aussetzungsverfügung teilweise wirksam, sodass die Aufhebung hier nicht zur Erledigung der Aussetzungsverfügung führt. Die Anfechtungsklage bleibt – wie *Bergmann* (DStR 2013, 1651 ff.) zutreffend feststellt – statthaft.

Wird die Aussetzungsentscheidung im Klageverfahren kassiert, dürfen Säumniszuschläge für den ausgesetzten Zeitraum nicht erhoben werden. Andernfalls würde mit den Säumniszuschlägen ein quasi Aussetzungszinstatbestand geschaffen, obwohl der Rechtsbehelfsführer im Ergebnis zu Recht auf die Zahlung der ursprünglich strittig gewesenen Beträge bestanden hat.

Literaturverzeichnis

Amler, Falk/ Riegel, Martin, Zu lässig bei der Zulässigkeit? Zulässigkeitsprobleme bei AdV-Anträgen im FG-Verfahren, in: Betriebs-Berater (BB) 2015, S. 796–800 (zit.: *Amler/Riegel,* BB 2015, 796–800)

App, Michael, Stundungszinsen bei Zahlung vor Ablauf der Stundungsfrist, in: Deutsches Steuerrecht (DStR) 1983, S. 504–505 (zit.: *App,* DStR 1983, 504–505)

Arnim, Hans Herbert von, Wirtschaftlichkeit als Rechtsprinzip, Berlin 1988 (zit.: *von Arnim,* Wirtschaftlichkeit als Rechtsprinzip)

Bader, Johann/ Funke-Kaiser, Michael/ Stuhlfauth, Thomas/ Albedyll, Jörg von, Kommentar zur Verwaltungsgerichtsordnung, 6. Auflage, Heidelberg u.a. 2014 (zit.: *Bearbeiter* in: Bader/Funke-Kaiser/Stuhlfauth/Albedyll, VwGO)

Bader, Johann/ Ronellenfitsch, Michael (Hrsg.), Beck'scher Online-Kommentar zum Verwaltungsverfahrensgesetz mit Verwaltungs-Vollstreckungsgesetz und Verwaltungszustellungsgesetz, München, 38. Edition, Stand: 01.01.2018 (zit.: *Bearbeiter* in: Bader/Ronellenfitsch, BeckOK, VwVfG, [Stand])

Beaucamp, Guy, Ermessen der Verwaltung: Frei? Pflichtgemäß? Reduziert? Intendiert? – Eine Bestandsaufnahme, in: Juristische Arbeitsblätter (JA) 2006, S. 74–78 (zit.: *Beaucamp,* JA 2006, 74–78)

Beck, Rainer, Zinsspreizung – Faktischer Verlust des vorläufigen Rechtsschutzes (§ 361 AO) in Insolvenzverfahren? In: Zeitschrift für das gesamte Insolvenzrecht (ZInsO) 2012, S. 2353–2359 (zit.: *Beck,* ZInsO 2012, 2353–2359)

Becker, Enno, Die Reichsabgabenordnung (vom 13. Dezember 1919), Band 1 und 2, 7. Auflage, Berlin 1930 (zit.: *Becker,* RAO 1919, 7. Aufl.)

Becker, Enno/ Riewald, Alfred/ Koch, Karl/ Kampe, Georg, Kommentar zur Reichsabgabenordnung mit Nebengesetzen, Finanzgerichtsordnung, Band 3, 9. Auflage, Köln u.a. 1968 (zit.: *Riewald* in: Becker, RAO, 9. Aufl.)

Beermann, Albert (Begr.)/ Gosch, Dietmar/ Hoyer, Andreas (Hrsg.), Kommentar zur Abgabenordnung und Finanzgerichtsordnung, Bonn, Loseblatt, Stand: 136. Lieferung Dezember 2017 (zit.: *Bearbeiter* in: B/G, AO/FGO, [Stand])

Behrens, Stefan, Reformbedarf bei der Vollverzinsung im Steuerverfahrensrecht, in: Finanzrundschau (FR) 2015, S. 214–227 (zit.: *Behrens,* FR 2015, 214–227)

Bergkemper, Winfried, Steuerliche Nebenleistungen (AO 1977), Münster u.a. 1992 (zit.: *Bergkemper,* Steuerliche Nebenleistungen)

Bergmann, Malte, Rechtsschutz gegen aufgedrängte AdV und nachfolgende Zinsforderungen – Zugleich Anmerkung zum BFH-Urteil vom 9.5.2012, I R 91/10, in: Deutsches Steuerrecht (DStR) 2013, S. 1651–1654 (zit.: *Bergmann*, DStR 2013, 1651–1654)

Bilsdorfer, Peter/ Morsch, Anke/ Schwarz, Hansjürgen, Handbuch des steuerlichen Einspruchsverfahrens, 2. Auflage, Berlin 2008 (zit.: *Bilsdorfer/Morsch/ Schwarz*, Hdb. des steuerl. Einspruchsverfahrens)

Birk, Dieter/ Desens, Marc/ Tappe, Henning, Steuerrecht, 20. Auflage, Heidelberg 2017 (zit.: *Birk/Desens/Tappe*, Steuerrecht)

Blanke, Norbert/ Gudczinski, Klaus, Aussetzung der Vollziehung von Bescheiden nach § 242 AO und § 69 FGO im Spiegel der Rechtsprechung, in: Deutsches Steuerrecht (DStR) 1972, S. 198–202 (zit.: *Blanke/Gudczinski*, DStR 1972, 198–202)

Breitkreuz, Tilmann/ Fichte, Wolfgang (Hrsg.), Kommentar zum Sozialgerichtsgesetz, 2. Auflage, Berlin 2014 (zit.: *Bearbeiter* in: Breitkreuz/Fichte, SGG)

Busse, Florian, Die Aussetzung der Vollziehung im Abgabenrecht, Regensburg 1991 (zit.: *Busse*, Die AdV im Abgabenrecht)

Detterbeck, Steffen, Allgemeines Verwaltungsrecht mit Verwaltungsprozessrecht, 15. Auflage, München 2017 (zit.: *Detterbeck*, Allg. Verwaltungsrecht)

Deussen, Der Anspruch des Steuerpflichtigen auf Aussetzung der Vollziehung eines Steuerbescheides, in: Betriebs-Berater (BB) 1952, S. 882–884 (zit.: *Deussen*, BB 1952, 882–884)

Dietz, Volker, Die Voraussetzungen der gerichtlichen Vollziehungsaussetzung nach § 69 FGO, München 1971 (zit.: *Dietz*, Die Voraussetzungen der gerichtlichen Vollziehungsaussetzung)

Domke, Ursula, Rechtsfragen der Bestandskraft von Verwaltungsakten, Mannheim 1989 (zit.: *Domke*, Rechtsfragen der Bestandskraft von Verwaltungsakten)

Drüen, Klaus-Dieter, Haushaltsvorbehalt bei der Verwerfung verfassungswidriger Steuergesetze? – Budgetärer Dispositionsschutz durch Aussetzung der Vollziehung nach den Beschlüssen des BVerfG zum Kinderleistungsausgleich, in: Finanzrundschau (FR) 1999, S. 289–294 (zit.: *Drüen*, FR 1999, 289–294)

Drüen, Klaus-Dieter, Plädoyer für eine Reform der Vollverzinsung im Steuerrecht, in: Finanzrundschau (FR) 2014, S. 218–227 (zit.: *Drüen*, FR 2014, 218–227)

Epping, Volker, Grundrechte, 7. Auflage, Berlin 2017 (zit.: *Epping*, Grundrechte)

Feit, Erika, Die Aussetzung der Vollziehung eines angefochtenen Steuerbescheids, Düsseldorf 1963 (zit.: *Feit*, Die Aussetzung der Vollziehung)

Finkelnburg, Klaus/ Dombert, Matthias/ Külpmann, Christoph, Vorläufiger Rechtsschutz im Verwaltungsstreitverfahren, 7. Auflage, München 2017 (zit.: *Bearbeiter* in: Finkelnburg/Dombert/Külpmann, Vorl. Rechtsschutz)

Fließbach, Wilhelm, Zu Problemen des § 251 AO (Zugleich eine Besprechung des BFH-Urt. vom 10.02.1954, II 37/53), in: Steuer und Wirtschaft (StW) 1954, Sp. 335–342 (zit.: *Fließbach,* StW 1954, Sp. 335–342)

Fratzky, Kai-Uwe, Ökonomisierung der polizeilichen Gefahrenabwehr, Hamburg 2013 (zit.: *Fratzky,* Ökonomisierung der polizeilichen Gefahrenabwehr)

Friedlaender, Kurt, Zur Aussetzung der Vollziehung eines Steuerbescheides (§ 251 AO), Anmerkung zum Urteil des BFH vom 10.09.1954, III 187/52 S, in: Steuer und Wirtschaft (StW) 1955, Sp. 121–122 (zit.: *Friedlaender,* StW 1955, Sp. 121–122)

Gräber, Fritz, Die Aussetzung der Vollziehung (§ 69 FGO) – Für die Steuerberatung wichtige Entscheidungen des Bundesfinanzhofs zur FGO (Teil IV), in: Deutsches Steuerrecht (DStR) 1970, S. 159–163 (zit.: *Gräber,* DStR 1970, 159–163)

Gräber, Fritz (Begr.), Kommentar zur Finanzgerichtsordnung mit Nebengesetzen, 8. Auflage, München 2015 (zit.: *Bearbeiter* in: Gräber, FGO)

Gröpl, Christoph, Ökonomisierung von Verwaltung und Verwaltungsrecht, in: VerwArch (Verwaltungs-Archiv), Zeitschrift für Verwaltungslehre, Verwaltungsrecht und Verwaltungspolitik, 93 (2002), S. 459–484 (zit.: *Gröpl,* VerwArch 93 [2002], 459–484)

Grube, Georg, Abschied vom rechtlichen Gehör im Verwaltungsverfahren? In: Deutsche Steuer-Zeitung (DStZ) 2013, S. 193–205 (zit.: *Grube,* DStZ 2013, 193–205)

Grupp, Klaus, Die „Grundsätze der Wirtschaftlichkeit und Sparsamkeit" im Haushaltsrecht – Zugleich eine Stellungnahme zu Bianca Fischers Beitrag „Abschied von der ‚Sparsamkeit'?" in JZ 1982, S. 6 ff., in: Juristen Zeitung (JZ) 1982, S. 231–237 (zit.: *Grupp,* JZ 1982, 231–237)

Gusy, Christoph, Der Vorrang des Gesetzes, in: Juristische Schulung (JuS) 1983, S. 189–194 (zit.: *Gusy,* JuS 1983, 189–194)

Habscheidt, Gerhard, Der Anspruch des Bürgers auf Erstattung verfassungswidriger Steuern, Köln 2003 (zit.: *Habscheidt,* Der Anspruch des Bürgers auf Erstattung verfassungswidriger Steuern)

Hauffen, Gustav, Das „öffentliche Interesse" bei der Aussetzung der Vollziehung, in: Betriebs-Berater (BB) 1953, S. 230–231 (zit.: *Hauffen,* BB 1953, 230–231)

Haverkämper, Jörn, Die verfassungsrechtlichen Grundlagen der Maximen des Verwaltungsprozessrechts, Münster 1973 (zit.: *Haverkämper*, Maxime des Verwaltungsprozessrechts)

Heitsch, Christian, Neben- und Inhaltsbestimmungen bei begünstigenden Verwaltungsakten: Kriterien für die Auswahl des passenden Regelungsinstruments, in: Die Öffentliche Verwaltung (DÖV) 2003, S. 367–375 (zit.: *Heitsch*, DÖV 2003, 367–375)

Hensel, Albert, Steuerrecht, Berlin 1924 (zit.: *Hensel*, Steuerrecht)

Hensel, Albert, Stundung – Aussetzung der Vollziehung – Zahlungsaufschub, in: Steuer und Wirtschaft (StW), Teil I, 1928, Sp. 397–422 (zit.: *Hensel*, StW 1928, Teil I, Sp. 397–422)

Hettler, Elvira, Das außergerichtliche Rechtsbehelfsverfahren nach der Abgabenordnung, Konstanz 1999 (zit.: *Hettler*, Das außergerichtliche Rechtsbehelfsverfahren)

Hey, Johanna, Realitätsgerechtigkeit von Typisierungen als verfassungsrechtliches Problem der Niedrigzinsphase – Zur Verfassungswidrigkeit von § 238 AO und § 6a Abs. 3 Satz 3 EStG, in: Finanzrundschau (FR) 2016, S. 485–496 (zit.: *Hey*, FR 2016, 485–496)

Hoffmann-Riem, Wolfgang, Verhaltenssteuerung durch Algorithmen – Eine Herausforderung für das Recht, in: Archiv des öffentlichen Rechts (AöR), 142 (2017), Tübingen, S. 1–42 (zit.: *Hoffmann-Riem*, AöR 142 [2017], 1)

Hoffmann-Riem, Wolfgang/ Schmidt-Aßmann, Eberhard/ Voßkuhle, Andreas (Hrsg.), Grundlagen des Verwaltungsrechts, Band 2: Informationsordnung – Verwaltungsverfahren – Handlungsformen, 2. Auflage, München 2012 (zit.: *Bearbeiter* in: Hoffmann-Riem/Schmidt-Aßmann/Voßkuhle, GVwR II)

Hübschmann, Walter/ Hepp, Ernst/ Spitaler, Armin (Hrsg.), Kommentar zur Abgabenordnung und Finanzgerichtsordnung, Köln, Loseblatt, Stand: 245. Lieferung November 2017 (zit.: *Bearbeiter* in: H/H/S, AO/FGO, [Stand])

Isensee, Josef, Die typisierende Verwaltung – Gesetzesvollzug im Massenverfahren am Beispiel der typisierenden Betrachtungsweise des Steuerrechts, Berlin 1976 (zit.: *Isensee*, Die typisierende Verwaltung)

Isensee, Josef, Steuerstaat als Staatsform, in: Festschrift für Hans Peter Ipsen, herausgegeben von Stödter, Rolf/ Thieme, Werner, Tübingen 1977, S. 409–436 (zit.: *Isensee* in: Festschrift für H. P. Ipsen, 1977, 409)

Isensee, Josef/ Kirchhof, Paul (Hrsg.), Handbuch des Staatsrechts der Bundesrepublik Deutschland, Band 2: Verfassungsstaat, 3. Auflage, Heidelberg 2004 (zit.: *Bearbeiter* in: Isensee/Kirchhof, HStR II.)

Isensee, Josef/ Kirchhof, Paul (Hrsg.), Handbuch des Staatsrechts der Bundesrepublik Deutschland, Band 5: Rechtsquellen, Organisation, Finanzen, 3. Auflage, Heidelberg 2007 (zit.: *Bearbeiter* in: Isensee/Kirchhof, HStR V.)

Isensee, Josef/ Kirchhof, Paul (Hrsg.), Handbuch des Staatsrechts der Bundesrepublik Deutschland, Band 8: Grundrechte: Wirtschaft, Verfahren, Gleichheit, 3. Auflage, Heidelberg 2010 (zit.: *Bearbeiter* in: Isensee/Kirchhof, HStR VIII.)

Jahndorf, Christian/ Kister, Jan-Hendrik, Zur Reichweite der Bindungswirkung von Grundlagenbescheiden i.S. von § 175 Abs. 1 Satz 1 Nr. 1 AO, in: Der Betrieb (DB) 2008, S. 608–610 (zit.: *Jahndorf/Kister,* DB 2008, 608–610)

Jarass, Hans, Kommentar zur Charta der Grundrechte der Europäischen Union unter Einbeziehung der vom EuGH entwickelten Grundrechte, der Grundrechtsregelungen der Verträge und der EMRK, 3. Auflage, München 2016 (zit.: *Jarass,* EU-GR-Charta)

Jochum, Heike, Verwaltungsverfahrensrecht und Verwaltungsprozessrecht – Die normative Konnexität von Verwaltungsverfahrens- und Verwaltungsprozessrecht und die Steuerungsleistung des materiellen Verwaltungsrechts, Tübingen 2004 (zit.: *Jochum,* Verwaltungsverfahrensrecht)

Kaatz, Paul, Betrachtungen zum Entwurf der Finanzgerichts-Ordnung, in: Deutsche Steuer-Zeitung (DStZ) 1957, S. 41–48 (zit.: *Kaatz,* DStZ 1957, 41–48)

Kahl, Wolfgang/ Waldhoff, Christian/ Walter, Christian (Hrsg.), Bonner Kommentar zum Grundgesetz, Heidelberg, Loseblatt, Stand: 188. Lieferung Dezember 2017 (zit.: *Bearbeiter* in: Kahl/Waldhoff/Walter, BK, GG, [Stand])

Kemmler, Iris, Geldschulden im Öffentlichen Recht – Entstehung, Erlöschen und Verzinsung von Zahlungsansprüchen im Abgabenrecht, Sozialrecht und Allgemeinen Verwaltungsrecht, Tübingen 2015 (zit.: *Kemmler,* Geldschulden im Öffentlichen Recht)

Kirchhof, Paul, Die Steuerung des Verwaltungshandelns durch Haushaltsrecht und Haushaltskontrolle, in: Neue Zeitschrift für Verwaltungsrecht (NVwZ) 1983, S. 505–515 (zit.: *Kirchhof,* NVwZ 1983, 505–515)

Kirchhof, Paul, Der bestandskräftige Steuerbescheid im Steuerverfahren und im Steuerstrafverfahren, in: Neue Juristische Wochenschrift (NJW) 1985, S. 2977–2985 (zit.: *Kirchhof,* NJW 1985, 2977–2985)

Kirchhof, Paul, Verfassungsrechtliche Maßstäbe für die Verfahrensdauer und für die Rechtsmittel, in: Deutsche Steuer-Zeitung (DStZ) 1989, S. 55–60 (zit.: *Kirchhof,* DStZ 1989, 55–60)

Kirchhof, Paul, Rechtsstaatliche Anforderungen an den Rechtsschutz in Steuersachen, in: Veröffentlichungen der Deutschen Steuerjuristischen Gesellschaft (DStJG), 18 (1995), herausgegeben von Trzaskalik, Christoph, Köln, S. 17–46 (zit.: *Kirchhof,* DStJG 18 [1995], 17)

Klein, Franz/ Orlopp, Gerd (Begr.), Kommentar zur Abgabenordnung, 13. Auflage, München 2016 (zit.: *Bearbeiter* in: Klein, AO)

Knöpfle, Franz, „Tatbestands-“ und „Feststellungswirkung“ als Grundlage der Verbindlichkeit von gerichtlichen Entscheidungen und Verwaltungsakten, in: Bayerische Verwaltungsblätter (BayVBl.) 1982, S. 225–230 (zit.: *Knöpfle,* BayVBl. 1982, 225–230)

Koenig, Ulrich, Zur Zulässigkeit der Aussetzungsbeschwerde nach der Änderung der Finanzgerichtsordnung, in: Betriebs-Berater (BB) 1993, S. 1635–1638 (zit.: *Koenig,* BB 1993, 1635–1638)

Koenig, Ulrich (Hrsg.), Kommentar zur Abgabenordnung, 3. Auflage, München 2014 (zit.: *Bearbeiter* in: Koenig, AO)

Koepsell, Hansjörg/ Walbrodt, Frank, Aufhebung und Aussetzung der Vollziehung gegen den Willen des Steuerpflichtigen, in: Die Information über Steuer und Wirtschaft (INF) 2006, S. 822–827 (zit.: *Koepsell/ Walbrodt,* INF 2006, 822–827)

Kopp, Ferdinand, Verfassungsrecht und Verwaltungsverfahrensrecht – Eine Untersuchung über die verfassungsrechtlichen Voraussetzungen des Verwaltungsverfahrens in der Bundesrepublik und die Bedeutung der Grundentscheidungen der Verfassung für die Feststellung, Auslegung und Anwendung des geltenden Verwaltungsverfahrensrechts, München 1971 (zit.: *Kopp,* Verfassungsrecht)

Kopp, Ferdinand (Begr.)/ Ramsauer, Ulrich (Hrsg.), Kommentar zum Verwaltungsverfahrensgesetz, 18. Auflage, München 2017 (zit.: *Bearbeiter* in: Kopp/ Ramsauer, VwVfG)

Kopp, Ferdinand (Begr.)/ Schenke, Wolf-Rüdiger (Hrsg.), Kommentar zur Verwaltungsgerichtsordnung, 23. Auflage, München 2017 (zit.: *Bearbeiter* in: Kopp/ Schenke, VwGO)

Krasney, Otto Ernst/ Udsching, Peter/ Groth, Andy (Hrsg.), Handbuch des sozialgerichtlichen Verfahrens, 7. Auflage, Berlin 2016 (zit.: *Bearbeiter* in: Krasney/ Udsching/Groth, Hdb. des sozialger. Verfahrens)

Krodel, Thomas, Der sozialgerichtliche einstweilige Rechtsschutz in Anfechtungssachen – dargestellt am Beispiel des sog. Werkvertragsausschlussverfahrens, in: Neue Zeitschrift für Sozialrecht (NZS) 2001, S. 449–459 (zit.: *Krodel,* NZS 2001, 449–459)

Krodel, Thomas/ Feldbaum, Eva, Das sozialgerichtliche Eilverfahren, 4. Auflage, Baden-Baden 2017 (zit.: *Bearbeiter* in: Krodel/Feldbaum, Das sozialger. Eilverfahren)

Krüger, Wolfgang/ Rauscher, Thomas (Hrsg.), Münchener Kommentar zur Zivilprozessordnung mit Gerichtsverfassungsgesetz und Nebengesetzen, Band 1, §§ 1–354, 5. Auflage, München 2016 (zit.: *Bearbeiter* in: Krüger/Rauscher, MüKo, ZPO)

Kruse, Heinrich Wilhelm, Über Vollverzinsung, in: Finanzrundschau (FR) 1988, S. 1–12 (zit.: *Kruse,* FR 1988, 1–12)

Kühn, Rolf, Reichsabgabenordnung, Steueranpassungsgesetz, Nebengesetze, 3. Auflage, Stuttgart 1954 (zit.: *Kühn,* RAO 1931)

Kühn, Rolf (Begr.)/ Wedelstädt, Alexander von (Hrsg.), Kommentar zur Abgabenordnung und Finanzgerichtsordnung, 21. Auflage, Stuttgart 2015 (zit.: *Bearbeiter* in: K/v.W, AO)

Kwasek, Ulrich, Aussetzung der Vollziehung nach § 242 RAO (§ 361 AO 1977) und § 69 FGO, in: Steuer-Warte (StW) 1976, S. 132–135 (zit.: *Kwasek,* StW 1976, 132–135)

Larenz, Karl/ Canaris, Claus-Wilhelm, Methodenlehre der Rechtswissenschaft, 3. Auflage, Berlin u.a. 1995, (zit.: *Larenz/Canaris,* Methodenlehre der Rechtswissenschaft)

Lemaire, Norbert, Der vorläufige Rechtsschutz im Steuerrecht, Aachen 1997 (zit.: *Lemaire,* Der vorläufige Rechtsschutz im Steuerrecht)

Loose, Matthias, Fiskalpolitische Tendenzen im Zinssystem der Abgabenordnung, in: Festschrift für Heinrich Wilhelm Kruse, herausgegeben von Drenseck, Walter/ Seer, Roman, Köln 2001, S. 295–310 (zit.: *Loose* in: Festschrift für H. W. Kruse, 2001, 295)

Loose, Matthias, Fiskalpolitisch geprägte Vollverzinsung (§ 233a AO), in: Steuer und Wirtschaft (StuW) 2003, S. 377–383 (zit.: *Loose,* StuW 2003, 377–383)

Lorenz, Dieter, Der Rechtsschutz des Bürgers und die Rechtsweggarantie, München 1973 (zit.: *Lorenz,* Der Rechtsschutz des Bürgers)

Lorenz, Dieter, Das Gebot effektiven Rechtsschutzes des Art. 19 Abs. 4 GG, in: Juristische Ausbildung (Jura) 1983, S. 393–400 (zit.: *Lorenz,* Jura 1983, 393–400)

Luttermann, Claus, Die „summarische" Prüfung und „ernstliche Zweifel" im Sinne von § 69 FGO, in: Finanzrundschau (FR) 1998, S. 1084–1088 (zit.: *Luttermann,* FR 1998, 1084–1088)

Mack, Alexandra, Steuerstreit und leere Kassen, in: Steuerfahndung und Steuerstreit, Beratungs Akzente, 44 (2007), herausgegeben von Streck, Michael/ Deutsches Steuerberaterinstitut, Bonn u.a., S. 11–28 (zit.: *Mack,* Steuerfahndung und Steuerstreit [Beratungs Akzente 44], 2007, 11)

Martens, Joachim, Fragen zur Aussetzung der Vollziehung nach § 69 FGO, in: Steuer und Wirtschaft (StuW) 1967, Sp. 635–658 (zit.: *Martens,* StuW 1967, Sp. 635–658)

Maunz, Theodor/ Dürig, Günter (Begr.), Kommentar zum Grundgesetz, München, Loseblatt, Stand: 81. Lieferung September 2017 (zit.: *Bearbeiter* in: Maunz/Dürig, GG, [Stand])

Maurer, Hartmut/ Waldhoff, Christian, Allgemeines Verwaltungsrecht, 19. Auflage, München 2017 (zit.: *Maurer/Waldhoff,* Allg. Verwaltungsrecht)

Merten, Detlef/ Papier, Hans-Jürgen (Hrsg.), Handbuch der Grundrechte in Deutschland und Europa, Band 1: Entwicklung und Grundlagen, Heidelberg 2004 (zit.: *Bearbeiter* in: Merten/Papier, HGR I.)

Merten, Detlef/ Papier, Hans-Jürgen (Hrsg.), Handbuch der Grundrechte in Deutschland und Europa, Band 3: Grundrechte in Deutschland: Allgemeine Lehren II, Heidelberg u.a. 2009 (zit.: *Bearbeiter* in: Merten/Papier, HGR III.)

Merten, Detlef/ Papier, Hans-Jürgen (Hrsg.), Handbuch der Grundrechte in Deutschland und Europa, Band 5: Grundrechte in Deutschland: Einzelgrundrechte II, Heidelberg u.a. 2013 (zit.: *Bearbeiter* in: Merten/Papier, HGR V.)

Meyer-Ladewig, Jens (Begr.), Kommentar zum Sozialgerichtsgesetz, 12. Auflage, München 2017 (zit.: *Bearbeiter* in: Meyer-Ladewig, SGG)

Mrozek, Alfons (Hrsg. Gesamtwerk), Kommentar zur Reichsabgabenordnung vom 13. Dezember 1919, Band 2, Köln 1921 (zit.: *Mrozek* in: Mrozek, RAO 1919)

Mutius, Albert von, Das Widerspruchsverfahren der VwGO als Verwaltungsverfahren und Prozessvoraussetzung, Berlin 1969 (zit.: *von Mutius,* Widerspruchsverfahren)

Naumann, Kolja, Die Prüfung der Verhältnismäßigkeit im Rahmen gebundener Entscheidungen – Versuch einer dogmatischen Verortung aktueller Entwicklungen in der Rechtsprechung, in: Die Öffentliche Verwaltung (DÖV) 2011, S. 96–104 (zit.: *Naumann,* DÖV 2011, 96–104)

Nolte, Jakob Julius, Die Eigenart des verwaltungsgerichtlichen Rechtsschutzes – Grund und Grenzen der Anwendung des Zivilprozessrechts im Verwaltungsprozess, Tübingen 2015 (zit.: *Nolte,* Die Eigenart des verwaltungsgerichtlichen Rechtsschutzes)

Ortheil, Joachim, Rechtmäßigkeit eines typisierenden Zinssatzes – Zurückweisung von Rechtsmitteln durch Allgemeinverfügung, in: Betriebs-Berater (BB) 2012, S. 1513–1518 (zit.: *Ortheil,* BB 2012, 1513–1518)

Ortheil, Joachim, Wann wird bzw. wurde der Zinssatz von 6 % p.a. gemäß § 238 Abs. 1 AO verfassungswidrig? – Handlungsnotwendigkeiten im Hinblick auf das BFH-Urteil vom 01.07.2014, IX R 31/13, in: Betriebs-Berater (BB) 2015, S. 675–676 (zit.: *Ortheil,* BB 2015, 675–676)

Ossenbühl, Fritz, Die richterliche Kontrolle von Prognoseentscheidungen der Verwaltung, in: Festschrift für Christian-Friedrich Menger, herausgegeben von Erichsen, Hans-Uwe/ Hoppe, Werner/ Mutius, Albert von, Köln u.a. 1985, S. 731–746 (zit.: *Ossenbühl* in: Festschrift für C.-F. Menger, 1985, 731)

Palandt, Otto (Begr.), Kommentar zum Bürgerlichen Gesetzbuch mit Nebengesetzen, 77. Auflage, München 2018 (zit.: *Bearbeiter* in: Palandt, BGB)

Papier, Hans-Jürgen, Einstweiliger Rechtsschutz bei Abgaben, in: Steuer und Wirtschaft (StuW) 1978, S. 332–344 (zit.: *Papier,* StuW 1978, 332–344)

Peters, Anne, Die Ausfüllung von Spielräumen der Verwaltung durch Wirtschaftlichkeitserwägungen, in: Die Öffentliche Verwaltung (DÖV) 2001, S. 749–762 (zit.: *Peters,* DÖV 2001, 749–762)

Pielow, Johann-Christian (Hrsg.), Beck'scher Online-Kommentar zur Gewerbeordnung, München, 40. Edition, Stand: 01.12.2017 (zit.: *Bearbeiter* in: Pielow, BeckOK, GewO, [Stand])

Randak, Michael, Bindungswirkungen von Verwaltungsakten, in: Juristische Schulung (JuS) 1992, S. 33–39 (zit.: *Randak,* JuS 1992, 33–39)

Rengers, Jutta, Vorläufiger Rechtsschutz gegen Steuerbescheide nach „freiwilliger" Zahlung, Aufrechnung und Steueranrechnung, Münster 1994 (zit.: *Rengers,* Vorl. Rechtsschutz gegen Steuerbescheide)

Rolfs, Christian/ Giesen, Richard/ Kreikebohm, Ralf/ Udsching, Peter (Hrsg.), Beck'scher Online-Kommentar zum Sozialrecht, Sozialgerichtsgesetz, München, 47. Edition, Stand: 01.12.2017 (zit.: *Bearbeiter* in: Rolfs/Giesen/Kreikebohm/Udsching, BeckOK SozR, SGG, [Stand])

Roos, Elke/ Wahrendorf, Volker (Hrsg.), Kommentar zum Sozialgerichtsgesetz, München 2014 (zit.: *Bearbeiter* in: Roos/Wahrendorf, SGG)

Rüthers, Bernd/ Fischer, Christian/ Birk, Axel, Rechtstheorie mit Juristischer Methodenlehre, 9. Auflage, München 2016 (zit.: *Rüthers/Fischer/Birk,* Rechtstheorie)

Sachs, Michael (Hrsg.), Kommentar zum Grundgesetz, 8. Auflage, München 2018 (zit.: *Bearbeiter* in: Sachs, GG)

Schaumburg, Heide, Zinsen bei „aufgedrängter" Aussetzung der Vollziehung, Anmerkung zu FG Rheinland-Pfalz, Urteil vom 03.04.1998, 3 K 1197/96, in: Beilage der Zeitschrift Entscheidungen der Finanzgerichte (EFG Beilage) Nr. 15, 1998, S. 57–58 (zit.: *Schaumburg,* EFG Beilage 15/1998, 57–58)

Schenke, Wolf-Rüdiger, Rechtsschutz gegen erledigtes Verwaltungshandeln, in: Juristische Ausbildung (Jura) 1980, S. 133–145 (zit.: *Schenke,* Jura 1980, 133–145)

Schliesky, Utz, Der Grundsatz der Wirtschaftlichkeit – vom Organisations- zum Verfahrensmaßstab, in: Deutsches Verwaltungsblatt (DVBl.) 2007, S. 1453–1462 (zit.: *Schliesky,* DVBl. 2007, 1453–1462)

Schlink, Bernhard, Der Grundsatz der Verhältnismäßigkeit, in: Festschrift 50 Jahre Bundesverfassungsgericht, herausgegeben von Badura, Peter/ Dreier, Horst, Band 2, Tübingen 2001, S. 445–465 (zit.: *Schlink* in: Festschrift 50 Jahre Bundesverfassungsgericht, 2001, Bd. II., 445)

Schoch, Friedrich, Vorläufiger Rechtsschutz und Risikoverteilung im Verwaltungsrecht, Heidelberg 1988 (zit.: *Schoch*, Vorläufiger Rechtsschutz)

Scholz, Rupert, Verwaltungsverantwortung und Verwaltungsgerichtsbarkeit, in: Veröffentlichungen der Vereinigung der Deutschen Staatsrechtslehrer (VVDStRL), 34 (1976), Berlin u.a., S. 145–215 (zit.: *Scholz*, VVDStRL 34 [1976], 145)

Schreiner, Helmut, Die Intersubjektivität von Wertungen – Zur Begründbarkeit von Wertungen im Rechtsdenken durch ethisch verpflichtetes Argumentieren, Berlin 1980 (zit.: *Schreiner*, Die Intersubjektivität von Wertungen)

Schrömbges, Ulrich, Kann die Finanzbehörde die Aussetzung der Vollziehung des Steuerbescheids jederzeit aufheben oder ändern? In: Der Betrieb (DB)1988, S. 77–80 (zit.: *Schrömbges*, DB 1988, 77–80)

Schrömbges, Ulrich, Der Begriff der „ernstlichen Zweifel“ im abgabenrechtlichen Aussetzungsverfahren, in: Der Betrieb (DB) 1988, S. 1418–1423 (zit.: *Schrömbges*, DB 1988, 1418–1423)

Schüppen, Matthias; mit Aussprachen von Gosch, Dietmar/ Schön, Wolfgang, Aufgedrängte Aussetzung der Vollziehung, Antrag auf Beendigung der Aussetzung, in: Jahrbuch der Fachanwälte für Steuerrecht (JFStR) 2013/2014, herausgegeben von Drüen, Klaus-Dieter, Herne 2013, S. 302–319 (zit.: [*Gosch* in der Aussprache zu] *Schüppen*, JFStR 13/14, 302)

Schwarz, Bernhard/ Pahlke, Armin (Hrsg.), Kommentar zur Abgabenordnung und Finanzgerichtsordnung, Freiburg, Loseblatt, Stand: 180. Lieferung Januar 2018 (zit.: *Bearbeiter* in: S/P, AO, [Stand])

Schwarz, Lothar, Zwei Wege zur Aussetzung der Vollziehung im Steuerrecht: § 242 AO, § 69 FGO, Würzburg 1976 (zit.: *Schwarz*, Zwei Wege zur AdV)

Seer, Roman, Verständigungen im Steuerverfahren, Köln 1996 (zit.: *Seer*, Verständigungen im Steuerverfahren)

Seer, Roman, Aufgedrängte Aussetzung der Vollziehung, in: Die Unternehmensbesteuerung (Ubg) 2008, S. 249–253 (zit.: *Seer*, Ubg 2008, 249–253)

Seer, Roman, Der Vollzug von Steuergesetzen unter den Bedingungen einer Massenverwaltung, in: Veröffentlichungen der Deutschen Steuerjuristischen Gesellschaft (DStJG), 31 (2008), herausgegeben von Widmann, Werner, Köln, S. 7–36 (zit.: *Seer*, DStJG 31 [2008], 7)

Seer, Roman, Der Untersuchungsgrundsatz im heutigen Besteuerungsverfahren, in: Steuer und Studium (SteuerStud) 2010, S. 369–374 (zit.: *Seer*, SteuerStud 2010, 369–374)

Seer, Roman, Verfassungswidrigkeit der kapitalmarktunabhängigen Verzinsung von Steueransprüchen und Reformbedarf, in: Der Betrieb (DB) 2014, S. 1945–1953 (zit.: *Seer*, DB 2014, 1945–1953)

Seer, Roman, Modernisierung des Besteuerungsverfahrens – Gedanken zum Referentenentwurf zur Modernisierung des Besteuerungsverfahrens, in: Steuer und Wirtschaft (StuW) 2015, S. 315–330 (zit.: *Seer*, StuW 2015, 315–330)

Seer, Roman/ Klemke, Sina, Neuordnung der Verzinsung von Ansprüchen aus dem Steuerschuldverhältnis, in: Institut Finanzen und Steuern (ifst), Schrift Nr. 490, Berlin 2013, S. 1–138 (zit.: *Seer/Klemke*, Neuordnung der Verzinsung von Ansprüchen aus dem Steuerschuldverhältnis, ifst-Schrift Nr. 490 [2013])

Seewald, Otfried, Beitragsnachforderungen und vorläufiger Rechtsschutz (Teil II) – Vorläufiger Rechtsschutz durch Verwaltung und Sozialgerichte bei Beitragsnachforderungen, in: Die Sozialgerichtsbarkeit (SGb) 2012, S. 253–259 (zit.: *Seewald*, SGb 2012, 253–259)

Seibert, Max-Jürgen, Die Bindungswirkung von Verwaltungsakten, Baden-Baden 1989 (zit.: *Seibert*, Die Bindungswirkung von Verwaltungsakten)

Starck, Christian, Das Verwaltungsermessen und dessen gerichtliche Kontrolle, in: Festschrift für Horst Sendler, herausgegeben von Franßen, Everhardt/ Redeker, Konrad/ Schlichter, Otto/ Wilke, Dieter, München 1991 S. 167–181 (zit.: *Starck* in: Festschrift für H. Sendler, 1991, 167)

Steinhauff, Dieter, Zulässigkeit einer Fortsetzungsfeststellungsklage, Anmerkung zu BFH, Urteil vom 26.09.2007, I R 43/06, in: juris Praxis Report-Steuerrecht (jurisPR-SteuerR) 7/2008, Anmerkung 5 (zit.: *Steinhauff*, juris PR-SteuerR 7/2008, Anm. 5)

Steinhauff, Dieter, Abgrenzung Grundlagenbescheid von bloßer Tatbestandswirkung – Unterschiedliche Voraussetzungen und verfahrensrechtliche Rechtsfolgen, in: AO-Steuerberater (AO-StB) 2010, S. 271–275 (zit.: *Steinhauff*, AO-StB 2010, 271–275)

Stelkens, Paul/ Bonk, Heinz Joachim/ Sachs, Michael, Kommentar zum Verwaltungsverfahrensgesetz, herausgegeben von Sachs, Michael/ Schmitz, Heribert, 9. Auflage, München 2018 (zit.: *Bearbeiter* in: Stelkens/Bonk/Sachs, VwVfG)

Stern, Klaus, Das Staatsrecht der Bundesrepublik Deutschland, Band 1: Grundbegriffe und Grundlagen des Staatsrechts, Strukturprinzipien der Verfassung, 2. Auflage, München 1984 (zit.: *Stern*, Staatsrecht, I)

Stern, Klaus/ Sachs, Michael, Das Staatsrecht der Bundesrepublik Deutschland, Band 3/1: Allgemeine Lehren der Grundrechte – Grundlagen und Geschichte, nationaler und internationaler Grundrechtskonstitutionalismus, juristische Bedeutung der Grundrechte, Grundrechtsberechtigte, Grundrechtsverpflichtete, München 1988 (zit.: *Stern/Sachs* in: Stern, Staatsrecht, III/1)

Stern, Klaus/ Sachs, Michael, Das Staatsrecht der Bundesrepublik Deutschland, Band 3/2: Allgemeine Lehren der Grundrechte – Grundrechtstatbestand, Grundrechtsbeeinträchtigungen und Grundrechtsbegrenzungen, Grundrechtsverluste und Grundpflichten, Schutz der Grundrechte, Grundrechtskonkurrenzen, Grundrechtssystem, München 1994 (zit.: *Bearbeiter* in: Stern, Staatsrecht, III/2)

Stern, Klaus/ Sachs, Michael/ Dietlein, Johannes, Das Staatsrecht der Bundesrepublik Deutschland, Band 4/2: Die einzelnen Grundrechte – Freiheit der politischen Betätigung – Kultur – Schule und Bildung – Kunst und Wissenschaft – Religion, Kirchen, Religions- und Weltanschauungsgemeinschaften – Gleichheitssätze – Rechtsschutz und Staatshaftung, München 2011 (zit.: *Bearbeiter* in: Stern, Staatsrecht, IV/2)

Stern, Klaus/ Blanke, Hermann-Josef, Verwaltungsprozessrecht in der Klausur, 9. Auflage, München 2008 (zit.: *Stern/Blanke*, Verwaltungsprozessrecht in der Klausur)

Stolterfoht, Joachim, Die Verwirklichung des Rechtsschutzes im außergerichtlichen Rechtsbehelfsverfahren, in: Veröffentlichungen der Deutschen Steuerjuristischen Gesellschaft (DStJG), 18 (1995), herausgegeben von Trzaskalik, Christoph, Köln, S. 77–114 (zit.: *Stolterfoht*, DStJG 18 [1995], 77)

Tipke, Klaus/ Lang, Joachim, Steuerrecht, 22. Auflage, Köln 2015 (zit.: *Bearbeiter* in: T/L, Steuerrecht)

Tipke, Klaus/ Kruse, Heinz Wilhelm (Hrsg.), Kommentar zur Abgabenordnung und Finanzgerichtsordnung sowie zum Europarechtsschutz und Verfassungsrechtsschutz, Köln, Loseblatt, Stand: 150. Lieferung Oktober 2017 (zit.: *Bearbeiter* in: T/K, AO/FGO/EuRS/VerfRS, [Stand])

Uerpmann, Robert, Das öffentliche Interesse – Seine Bedeutung als Tatbestandsmerkmal und als dogmatischer Begriff, Tübingen 1999 (zit.: *Uerpmann*, Das öffentliche Interesse)

Wagner, Klaus, Über effektiven vorläufigen Rechtsschutz im finanzgerichtlichen Verfahren, in: Festschrift für Heinrich Wilhelm Kruse, herausgegeben von Drenseck, Walter/ Seer, Roman, Köln 2001, S. 735–755 (zit.: *Wagner* in: Festschrift für H. W. Kruse, 2001, 735)

Wauer, Die Einziehung angefochtener Steuerbeträge, in: Finanzrundschau (FR) 1950, S. 182–183 (zit.: *Wauer*, FR 1950, 182–183)

Wendt, Rudolf, Der Garantiegehalt der Grundrechte und das Übermaßverbot – Zur maßstabsetzenden Kraft der Grundrechte in der Übermaßprüfung, in: Archiv des öffentlichen Rechts (AöR), 104 (1979), Tübingen, S. 414–474 (zit.: *Wendt*, AöR 104 [1979], 414)

Wienbracke, Mike, Verwaltungsprozessrecht, 2. Auflage, Heidelberg u.a. 2014 (zit.: *Wienbracke*, Verwaltungsprozessrecht)

Windthorst, Kay, Der verwaltungsgerichtliche einstweilige Rechtsschutz – Zugleich eine Untersuchung des Erkenntnis- und Steuerungspotenzials der Rechtsdogmatik, Tübingen 2009 (zit.: *Windthorst*, Der verwaltungsger. einstw. Rechtsschutz)

www.ingramcontent.com/pod-product-compliance
Ingram Content Group UK Ltd.
Pitfield, Milton Keynes, MK11 3LW, UK
UKHW021850290926
8980IPUK00005B/753

9 783631 789650